宇宙之愛
從靈魂占星揭露親密關係的奧祕
Cosmic Love: Secrets of the Astrology of Intimacy Revealed

珍・史匹勒
Jan Spiller

謹將此書獻給我多世輪迴相遇的父親及友人

——威廉・努恩（William Ayles Nunn Jr.），

感謝他在我的生命中，敦促我追尋成長。

謝辭

寫這本書是種恩典。我在寫作的過程中深入探索占星法則，發現它能讓兩個特定的人交流獨一無二的愛，同時讓我對「愛」有更多的認識。

我想在此感謝我的作家朋友哈洛・布倫菲德（Harold Bloomfield），謝謝他願意協助我，運用出眾的巧思，為這本書取了完美的書名。我也很感謝許多接受我採訪的人，謝謝他們願意在我面前誠實地揭露自己，不吝分享他們在親密關係互動中的感受，尤其是雪麗・香尼克（Sheri Chalnick），謝謝她提出許多深刻的見解。

同時也謝謝茱蒂絲・荷頓（Judith Horton），她是我所有著作的私人主編。她組織、濃縮同時釐清大量的資料，確定書中內容都能被占星領域之外的讀者輕鬆掌握。謝謝傑克・佩提（Jack Pettey），他在最後一刻不吝貢獻編輯長才，彷彿是上天派來的使者。感謝海倫・湯瑪斯—威廉斯（Helen Thomas-Williams），她是完成本書的全程參與者；謝謝丹尼爾・佩瑞茲（Danielle Perez）及巴布・柏格（Barb Burg），他們對本書自始至終抱持信心，讓本書有機會呈現在其他國家的讀者面前。

能完成本書，我要感謝天賜的覺知狀態，讓我抱持著不帶批判的好奇心，探究各種關係原型的內在運作模式（北交點落入十二個宮位的各種傾向）。在撰寫本書的過程中，我感覺到指導高靈及天使包圍著我，為我開啟了神聖的知識通道，讓我能與您分享這些訊息。

目次

第三篇、相位——引導過去世連結的能量

北交點的位置查詢

在下列表格中找出您出生時間的區間，便能得知北交點落入的星座

1938/03/04-1939/09/12 天蠍座
1939/09/13-1941/05/24 天秤座
1941/05/25-1942/11/21 處女座
1942/11/22-1944/05/11 獅子座
1944/05/12-1945/12/13 巨蟹座
1945/12/14-1947/08/02 雙子座
1947/08/03-1949/01/26 金牛座
1949/01/27-1950/07/26 牡羊座
1950/07/27-1952/03/28 雙魚座
1952/03/29-1953/10/09 寶瓶座
1953/10/10-1955/04/02 摩羯座
1955/04/03-1956/10/04 射手座
1956/10/05-1958/06/16 天蠍座
1958/06/17-1959/12/15 天秤座
1959/12/16-1961/06/10 處女座
1961/06/11-1962/12/23 獅子座
1962/12/24-1964/08/25 巨蟹座
1964/08/26-1966/02/19 雙子座
1966/02/20-1967/08/19 金牛座
1967/08/20-1969/04/19 牡羊座
1969/04/20-1970/11/02 雙魚座
1970/11/03-1972/04/27 寶瓶座
1972/04/28-1973/10/27 摩羯座
1973/10/28-1975/07/10 射手座
1975/07/11-1977/01/07 天蠍座

1899/05/10-1901/01/21 射手座
1901/01/22-1902/07/21 天蠍座
1902/07/22-1904/01/15 天秤座
1904/01/16-1905/09/18 處女座
1905/09/19-1907/03/30 獅子座
1907/03/31-1908/09/27 巨蟹座
1908/09/28-1910/03/23 雙子座
1910/03/24-1911/12/08 金牛座
1911/12/09-1913/06/06 牡羊座
1913/06/07-1914/12/03 雙魚座
1914/12/04-1916/05/31 寶瓶座
1916/06/01-1918/02/13 摩羯座
1918/02/14-1919/08/15 射手座
1919/08/16-1921/02/07 天蠍座
1921/02/08-1922/08/23 天秤座
1922/08/24-1924/04/23 處女座
1924/04/24-1925/10/26 獅子座
1925/10/27-1927/04/16 巨蟹座
1927/04/17-1928/12/28 雙子座
1928/12/29-1930/07/07 金牛座
1930/07/08-1931/12/28 牡羊座
1931/12/29-1933/06/24 雙魚座
1933/06/25-1935/03/08 寶瓶座
1935/03/09-1936/09/14 摩羯座
1936/09/15-1938/03/03 射手座

2015/11/12-2017/05/09 處女座
2017/05/10-2018/11/06 獅子座
2018/11/07-2020/05/04 巨蟹座
2020/05/05-2022/01/18 雙子座
2022/01/19-2023/07/17 金牛座
2023/07/18-2025/01/11 牡羊座
2025/01/12-2026/07/26 雙魚座
2026/07/27-2028/03/26 寶瓶座
2028/03/27-2029/09/23 摩羯座
2029/09/24-2031/03/20 射手座
2031/03/21-2032/12/01 天蠍座
2032/12/02-2034/06/03 天秤座
2034/06/04-2035/11/29 處女座
2035/11/30-2037/05/29 獅子座
2037/05/30-2039/02/09 巨蟹座
2039/02/10-2040/08/10 雙子座
2040/08/11-2042/02/03 金牛座
2042/02/04-2043/08/18 牡羊座
2043/08/19-2045/04/18 雙魚座
2045/04/19-2046/10/18 寶瓶座
2046/10/19-2048/04/11 摩羯座
2048/04/12-2049/12/14 射手座
2049/12/15-2051/06/28 天蠍座

1977/01/08-1978/07/05 天秤座
1978/07/06-1980/01/12 處女座
1980/01/13-1981/09/24 獅子座
1981/09/25-1983/03/16 巨蟹座
1983/03/17-1984/09/11 雙子座
1984/09/12-1986/04/06 金牛座
1986/04/07-1987/12/02 牡羊座
1987/12/03-1989/05/22 雙魚座
1989/05/23-1990/11/18 寶瓶座
1990/11/19-1992/08/01 摩羯座
1992/08/02-1994/02/01 射手座
1994/02/02-1995/07/31 天蠍座
1995/08/01-1997/01/25 天秤座
1997/01/26-1998/10/20 處女座
1998/10/21-2000/04/09 獅子座
2000/04/10-2001/10/12 巨蟹座
2001/10/13-2003/04/13 雙子座
2003/04/14-2004/12/25 金牛座
2004/12/26-2006/06/21 牡羊座
2006/06/22-2007/12/18 雙魚座
2007/12/19-2009/08/21 寶瓶座
2009/08/22-2011/03/03 摩羯座
2011/03/04-2012/08/29 射手座
2012/08/30-2014/02/18 天蠍座
2014/02/19-2015/11/11 天秤座

想知道：

■北交點落在什麼星座

■你的北交點落入對方的第幾宮

■對方的北交點落入你的第幾宮

■你與對方是否有南北交點／行星的合相

■你與對方的合盤

只要上作者網站 www.cosmiclove.com 查詢，便可得到免費的運算。

導言

我們必須相信各種不同的人際關係，最終都能為生命帶來愛與親密，才能真正地全心投入一段關係。我們努力地追求物質（例如金錢和財產），無非是希望自己能吸引更多的愛，然後才有足夠的「安全感」去體驗愛。

許多人不斷地探索自我、追求成長，希望不要再因為無意識的態度及行為而扼殺了一段關係，這都是因為我們在內心深處「知道」一定有「某種方法」，可以讓自己在與他人的關係中，不斷地感受到愛與親密。我寫此書純粹是希望藉由這個神聖的機會，幫助人們在日常生活中更容易獲得這些體驗。

本書提及的概念都是首次發表，這些內容源自於我過去三十多年的個人閱讀累積，同時也包括我與個案針對月亮交點軸對親密關係影響的討論（有關月亮交點軸的解釋，詳見「基本資訊」部分）。這些個案坦誠地與我討論他們在關係裡遭遇的掙扎、他們如何解決這些痛苦，而哪些行為或舉止又似乎導致了關係的惡化，這種種的分享幫助我洞悉了月亮交點軸的內在運作模式。在這個過程中，我與個案一起發現某些老舊且持續的模式損傷了他們的關係，同時也嘗試透過新方法來抒解關係中雙方的能量，藉此消除其中的障礙，再次體驗到曾有的親密感。如果他們能客觀地意識到傷害自己的無意識行為，便能開始改掉一些在不自覺中打擊自己的反應模式。

你可以透過本書的見解，意識到一些阻撓關係的態度、反應及行為，並選擇將它們徹底釋放。你若能根據自己的南北交點來嘗試書中的建議，便有如打開一扇大門，與對你重要的人創造出更多的愛與親密感。

本書中提到的「愛」，指的是一股宇宙性的、無條件的愛的能量，瀰漫在周遭環境及每個人的身上。然而，我們從小被訓練成在個人層次上，用區別愛的方式來體驗愛，如親情、友情、愛情及對孩子的愛；真正的愛其實遠勝於這些侷限的標籤。我們在這世上並非孑然一身，愛不斷地在我們周遭流動。

如果我們想體驗到更多的愛，其實很簡單，只要帶著覺知、正面地與別人交流，學習對別人付出愛，同時也能坦然地接受愛。

我們若想進行最高層次的愛的交流，就必須知道自己生命中每個重要的關係人其實都代表了一個機會，讓我們能提升自己的能力，來體驗更深刻的愛。我們若能針對關係中渴望的結果，持續不斷地朝最高層次、最真實的方向邁進，便能隨著這個過程成長，讓自己變得更加完整且真誠，並能體驗到更多的愛，從中獲得自我療癒及滿足。

占星學是門實用科學

占星學並非宗教——宗教指的是某些不可觸及的信仰及信任。占星學是門科學，有如一張呈現個人內在線路的數學圖表，也例如一張看穿個人心理及情感特質的X光片。占星學就如同任何一門真正的科學，當我們正確地運用其所蘊含的知識時，便能呈現預測中的結果。

你不需要相信占星學，就能運用這本書。本書非常簡單且實用，你只要試試其中的一些建議，就會知道這些內容到底管不管用。

我們最終都希望能在關係中與對方建立深層的連結，彼此都能敞開心胸來體驗愛的流動，然而我們與最重要關係人的相處，結果往往並非如此。

「精神失常」向來被定義成重複一樣的事情，卻期望有不同的結果。我們若不能有意識地改變自己與別人的相處模式，最後就只能不斷地重複已知的結果。我們若想改變扼殺成功與快樂的老舊模式，就必須以新的方式與伴侶相處。

我建議你可以根據自己的月亮交點軸落入的位置，閱讀本書給予的各種建議，選擇其中較能讓你產生共鳴的方法，嘗試著在關係中作點實驗，一次嘗試一種，直到你開始看到關係的改變。不要在一開始便想像一切能立竿見影，只要踏出第一步，然後靜觀其變。

辨識可能性

當兩個人進入一段關係後，其結合的能量便蘊含了固有的可能性。因為每個人都是獨一無二的個體，所以每段關係也會有不同的潛力；每一個伴侶都會讓你體驗到不同的自己。

我們很多人都以為自己「知道」想在伴侶身上尋找何種特質。然而，當我們渴望某種特定類型的伴侶時，其實是在追尋某種經驗，而且也完全不知道能帶給我們這種經驗的人，實際上會被「包裝」成哪種模樣出現。事實上，我們可能發狂地不停尋找一個符合自己預設形象的另一半，卻錯失了宇宙深知能帶給我們真正快樂的事物。為了避免這種情形發生，當我們在面對關係時，必須更加意識到互相成長的可能性，而這些都會出現在生命安排給我們的人選身上。

另有一個錯誤的觀念是：我們必須具備所有條件，才能吸引到對的伴侶。最常見的情形其實是當我們與另一個人結合時，一切才看來完美無缺。舉例來說，一位男士及一位女士各自擁有的財富可能不如各自想像的多，但卻可能透過關係中結合的能量，為彼此創造更多的財富。兩個人相處建立關係後，都會創造出獨一無二的可能性。所以當你在看待一段關係時，最好能給這段關係一些時間，看清楚其中真正的可能性。最重要的是要放下所想要的藍圖，才能認清現實。如果你想培養一份真實的、個人的愛與連結，其實需要時間、信任及堅持，同時也必須真心喜歡對方，欣賞對方真實的樣貌。

尊重個人差異

占星學並非某種宇宙真理的科學，而是一門針對個人特質所進行的研究。儘管在最深的層次上，萬物本為一體，但當靈魂化為肉身出現在地球上後，每個人都是獨一無二的個體。事實上，必須間隔兩萬五千年，才可能出現一張完全相同的本命盤！

占星學可以幫助我們不帶批判或投射，客觀地看待彼此。占星學主張的概念，並非嘗試讓人「融入」社會期待的標準，而是透過其他人的本命盤，清楚認清他們個人的適應能力，以及自己的「風格」，這包括了價值觀、欲望、實現目標所需要的東西，以及恐懼的本質，還有如何根據自己內在獨一無二的「線路」，在面對困難時，找出最能成功克服的方法。

我在替個案進行占星諮詢時，不會嘗試改變他們的風格，而是幫助他們找到能真實表達自我的方法，讓他們能體驗到想要的正面結果。為了讓他們「踏上正途」，面對必須在今生處理的特定議題，我通常必須先對他們進行個人的重新評估。「踏上正途」的方法也是因人而異，這必須視他們北交點落入的宮位及星座而定，還得參考相關的相位。每個人都有自由意志，我們當然可以選擇不要「踏上正途」，拒絕任何個性上必要的成長，但當我們選擇抗拒時，必然會在那個生命領域中遭遇困難。我們若想成功，就必須接受那些我們一直抗拒的自我面向，如此才能找到必要的平衡點，在物質世界中創造成功。

為何我們要試圖改變別人

儘管每一個誕生在這個星球上的靈魂，都是極具個人特質的生命，但我相信每個人在記憶深處，都不曾忘記最終的靈性真理：萬物本為一體。我常看到許多人想要與別人建立所謂的合一感或無條件的愛，想讓對方看起來跟自己一樣——這當然行不通。其實當我們試圖強迫別人變成我們想要的模樣時，往往會阻礙我們最渴望體驗到的愛與親密感。

試圖把一個人變成不是他／她天生的樣子，根本是在浪費時間與精力，而且在這個過程中，對方會覺得自己一無是處，結果沒有任何一方是贏家。如果一個人不符合你的個人品味，並不代表對方需要改變。這反而是個指標，意味著對方並不適合在此時與你建立深層的關係（對方如果是你親近的家人，代表是命運的安排，才讓他們出現在你生命中）。

本書的目的是要揭露：人們會試圖透過各種不同的行為模式來操縱別人，讓對方改變。我希望你能從這些模式中發現一些內心無意識的手段，其實在無形中傷害了自己；也希望你能帶著這份覺知，更容易地包容別人的本性。這也可以讓你自在地做自己，愛惜並欣賞周遭每個人的差異性。

我們永遠無法透過「同化」來體驗真正的萬物一體。我們必須在內心深處堅信這個真理，然而在日常生活中，每個人都有自己的路要走，都有各自需要的體驗，如此才能完成今生在地球上必須學會的功課。

責怪的原因

責怪的習慣，就像一個狡猾偷取時間的賊一樣，讓我們浪費許多生命的能量及時間，也讓我們的身體充滿不愉快的感覺，有損心理、感情及身體的健康。我們若因為遇到糟糕的事情而批評自己或別人，只會讓自己被負面能量包圍，並對生命的看法變得更狹隘，限制我們的經驗。但我們若能從生命中的每個事件中有意識地學到必要的功課，不停地嘗試新的經驗，世界就會變得更開闊。

舉例來說，我去友人家作客時，把手放在熱的爐子上，因為很痛，所以馬上就把手縮回來。如果我能開放地看待這個經驗，就能注意到這件事的細節。我會發現爐頭是打開的，而且是火紅燙人的，手一碰到就會痛。當我學到教訓後，以後看到爐子是火紅色時，就會知道不要碰它。這個教訓可以讓我免於對爐子的恐懼。從此之後，我去別人家拜訪時，看到爐子不但不會害怕，也可以自在地使用爐子。然而，我的反應如果是責怪，怪爐子的主人害我受傷，怪自己太笨，碰觸一個「危險的物品」，就是徒然浪費時間、惹惱別人，製造許多負面的情緒，同時也無法學到有關爐子的常識，還會傷害自尊，認為自己是生命的受害者。責怪之餘，我會開始不停「監視」可能傷害自己的人事物，因而折損了生命的樂趣。

當我們覺得自己在關係中受傷時，通常是因為對方沒有按照自己的期待來對待自己。也許是我們誤會對方，也許是對方故意讓人誤解，也可能是因為我們認為自己「應該」受到何種對待，反而無法體驗到互惠的部分。無論如何，我們都能選擇透過某種方式來表達自己的失望。我們可能會因此生氣、責怪對方，但這只會拖延了必要的自我成長；而且當我們責怪對方時，其實是賦予對方某種力量，其中透露的訊息就是：「他們可以傷害我」。最能讓自己得到力量的方法就是負起責任，然後從經驗中學習成長。我們應該自問：「這裡的重點是什麼？我必須改變什麼？」我們不應老指著別人的鼻子說：「都是你害我變成這樣！」而應對自己說：「我有能力讓事情不一樣，創造不同的結果。」

此外，放下責怪的習慣也可以讓我們不在地球的空間中散播負面能量。我們每一刻都在改變這個時空，我們可以選擇散發憤怒、仇恨、責怪或沮喪，也可以表現出愛、沉著、信任及善意。我們散發的能量會影響這個世界，而我們也生活在這個共振的世界裡，所以如果我們一味責怪，其實會讓自己感受到加倍的痛苦。

我們如果責怪某些過去的人傷害或背叛了自己，那我們就會因為這份責怪，與他們繼續維持連結。當某個人不願意與你一起為關係努力時，讓自己擺脫對方的關鍵就是原諒。唯有如此，你們之間的能量才不會變成業力的約束，繼續在未來世中重複出現；這也就是為何印度哲人甘地會在臨終之際，原諒了暗殺自己的兇手。

靈魂的階段

儘管就肉體層面而言，人類看似平等，或多或少都相同，但就佛理觀點來看，靈魂成長與靈性發展有許多不同的演進階段，而且所有人都處在學習、成長及演化的過程中。我們可能得花上幾百世才能完成一個靈魂階段，邁向下一個階段。因此，我們根本無法正確判斷別人正在經歷的階段。

當你遇到一個人處於靈性演化的初期階段時，你也許可以瞭解對方，但在某些事情上，對方卻無法真正理解你的想法。這就像一個迷上數學乘法的小學三年級學生興奮地告訴唸物理系的大學生：「乘法是世界上最偉大的數學秘密！」大學生很容易就能理解乘法，但小學生卻對物理學的世界一無所知。小學生必須上過許多課之後，才能一窺大學生的世界。

我相信這就是為何有些人知道不要讓自己沉淪在謀殺、強暴或竊盜之中，因為他們早已在過去世經歷或嘗試過這些事情，也體驗過不愉快的結果。有些人是比較新生的靈魂，不曾學過這些功課，所以才會作奸犯科，藉此體驗到懲罰，而這也是讓我們成長的一種方法。

我們在看電影時，可以根據善惡的準則，清楚劃分所謂的好人與壞人，而且結果當然是好人獲勝，因為遵守道德倫理的行為，才符合靈性的法則。然而在現實生活中，我們每個人都處於不同的靈魂成長階段，學習不同的功課，所以我們如果試圖去批評別人，替別人貼上標籤，根本就是無意義地浪費時間和精力，反而讓我們無法專注在自己必須學習的功課上。

除了靈魂的階段之外，遺傳、環境及訓練，也會影響我們如何運用本命盤展現的「內在線路」。每個人的內在線路都是預設好的，就如同你的肉體一樣，但是你有自由意志，可以選擇如何利用或發展它。我們可以選擇享受平靜，只要我們能帶著覺知地活著，不去傷害別人。舉例來說，上司若能不傷害下屬，工作場合的氛圍就會很平靜，同時能用全新的意識看待每天必須做好的工作，讓成功延續下去。我們若能在其他生命領域中也做到不傷害任何人，就能看到一條全新的康莊大道，鋪展延伸在自己面前。

關係中的業力之輪

在地球上的每一世生命提供了機會，讓我們培養成熟、智慧與完滿，有意識地在每種情況中選擇最好的途徑，以此吸引更多生命大方賜予的滿足經驗。最終我們將發現，「己所不欲，勿施於人」這道金科玉律，確實是非常讓人受用的教條。

我們從許多世宏觀的角度來看會發現一個道理，那就是沒有人能完美無失。我們對別人做的事情必然會回報到自己身上，無論是在今生或其他世裡，當我們試圖認識自己的本質時，就會發現凡事都是「種什麼因，得什麼果」。其實我們可以從今生的經驗中，知道自己曾對別人造成什麼傷害。如果我們在現在的關係中受虐，代表我們曾經是施虐者；我們如果在今生遭到別人背叛，代表我們之前曾背叛過別人；我們如果覺得沒人關心自己，那是因為我們在過去世沒有關心別人……諸如此類，依此類推。

我們如果在一段關係中「妥協」，通常意味著自己選擇在其他世中，扮演了加害者或受害者的角色，就像業力之輪的一體兩面。當業力之輪啟動後，我們會經過一世又一世的歷練，直到能有意識地選擇同情或原諒自己和對方，拒絕再扮演這兩種極端的角色。唯有如此，我們才能擺脫過去的枷鎖，以一種更有效的方式，積極地創造自己渴望在關係中獲得的經驗。

我們不僅能透過同情及原諒來化解業力，也能刻意地在重要的關係中創造雙贏的局面。兩個人本命盤的結合可以看出雙方在過去世的互動，存在著哪些未解決的問題，或必須以哪些特定方式來解決彼此間的業力（詳參相位部分）。當關係出現衝突時，你只能為自己負責，盡可能地根據當下接收到的訊息，作出一致性的回應——這都是過程。當事情發展到盡頭，若你是出於善意，而且真心渴望與對方創造雙贏的局面，那麼愛便會戰勝一切。不過這是個隱晦的過程，只有你自己知道是否已經盡力了，至於其他部分就交給神吧！

意念的力量

最近有位友人對我說：「你總是在用『成功』這個詞，彷彿這就是你滿腦子想的事情。」我想了一下反問他：「真的有可替代的字嗎？難道我們要選擇『幾乎成功』當做目標嗎？」

對我而言，「成功」這個字就等於某種能讓我表現內心欲望的東西，讓我產生真正的喜悅。一段關係的「成功」就像所有事情一樣，多半取決於「想要搞定」的意念，就像下了決心，意圖在某個經得起挑戰的生命領域中獲得成就。所以我們最好在一開始就抱持這種態度：「我該如何做，才能創造雙贏的關係？」除了正確的意念，我們也必須嘗試各種不同的方法，直到找出最適合每段特定關係或情境的方法。

無論在今生或其他世，我們終將經歷所有必要的經驗，才能在個人重要的生命領域中創造成功。沒有任何事情是「意外」的，即使表面看來如此。當我們遭遇困難時，有可能是償還過去世的作為，也可能是因宇宙必須「阻止」我們，因為當下的選擇違反了命運的安排。無論如何，我們在今生經歷的每件事都是一種恩賜，儘管當下並不這麼認為。當我們意識到這個真理時，便能讓自己的人生之旅更加愉快，或讓困境不那麼痛苦。在我的一生中，每當有「災難」發生，我會立刻釐清自己的意念並告訴自己：「生命是愛我的，事情總會朝有利的方向發展。」結果證明的確如此。這種心態幫助我用更多的平靜，度過許多生命的傷痛。當我能有意識地使用意念之後，每次遇到的挑戰都讓我變得更有能力，以一種更具覺知、更正面的方式來體驗生命。

愛是底線

試想，所有衝突的發生都源自於在當下無法直接感受到愛。當我們沐浴在愛中，一切都會變得清晰。我們會知道該做什麼，在任何情況下都能悠然自得。

愛是一種純然的狂喜，它會讓我們融化。我們能在今生的地球之旅中獲得多少滿足，最終還是取決於我們在關係中付出和接受了多深的愛——無論如何，我們只能感受到自己願意接納的愛。我們如果願意走出自己的小世界，便能從與別人連結的關係中獲得無以倫比的愛，那是臻於極樂的體驗。你若能逐步利用本書的內容，就能打開心胸，進入令人欣喜的國度。你只需按照自己的步伐前進，允許自己慢慢進步，便能在關係中培養出付出與接受愛的能力。

開始朝這個方向努力吧！這條「道路」是可靠且實際的，請參考書中的建議，挑選你覺得可行的去嘗試。一開始你可能會有些害怕，但生命本不就是場冒險嗎？當你開始嘗試了，你就可以評量結果，但你若不敢冒險嘗試，那就永遠不知道自己可以體驗到多少快樂。

基本資訊

南北交點

大多數的占星家要解釋一張本命盤時，會先找出該盤的重心。對我而言，月亮的南北交點就是起始點，可以點出一個人在今生必須努力的基本功課。

月亮的南北交點並非實際的星體，而是月亮繞行地球的軌道，與地球繞行太陽的軌道交會所形成的兩個交點。北交點是上升的交點（最靠近本命盤北極的點），會對其所落入的宮位及星座帶來正面的影響。南交點是下降的交點（最靠近本命盤南極的點），它會無意間耗盡其影響領域的能量（根據所落入的宮位及星座）；南北交點永遠形成一百八十度的對分相。有些占星家會採用「真實月交點」算法（將月亮軌道的實際擺動列入考慮），有些則會採用「平均月交點」的算法（不考慮月亮的實際擺動變化）；我採用的是真實月交點。真實月交點與平均月交點算出的結果，差距不會超過一度四十五分。

如果你想知道自己的北交點落入的星座，可以參考前文的列表，也可以上網站 www.cosmiclove.com 找出北交點落入的宮位、北交點在重要關係盤上的宮位與相位，據此看出你與對方之間的靈魂契約，該網站會提供免費的詳細資訊。

南交點的位置永遠與北交點相對（距離六個宮或六個星座）。舉例來說，你的北交點如果落入牡羊座，南交點就是天秤座。

影響關係的其他因素

本書的重點在於月亮南北交點對關係的影響，因此我們只會就南北交點的相位來釐清關係中的互動情況。這是很有幫助的工具，可以幫助你從整個生命的角度來瞭解，為何你會與某些特定的人相遇？你們之間有哪些約定？而你可以如何激發關係中的正面潛力。但最重要的一點是，別忘了還有許多其他因素會影響關係的發展。

■就占星學的觀點而言

在星盤比對中（將兩張本命盤互相重疊），許多因素都會顯示出業力的交互作用，其中包括當其中一方的行星落在對方的第八宮及第十二宮，代表過去世的連結延續到今生，或是其中一方的土星或月亮與與另外一方的行星合相，也代表著兩人有很深的過去世緣分。

此外有些小行星，特別是凱龍星、穀神星及婚神星，代表過去世影響了兩人在今生的合適性。當然例如金星（愛）及火星（性及動力）等個人行星以及它們的相位，也可以讓關係變得輕鬆或完滿。星盤比對時如果出現大三角，通常代表雙方能「神奇地」達成平衡，建立強烈又相互滿足的關係。

■就心理學的觀點而言

在任何一段關係中，雙方的成熟度及對關係的正面期許，都會明顯影響關係的結果。其中一方如果準備好建立一段關係，願意付出時間和精力，讓這段關係成功，那麼許多原本可能非常困難的事情，反而能用和諧的方式獲得解決。

從個人成長的角度來看，沒有任何一段關係是「失敗的」。有時心碎可以讓我們更深入地反省自己、尋求諮商，或因此找到靈性的道路，無論如何，這些都能幫助我們在下一段關係中更加圓滿。我們吸引到自己生命中的人，通常都握有我們通往下一步的鑰匙，讓我們變得更加成熟，擁有一段真正成功的關係。

■就靈性的觀點而言

還有一個因素可以明顯提升關係的品質，就是雙方踏上類似的靈性道路。當雙方願意自我成長和努力，同時擁有某種程度的覺知意識，便能以健康的關係為目標，超越堅持「應該如此」的自我，讓關係朝更好的方向發展。雙方的價值觀和靈性的成熟度，必須能很自然地相互包容，才能建立真實且深刻的連結。

業力伴侶／靈魂伴侶

業力伴侶與靈魂伴侶是不同的。在業力伴侶的關係中，通常有一方在過去世被對方傷害，換言之就是來討債的。他們之間會有一種無法避免的吸引力及誘惑，第一眼會覺得彼此很熟悉，雖然之後發生的事情往往不太愉快。當我們覺得與一個人有強烈且立即的連結時，通常代表彼此間在過去世的能量重新被激發。

這種連繫很容易讓雙方建立緊密的關係，因為兩個靈魂在無意識中都非常清楚，彼此的交流可以換來共同的自由，擺脫過去世的議題。這對雙方的靈魂而言，都是個可以重新開始的機會，藉此療癒與生俱來的傷口。我們若能適當處理這種關係，便能產生清楚及無畏的力量，超越自我視野的極限——這是愛的一種面向。

而所謂的靈魂伴侶，則能帶給我們自己天生欠缺的部分。這就例如在過去世，彼此都承諾過要守護對方。這類伴侶在今生的交流中，會將各自心中最神聖的天賦獻給對方，讓彼此變得更加完整，用自己的方式來實現人生。雙方在關係中很自然地交換能量，這是種深刻的欲望，只求支持不求回饋——這是愛的另一種面向。

罕見的關係常識

■格格不入

如果你希望與一個人建立關係，對方的行為、風格、談吐、價值觀或過去經歷都與你「格格不入」，那麼想都別想，還是算了吧，對方絕對不是你的真命天子或真命天女！我不是要鼓勵以貌取人，而是要你考慮內在本性。舉例來說，對方的身高、種族及宗教可能不是你應該會喜歡上的人，但兩個人在一起時你卻非常開心；你要相信自己的內心感受。你可能會因為某個人遲到而生氣，但當另一個人也遲到時，你卻會幫他找到某些理由，不會因此影響心情。

當我們想與某個人成為夥伴時，無論是私人或公事關係，都是建立在相互的吸引及各自的需求上。經過一段時間後，當我們開始認識對方，而對方也會表現出內在的自我，其中包括他們的價值觀、看待別人的方式，還有他們的過去。他們的談話或行為如果在某種程度上令你困擾，那代表這個人與你不合。

每個人在一生中只能經歷幾段非常深刻的個人關係，所以最重要的是一開始選擇的對象，我們常聽到某個人結婚二十年後才發現自己與另一半根本不合。然而對方若是你的家人，而你與他們卻格格不入，那便意味著你們之間有些業力需要解決。

我們有時候會被某個人深深吸引，長時間迷戀對方，讓我們「相信」對方就是自己的終身伴侶。然而當我們更瞭解對方後，對方的所作所為卻讓我們失望，推翻最初的判斷；此時我們必須作出重要的抉擇。我們是不是該相信內心的感受結束這段關係？還是我們該跟自己道別，相信自己能讓「幻想」成真，把對方改造成我們一開始認定的模樣？結局往往是對方天生的個性、價值觀和意圖佔了上風，而我們不過是傷害了自己，徒然浪費時間。

我們有時在關係中會覺得與對方不合，然後試圖分析自己的感受，試圖控制這段關係，但我們若在理智層面上把這段關係弄得太複雜，很可能扭曲了一開始心中感受到的簡單念頭：對方根本不適合自己。這些「格格不入」的人不是我們人生的一部分，即使有緣，也不是在今生。

■相信自己

當我們在踏上靈性道路時，我們能完全信任的指南針就是自己——也就是我們的內在覺知，若把這個最終的決定權交給任何人，必然會成為輸家。只有我們自知什麼才是最適合自己的，有些人可能是沿途的點燈者，替我們照亮道路，但只有我們能辨識他們照亮的道路是否適合自己。有時我們看待別人分享的經驗時，當下覺得只有一部分真實且實用，但假以時日便會發現，其他部分也很適合自己。

當你在閱讀本書的概念時，只要採納一些你當下覺得「合理」且實際的部分。只要記住一個原則：做你認為對的事情，專注地在日常生活中嘗試體驗，直到你覺得自在，同時看到成果為止。直到某天當你再次翻閱本書，便能發現自己能認同其他的想法了，然後再開始嘗試實踐。

激發我寫本書的其中一個動機就是：鼓勵別人相信自己。所以當你在閱讀的過程中，相信你直覺認為對的部分。而當你嘗試認識身旁親近的人時，你要相信內心的感受，而非自認為「應該」經歷的事物。你只需要相信自己的直覺，還有嘗試後的實際結果。

用語定義

大藍圖（Big Picture）：我們必須從當下的情境退後一步，用更客觀、宇宙層次的眼光來看待正發生的事情，這種觀點包括能意識到別人的需求及渴望、外在因素的影響，以及事情發展的原因。

親密（Intimacy）：本書中的「親密」指的是感情層面的感受，而非性關係中的親密感。當然，在伴侶結合的關係中，感情與性的親密都是交錯難分的。

業力（Karma）：請參考「關係中的業力之輪」部分。

天頂（Midheaven）：就如上升點（上升星座），這是以數學運算得出的交點。上升點是一個人出生的那一刻太陽通過地平線時的交點，而天頂則是太陽升至地平線上的最高點。

本命盤（Natal Chart）：呈現出生的那一刻，所有天體落入的位置。

原生者（Native）：此為占星術語，指的是討論中的南北交點案主。

月亮交點軸（Nodal Axis）：請參考「月亮南北交點」部分。

交點群組（Nodal Group）：北交點落入相同星座的人。

北交點（North Node）：本書中提到的北交點主要是根據月亮交點軸而訂出，而交點軸就是北交點與南交點形成的對立軸線。

容許度（Orb）：這指的是兩顆行星之間的距離，主要以度及分來計算。在計算南北交點與其他行星之間的主要相位時，我採用八度的容許度；太陽與月亮的相位則採用十度的容許度。

關係人（Partner）：在本書中指的是關係中的對方，包括許多類型的伴侶及關係：配偶、愛人、朋友、孩子、父母、同事、上司及敵人，任何與你建立過重要關係的人都包括在內。

第二勢力（Second Force）：這裡指的是對於創造新事物的意圖與行動的自然回應。新概念會威脅到現狀，因此，反抗的「第二勢力」便衝擊出新能量。從這種對立中產生在相容於現狀的情況下完成新行動的必要訊息，為了克服對立，回應第二勢力的最佳方式依每個交點群組而有所不同。

她／他：我有時會用她或他來稱呼某個人，但這不代表只有男性或女性才會有相同的經驗。

第一篇、星座

彰顯關係中最美好的部分

月亮北交點落入牡羊座或第一宮

他們帶給關係的特別禮物

* 愛人的精神
* 合作的天性
* 對伴侶充滿興趣
* 圓融
* 公平
* 重視和平與和諧
* 樂於付出

阻礙親密關係的迷思

* 我必須在關係中創造和諧。
* 如果我當個好人讓大家都滿意，就能得到愛。
* 我比對方堅強，就該承擔一切，直到對方變得更強壯。
* 如果我維持關係和諧，便能感受到內心的平靜。
* 如果我把別人放在第一位，別人也會同樣對待我。
* 別人如果知道我的真面目，可能就不喜歡我了。

* 我會被別人對我的觀感影響。
* 在真正的關係中，雙方會一起進行大部分的事情。

伴侶的埋怨

* 他們太渴望我的付出及關心。
* 他們不自己作決定。
* 他們太愛操縱掌控一切。
* 他們太過依賴，讓我沒有一點自己的空間。
* 他們把我的情緒歸咎在自己身上。
* 他們會比較我對待他們的方式，與對別人的方式有何不同。

相互依賴VS.獨立的自我意識

北交點落入牡羊座的人在過去許多世裡，都在扮演支持別人的角色，對象包括伴侶、孩子或生意夥伴。他們經過長時間的養成後會自視為團體中的一分子，開始依賴在關係發展中創造的滋養能量。原生者（為求閱讀順暢，本書所提到的原生者，有時會以「這些人」或「他們」來代替）會不斷把目光焦點放在對方身上，所以常會否定自己人生的力量，無法展現活力。這個模式經過許多世後會讓他們渴望成長及自我發掘的原生欲望變得潛伏沉寂。

對原生者而言，這種共存的模式雖然在過去世很管用，但為了幫助他們在今生改掉這種無法自決的模式，關係的互動絕對不會如他們想像般地平等或互相。這就是宇宙要告訴他們：必須讓自己變得更堅強，活出自我獨立的身分意識，如此才能從關係中獲得真正的滿足。

原生者基於許多世的限制，仍傾向相信自己的幸福取決於能否與伴侶和諧相處，並讓對方感到快樂。然而這個老舊模式無法帶來期望的結果，他們最終也不會感受到愛或快樂。這些人除非能意識到這種互相依賴的運作模式，否則永遠也不知如何與自己相處，或如何獨立行事，讓自己快樂並成長。

北交點落入牡羊座的人在覺察到這點之前，會用許多方式表現出相互依賴的傾向。因為他們無法自己作決定，所以總緊緊地守住對方，隨時準備好進入依賴的模式，似乎許多事情少了對方就無法做。他們常問：「我真的沒辦法做這件事，你能幫我嗎？」

原生者不會替自己的缺點負責或改進，反而期待別人來彌補自己的不足。他們常讓伴侶一肩扛起所有事情，自己卻不想負任何責任——這會影響關係的親密感，因為伴侶最後一定會開始不滿。這些原生者其實完全有能力把事情做好、為自己負責，但是在潛意識中希望伴侶能幫他們做某些事情，反之亦然，如此才能創造互相依賴感。

兩個人在一段健康且相互依賴的關係中，會替彼此承擔某些責任，甚至彌補對方的不足。但最重要的差別在於，雙方都很清楚知道在這種互動中，各自仍是獨立的個體。例如其中一方喜歡烹飪卻痛恨購物，另一方享受購物卻不善於烹飪，兩人就可能達成協議，分工合作。北交點落入牡羊座的人則非如此，他們會完全融入伴侶的世界，圍繞著對方的需求打轉，什麼事情都想兩個人一起做。接著，他們會開始試著讓伴侶以他們的需求為重心，參與他們的活動，像購物、探望父母或處理日常瑣事。這些人會希望建立一種互惠模式：一開始過度地付出，然後要求對方回報——這其實不是真正的付出，倒像是買保險，確保自己跟對方永遠是一體的。

北交點在牡羊座的人會不自覺地以為這就是建立及經營關係最正確的方法，但互相依賴的模式往往造成反效果。如果他們無法真正「站在自己的地盤」，就感受不到伴侶的愛及珍惜，最後也不會有歸屬感。他們會付出，也會成為伴侶生活的一部分，但當對方沒有按照自己期待的方式回應時，便覺得受傷又生氣。這會阻礙伴侶表現親密感，因為他們感受到原生者的憤怒時通常會退卻，藉此保護自己。

北交點在牡羊座的人缺乏自我感，他們寧願成為別人身分的一部分，而不去發掘個人的自我意識。他們把大量精力投注在重要關係上，藉此保持積極的互動，這有時會讓他們變得非常有控制慾。這些人認為只要讓另一個人「陷在」關係裡，無論這段關係是好是壞，他們都能從中獲得某種身分意識。

控制慾的表現可能會變成自以為知道對伴侶、父母、孩子，甚至每個人而言什麼才是最好的。他們總以為別人應按照自己的方式行事，因為他們自認是真心地把對方的利益放在第一位。然而，這些人因為太融入別人的身分，往往在不知不覺中混淆了一件事：這些作法到底是讓對方覺得好，還是讓自己感覺更好。他們也很在意身旁親近的人的行為會否影響自己，同時覺得應該為對方負責，所以他們的孩子（甚至已經長大成人）如果做了壞事，他們也擔心別人會因此看不起自己。

這種互相依賴的模式可能會讓伴侶耗心竭力，沒有喘息空間。他們的伴侶希望被需要，卻怨恨必須不斷地把原生者推開才能擁有自己的空間。原生者則覺得每個人都不停地想把他推開，卻又不知道原因何在。這種互動阻礙了雙方的親密：當原生者努力取悅伴侶，試圖加強依賴的模式時，對方會覺得必須保持距離；當伴侶想安靜獨處重新充電時，原生者又會認為對方彷彿想避開自己。伴侶的獨立成長及發展常讓原生者覺得受到威脅，然而唯有當雙方能分享各自學到的東西，他們的關係才能達到最佳狀態。他們越能各自成長，越有能力為關係付出。

許多原生者即使能意識到這點，仍非常需要對方的付出，讓對方覺得栽進了無底洞。伴侶如果無法持續地付出，他們會很失落，自覺無足輕重。這些人除非學會觀察自己，否則永遠都不會覺得自己真正被對方「看見」。他們第一步可以做的改變就是花時間獨處，跳脫關係。

當伴侶開始保持距離時，代表他們需要更多空間，原生者就能從中領受關係的禮物。對原生者而言，唯有與自己獨處才能認識自己，再次與內在獨立能量的泉湧產生連結。

創造內在和諧VS.使別人保持內心和諧

牡羊座落入北交點的人常表現得窩心又無私，彷彿支持「團體」或在關係中創造和諧就是他們的人生目的和責任，所以他們努力讓每個人滿意，包括對家人、朋友及下屬。然而不久後，別人會期待原生者有責任讓他們事事如意，甚至要他們不惜犧牲自己。

原生者常會用極端的方式展現無私，這可能會鼓勵伴侶產生不切實際的期望，也不懂得回報。事實上，這些人常常吸引到自戀型的伴侶。他們常因互相依賴的傾向，只要對方提出要求，他們就遵命照辦，甚至願意犧牲自己。然而，原生者最後會發現這並非互惠的關係，也無法從中滿足自己的需求，他們開始難過又憤怒，覺得自己被利用了。即使他們會不斷給對方一個印象：「你的快樂就是我的快樂」，但當對方沒有回報時，事情就並非如此了。

牡羊座在北交點的人若想解決上述問題，唯一的方法就是認清：我不需要讓每個人都快樂。如果他們想建立健康且平等的關係，就必須學著說：「我很遺憾你不開心。」這些人應該肯定對方是獨立的個體，可以為他們自己的快樂負責。而如果他們做了件深感快樂的事，也應不吝惜肯定自己。

原生者如果發現伴侶的對待方式破壞了自我的和諧時，就應用另一種方式與伴侶相處。他們應提高音量或堅定地告訴伴侶自己期待的相處方式。這些人要學著讓伴侶為自己的行為負責，這才是支持伴侶的方式。北交點落入牡羊座的人要知道，伴侶的遭遇都是自作自受，唯有讓對方承受後果，才能幫助對方成長及改變。

他們也應該進行自我探索，例如明察哪些方式有利於關係發展，而哪些方式不管用。我遇到一個北交點在牡羊座的個案，他經營一份小生意。他為了讓工作氣氛和諧愉快，不斷地給予員工支持及肯定，讚美員工的工作表現；他會處理讓員工覺得沮喪的情況，而且常常逾越分寸，過份地善待員工。久而久之，他的員工開始自我膨脹，變得不尊重他。他最後終於瞭解到這都是自己的問題，他對員工的付出只是想換得員工對自己的支持。當他願意為自己的和諧負責時，就開始明確告訴員工他對工作環境的要求，也讓員工知道他想要正面的工作氣氛，而非充滿八卦或負面情緒，並希望員工能尊重顧客。最後，他留下願意支持他的員工，辭退不願意或無法做到的人。他的生意開始好轉，而他也重新感受到和諧的氣氛。

北交點在牡羊座的人總是以和為貴，所以常阻止別人破壞和諧。他們在今生必須學會：不是每個人都以和為貴，有些人可能會把內部衝突當成墊腳石，藉此獲得新的洞見，結果找到更好的解決方法。

整體而言，當伴侶為了任何原因生氣時，原生者也會很憤怒。畢竟他們竭盡心力讓對方覺得順心，但對方的反應卻不配合！這種趨力會阻礙親密感。伴侶會覺得被冒犯了，因為自己連生氣的空間都沒有，而原生者則覺得被觸怒了，因為他們忽略了自己內心的和諧，只是想盡辦法讓對方順心。最後沒有一方開心，兩個人都很生氣。

原生者認為若想讓自己順心，前提就是先順著對方的意思，因此常隱藏自己的感受，不說任何讓對方傷心的話。這會阻礙親密感，因為伴侶也無法信任他們，無法在他們面前坦誠自己的感受，告訴他們自己真正想要的關係模式。伴侶會因為這種不安全感而開始退縮，情願原生者能誠實一點，用平等的方式來共同解決問題。然而，原生者除非能建立更強烈的個人意識，並為自己內心的和諧負責，否則通常會不斷地注意伴侶，觀察對方的情緒，讓伴侶無時無刻不感受到他們的存在。有時伴侶會渴望獨處，不用為了滿足原生者對和諧的需求而被迫「改變」自己。

北交點落入牡羊座的人都會有個不自覺的潛在問題：他們常與重要關係人產生共鳴，有如對方的替身。當伴侶難過時，即使原因與他們無關，他們也會跟著難過。對方一旦開始哭，他們也跟著落淚，完全不分你我。伴侶會覺得自己不該難過，因為也惹得他們如此傷心。

人們想要找個伴，無非是希望能與對方分享個人感受、想法和經驗，然後幫助彼此成長，這種互動其實很簡單。舉例來說，北交點落入牡羊座的人可以告訴另一半：「你大吼大叫會讓我很難過。」而非試圖去取悅對方，讓對方不要生氣。原生者若能坦誠表達自己的感受，不僅可以改變自己，還可以幫助伴侶更加認識自己。

最重要的是，原生者若想朝這個目標邁進，就必須讓伴侶做自己，為自己的情緒負責。我對原生者的建議是：花時間獨處，發現自己的感受，如此關係一定會有不同。原生者若能意識到自己的內心狀態，便能試著誠實地與伴侶分享感受。例如他們可以說：「我今天覺得亂成一團，你覺得呢？」伴侶如果也有同樣感受，那代表當下的氛圍果真如此。雙方分享各自的體驗後，就會覺得好多了。

放下嚴格的公平觀念，真正接受自己及別人

北交點落入牡羊座的人時常因為「公平」的理念，而傷害了自己及關係。他們認為別人都跟自己一樣，只玩「公平的」遊戲，然而當別人並非如此時，他們通常很難為自己爭取權利。這部分是因為他們在過去世裡常扮演協調者和外交官的角色，不計任何代價維持和平。

到了今生，這種外交的天性可能導致他們壓抑衝動，無法站出來爭取個人的最佳利益。這些人若不

能圓融地處理某件事，可能會選擇避免衝突。有個牡羊座落入北交點的客戶遇到一位講習主持人，主持人邀請她參加講習，並告訴她如果她樂意，可以加入講習組織。講習結束時，對方跟她收錢。她沒有多說什麼就把錢付了，但此後再也不接他的電話，即使她很喜歡講習的內容，而且那還是個不錯的生意機會。

當原生者無法在關係中清楚表達自己的欲望和需求時，「公平」還會衍生出另一個問題。當伴侶無法達到他們的期望時，他們會覺得對方不公平，並憤怒地列出一堆要求，讓對方嚇一跳。對北交點在牡羊座的人而言，較好的方式是在關係的一開始就直接表明自己需要支持，隨時誠實地表達自己的需求。

例如原生者在雇用一名員工前，他可以清楚表達：「對我而言，最重要的就是準時和積極的工作態度。我希望你每天準時上班，並維持積極的態度。你能做到嗎？你願意達到這個標準嗎？」這名員工如果同意了，之後卻開始偷懶，那麼原生者不需再抱怨這名員工不公平，只要提醒他若想保住飯碗，就必須遵守協議。

北交點落入牡羊座的人還有個常見的問題，就是在深入發展關係之前，沒有考慮到雙方有沒有能力和意願滿足彼此的需求。有時候，其中一方對關係中的某些基本情形是無法妥協的，也可能兩個人的需求根本就不相容。他們一開始就必須明確溝通，避免日後許多衝突。我有個北交點落入牡羊座的個案，她與丈夫一起接受婚姻諮商。諮商師問他們想在關係中獲得什麼，我的個案回答：「我想要更多親密感。」她丈夫卻說：「我想獨處。」她如果願意接受現實，接受她丈夫的本性和需求，他們就可以在當下分道揚鑣追尋各自的人生。然而她卻不停地卡在「不公平」的想法中，認為丈夫沒有像她對他一樣地付出。他們經歷了五年痛苦又昂貴的婚姻諮商，最後還是離婚了。

這些原生者在付出時非常「錙銖必較」，還會拿自己與別人比較，這種對公平的不健康想法最後常演變成操縱。例如北交點落入牡羊座的孩子會對父母說：「如果是鮑比或莎莉，你就會讓他們去玩了！」有位個案告訴我，她拒絕替北交點落入牡羊座的女兒照顧孩子，她女兒就說：「很好，媽媽，你在哥哥的孩子身上花的時間，多過於照顧我的孩子。」我的個案有她自己的生活，當她有空時很樂意幫忙照顧孫兒，但不喜歡被操控。而當她的女兒說出那樣的話後，母女的親密感就堵塞住了。

這些原生者甚至因身旁親近的人去注意別人而感到嫉妒。有位個案女士的丈夫的北交點落入牡羊座，他會嫉妒她對孩子的關心，總計較著她花在孩子身上的時間，自認沒有受到「公平」的對待，這種趨力也阻礙了夫妻的親密感。原生者會覺得很生氣，然後開始對伴侶有所保留，以求公平；而他們的伴侶也會因為不喜歡被控制或操縱而遠離他們。

這是種自我傷害的習慣，因為原生者無法感受伴侶的付出，反而迷失在比較的心理中。他們一味加深別人不重視自己的想法，認為「生命不公平」，更認為關係中唯一公平的方式，就是對方給予的回報必須與自己的付出完全相同。這種想法使得付出的自發性及樂趣驟減，並讓對方覺得非得用特定方式對原生者付出，即使他們可能想用其他較自然的方式回報。若原生者一直注意別人是否公平，最後也無法享受接受的樂趣。

北交點落入牡羊座的人必須學著珍惜，並且注意到：對方正在付出。他們若能拋開對公平的刻板想法，便能發現對方是正用他們的方式付出，或是完全沒有回報。如果是前者，原生者應選擇讓自己成長，開放地接受對方的樣子和付出方式，然後誠實地讓對方知道，自己對關係有其他要求或需要。但對方如果完全沒有回報，那麼他們就必須放下不切實際的希望，以為對方總是會「跟上進度」，然後積極地「教導」對方該如何回饋。

原生者最好一開始就明確表達自己的需求：「嘿，我需要幫忙。」也必須學著不停地與對方誠懇溝通，坦承自己所希望的互惠，看對方是否能夠或願意滿足自己的需求。只要他們大膽坦承自己的要求，無論結果如何，他們都是贏家。對方的反應如果是不願意回報，原生者就該停止付出。然而，對方若只是不知該如何回報，或搞不清楚原生者到底想要什麼，那麼溝通可以讓他們各自改進，也讓這段關係得以充滿愛與滋養的能量。

根據個人欲望、直覺與自我發掘採取行動

北交點落入牡羊座的人通常都看起來很開心，他們總試著取悅別人，讓事情圓滿，但即使臉上掛著笑容，也往往在內心深處充滿悲哀。這些人不停地壓抑自己的天性，試圖當個「好人」，然而他們除非能獨立地展現個人自我意識，否則便永遠無法在關係中獲得想追求的快樂。

這些原生者不想被關係完全牽絆，有些人甚至會讓自己變胖，無意識中建立一道阻礙，讓別人不要太靠近自己。他們也很難在關係中維持自我意識，因為在過去的許多世裡早已習慣了互相依賴的模式。他們以為「我不知道我是誰，也不知道想要什麼」，事實並非如此。由於在過去許多世裡他們只為別人付出，不正視自己，才讓這種覺知的光芒慢慢黯淡，因此這些人若想獨立自主，就不能再忙碌地創造與別人互相依賴的能量，而該花點時間專注在發掘並培養自己的興趣。

最理想的情形就是，這些原生者必須等待，先讓自我的自我意識變得更強大，然後再與重要的人建立關係，因為那是關係中最容易產生依賴的模式。當他們與別人建立深層關係時最好慢慢來，同時要隨著關係的進展不停地檢視自己，維持自我認同。

北交點落入牡羊座的人可以透過獨處，重新與自我的內在核心產生連結，學著辨識並相信直覺的準確性。如果他們能相信這些自發的衝動，便能學會別人已知的過程：相信自己的直覺，透過行動來展現

自我意識。這些人一旦意識到這點，便能在心中出現某種衝動時即認清當下，隨著生命歷程的展露而更深入地發掘自我。

有些原生者害怕與別人分享他們自發的欲望，因為害怕一旦說出自己的渴望，就永遠被限制住了。他們必須學習「想要」這件事其實是即時且暫時的。也許其中一方本來想看某部電影，但另一部電影看來更有趣，兩人就改變主意了——這是很稀鬆平常的事。即使是重要的承諾，雙方也常隨著時間及情況改變，擬出新的協議。

這些人必須養成習慣，與自己的「需求」維持連結，否則很難意識到自己在特定狀態中到底想要什麼。當他們猶豫不決時，最常見的方法就是回頭把重心放在另一半身上，隨著對方的欲望過活。例如他們出去吃飯，可能會讓另一半來選餐廳，若被要求自己選餐廳時，他們會想像對方喜歡吃什麼，然後把它當成自己的喜好。這種不必要的妥協，最後往往會在他們基本的自我意識上留下缺口。

這種互動也會阻礙關係中的親密感。當原生者不說出自己的喜好時，不只剝奪了伴侶取悅他們的機會，也無法從對方尊重自己欲望的行為中感受到愛。這些人必須學會表達自己的欲望及需求，才可以不再極度追求關係中的平等互惠。其實要改掉取悅他人的習慣很簡單，當別人問他某些意見時，他們可以回答：「我需要時間想一下」或「我待會兒回答你」，這讓他們有機會思考自己真正想要什麼。

北交點落入牡羊座的人時常會在各生命領域中猶豫不決，無論是要不要送孩子上幼稚園、車子噴漆該選哪個顏色等大小事，都讓他們難以決定。他們內心深處直覺地知道「正確」答案，卻會拿別人的意見來懷疑自己，透過別人的眼光來考慮事情。例如要他們選擇到甲地或乙地渡假，他們直覺選乙，但他們可能不會相信內心的聲音，反而不停問別人意見，直到有人說：「我比較喜歡乙。」他們才會說：「太棒了！」然後選擇乙地。他們會覺得自己是聽從了別人的建議，但這只會更讓他們無法觸及內心的覺知。這也可能阻絕了關係中的親密感，因為他們希望以和為貴，當下同意了別人的建議，實際上卻做不到，之後又因此產生罪惡感；而對方則會覺得自己不被信任。也有的情況是，原生者真的按對方的建議去做，但結果又因為不喜歡而生氣。

北交點落入牡羊座的人必須學習花時間獨處，等待內心正確的答案出現。這些人的確知道答案，他們只需聆聽自己的聲音，根據直覺對自己好的方式來採取行動。他們可以從自己作簡單的決定開始，例如要點哪種口味的咖啡、買哪本雜誌，這能刺激他們沒有利用的內在自我，當這部分隨著時間越來越強化，他們就會開始信任自己。這些人一旦開始替自己作決定，就不會極度地需要別人，也能感受到自己的力量。

然而，這個過程往往不太順利，因為原生者總是讓別人的意見來影響自己。他們很在乎對方如何看待自己，而完全忽略了自己的內心感受。他們若無法接受別人對自己的看法，便會開始改變自己的表現，而不曾探究自己行為背後的動機及感受。這妨礙了原生者擁有今生最需要的體驗：透過誠實的自我發掘來成長。

唯有當他們願意透過與別人真誠互動來認識自己，同時觀察自己，才可能得到真正的反省，幫助自己成長。這些人也許會有例如色慾、貪婪或恐懼等無意識問題，他們若不自我檢視，永遠不可能治療自己的「黑暗面」。不過，當他們把自己的內在呈現在別人面前時，即使是負面的，也能藉此發現自己行為的動機，激勵自己改進。

我有一位北交點落入牡羊座的朋友有金錢上的問題，對金錢的態度很可怕又不正確。他的妻子常批評他看起來很沒有質感（負面的反應），因此他把錢全都交給妻子，讓她來管理共同財務。但是他不去改變自己的形象（他不想看起來很廉價），又把錢交給伴侶管理，其實不能解決自己的金錢觀念，也無法讓性格成長。

我們如果因為過去世的罪過，或其他無意識的問題而失去平衡，那麼到最後（無論是今生或下一次輪迴）還是得自己負起責任解決問題。這些原生者若希望完成今生的功課，亦即發現並體驗自我意識，就必須關注自己的衝動及欲望，然後讓這些能量與內心的直覺結合，讓自己替自己作決定，讓自己快樂。

原生者也可以透過這種方式讓別人有機會支持他們的決定，然後便可以感受到愛的回饋。這些人即使無法獲得別人的愛，仍會感受到內心洋溢著愛自己的滿足感，因為他們已經開始靠自己來創造快樂。如果跟自我發掘的喜悅來比較，別人的看法真的是微不足道。

接受平等，建立健康的關係

北交點落入牡羊座的人常自覺比別人強，所以特別容易原諒、接受及寬容。有些人在不對等的情境中會認為自己可以承受一段關係，他們會想：「我絕對可以搞定，我的伴侶最後一定會改變立場，開始負責。」然而由於這些原生者從不跟伴侶立下清楚的協議，所以兩人常各有想法。有些伴侶會把原生者的力量視為理所當然，也有些人不樂意按照原生者沒有明講的期望來發展這段關係。例如，有位北交點落入牡羊座的女士跟丈夫說：「拜託，我們一起來改善關係吧！」丈夫根本毫無興趣，但她仍一直付出，因為她堅信他總有一天會讓步。直到她的丈夫對她百般羞辱，她才離開了他。

自己比伴侶強的這個觀念，會在很多層面上阻礙親密感。首先，如果他們總是扮演負責任的角色，關係就會失衡。其次，當他們在等待對方變得更強時，往往忽略了自己的和諧及快樂，也不曾讓對方知道自己的需求。

這些原生者自認比對方強勢，往往不允許自己表現脆弱，因為他們在內心深處認為，對方其實與自己是不平等的，也不夠資格成為自己的伴侶。伴侶常覺得很難過，因為原生者不願放心地依賴自己。這是很諷刺的，因為即使伴侶覺得原生者太過獨立，但這仍是段互相依賴的關係，因為原生者只把自己當成「團隊」中「比較強勢」的那方，卻從來不把自己視為獨立存在的個體。原生者的身分意識是建立在與伴侶的比較上，他們會自認為自己彌補了對方欠缺的部分。

這時常衍生出尊重的問題，還會製造優越感，而導致雙方的疏離。原生者可能會開始操縱伴侶，有時更竭盡所能「幫助」伴侶擁有某些他們想要的特質，然後再把成果當成自我意識的一部分，如果這時伴侶堅持做自己，關係中就會出現權力的掙扎。

唯一的解決之道就是原生者必須在一開始就清楚表明自己的立場，誠實說出自己想在關係中創造的東西，希望能與伴侶達成哪些共識。透過這種方式看清對方是否有同樣的期望，是否願意為關係努力。

北交點落入牡羊座的人很難在關係中維持公平。他們若非讓伴侶變得像父母一樣，圍繞著自己打轉，就是自己扮演起父母的角色。舉例來說，他們拒絕自己下決定，這會讓伴侶覺得自己應該對原生者負責，好像自己變成了他們的父母，而非同輩。但是當原生者把「打理伴侶」視為自己的責任，不斷激勵對方時，卻又自己扮演起父母的角色。無論哪種模式都不是健康的成年人關係，沒有平等，親密感根本是緣木求魚。

這些人必須學會一件事：無論自己多樂意取悅對方、多想要事事和樂，一定要在關係中建立平等及互惠，否則就不可能有真正的快樂及親密。這些原生者因為不知道如何公平地滿足自己的需求，所以常常訴諸操縱，例如禮貌性地設計伴侶，讓對方給予自己想要的東西，而非勇敢誠實地展露自己。而當另一伴感受到操縱時，就會開始懷疑原生者，不相信他們說的任何話，因為他們永遠不知道原生者的真正目的為何。操縱就是一種不公平，也意味著缺乏親密感。

對原生者而言，操縱別人就等同於「自我身分意識」，因為他們只能透過這種方式才知道自己想要什麼。儘管這種方式剝奪了他們的個人力量，但他們卻責怪伴侶害自己無能。這些原生者總把焦點放在另一半的身上，也是造成某種細微、無意識操縱的原因。原生者習慣透過關係來定義自己，所以當他們與某人互動時，對方無法看到原生者的真實面貌，反而是他們自己的投射。因此對方常覺得原生者非常瞭解且重視自己，根本就是自己的同類！就膚淺的層面來看，原生者會因此變得受人歡迎，但這當中沒有親密感，因為一旦原生者沒有被真正地「看見」，一段時間後，就不會感受到能量的回饋。

原生者若想改變這種模式，唯一作法就是在伴侶面前有意識地、誠實地展露自己。他們可以做個小實驗，先把重心放在另一半身上（他們最自然的作法），一旦自己「看到」了對方，就開始試著與對方溝通。例如在伴侶分享了第一次騎自行車的經驗之後，原生者便轉移焦點，談談兩個人第一次一起騎自行車的經驗。這種方式可以讓能量交流，滋養雙方，同時創造互惠的連結。而伴侶也不再只是看到自己的投射，而是與「真人」建立關係，也為雙方在關係中創造互惠、平等及親密性踏出了第一步。

北交點落入牡羊座的人只能從內在重新發掘個人的身分意識，唯有獨處才能讓他們意識到「自己」的優點，否則他們永遠無法在別人面前自在做自己。如果他們能做自己，隨之而來的健全自主權便足以讓他們享受到把伴侶視為平等個體的樂趣。他們也會發現每個人都在根據自己內在的藍圖，不斷地學習和成長。

勇敢表露真實的自我：放下操縱和「好人」面具

北交點落入牡羊座的人傾向於細微地控制局面，藉此得到自己想要的東西。他們通常非常有禮貌，就像「天使一樣」，看起來純潔無私，但對方卻感受到他們操縱的能量。就無意識的層面來看，這些原生者常把操縱當成從別人身上滿足自己需求的唯一方法。

這種趨力會阻礙親密感的交流，因為儘管別人不清楚到底發生了什麼事，但最後一定會很生氣。因為追根究柢，原生者根本沒有給予他們真正選擇的權利。表面上他們會問對方想要什麼，然後付出時彷彿在施惠對方。這種操縱可能會讓互動的喜悅中，交雜了憤怒及誤解。

北交點落入牡羊座的人除非具備獨立的自我意識，否則容易依賴別人看待自己的眼光而活，所以他們常改變表現的方式，藉此得到「正確的反應」。即使他們想吃巧克力也會點香草口味，因為他們不想讓對方失望、讓對方覺得自己糟糕或「不夠份量」。這些人通常很圓融，從不分享自己的真實感受，因為他們認為這會導致衝突。他們也怕自己一旦被對方看透了，就無法在關係中維持和諧，也無法從中滿足自己的需求。

然而，當原生者口是心非，被別人發現了矛盾之處時，通常會很不自在。別人會覺得原生者沒有表現真我，只是以某種方式在取悅或欺騙自己。這讓別人非常受傷，因為他們無法相信原生者，也永遠不知道他們是否在說善意的謊言，最後不敢與原生者太過親近。

原生者也因此無法表現親密感，因為當他們保留部分自我時，也必須保持情感上的疏離。這些人在某種程度上知道自己利用禮貌及魅力來讓事情順利，藉此滿足需求，但這種作法並不會讓他們自我感覺良好。如果他們沒有真實地與對方分享自己的感受，其關係就只像檯面上的一齣戲。

對北交點落入牡羊座的人而言演戲並非難事。這些人很容易就能看穿別人的心思，改變自己的模樣，直到他們發展出自己的身分意識。控制別人看待自己的眼光可說是某種形式的操縱，但結果反而是別人操縱了他們，因為他們必須根據別人的認知隨時改變自己的模樣。而且因為原生者不曾真正表現出真我，所以別人對他們的認知實際上只是種投射，在這個過程中，原生者可能會更加迷失自己。

這種種行為的動機，就是因為原生者非常擔心別人看到自己真實的模樣。他們以為一旦別人看到了他們的真實面，就會對他們有意見。對方如果不喜歡他們，就可能離開這段關係，而原生者在潛意識層面上根本不認為自己可以獨立生存，所以他們還是選擇繼續保護自己。

北交點落入牡羊座的人在今生必須學會的功課就是：為了在關係中培養親密感，必須克服自己的恐懼，放棄操縱的行為模式，真實與對方分享自己。這些人必須勇敢坦承自己經歷的一切，即使他們有時也不清楚為何會有某種感受。舉例來說，當他們覺得挫折時，如果可以與伴侶分享自己的感受，便能透過雙方的互動，看清挫折的原因。此時無論對方如何回應，原生者都是贏家，因為這讓他們有機會傳達自己的能量，他們也會因此對自己滿意。

原生者一旦學會用真實的方式面對關係，便能從一開始就建立起比較正面的關係。他們剛認識一個人時，就應誠實表達自己，然後觀察對方是否願意用同樣方式來應對。原生者若想建立成功的關係，必須一開始就清楚表明立場，避免無意識地跟隨著對方的腳步。例如他們可以說：「我真的很喜歡去博物館，那總能帶給我好心情。你喜歡藝術嗎？」當他們對別人展現真實的好奇心時，馬上就能知道對方是否願意誠實說出自己的品味及喜好，也能判斷對方是否願意在關係中平等互惠。

成功經營親密的性關係

北交點落入牡羊座的人深信自己可以打造愉悅的家庭環境，當個好父母、支持伴侶，把假日安排得別出心裁，並從中體驗到愛與親密感。然而他們體驗到的只是伴侶對他們扮演角色的反應，例如伴侶可能會說：「好吧，那我會好好工作，賺錢回家。」

這種「完美」的生活情節雖然看起來很和諧，卻會阻礙親密感的交流，因為這不過是畫冊式的關係罷了，其中可能沒有真正的親密感，因為一切只是建立在「當個好人」的基礎上。扮演完美伴侶的角色會為雙方設下感情的死胡同，真正的愛與被愛的經驗將不當地被抹殺。

原生者若想與伴侶創造親密感，最好的方法就是跳脫「團隊」觀念來看待自己。如果他們不能獨立表現自己，就會由關係來定義自我的身分意識，等待關係指引出自己的渴望及需求。他們甚至會配合伴侶的能量並隨之起伏，當然，親密感也就隨之消散了。

從深入的層面來看，這裡的問題在於他們從不認識真實的自我，甚至不確定自己需要什麼。這些人會因為欠缺穩固的自我感而十分焦慮，尤其是在親密關係中。他們知道如何互相依存、與別人水乳交融，完全沉浸在對方的能量場域中，卻不知在與對方連結時如何保有自身的特性。他們很難在關係中維持平等，當然在某種程度上，他們知道平等是健康關係的必要條件。伴侶可能會感受到他們的焦慮，卻不知道原因何在。

北交點落入牡羊座的人必須培養健康地愛自己的觀念，否則就會需要伴侶付出極大的精力。基於過去世的議題，他們覺得自己必須靠另一半才活得下去。當他們愛上一個人時，會自動且毫無保留地支持對方，然而卻時常讓自己付出太多，還會未言明地期望對方回饋。他們會想：「我這麼愛他，付出這麼多，如果將我對方放在第一位，對方也會如此對我。」但事實未必如此。

不過，伴侶即使沒有回報，原生者也不會口出惡言。他們擔心伴侶可能會退縮，讓自己失去結盟的能量，所以他們會說出自認為對方想聽到的話：「一切都好極了。你是最棒的！」

北交點落入牡羊座的人如果突然感覺不那麼愛伴侶了，就應該誠實檢視自己是否一直在妥協，若果真如此，他們下一步應直接問對方，真正想要或需要什麼。這些原生者必須開始想想自己到底希望在關係中創造什麼，才能讓自己充滿能量。他們必須學習支持自己，跳脫關係，獨自完成必要的事情。

然而，當原生者試圖點燃自我意識的火焰時，常覺得內心空蕩蕩的。這會讓他們不自覺地企圖改變對方的行為，藉此來配合自己在某個特定場合中的表現。對北交點落入牡羊座的人而言，首先要學會的就是愛自己，如此他們才能意識到真正的自我，與別人分享自己。

這是條學習愛、榮耀及尊重自己的道路，最後可以讓原生者正確地瞭解愛，同時知道如何真實地愛人。他們必須知道，所謂愛一個人代表了欣賞對方的獨特性、鼓勵對方獨立，而非控制對方。他們若能用健康的方式支持伴侶天生的身分意識，便能同時加強自己的身分意識及獨特感。

當原生者透過關係看待自己時，常覺得必須操縱伴侶，才能滿足自己的需求。但如果他們能面對自我身分意識，就不會再被互相依賴的觀念絆住，而也能建立更健康、更真實的關係。此時原生者就能清楚地表達自己的渴望，同時也會聽見對方的需求及欲望，雙方可以一起建立獨一無二的真實關係，並從中獲得滋養。

愛不是契約或交易，更不是兩個人在檯面上交換籌碼。愛是接受、瞭解、原諒、互相安慰，以及表達真實的感受。這些人正在學習：在角色及期待的背後，每個人都有自己的成長之路要走。因此最理想的狀態就是，兩個人在關係中能支持對方發揮自我表達及整體的潛力，如果他們能分享這個過程，便能更親近地交換愛、瞭解和接受，以及共同追尋的親密感。

他人所能提供的協助

鼓勵他們發現自我

當北交點落入牡羊座的人聊到今天發生了什麼事，內容多半與人際關係有關。他們可能覺得老闆對自己不公平而感到憤恨，或因某個朋友沒有以特定的方式對待自己而覺得被背叛。無論如何，請發揮你最誠實的好奇心，幫他們看看自己在那些情境中到底學會了什麼。

舉例來說，上司如果把比較複雜的工作指派給原生者，卻不給他的同事，這展現了原生者的哪些特質？也許他們比同事更有能力處理複雜的工作，也許上司認為原生者比較樂於團隊合作，多點工作他們應該不會拒絕。

他們也可以在自己與上司的互動中發現自己如果不表明立場，之後就可能被指派更多困難或不愉快的差事。你要確定他們說出對自己的認識，而非別人對他們的理解，就能鼓勵他們踏上自我發掘的道路，而這正是他們的靈魂在今生最迫切的功課。

鼓勵他們獨立行動

這些人習慣保留自己的意見，因為害怕說出自己的欲望會讓人不愉快，但這往往只會讓他們「配合」，犧牲自己來支持別人。他們若覺得某個人在利用自己通融的天性，你就要鼓勵他們主動消除誤解，捍衛自己當下的需求。

北交點落入牡羊座的人帶有天生的公平感。這些人不會利用別人，也不希望別人利用自己——這是很健康的心態。然而因為他們生來就有團隊意識，如果你能幫助他們看清楚：有時堅持獨立對自己及團隊都有利，那麼他們就會這麼做。

舉例來說，如果他們告訴你，他們因為重要關係人一再刻意疏遠與拒絕而感到很難過，你應建議他們嘗試獨立於關係之外，自己完成許多事情。請幫助他們強化自我意識，同時給予伴侶做同樣的事的空間，最後就能為彼此帶來更多樂趣及親密感。

鼓勵他們按直覺行事

你要讓原生者知道，當他們能依靠自己、順著直覺行事時，才會是贏家。按照內在衝動採取行動對他們有利，但當他們延遲行動並向別人尋求外援時，他們就會懷疑自己，產生迷惑。他們採取行動的衝動是種本能的力量，你應該鼓勵他們信任並聽從本能行事。

你要鼓勵他們在與別人互動時，一定要在要求別人付出前率先表明自己的立場，這樣才能變成真正的團隊分子。如果他們能先對別人坦承立場，就能與人展開深刻的合作，維持長久的和諧。這些人非常注重公平，所以如果你告訴他們：這就是「公平對待」別人的最佳方法，那麼他們就會充滿力量，願意接受這個挑戰。

支持他們關注自己

北交點落入牡羊座的人習慣處於關係中，很少能在獨立行事時覺得快樂。你應鼓勵他們參加一些能激發內心喜悅的活動，也許是聽一場古典音樂會。當你不想去時，也要鼓勵他們多愛自己，讓自己去享受。如果他們喜歡大自然，但你不想健行，那就支持他們順著「健行的衝動」去實踐，讓自己充電。

你應鼓勵他們多花時間在可以「真正樂在其中」的活動上，而且讓他們自己去享受。當然有時遇到一個他們希望你能參加的活動，你也可以參加，以表達對他們的支持。這可以讓他們發現，表現自己獨立的一面其實可以得到別人的支持及合作。

最重要的是，鼓勵他們自己作決定。當他們猶豫不決時，你可以問他們：「你覺得怎麼做對自己最好？你想怎麼做？」這些人的個人生存本能一直沒有被啟動，他們需要被鼓勵發現自己的利益，同時被提醒「勇敢一點」。支持他們自己作決定可以滋養他們的生命力量，而你也可以透過這種方式幫助他們改掉依賴的傾向。

鼓勵他們獨處

北交點落入牡羊座的人對環境很敏感，當有人不開心時，他們也會受影響。鼓勵他們安排固定的時間獨處，加強獨立自主的信念。當他們獨處時，不會因為別人的意見而分心，也較容易與自己真實的天性連結，找到自我，創造出真正平衡的關係。

原生者天生喜歡跟伴侶從事大部分的事情，所以你要鼓勵他們獨力完成。你可以建議他們一些可以獨自從事的活動，像散步、看電影、健身房運動或閱讀，然後問他們最想做哪件事。你得提醒他們，獨自從事這些活動可能更有趣。舉例來說，當他們自己去喜歡的商店購物時，便可以隨心所欲地探索自己感興趣的東西，這也可以強化他們健全的獨立人格。

對北交點落入牡羊座的人而言，和諧及和平是非常重要的事。當他們發現獨自從事取悅自己的活動可以帶來更多的內在和諧，就會更樂意去做，也能為別人帶來正面能量。

不鼓勵的習慣

透過別人的眼光來看自己

幫助他們改掉這個習慣。當他們老是擔心別人的眼光，就很容易失去自我。

拿自己與別人比較

不要讓他們養成這個習慣，這對他們發現或表現出獨特的自我來說，只會造成反效果。

認為某件事「不公平」

當你每次聽到他們說「這件事不公平」，別任由他們耽溺其中。提醒他們這是因為期望和自我妥協所導致的心理狀態，而且只會帶來憤怒；與其關心「公平性」，他們更需著眼於發現自己及別人的真實自我。

月亮北交點落入金牛座或第二宮

他們帶給關係的特別禮物

* 心理的深度
* 敏感地察覺他人的狀況
* 熱情支持別人
* 堅強的精神
* 天生的團隊分子
* 創造財富的能力
* 願意投資別人

阻礙親密關係的迷思

* 我必須把所有心力投注在對方身上，才能讓關係順利。
* 支持父母的方式，就是幫他們作決定。
* 我必須有一段關係才能生存。
* 如果我忽略了自我界線而勉強讓步，事情就會更順利。
* 別人不知道我對他們有多重要。
* 如果我說出自己的需求，別人可能不會正面回應。

* 我可以買現在想要的東西，晚點再付帳單。
* 別人對我不夠關心，不在乎我的過去。

伴侶的埋怨

* 他們總會遇到某種危機。
* 我不相信他們尊重我的價值。
* 他們非常武斷。
* 他們會利用威脅來掌控。
* 他們處理金錢的方式很極端。
* 他們自認應該受到特別待遇。

維持健康的界線

我們可以根據兩個人投入的時間與精力來界定一段關係。北交點落入金牛座的人完全沒有界線，因為他們在過去許多世裡都刻意地疏忽自己的需求，全心支持別人，因此這些人到了今生，很容易付出自認為重要的東西，支持伴侶發展天賦及價值。他們在理智上知道不應超出負荷地付出時間、精力或金錢，卻阻止不了自己重蹈覆轍。

這些原生者在照顧別人的過程中，覺得已經失去了自我，然後會因此生氣，甚至突然不再支持對方，讓完全搞不清楚狀況的對方覺得被疏離和拒絕。他們今生必須學習正確地利用界線，也讓對方知道他們的極限，例如說：「我可以待在這裡一小時替你打氣，之後就必須離開」。透過這種方式，別人較能意識到原生者也是獨立的個體，並懂得感激他們付出的時間及精力，而原生者也比較不會覺得對方「需索無度」。

對於北交點落入金牛座的人而言，另一種阻礙親密關係的心態就是：潛意識中自認為「擁有」對方。他們無論面對自己的孩子、愛人、朋友或生意夥伴，都很容易融入對方的角色，失去自我感。他們會認為：我的投資如果成功了，成就就是我的；這種想法只適用於商場或個人目標上面，卻不適用於人！然而，當他們看到某個人有成功的潛力時，時常不由自主地將所有的精力投資在對方身上，幫助對方功成名就、贏得財富。這些人因潛意識中有自我價值及界線的問題，所以通常不會在書面或口頭上彰顯自己的付出，對方可能因為原生者的付出而變成名人或致富，其實大部分都是原生者的努力。原生者會認為這樣可以換來對方的忠誠，或某些方面的回饋，但他們支持的對象如果不這麼認為，他們就會覺得被背叛了。

當原生者支持某個人時，會把所有的注意力都放在對方身上。他們會把自己的需求放在一旁，也不要求回報——然而這卻是健康關係的基本元素。事實上，他們按照自己的想像來經營這段關係，認為當自己協助伴侶達到目標後，便能理所當然能獲得回報。結果若非如此，他們不會與伴侶溝通、解決問題，反而完全地封閉起來。伴侶不知道為何他們變得疏離，也不知道其實他們的支持有著隱藏的「價格標籤」。這種結果只讓雙方生氣和怨恨，變得有距離，因為關係的過程並不誠實。北交點落入金牛座的人常在當下否認自己的需求之後，又用某種方式要求回報。事後無論伴侶是否能滿足他們的需求，他們都無法感受到真正的親密感，因為他們已經限制了自然回饋的互動，而回饋必須在需求出現時就明講，才是最自然的。

人們之間的真實界線並非一種心理概念。界線是天生的，就像我們可以感受到體內的衝動一樣，知道自己在特定的場合中是否安適。對大多數的人而言，超越「舒適區域」是個人及靈性成長的必要條件，但對北交點在金牛座的人而言卻剛好相反。當他們犧牲自己的舒適、忽略自己的界線時，往往覺得更有安全感。他們非常害怕意識到自己的舒適範圍，也怕讓自己太過安逸，但這個過程其實能幫助他們成長；這些人若想在今生建立成功的關係，就必須做到這點。如果他們不太確定某個狀況，就必須放慢腳步、做個深呼吸稍待片刻，直到能判斷這個時間點和別人的回報是否能讓自己舒服。這些人在今生不用匆匆忙忙，他們有充分的時間可以利用。當他們讓自己感覺良好時，就會發現自己走在正途上。

北交點落入金牛座的人知道別人逾越了自己的界線，他們會沮喪、疲憊、不舒服且浮躁不安。在這種狀態下，根本不可能有親密感，因為他們內心最深處會因為害怕受傷而不敢冒險，他們很害怕別人會繼續越界。他們不懂得阻止，只好拒絕所有人接近，卻又覺得被眾人孤立了。這些原生者認為別人根本不在乎他們的舒適感，但其實是因為他們沒有表達自己的需求，讓別人來配合自己。

每個人都喜歡舒適，但這些原生者卻比較關心別人的舒適（這是他們無法控制的），反而忽略了為自己創造舒適環境的責任。他們在潛意識中認為：當我感到舒適時，某人就會要求我做某件事情，結果當他們也舒適了，我卻一點也享受不到了。我有一位北交點落入金牛座的個案，她忙了一整天之後終於有點時間坐下來看本書，此時她的丈夫問：「晚餐吃什麼？」而她的兒子喊著：「媽，幫我弄這個。」她會馬上跳起來滿足他們的需求，完全犧牲了自己片刻的放鬆。

這種互動顯然不誠實。這位女士其實想放鬆享受一下，但卻什麼也沒說，反而去照顧家人，然後再次生氣。別人不會感受到她的憤怒，因為她隱藏得很好。原生者所做的每件事都是為了別人，這阻塞了關係中的親密感。

對原生者而言，最好的實驗就是設定時間限制，其中要包括讓自己舒適的時間。如果上述的個案正在放鬆休息，剛好有個人說：「幫我做這件事好嗎？」她應該回答：「沒問題，再給我十五分鐘（或是一小時，取決於她覺得舒服的時間），我就來幫你。」原生者可以藉此向對方證明，自己的舒適也很重要，讓對方知道自己也有個人需求。這種溝通可以打開親密感的大門，因為對方會因此更珍惜原生者。他們會想，「有個人就在身旁，等她把必須做好的事情搞定之後，就會過來幫我。」

重新找回自我價值感

北交點落入金牛座的人通常無法意識到自己內在的價值。這是因為他們過去許多世都習慣把目光聚焦在別人的光芒，看不到自己的光亮，才會造成這種「盲點」。他們已經習慣於看到伴侶的才華，將自己所有的精力都投資在對方身上，讓對方在社會中展現個人價值，反而忽略了滋養自己，點燃自我內在的火花。他們也會因為全心全意支持伴侶而貶損自己的個人價值。他們只看到社會的價值，或能帶來物質收入的事物，卻忽略了內心真正重要的東西，久而久之便與自我的價值失去連結，反而相信社會所重視的東西才是最重要的。

這些人經過了許多世重複的生命經驗，已經失去自我價值感，也無法聽到內在的聲音告訴自己什麼才是最值得的，除非能消除這種模式，否則永遠無法在今生創造快樂的關係。就某方面而言，他們會認為必須全心支持伴侶，才能讓關係成功。這會阻礙親密感的交流，因為原生者內心知道，當他們無法說出自己的需求而對伴侶付出過多時（事實的確如此），其實是貶損了自己。這些人常認為除非能夠找個伴，並滿足對方所有需求，否則乾脆孤單一人，因此他們常找一個不要讓自己太費心思的伴侶，輕易就能滿足對方的需求，也不願隨著自己天生的喜好，思考必須為個人成就做些什麼。

這些人常不問伴侶的意見就自己作決定，即使他們自知如此不妥。這些原生者不願接受伴侶的付出，也不願意嘗試兩個人一起努力，以建立一段互相滿意的關係。我的一位個案是商界的專業人才，她與一位北交點落入金牛座的男士交往，兩人在各方面都有非常強烈的吸引力。這位男士後來被辦公室裡的秘書追求，最後選擇了秘書，因為他覺得能輕易地滿足秘書的需求，而且也不確定自己是否「配得上」我的個案。我的個案是後來才知道他的想法，他當時並未跟她說出真心話。

北交點落入金牛座的人若讓伴侶發現自己的重要性及獨特性，伴侶卻沒有回報，他們也會沒有安全感，開始懷疑自己對伴侶的價值，進而退縮。例如，一位男士的妻子的北交點落入金牛座，他發現妻子很冷淡疏離，就問妻子為什麼。妻子跟他說：「我逛遍了店裡所有的情人節卡片，選了一張最適合的送你。你拿到後卻只說：『謝謝，等我戴上眼鏡後再看。』然後就去睡覺了。」她認為他看輕了她的價值，傷了她的自尊。另有一位北交點落入金牛座的個案，她的重要伴侶從來不在情人節有特殊表示，因為他覺得「太商業化了」。對這兩位原生者而言，伴侶都沒有滿足他們重視的需求。

原生者如果不說出來，其他人可能就會認為原生者會繼續不辭辛勞地表現愛與支持，也從不會肯定他們的付出。原生者甚至不確定伴侶是否認同自己的貢獻，對他們而言，其實只要伴侶說幾句感激的話就意義非凡，但伴侶若不肯定他們，就會讓他們失去自信。當然，沒有人要求原生者付出這麼多，而他們永遠也不明講希望伴侶回報什麼。

在這種模式裡，互動的過程顯然又被貼上「隱藏的標價」，對方如果沒有「買單」，原生者就關閉心防。這種反應當然會影響親密感，因為對伴侶而言，原生者突然變得疏遠冷淡，讓人摸不著頭緒，也只好退縮。北交點落入金牛座的人今生必須學習的功課就是：勇敢地在關係中說出自己的需求，「訓練」對方滿足自己。當他們能做到這點時，自己及伴侶的生活都會更加快樂和滿足。

北交點落入金牛座的人若想在今生創造成功的關係，便必須對自己負責、強化自尊，與自己的個人價值重新產生連結。他們可以把重心放在一些能帶來內心滿足的人或活動上。正確的人生之路不是與別人比較，而是邁向任何能帶來舒適及成就的人事物，也許是烹飪、在郊外散步、整理花圃，或與好朋友約會，只要是能帶來內心滿足的事情就對了。在某種層面上，這些東西是在滿足他們個人的需求，加強他們的核心價值，同時讓他們重新建立自我價值。

這些原生者的下一步就是確定自己有足夠時間從事自己的興趣及追求，也就是把時間都花在自己身上。這些人無論再忙，每個禮拜至少要保留半天滋養自己，這對維持重要的關係而言是非常重要的。當他們把界線畫清，把自己放在第一位，留點時間給自己時，便能在所有的生命領域中更有自信。此時他們才能與別人建立更親密的連結，因為他們不再需要伴侶來滿足自己的需求，也不會因為對方沒有給予自己想要的東西而生氣。

對這些原生者而言，還有一件重要的事就是：開始限制自己對別人付出的時間與精力。他們總想幫伴侶「補漏洞」的衝動不僅會榨乾自己，也剝奪了對方學習獨立、建立內在力量的機會，讓對方變得無能。他們若畫出個人界線，不僅能加強自我的價值，還能讓對方獨立自主。當他們對伴侶說：「我直到下午兩點才有時間幫你，因為周五早上是我自己的時間。」這不只能讓伴侶更瞭解他們，同時也能更加看清楚自己。伴侶會發現，不能假設原生者永遠會照顧自己，因為他們也有自己的需求。

尊重別人的價值觀

在過去世，北交點落入金牛座的人太習慣擁有一位「靈魂伴侶」，所以在今生與別人產生連結時，無論對方是愛人、配偶、孩子或生意夥伴，他們都會百分之百地支持對方成功。他們是非常有力量的夥伴，可以幫助別人完成夢想，因為他們非常瞭解社會的價值，也知道如何在世俗的競技場中勝出。然而，這是因為他們在過去許多世裡把自己「出賣」給社會，所以到了今生，變得完全不考慮個人的價值——無論是自己或別人的。他們認為別人想要社會認定為「成功」，也會敦促對方在社會中功成名就。事實上他們認為遵循社會價值是在這世上最安全的生存之道。

這些原生者如果有孩子，常會與小孩過度地綁在一起，把所有心思用在幫小孩在社會上出人頭地。他們的孩子也許有音樂天賦，想成為歌手，然而北交點落入金牛座的父母往往不知道要先挖掘他們最重要的天賦，然後再幫助他們發展才華。這個孩子可能剛好也很擅長數學，於是他們很可能試圖讓孩子成為會計師，或強迫孩子從事一些確定能獲得社會認同或金錢收入的職業。當他們用這種強硬的方式「支持」對方，常常只會導致對立，而不能換來感激與合作。

事實上，北交點落入金牛座的人會否定所有不符合自認為合理的價值觀，而他們認為合理的東西就是社會認同和金錢報酬，這種態度可能會讓親近的人特別受傷。原生者如果認為自己所愛的人想從事一個看似無法實際獲得名聲或財富的工作，可能會表現得非常武斷，甚至攻擊對方。這當然會嚴重影響親密感，因為對方會覺得原生者不尊重他們的價值觀，甚至覺得一直被批評，而原生者無法接受真正的自己。

北交點落入金牛座的人如果不認同一個人的價值觀，可能會奚落或取笑對方。這是種極具破壞性的心理。這些人也可能會鼓勵對方公開分享自己及價值觀，然後再努力向對方證明他們的價值觀一無可取；對方當然也會捍衛自己的價值觀，所以衝突就發生了。最後，另一半常會因為厭倦了原生者總忽略自己的感受，或拒絕接受自己的想法，而再也不向原生者說真話；他們只能後退一步，才能重新定義自己。在這種模式下，原生者常會在最重要的關係中製造距離。

原生者對社會標準的刻板印象也常在關係中製造問題，因為他們會根據自認為社會定義的「角色」

來看待對方，例如父親、朋友、愛人及孩子等。原生者會認為只要對方「正確地」表現他們的角色，就應該受到自己認定的對待。例如，「孩子應該在學校表現良好，讓父母驕傲」或是「男人應該花一堆錢在女友身上，讓女友覺得被珍惜」。但是對方如果沒有按照這些方式對待自己，原生者就會認為對方是針對自己，結果造成關係疏離。

北交點落入金牛座的人的所有問題都來自於他們的「神奇信念」，以為只要自己全力支持另一半，所有事情都會按照自己的期望發生。然而當他們把自己的價值觀強加在身旁親近的人身上時，其實是超越了對方的界線。原生者很少問伴侶想要什麼，而是根據自認為重要的原則，直接「幫忙對方」作決定，然後把所有時間及精力都投注在這個決定上。但這種模式從來不管用，即使伴侶對結果很滿意，他們也會說自己是因為原生者想要才這麼做；而伴侶如果對結果不滿意，則會責怪原生者，而原生者也會覺得自己該負責。

當原生者與伴侶越來越親密時，時常不問對方真正想要什麼，就擅自為對方作決定，伴侶不會因此感激他們，也不會覺得受到支持。事實上，伴侶會認為自己才是付出支持的那個人。這種趨力勢必會影響關係中的親密感，因為伴侶懷疑原生者會強行替自己作決定，儘管那不是自己想要的，而且他們可能根本不想跟另一半完成所有的事。因此北交點落入金牛座的人必須學習的是：在投注大量的時間及精力之前，必須先觀察並尊重伴侶想創造的事物，同時也要尊重他們表現自我才華或能力的方式，這也意味著必須給伴侶一些時間來發現自己的天生價值，讓他們能自由地接觸自己渴望的事物。北交點落入金牛座的人必須學習詢問伴侶：「我可以怎麼幫你？」然後再付出支持，就能創造正面的能量及結果，伴侶也會因此很珍惜他們的付出。

當原生者在聆聽伴侶分享自我價值時，便能發現伴侶的興趣其實隱含了他們的內在價值，也能發現伴侶天生被賦予的模樣，以及伴侶在追求個人及靈性成長中的基本需求。北交點落入金牛座的人可以透過這個過程，更加瞭解該如何在靈魂的層面上，與自我的天生價值重新產生連結，然後終其一生地朝著這個方向努力。

克服危機的天性

北交點落入金牛座的人常在生活中製造出能輕易避免的危機。就無意識層面來看，他們是要藉此展現自己的能力，就像有人縱火之後，他們可以即時趕到救援，這是他們贏得認同感的方式，因為他們總認為自己不受別人肯定。這些人無論是危機中的救星或受害者，事情總會圍繞著他們打轉，因他們而改變。當危機發生時，每個人都會去拯救他們，而這也呼應了他們慣用的模式：投注所有精力來支持別人。

這些原生者除了對危機上癮，也會在關係中製造不必要的小摩擦，這些都會破壞親密感。特別是在伴侶的工作上，原生者常會鞭策伴侶朝著他們認為能創造最多社會及金錢回饋的方向努力。一位北交點落入金牛座的父親若發現兒子可能想當獸醫，他可能就會說服兒子學電腦，賺更多的錢。兒子很自然地反抗他的期許，決定當自己，因此親子關係便出現了距離。

這些原生者可能藉由照顧某個人，讓自己停留在危機的狀態中，而對方的生活也總是危機不斷。這也會有礙親密感，因為雙方都在忙著解決危機，反而沒有時間進行個人層面的交流。原生者必須學習選擇「舒適且輕鬆」的生活之道，而非充滿「危機」的道路。

北交點落入金牛座的人也習慣隱藏，只與別人分享一部分的心情，這導致了疏離及冷漠，因為他們常戴著保護罩，隨時處在「高度警覺」的狀態。這些人從未放下戒心，因為他們擔心被傷害或背叛。他們每分每秒都算計著該做什麼、如何做，而結果又會如何。他們必須學習「放手」，接受事物的表面價值。

原生者的不信任讓伴侶覺得很難親近，他們從不展露自己，也使得伴侶不敢表現出真正的自我。此外，伴侶也會覺得不自在，因為若不是原生者不斷製造危機和孤立，他們就能「忙自己的」。不斷出現的危機，讓雙方忽略了他們想做的事，因為這種過程實在令人筋疲力盡。

這會浪費許多的能量。對方覺得被榨乾了，再也沒有力氣對原生者付出，創造正面的結果。原生者在潛意識中會透過別人來證明自己的能力，並建立個人的價值，所以當他們發現對方不願意順著自己而改變時會很生氣，覺得對方不領情，然後就開始保留自己的愛。這些互動讓雙方會以同樣的理由怪罪對方：都是對方的錯，自己付出很多，卻沒有得到滋養和支持。

北交點落入金牛座的人常會製造戲劇性的事件，藉此逃避自己內在的複雜情結。當他們遇到危機時，常會在負面的想法中表現出某種程度的不信任。他們會想：「這個人可能會背叛我……那個人可能會傷害我」，他們在外面創造危機，藉此在另一個層面上與自己內在強烈的情感互動。其實，最理想的方式還是反觀自己的內在，直接處理某些深刻的議題，其中包括過去世未解決的背叛。

原生者在過去許多世裡曾被自己支持的人玩弄或背叛，這會在他們內心留下強烈的憤怒及無時無刻的恐懼，擔心會有意外的背叛，而這就是為什麼這些人會有強烈的自我保護色彩。在過去世中，他們可能基於正直與崇高理想，天真地將全部的權力交給某個信任的人運用，然而對方擁有更多權力後，卻開始利用權勢傷害別人，這讓原生者不小心成為違背自我理想及價值的人，也讓他們失去了自我的價值感。這些原生者非常適合接受追溯前世的治療，如果他們能讓潛意識的記憶浮上檯面，學習處理這些記憶，便能釋放許多層面的內在壓力。

賺錢的能力

北交點落入金牛座的人在潛意識中，常會把自己的財務支柱與培養並支持伴侶的才華的這兩件事劃上等號。他們不認為自己有任何價值，也不知該如何自己賺錢，所以害怕伴侶的離開會讓自己活不下去，因此常用很不健康的方式與別人相處。例如他們可能會讓父母或分手的配偶干預自己的生活，因為他們擔心如果少了對方的財務支持，自己就無法過活。

這些人顯然有金錢方面的問題。他們一方面相信賺錢必須靠團體合作，無法獨自建立財務的安全感。然而，北交點落入金牛座的人其實比大部分的人都更有累積財富的天賦，但是他們因為在過去世都是依附伴侶，反而沒有意識到自己的財務力量。每個人都隱藏著賺錢致富的天分，但這些原生者在過去許多世中忽略了這項能力，甚至忘了它的存在，他們一旦重新找到這個能力，就會發現自己擁有不可思議的財富創造天賦。

北交點落入金牛座的人也抗拒為現實生活中的金錢負責。他們可能會亂花錢，遠超過讓他們事後所能負擔，因此常有信用卡和債務問題。這些人會先得到當下想要的東西，事後再付帳處理，當然這也是他們製造危機的方式之一。這些人即使賺更多錢，也會用來提升自己的生活水準，然後累積更多債務。這些人常在賺了一大筆錢之後，像燒錢一樣全部花光。

這些原生者在潛意識中常會讓父母為自己的金錢負責，例如弄丟了銀行帳單，所以沒辦法讓支票兌現等。他們常認為只要結婚了就能解決自己的財務問題，伴侶或多或少都能幫他們付帳。一位北交點落入金牛座的女士決定搬去跟男朋友同居，對方年收入約四萬美元。他們開心地逛街，買了一台大電視和許多奢侈品，全用她的信用卡付帳。她在過去許多世都嫁給富有的丈夫，也很習慣對方負責所有的帳單，所以刷卡時完全沒多想，好像一定會有人付帳。她最後與對方分手，沒帶走任何「東西」，還得自己償還卡債。

對北交點落入金牛座的人而言，這種模式雖然在過去世很管用，但他們必須要先管好自己的錢，才能重新獲得獨立，找回健全的自我價值感。如果他們沒學會這門功課，可能就會繼續奢華的生活，當他們無法負擔日常所需時，便三不五時需要別人伸出援手。他們對金錢的不負責任可能會讓旁人精疲力盡，導致對方因花了太多心力「拯救」他們脫離危機，而無法專注在自己的事情上。

這些原生者常怪罪別人導致自己的財務不穩定。我有一位個案的前夫是北交點落入金牛座，他總是說：「離婚讓我荷包失血。」事實上，他們離婚時各自拿走一半的財產，但他卻一直把自己的金錢問題歸咎於她。原生者對金錢的輕率態度也會破壞關係的發展，因為伴侶不敢將雙方的財務統合管理，因為伴侶不相信原生者會對金錢負責，也會認為原生者沒替自己做最好的打算，更不會在財務上照顧自己。

原生者對金錢的不負責任會阻礙關係中的親密感，造成長期潛伏的壓力。當他們發現負債累累時，往往無法真正地陪伴或親近伴侶，因為他們不斷在擔心錢，滿腦子都是債務。也有可能是伴侶已經習慣花錢如流水，一旦不能隨心所欲，就變得非常無法諒解。就心理層面來看，這是要北交點落入金牛座的人學習創造界線，這些人心中有一部分承擔著金錢壓力，這會讓他們對伴侶隱瞞，無法跟對方開誠佈公。

所以當原生者開始帶著覺知建立健康的界線時，例如規劃給自己的時間，讓別人知道自己也有需求，同時在關係中創造互惠的模式，便自然會停止創造金錢危機。當他們能建立正確的獨立觀念，不依靠別人，就不再需要表現出一些在潛意識中傷害自己的理財行為，藉此與別人劃清界線。儘管原生者非常痛恨必須自己處理金錢，但學會成功地理財可以讓他們心情放鬆，生活穩定無虞。

戒除操縱及威脅

北交點落入金牛座的人常用微妙的操縱及強迫來達到自己的目的。他們對別人的心理有深入且正確的掌握，會利用自認為最好的技巧來控制局面。他們有時會對某人大發雷霆，氣勢甚焰，因此成為贏家；有時則會表現得非常理智，藉此勝過對方。這些人會根據情境改變作法，用策略的角度與別人分享資訊。然而，這一套儘管看來很管用，但他們心裡對結果都不滿意。這些人在今生必須學習如何公開自己的計畫，讓別人能清楚地選擇是否同意、是否要加入他們。

原生者有時處在弱勢無力的情境中會反應過度，或表現出強烈的情緒，藉此恐嚇對方，讓對方卻步。這在有生命威脅的情況下是正確的反應模式，但在親密關係中卻是無法容忍的行為。北交點落入金牛座的人常根據自己的價值觀，自認為「應該」受到某種待遇，但事與願違時便表現出攻擊性；他們常用言語的攻擊來與對方「扯平」。原生者甚至沒有意識到自己的行為模式，因為這種「霸凌反應」，其實是因為他們在無意識中缺乏界線。

這些人知道如何利用心理恐嚇來獲得力量，也清楚該使出什麼手段。我的一位個案與北交點落入金牛座的男友同居了好幾個月，她的女兒與他們同住。她後來覺得雙方不適合，想跟他提分手，但他總是轉移焦點，不斷強調如果他們分手，會對她的女兒造成多大傷害。他這招讓關係維持了一陣子，但她對此深惡痛絕，只想與他疏遠。

在一段親密關係中，操縱及威脅是不對的，勢必影響到親密感。伴侶會覺得被背叛了，更氣自己任由原生者為所欲為。伴侶會想：「我到底哪裡有問題？我應該更強勢點。」事實上，當伴侶不斷被激怒或恐嚇之後通常都會妥協，而這些都在原生者的意料中。身旁的人為了避免原生者有傷害性的反應，往往選擇「順著他們的意」或直接說謊，以避開原生者的負面能量。

原生者基於過去世未解決的背叛議題，到了今生很難原諒別人，原生者一旦認為對方欺騙自己，就會為對方貼上標籤，蒐集證據來證明自己的態度。這種事一旦發生，對方怎麼也無法讓他們打開心扉，建立愛的交流管道，因此別人常覺得既然自己怎麼做都不能改變什麼，最後只好放棄。也就是說，如果有人背叛了原生者的信任，就會觸動他們隱藏的憤怒，這是他們的生存底線，而他們也會感受到內心全然的恐懼及怒意。這些人很害怕表現出自己這一面，但當他們試圖隱藏時，也意味著隨時處於保護狀態中，因此他們十分謹慎挑選深交的人，並決定要與對方建立多深入的交情。

北交點落入金牛座的人擔心失去控制，或釋放自己強烈的破壞性能量。由於這些憤怒源於未解決的過去世經驗，所以他們在潛意識中會覺得沒有任何紓解的方法。不過，原生者若能有意識地將這些能量建立在自認有價值的事物上，便能控制這股內在壓力，也能讓自己感覺更好。這兩者的差異就像把一個水龍頭轉到最大，任水噴濺一地，或接條水管溫和地澆花。

成功經營親密的性關係

北交點落入金牛座的人因為有嚴重的自我價值問題，所以常會保持神秘感，以為這樣會讓自己更有吸引力。這些人認為在伴侶面前露出真面目，或讓伴侶認識真正的自己，對方會覺得自己不夠好。他們無論多麼英俊美麗或有才華，都不相信自己可以沒有伴侶而生存下去。然而，原生者也會因為依賴伴侶而自覺脆弱，甚至在無意識中怨恨對方。這些人以為必須將所有心力傾注在伴侶身上才能維繫關係，然而他們毫無限制地付出，只會更加貶損自我的價值感。

這些原生者常以為自己賦予伴侶力量，不過當他們犧牲了自己的需求，而去滿足對方的需要時，其實是讓自己可以逃避責任，不去建立互惠的關係。原生者如果永遠不告訴伴侶自己需要什麼，對方就不會回饋。久而久之，伴侶會對原生者的需求感到麻木，而原生者則覺得被利用了，因為對方沒有肯定自己的付出，也沒有回報、照顧自己。但這一切都沒有講明白，所以當原生者用疏離來「懲罰」伴侶時，對方根本摸不著頭緒。不過，伴侶如果真的付出了，原生者又會覺得伴侶只是想取悅自己，而非真正的關心。原生會覺得只要保持距離，就可以避免衝突，其實問題若不解決，只會製造出更多問題。

這些人知道心氣相通的關係必然是互相的，卻以為兩個人如果相愛，就會自動地照料對方的需求，但事實並非如此。在一段成功且健康的關係中，需要很多的回饋、警覺及不斷互相調整，對這些事，原生者卻希望不必開口說明，伴侶就能表現敏感、愛及支持。因此，唯一的解決方法就是，他們必須訓練伴侶，如何給予自己渴望的回饋。他們必須確保自己的需求被滿足了，才能得到渴望得到的回饋能量。

對北交點落入金牛座的人而言，最重要就是與伴侶具體交流各自的價值觀。雙方必須打開天窗說亮話，一起計畫，才能滿足彼此需求。這對他們而言就像兩難的習題，因為他們認為如果明講出自己的需求，伴侶就會離開他們。我們前文提過，原生者覺得必須有另一半才能活下去，所以他們寧可犧牲自己而讓一段關係延續，即使這段關係無法滿足自己的需求。他們常在冒險展露自己真正的需求及界線之前，內心的憤怒及憎恨就累積到了極限，決定「對方離開了我也無所謂」。這些人必須認知到：自己若不提出需求，便永遠得不到滿足。

在一段健康的親密關係中，不能只是一方完全配合對方，而是雙方都必須坦承需求，才能建立真正的連結。這些原生者要知道，自己能實際感受到別人的需求，並不代表對方也有同樣的本能，如果期望伴侶知道如何支持自己，那就永遠會失望。對他們而言，關係的成功之道就是清楚劃定自己的界線，而且必須願意教導對方如何在關係中互惠，如何互相地意識或感受對方的存在。

我有一位北交點落入金牛座的女性個案，她因母親病重而陷入危機。她白天都忙著照顧母親、替父親打氣，有天晚上筋疲力盡回到家後，丈夫對她說：「妳能不能花些時間在這個家？」她回答道，在這種情況下，她需要情感上的支持，而不是家人對她更多的要求。她丈夫的回應是：「我們只能盡力而為。」其實他根本不知道她需要什麼。原生者必須更明確地表達自己的需求，清楚告訴伴侶該如何支持自己。例如她可以對丈夫說：「我每天晚上回到家時，希望你能給我個大大的擁抱。我希望你跟孩子能幫忙準備晚餐，讓我留一小時給自己；晚餐之後才是我們的家庭時間。」當原生者說明自己的需求，並將需求與關係結合時，事情通常會很順利。他們可以從伴侶身上獲得需要的能量，也可以打開親密交流的大門。

北交點落入金牛座的人的另一個問題就是，他們會根據社會的標準，希望伴侶能更有野心，表現得更優秀——他們無法接受伴侶天生的樣子。這些人常會試著扭曲或操縱事情，讓伴侶變成他們認為最適合的模樣。結果伴侶因為不斷被逼迫做某些事情，久而久之便覺得無能及憤怒，他們有可能開始反擊，其中一種方式就是什麼也不做。

當伴侶對他們置之不理時，原生者會非常震驚，覺得伴侶變了，但其實伴侶只是拒絕再被原生者操縱。這種模式會重複導致失敗，尤其是在一段有性行為的親密關係中。當伴侶自覺被操縱、貶損時，就不會想與原生者分享肉體的親密。伴侶甚至會無法對原生者產生性慾，因為他們自覺在生活中很無能。所以原生者若想有快樂的性生活，就不能再自以為知道什麼對伴侶最好，因為這會耗盡伴侶的精力。

北交點落入金牛座的人如果過度與伴侶膩在一起，讓對方沒有獨立的空間或隱私，常會導致關係的緊張。他們甚至覺得有權利用惱人的方式來調查伴侶的生活，例如看對方的行事曆或聽對方講電話。這種傾向部分是由於原生者在過去世遭背叛的記憶所造成的，他們為避免在今生遭人背叛，所以不知不覺地被驅使，想瞭解別人的深層動機。另一方面，原生者也會因自己付出太多，自覺理所當然可以拿取對方的東西，而不需要考慮是否妥當。原生者的想法是：「我把所有的資源及精力都給你了，你現在應該把所有東西都給我。」然而，現實人生並非如此。

這些人必須學習減少付出，平衡地照顧自己的需求，如此才能真正自在地付出，否則他們永遠覺得缺了什麼，需要伴侶來彌補自己，就像個無底洞。伴侶也會覺得無力應付，因為除非放下自我，否則永遠無法滿足原生者的需求。其實原生者真正追尋的是一個跟自己勢均力敵或比自己更強勢的伴侶，藉此來保持自己的界線，而對方也會拒絕與他們糾葛難分。

以上這些不健康的趨力都會妨礙親密感，就像一場持續的心理戰爭，耗盡雙方的能量，無法透過肉體的接觸來滋養彼此的基本需求，最後錯失了親近的感受，也無法享受感官生活的美妙。

北交點落入金牛座的人必須學習避免在關係中創造負面能量，找些方式讓對方覺得被瞭解及肯定。這樣可以替伴侶打開回饋的大門，讓對方能更加意識到必須寵愛他們，滿足他們的需求。當原生者願意改變時會成為最棒的愛人，因為他們天生就對別人的心理充滿好奇，渴望感情的親密感，想認識愛的價值。親密的愛撫及按摩，非常有助於他們的親密關係。

他人所能提供的協助

鼓勵原生者表達個人需求

北交點落入金牛座的人容易過度關注別人的需求，反而忽略了自己的需要。應該鼓勵他們在任何特定場合裡正視自己的需求，並與別人溝通。例如室內空調如果太熱，他們可能只會忍受著：「好吧！每個人看起來都很舒服。」在這種情況下，應該鼓勵他們養成說出口的習慣：「這裡是不是太熱了？還是只有我覺得熱？」

這些人天生喜歡危機，如果你對原生者說：「我瞭解允許我知道你的需求會讓你覺得『活在刀口上』。」他們就會比較願意嘗試說出來。再者，因為連結對他們而言非常重要，如果你把「說出需求」當成挑戰，讓他們知道這可以加深彼此的連結，他們就可能願意冒險。同時也提醒原生者，如果他們永遠不提出自己的需求，就永遠無法獲得滿足。

身為北交點落入金牛座的人的夥伴，你要鼓勵他們勇敢說出需求，同時你也希望他們這麼做。你要告訴他們：關係是付出與給予，若不說出自己的需求，就等於剝奪了別人對他們付出和回報的機會。你要幫助他們理解，把需求說出口會讓彼此關係更有活力，因為其中交流的能量不再是單方面的付出，而是雙向的交流。

鼓勵他們堅持自己的界線

北交點落入金牛座的人今生要學習界線的課題。必須鼓勵他們減少對別人的付出，用更均衡的方式照顧自己的需求。唯有如此，他們才不會總是有目的地付出，並暗自衡量利益，認定別人應給予自己什麼樣的回饋。旁人要幫助他們認清一件事，即使他們付出了自己的所有，也不代表理所當然可以從別人身上予取予求。旁人可以提醒他們在任何情境中讓自己「舒服」。在他們遇到麻煩或心情沮喪時，不妨問問他們：「你現在需要什麼才能好過些？」這些人內心的舒適感就是最真實的測量儀，讓他們知道事情是否超越了個人的界線。為了幫助這些人平衡地付出與接受，請支持他們替自己安排時間，從事某些他們喜歡且能帶來滿足的活動，例如音樂、園藝或按摩。

鼓勵他們負責理財

對北交點落入金牛座的人而言，金錢意識是很重要的功課，也是幸福感的關鍵。這些人無意識中會因為在過去世接受別人的財務照顧，因此今生非常抗拒、甚至討厭處理金錢問題。這也是為何他們花錢時，從來不顧慮後果。

應鼓勵他們跟錢做朋友，學著帶著覺知珍惜今生獲得的財物。金錢是某種形式的權力，這些人一旦養成存錢的習慣，就會開始建立牢固的自我權力感，而這終將帶給他們舒適及情感上的安定。要讓他們知道，存錢是種負責任的態度，讓他們能具體地向自己及別人展現個人的價值。

要鼓勵原生者珍惜已擁有的，不要因為追求更多欲望而迷失自己。帶著覺知的珍惜可以產生重要的能量，滋養他們的感情。這就像鼓勵他們珍惜舒適的家、充足的食物，以及關心自己的人。如果他們能珍惜自己擁有的一切，就會讓更多美好的事物進入生命。

幫助他們強化自我價值感

鼓勵原生者關心自己，安排自己喜歡的計畫、動機或活動。當他們發現「屬於自己的事物」後，支持他們把自己內在強烈的能量用在這些事物上——這些人天生能讓任何他們認為有價值的人或動機充滿力量。旁人要鼓勵他們追求自己的動機，努力發展任何能加強他們自尊的事物。

當原生者對某件事猶豫不決時，不妨問他們：「這件事會加強抑或貶損你的個人價值？」若能讓他們自我感覺更好，就要鼓勵他們去做，無論結果是好是壞。當他們遇到社交挫折時，你可以問他們：「你需不需要做點什麼，讓自己感覺好一些？」當原生者找到個人價值後，你再鼓勵他們採取行動，這可以直接幫助他們加強個人的價值感。

幫助他們接納別人

原生者如果猛烈批評某個人或某件事時，幫助他們認清一件事：他們之所以如此生氣，是因為別人的價值觀與他們的不同。你可以讓他們明白，他們的反應只是呈現了自己的價值觀，而忠於自己的價值觀，是非常重要的事。《易經》中有句話說：對抗邪惡的最好方法就是積極行善。這是對北交點落入金牛座的人最正面的箴言。

當他們陷入危機時（通常都是他們自己造成的），你要對他們置之不理，看看在危機中哪些事情會讓他們自我感覺良好，看他們是否能想出實用的方法，自己處理一切，這能幫助他們朝更具建設性的方向發展。你要幫助他們在當下作出自己的選擇，而非試圖改變別人的行為。

不鼓勵的習慣

遠離危機

北交點落入金牛座的人常對危機上癮，藉此吸引別人的注意力，因為在無意識的層面上，腎上腺加速分泌會讓他們活力十足。然而實際上，這種傾向會破壞他們關心的所有人事物，包括他們自己。原生者在家裡跟你劍拔弩張時，你最好轉身走出房間，不要用這種戰鬥、破壞性的方式跟他們互動。

如果他們緊追不捨，想跟你大動干戈，那你乾脆二話不說離開家幾小時。這會給他們一個機會，認清自己的行為有多麼糟糕，同時發現無法得到自己想要的結果。最後你若無其事地回家，假裝什麼事情都沒有發生過，他們很有可能會先道歉，或至少會比較和顏悅色。

插手別人的事

北交點落入金牛座的人由於缺乏界線感，所以常會插手別人的事——千萬要改掉這個習慣。例如他們大罵一位鄰居對丈夫不忠，那就提醒他們：這只代表鄰居的價值觀與他們的價值觀不同。

另一種有幫助的方法就是，提醒原生者「言出必行」，提醒他們能成為別人的正面榜樣，而別人的作為根本不關他們的事。鼓勵他們把心力放在有建設性的事情上，替所有人帶來正面的結果，包括替他們自己！

憤怒及報復

這些原生者有許多過去世未解決的拋棄及背叛議題，所以到了今生，他們的第一個念頭常是旁人會陷害自己。當他們一旦啟動了「背叛機制」，就會感到龐大又強烈的憤怒，完全無法原諒對方，甚至尋求報復。千萬別這麼做！旁人可以鼓勵他們接受治療或過去世的諮商，嘗試個人的轉化，因為這能幫助他們知道自己為何會有這些情緒，並釋放潛意識的壓力，用原諒來解決事情。

鼓勵原生者學著放下憤怒，原諒那些傷害他們的人。你可以建議他們單獨坐在一個房間裡，面對面地放兩張椅子，他們坐在其中一張椅子閉上眼睛，想像某個傷害自己的人坐在另一張椅子上，然後開始把受傷的感覺告訴對方，無論是在心中默念或是大聲說出來，並問對方任何可以解決傷害的問題，然後靜靜聆聽自己心中的答案。當他們覺得說完了也問完了，一切圓滿後便對對方說：「我原諒你了。」之後他們也要轉身，對所有任何自己曾用同樣方式傷害過的靈魂道歉（無論是在過去世或今生）。種什麼因，得什麼果，道歉能讓一個循環畫下句點，讓所產生的負面能量隨之消散。

月亮北交點落入雙子座或第三宮

他們帶給關係的特別禮物

* 誠實且直接的談話
* 對精神領域的覺知
* 冒險的精神
* 願意幫助別人
* 邏輯思考的能力
* 耐心
* 善意

阻礙親密關係的迷思

* 我必須有解決方法。
* 我必須不計任何代價，堅持自己的信仰。
* 別人不瞭解我的背景。
* 我的目標就是宣揚自己的信仰，啟發別人。
* 人們應該實踐自己的說法。
* 我越保有自由，就越有吸引力。

* 如果我聽取別人的觀點，就可能會推翻自己的想法。
* 別人的想法時常是錯誤的。

伴侶的埋怨

* 我有時無法讓他們安靜地好好地聽我說話。
* 他們自認無所不知，不願意開放地聆聽並學習。
* 他們會捍衛自己，對其他選擇不感興趣。
* 他們以為自己的想法比其他人的都重要。
* 他們不瞭解真正的我，對我的指責都不是真的。
* 他們總想當對的那一方。

透過社交啟動靈魂成長

北交點落入雙子座的人今生在地球上的功課，就是精進社交的藝術。他們過去有許多世都投入靈修或哲學生活，其中很多人是在修道院度過一生，以致於到了這一世，不熟悉如何適切地參與日常生活的世俗互動。這個議題在他們的幼年時期特別深刻，有些人甚至出現語言發展的遲緩。為了靈魂的成長，這些人在今生的特別考驗就是學習與別人建立連結，創造成功的人際關係，互相的理解及接納。

北交點落入雙子座的人可能在社交互動中遭到排斥。他們強烈覺得自己必須是「對」的，而且在某種程度上根本不關心別人怎麼想，所以無論談論什麼話題，他們很難認真聆聽，只要最後是他們下結論，他們就覺得話題結束了。這些原生者沒有意識到真正聆聽別人、肯定別人想法及感受的重要性。這當然阻礙了成長及親密的機會，導致孤立。

他們一心認為自己必須是對的，甚至會不先詢問別人，就改變對方已經完成的事情。我有位個案的兒子北交點落入雙子座，如果桌上有一本書，書放的方向不合他意，他就會把書放在自己想要的位置。他的母親想稍微移動一下，他都會大發雷霆。這些原生者常盡可能地利用感情的能量讓對方讓步妥協，別人最後會感覺被威脅，發現自己無論說什麼都會被原生者反抗，所以乾脆放棄。

這些議題有許多源自於無意識的恐懼，北交點落入雙子座的人擔心與別人往來太過密切，會失去自我意識的基礎，而變成完全不同的人。這些原生者本能上知道必須在今生轉換自我，才能讓自己成長，但仍十分抗拒，因為固守老舊熟悉的架構會比較自在。他們有時不想與別人有過多往來，因為害怕對方不接受自己，甚至批評自己，但是其實他們才是帶著偏見批判狀況的人。這些人時常很興奮地自以為必須為個人的界線及信仰奮鬥，然而如果他們願意挑戰自己的抗拒心理，學習與別人創造親密感，便能在社會中重生，讓自我的意識更加擴張，重新充滿活力。

這些原生者還會面對另一個障礙：他們認為唯有與自己有類似信仰系統的人才能和平共處，這可能表現在宗教、職業或生活方式。他們必須要有相同點，才能產生連結——這種心態會阻礙成長，因為他們若不嘗試與自己想法不同的人溝通，就無法吸收到其他想法及洞見，而且只跟自己一樣的人相處，會導致單調的心智和感情，這對他們而言並非開心的事。北交點落入雙子座的人唯有真正接受他人的差異性、接受他人帶來的新想法，才能成長。

北交點落入雙子座的人常覺得除非別人與自己有共同信仰系統，否則就不知「如何」有效地與對方溝通，他們最大的障礙是不習慣閒聊，或單純地與別人分享想法。他們會認為：「閒聊有什麼好處？怎麼會有人說：『哇！這些耳環好漂亮』，真是一點建設性都沒有。」這種心態會造成他們與他人之間的障礙。這些人必須學習理解生命有諸多目的，其中包括工作、家庭、個人的理想，以及與別人在日常生活中的互動，透過這些互動，我們才有機會獲得新的資訊及成長。

這些原生者若覺得無法說出正面的話，就會避免與別人溝通，因為他們不想掀起衝突，也不想讓對方失望。然而，他們因為不與別人分享所發生的事，會使對方覺得被拒絕或被忽略，而原生者則受傷地認為對方根本不瞭解自己的好意。他們可能變得侷促不安甚至尖酸苛薄，尤其當對方是他們感情上很在乎的人時，最後他們會生出戒心，把對方推得更遠。

北交點落入雙子座的人常會陷在負面情境裡，他們可能會停留在不愉快的狀況中不停地埋怨。這些人認為自己必須忍受現狀直到「時間結束」，也許是退休，也許是契約到期。有時他們彷彿在等待某件特別的事情出現使自己得以解脫，卻不去認可自己已經具備的專長。這會阻礙關係中的親密性，因為他們對所處環境總是不滿意，也常看旁人不順眼。別人意識到這點後，會與原生者保持距離，因為有不被接納的感覺。

儘管如此，原生者不認為自己有溝通問題，因為他們總可以直接表達自己的意見。然而，當他們與別人互動時，總把自己的觀點當成「絕對的真理」，其實這根本不是真正的溝通，也無法從中創造密切的交流及認識，接觸更高層的真理。這些人必須更加意識到別人的想法才能打開親密的大門，與別人產生連結。他們若能更加意識到自己對別人的影響，才能學習社交的圓融及體貼，從中建立親密感。對原生者而言，這是靈魂成長非常重要的功課。

對於北交點落入雙子座的人而言，與別人合宜的互動很重要，這不只是為了追求靈魂成長，更是基於其他實際的考量。首先，如果他們不聽別人說話，就很難在任何領域中吸收資訊及知識。聆聽有個好處，原生者若能試圖瞭解別人的觀點，而且願意真心接受，就能讓自己在顧及伴侶的需求下陳述自己的想法。在這種互動下，對方較願意正面地回應。他們必須接納別人的意見，才能讓自己成長茁壯，而且透過資訊的分享，彼此的人生都能更有活力、更加完整，其中充滿了更多的冒險精神、連結及實現。

不要抗拒別人的想法

北交點落入雙子座的人總認為自己一定是對的。無論別人說什麼，或自己有多少基礎，他們總會捍衛自己的觀點，使別人覺得根本無法獲得他們的理解或認同。這種拒絕聆聽別人說話的傾向嚴重阻礙了親密感的建立，別人會找不到任何方法與原生者產生連結，也不知如何改變現狀，久而久之就放棄了與原生者分享自己的想法及感覺，拒絕與他們親近。

當原生者樹立一道牆，拒絕聽別人說話時，會讓別人很難愛上他們。別人厭倦一再地被漠視，最後乾脆將之拒於門外，自己忙自己的事——這當然會讓原生者很受傷。北交點落入雙子座的人通常非常深情，不會故意傷害別人，他們真的不知道這種自以為是的想法，會讓旁人保持距離。

這些人常抗拒與某個人溝通——如果對方對周遭事情的看法與自己並不一致。他們除了有自以為是的需求，也很害怕如果真的聽進別人的觀點，就會失去個人的真理。此外，當別人提出不同觀點時，原生者常覺得對方是針對自己，他們不知道對方是在陳述自己的想法，只是剛好意見不同罷了。

我一位個案的婆婆是北交點落入雙子座的人，她常不事先打聲招呼，在孩子平常上課日的晚上，到我的個案家探望三個小孫兒。孩子總是興奮不已，不願準時上床睡覺。婆婆會因此斥責她：「孩子應該每天晚上八點就上床睡覺，就像我的孩子以前一樣。」她試圖解釋：「媽，他們大部分的時間確實準時上床睡覺，只是因為你在這裡，讓他們太激動了。」但她婆婆充耳不聞，只是一再地說：「他們從來沒準時上床！」原生者認為只有自己說的才是「事實」，不管別人說了什麼他們都嗤之以鼻，甚至完全沒聽進去，還會妄下定論：「這些孩子總在生病，就是因為沒有準時睡覺。」這當然會製造許多麻煩和衝突，阻礙親密感，因為對方必須不斷地為自己辯解，有時甚至放棄。

原生者因為不願聽別人的說法，所以很容易根據自己的意見來認定對方。最典型的例子就是：一個女人在結婚二十年後還用同樣的眼光看待另一半，這表示她重複經歷了二十次一年的婚姻，而非帶來成長與改變的二十年婚姻。當別人試圖表達自己時，原生者常漠視對方的話，認為只有自己的看法才是正確的。我有一位個案體重至少超重一百鎊，而她母親的北交點落入雙子座。她對母親說：「看看我！我沒對藥物上癮，但是對食物上癮，我把錢全都花在吃上面了！」她的母親完全聽不進女兒的陳述。北交點落入雙子座的人總認為自己想法才是對的，無論是否已經有任何新資訊改變了整體狀況。

他們對原則的堅持再加上抗拒別人的說法，常顛覆了自己的常識。當有人建議他們用其他方式看待人生或解決問題時，他們從不予理會，最後別人厭倦了自己的意見老被忽略，乾脆不再伸出援手。

北交點落入雙子座的人常用固定的方式做事，別人很難讓他們嘗試新方法。我的一位個案的兒子北交點落入雙子座，她常帶兒子去學校接女兒下課。她兒子總堅持每次要走同一個門，絕對不讓她帶他走另一個門。這些原生者會固執地堅持自己熟悉和自認「正確」的事物，並想盡辦法讓一切保持不變。當他們被迫改變方式時（例如門鎖上了，或是山崩堵住了路）他們可能就會抓狂。這就像迷信一般，彷彿他們不用特定的方式做事就會有壞事發生。然而世事無常，人們也在不停地成長，原生者若無法克服自己這種反應，就很難感受到關係中的親密感。

這些原生者的腦袋中都有一間「社交互動」的房間，但因為他們過去許多世都與世隔絕，所以很容易過門不入，從來不進去瞧瞧。他們非常抗拒打開房間的門，即使當他們開始嘗試也會覺得十分困難，因為門鎖早已生鏽了。然而，這些人今生的使命就是打開這扇門，當他們這麼做時，就會發現房間裡早已放了各式各樣的工具，可以用來創造成功的社交互動。在社交互動的領域中，原生者其實比其他人更有天賦。

接受溝通的自然交流

北交點落入雙子座的人不是不喜歡聊天，他們也會滔滔不絕，只是不懂得如何進行雙向對話的溝通。當他們沒有聽進別人的意見時，往往只是單向的訊息，就像自言自語或佈道。有時跟原生者講話時會發現他們心不在焉，遇到這種情形，他人最好不停地講，試著讓原生者回答，建立某種程度的互動。

北交點落入雙子座的人常會語帶保留，避免衝突。他們不想與別人爭論，反而認為不用溝通，問題就會自動釐清；他們不知道自己有天生的推銷能力。當他們不知如何與人建立連結時，常會用冷淡來保護自己，並開始猜測對方的想法：「他這麼做，代表他這麼想。」猜測就像給原生者的紅色警告，表示他們已經脫離正軌了。這其實都源自於內心隱藏的恐懼，原生者很擔心別人不理解或不接受自己的話。他們有時候想敞開心胸，卻又臨陣退縮，因為他們對任何負面回應都很敏感。然而，這只會在關係中製造更多的緊張。

我有位北交點落入雙子座的個案，她去幫忙照顧生病的堂妹。然而，當她到了堂妹家後卻感到非常焦慮，因為她長久以來都習慣保留對周遭環境的看法。她認為堂妹需要很多的照料才能康復，但堂妹的丈夫卻認為她應該要離開床鋪，才能恢復正常生活。原生者其實只要在一開始密切溝通，詢問對方的想法及感受，就可以突破這樣的障礙。當他們知道別人的想法後，便能從自己的角度來看事情，找到方法與對方的能量建立連結，產生正面互動。例如，我的個案可以問堂妹的丈夫：「你覺得就長遠角度來看，我這樣照顧你的妻子，對她有沒有幫助？」或是問：「你覺得最好用什麼方式才能幫助她康復？」

當北交點落入雙子座的人沒有先認清別人的背景就試著與對方溝通時，他們會覺得很沒安全感，不敢與對方分享自己的想法，所以建議可以先用聊天的方式與對方建立連結，才知道該從哪個「管道」進入。他們必須學習到：溝通的本質並非一場戰鬥，必須爭論誰是誰非，而是要瞭解別人的觀點並且接受，因為對別人來說，這也是正確的觀點。事實上他們會發現，兩種不同觀點也可以相安無事地同時並存。

思想就像水一樣，當你允許它流動時，它會找到天生的方向，但如果你堵住了它，就會造成破壞性的緊張。這就是為什麼北交點落入雙子座的人必須克服對於溝通的抗拒，只要他們能說出自己的立場，便能在任何情境中減少緊張。理想的狀態是雙方可以從聆聽對方的過程中拓展眼界，一起找出有效的解決方法。即使最後兩個人仍各持己見，仍能為關係創造正面能量，因為雙方都表達了自己的意見，覺得對方聽到了自己的心聲，也瞭解自己的想法。

對北交點落入雙子座的人而言，最大的挑戰就是與別人建立上述的互動方式。他們因為過去世的僧侶修行生活，因此在無意識中自認知道答案或如何解決別人的問題，即使他們根本無法解答自身的疑惑。這些人害怕辜負別人的期望，當他們無法提供別人協助時，他們沒辦法說：「抱歉，我不知道。」反而會自覺不夠資格，然後表現得漠不關心。他們甚至害怕問了一個問題之後，不知道該如何回應別人的答案，因為對方可能反問出自己無法回答的問題。這些人常會因為擔心不知道答案，而不敢提出問題。

原生者今生的功課是要問問題、吸收資訊、分享與交換意見，與別人建立更平等的關係。他們必須知道溝通是種重要的交流，就像一條雙行道，可以帶來對彼此的認識及密切互動。原生者與別人的互動，其實是解決他們自己問題的關鍵。當他們說出自己的問題時，便能獲得新的資訊和更多選擇，因為過程中自然會出現有利雙方的全新洞見及答案。他們要知道，沒有人知道全部的答案，也沒有人必須是

「對的」。

北交點落入雙子座的人遇到問題時通常會封閉自己，而非把問題說出來，因為擔心別人想要幫忙。他們的理智會告訴自己：必須獨力解決問題。而且無意識中他們的確希望自己能解決一切，因為他們不喜歡社交互動。舉例來說，他們若有健康問題，通常不敢打電話跟朋友傾訴，因為他們知道對方會說：「我可以幫上什麼忙嗎？」事實上，如何合宜地與別人應對是他們必須學習處理的功課。首先，他們必須肯定別人提議的意圖，他們可以說：「謝謝你的提議。」然後分享目前的狀況，誠實說出想法：「我現在很好，明天再跟你聯絡。」他們不需接受別人的幫忙，只要接受並肯定對方的善意，就能建立愛的連結。

北交點落入雙子座的人正在學習溝通的價值，藉此保持正面且愉快的心情。當他們以此為出發點時，很自然能開發出得體的人格特質。原生者若能聽聽別人的想法，例如興趣、人生觀或其他人際互動，都能幫助他們在關係中更加自在。他們與別人建立連結的最好方法就是先問一個普通問題，例如「你今天過得如何？」即使對方是親密伴侶或好朋友，也要學著先閒聊。等對方回答後再問一個較有意義的問題，類似「你認為她說這些話有何用意？」之後才進入更個人的話題，例如「我喜歡你今天的髮型。」他們可以從粗淺的問題漸漸深入，這樣比較容易突破自己內心的牆，與對方發展開放及親密的關係。

研究別人的想法還有另一個好處，就是開啟原生者天生的心智彈性。他們會發現生命不只是結論與正確答案，也能透過分享各種觀點來創造能量。他們若能在世俗的日常生活基礎上認識別人，便能創造和諧的能量，幫助彼此正面地討論更多真理。

學習表達自己的善意

北交點落入雙子座的人習慣自我保護，因為他們在日常生活中常自覺是局外人。他們所作所為多半出自內心的寬厚，但幾乎每件事都遭人誤解，最後處理失望的方法就是保持冷漠。他們可能認為別人根本不在乎他們的想法，如果大膽說出想法，就可能引來責難。這並非他們懷疑自己的想法，事實上他們十分「確定」自己是對的，但他們害怕別人不會用她們寬厚的原意理解自己說的話。

他們常在不同的場合被誤解。舉例來說，他們遇到問題時不會向別人求援，之後他們打電話給朋友，對方會說：「你為什麼都不理我？」這只因原生者知道對方很忙，所以不願意拿自己的俗事來打擾別人。但當他們不連絡時，卻又顯得很冷漠，別人自然以為他們不連絡是因為：「他們根本不在乎我」或「他們在隱瞞一些事情」。這些原生者若能走出自己的世界與別人連結，便能體驗到更多正面的結果，即使他們只是打個電話說：「我最近忙著處理瑣事，但還是想到你，晚點再跟你聯絡。」這麼做的用意是保持聯絡，並對別人表現興趣。他們現在要學習的是：不需等到「萬事俱備」，才以一種有意義的方式與別人溝通。

北交點落入雙子座的人還有個問題：他們太執著於想出一個自認為「一勞永逸的方法」，反而錯失了即時且具體地表達自己善意的機會。舉例來說，二〇〇五年年底亞洲發生地震及大海嘯，許多沿海地區淪為廢墟，許多人也因此喪命，在災難發生的當下，人們需要即時的幫助才能活下去。災民要求最基本的三種東西：淨水錠、米及藥物。當時，北交點落入雙子座的美國總統布希並沒有馬上提供這些東西，因為他覺得必須多點花時間想出長期的解決方案。災難發生在禮拜日，布希到禮拜三才鄭重地同意美國願意提供長期救援，幫助災區國家「重建基礎建設」。

布希承諾花數十億美元在長期救援計畫上，然而當時他若能馬上回應災區的要求，就能減少更多成本。提供食物給飢民的確只是種「臨時的解決方法」，但這讓他們有時間恢復元氣、獲得力量，並開始重建自己的生活。布希總統若能在當下實際滿足災民的需要，就能創造他非常渴望的更多善意。即時的慷慨往往是最令人感動的，也會被真正地珍惜。北交點落入雙子座的人正學習在事情發生的當下出自善意地採取行動，如此他們才能更有效率，讓別人看到他們寬厚的天性。

然而，這些原生者可能很難理解這點。當別人不接受他們的付出時，他們不會自問付出是否合宜，反而覺得別人不瞭解自己正面的動機，或質疑自己的整合能力；事實上，對方只是在當下不需要某個特別的東西、資訊或意見。例如，原生者可能會對別人提供關於手機的建議，但對方其實已經有個很滿意的手機，但他們還是一頭熱地推銷新手機的先進功能，當對方表現出沒興趣時，原生者就覺得被誤解了。

這些人必須知道：當別人不接受自己的建議時，只代表對方在當下有不同的目標或價值觀。原生者如果不理解這點，只會覺得別人不懂自己的用意，開始遠離對方而且變得冷漠，最後也不知道如何與對方重新產生連結。整個過程中，他們會想：「你以為你是誰啊？」而非試著透過分享看法和感覺，來建立共同的溝通基礎。

若能用溝通解決人際問題，便能開始認清什麼是對個人有效的信仰或資訊，什麼是當下最適合的方法，以及自己分享的動機。北交點落入雙子座的人的動機常出自強烈的倫理、道德及整體感。雖然他們的動機可能是正確的，但就特定情境中的合適解決之道來看，他們的結論卻可能是錯誤的。對這些人而言，別人的抗拒就是最有用的指標，他們可以藉此檢視自己的結論是否需要調整。當某個人拒絕他們時，他們最好問對方：「你對這件事有什麼感覺？」或「你認為我們最好該怎麼做？」他們需要不停地交換資訊，藉此維繫親密的互動。他們若想讓動機創造成功的結果，就必須更深入瞭解對方的立場，雖然不一定要同意，但必須知道那對對方而言是正確的。

改掉自以為是的態度

北交點落入雙子座的人往往堅持己見，確定自己的想法是對的，這種自以為是的態度常惹惱別人。這些人通常不能意識到別人的回應，也不知道他們的態度讓別人敬而遠之，妨礙了真正開放的交流。真正的溝通應該是交換資訊，認識對方的觀點。

這些人可能非常理智，就像律師陳述「事實」般地按照計畫進行、黑白分明。但這種心態會破壞他們的人際關係，因為他們把自己鎖在理智的框架內，遠離了自身的感受。當原生者表達立場時，往往帶著自以為是的意味來恐嚇別人。他們對個人「真理」的熱情會阻礙更多敏感的靈魂接近，讓別人覺得原生者根本沒有空間接受意見。這些人儘管聽了別人說話，但馬上又會用自己對當事者或當時情境的認知，覆蓋對方的意見。

家人會瞭解原生者的個性，也會愛他們本來的性格模樣，但他們通常不與家人太親近，也不會在家人面前流露出脆弱。與原生者深交的人馬上會發現他們的想法過於專制，但當對方勇敢說出感想時，原生者可能會戲劇化地回答：「是嗎？我不允許你有意見！」

北交點落入雙子座的人不尊重別人說的話，時常將之忽略。這讓他人覺得自己的想法無足輕重，在厭倦永遠被否定，還得面對原生者激烈的暴跳如雷之後，乾脆開始篩選自己願意分享的部分。這自然讓彼此欠缺親密感，也無法坦誠，時間久了對方會想：「何必嘗試呢？」他們發現原生者根本不想聽自己說話，也不想試著理解自己，於是就開始遠離原生者。

北交點落入雙子座的人習慣給予別人強烈的建議。他們給人的印象就是已經「經歷人生百態」，找到「正確」與靈性的終點。當他們自認「到達」終點後，就不會再聽進其他的觀點。他們即使在聽，也只會用聽到的東西來強化自己的意見。事實上，原生者沒有真正去認識別人，只用自認為對的方式看待對方。

他們一旦對某人作出如「他們很廉價」「他們很弱」或「他們很霸道」等評判，就永遠不會改變看法，也看不見對方可能已經改變，甚至會繼續找跡象證明自己過去看到的「缺點」仍然存在，帶有種自以為是的傲慢。他們的判斷通常根據自己對事件的詮釋，並讓這種判斷變成自我感應的預言，抹滅了旁人的成長及進步。別人很快會發現，一旦成為原生者生活中的一部分，就很難用自己的真實模樣與其相處，也很難勇敢嘗試與原生者建立值得信任的親密感。

北交點落入雙子座的人通常有一套法則，以自己的「宇宙真理」來解釋生命的運作。例如他們認為「每個人都會根據自己的參考標準行事」。當這個「標準」是真實存在時，原生者便可以藉此與對方建立更深入的親密感。如果有人說：「我喜歡藍色」，原生者可能不會把此論點當成某人的個人喜好，而會將之視為對方的個人原則。他們常在自己與別人的對話中加入「心智的結論」。

北交點落入雙子座的人常覺得生命的使命就是與別人分享自己的真理。這有時會是種宗教狂熱，原生者認為自己「獲選」來說服別人（尤其是自己的伴侶）相信他們新發現的「真理」。他們在說服的過程中可能會嚴責對方：「如果你不相信這個，我就不想再見到你了，因為你會拖累我。」從對方的觀點來看，這就像個人信仰被侵略或被冒犯了。當原生者對某件事有強烈感覺時，往往會變得死板、惱人又自負，但這其實只是一種防衛機制，因為內心深處他們其實害怕一旦聽了別人的意見，就會玷汙了自己的信仰。這阻礙了親密感，因為對方會覺得被拒絕，自己的看法完全無法受到肯定。北交點落入雙子座的人要學習人與人相處時，彼此可以同時擁有不同的觀點。

這個北交點族群的人時常會極度遵循個人的準則過日子。這些人很自豪可以成為別人的榜樣，但當別人沒按照自己擁護的「真理」過日子，他們就武斷地不想與對方有任何瓜葛。這嚴重限制了他們的交友圈，妨礙了親密感，因為很少人是「完美的」。別人如果沒有實踐自己的教義，原生者就很難尊重對方，還會與之保持疏離。

當原生者發現別人的目標與表現方式與他們不一致時，他們最好敞開心房接收別的意見，並更加認識對方的人生道路。原生者在今生要學會的兩門功課是：寬容別人，以及對別人有耐心。

克服孤獨

基於過去世僧侶生活的記憶，北交點落入雙子座的人總覺得自己必須解決事情。他們在扮演這個角色時會表現出某種程度的疏離，因為他們覺得放鬆和自發性是不對的。原生者覺得別人會指望他們能解決許多問題，所以他們甚至會克制與別人的相處，即使對方是自己深愛的人，因為這種「角色」是種負擔。這種錯誤的責任感會阻礙親密關係，因為他們害怕自己一旦與別人太過親密，就必須「提供所有解答」。

北交點落入雙子座的人有個內在程式，提醒自己不斷深入自己相信的理想，而造成更大的壓力。在他們眼中，理想是至高無上的，必須全力以赴。原生者知道參與這個理想的人會依賴他們，他們也願意接受這個責任。然而，他們卻又覺得對方根本不關心自己，最後導致了孤獨感。當他們非常重視「理想」時，往往忽略了該花時間陪伴對自己最重要的人，這讓他們覺得更孤獨，最後打造了「心牆」，無法與別人產生連結。就無意識的層面來看，這種孤獨感是因為他們過去世曾是僧侶、聖人或聖女，理應讓自己與別人保持某種距離，但到了今生，這只會阻礙他們個人的成長。

當原生者覺得別人不瞭解自己時可能會想：「何必多說呢？反正他們永遠不會懂。」但心裡卻覺得生氣與孤獨。他們常因為對許多事情的恐懼而封閉自己，不敢與別人分享想法。他們害怕被拒絕，其最深層的恐懼，就是別人無法在雙方互動的背後看到自己的善意。他們不敢讓別人太接近自己、認識自己，因為害怕會變得脆弱而因此受傷。所以這些人會不停打造一道牆，阻絕任何建立自己非常渴望的親密感的機會。

北交點落入雙子座的人若想突破這種受傷的模式、穿越心牆，就必須學習聊天的藝術。他們會發現自己很難馬上開始聊天，但凡事都必須先打個基礎，他們可以先從閒聊開始，給別人機會更深入瞭解自己，也幫助他們放下心防。

他們可以先從問別人問題開始，即使是簡單地問「你今天過得好嗎？」，也能開啟對話。對方的回答會打開一個「管道」，原生者可以從中感受到對方的背景，然後很自然知道接下來要聊什麼。在公開的溝通中，他們最好先問聽眾一個問題，與聽眾建立連結才能創造成功的互動。

原生者覺得孤獨的另一個原因就是，他們根本不想讓別人知道自己的想法，因為害怕會因此失去自由。這些人在過去世能自由地追求「真理」，而這部分的性格就像過度使用的肌肉一樣，或像一卷不停在腦海中播放的卡帶，告訴他們：「我必須保有自由。」他們若能意識到這卷卡帶的存在，就能選擇忽略它。他們最好勇敢與別人分享目前的狀況，例如「我真的很想與你再進一步，但我現在沒有辦法追求其他重要的事。」當他們坦白說出手邊的事情後，答案就很清楚了，而對方也能更理解他們。透過邏輯來討論事情的其他面向，對他們是很好的方式，也能使他們更瞭解各種不同的觀點，讓生活更有趣。

北交點落入雙子座的人會牢牢記住別人在過去如何負面地利用了對自己的認識，或對自己做過什麼事，所以結論就是必須保持自由、必須活得像個「幻影」才更具吸引力。他們時常猶豫與別人分享自己的想法和感覺，因為擔心如果與別人太親近，會有損自己的魅力。這些人總認為別人怎麼想不關自己的事，而別人則覺得原生者根本就不在乎自己。無論如何，最後情形就演變成原生者不希望別人插手管自己的事情，也不會去詢問別人的看法，這種行為會將對方推開，因為對方覺得在原生者的眼中，自由遠比自己更加重要。

不在乎別人的想法，是讓北交點落入雙子座的人覺得孤獨的最大原因。他們因不能開放接受別人觀點，使得世界變得更狹隘，也限制了新能量及想法帶來的活力，最後他們的視野及期待就只侷限於自己僅有的選擇。這些人有時會完全孤立在自己的信仰及假想中，導致生活一成不變，缺少冒險精神及自發性——而這些都是滋養精神及創造親密的必要生命元素。

成功經營親密的性關係

北交點落入雙子座的人在過去世裡並沒有太多個人關係的經驗，因此在這方面很欠缺自信及本領。他們不知如何克服無意間在自己及別人間樹立的障礙，也常在最重要的人際關係中封閉情感。這些人根深蒂固的恐懼就是不知道怎麼在個人關係中回應伴侶，因此當對方試著跟他們調情時，他們可能故意忽略，甚至自我封閉到完全沒發現。他們不知道自己有「工具」足以應付這塊生命領域，這件「工具」就是對別人表現興趣、對別人好奇。他們習慣性的疏離只會害了自己，因為他們沒有放開心胸，表現出對別人的關心。

原生者認為別人總期待自己無所不能，這種想法阻礙了親密關係，因為他們擔心自己「配不上」另一半。也許這種想法背後的動機是純正的，但伴侶若無法接受他們的想法（或其他方式的付出），他們就會覺得很無能，關係中也會產生極大的焦慮不安。北交點落入雙子座的人需要覺得自己「夠資格」，甚至會只為解決另一半的問題而進入親密關係，然而若他們永遠是解決問題的那個人，互動不會平衡，也無法創造親密感。在一段關係中，兩人都要聆聽並接受對方的想法及感覺才能創造親密感，這對北交點落入雙子座的人來說是金玉良言，唯有這樣的互動，才能在考慮雙方需求的前提下，用更高層的方法來解決問題。

然而，這些原生者追求的不是平衡，反而因為很怕受傷或傷害對方，常常只有單方面的溝通，藉此控制局面。他們覺得這樣比較輕鬆，因為不用看到對方落淚、不用談論自己的感覺，也不用跟伴侶一起接受諮商治療。但是他們若不進行全面性的溝通，就遲早會吃到苦頭。

舉例來說，一位北交點落入雙子座的女士在第一段婚姻中，很早就發現這段關係可能行不通，但她一直保持沉默，最後完全沒與對方商量就唐突地結束了這段婚姻。她從來沒讓對方知道自己在婚姻中有多不快樂，也沒有跟對方討論問題所在。這成為她生命中少數的遺憾之一，她很後悔當初沒有找個方法與先生開誠佈公地聊聊，互相瞭解彼此的想法。

北交點落入雙子座的人在親密關係面臨的所有問題中，帶來最多負面影響的就是他們對「目標」的重視。這時常讓一件事看起來極具「正當性」，非常需要被糾正，而且也非這麼做不可。原生者時常覺別人不關心自己，對自己的想法不感興趣，也不瞭解自己，但是只要自己全新投入任何一個目標，對方就會「真的」在乎自己的想法。所以他們把所有精力投注在某件讓他們自覺很有效率、重要且獨特的事情上，然後將所有個人考量都擺一旁。這當然會影響親密感，因為他們沒有真正意識到、或不在意自己對伴侶的影響。伴侶常因此覺得自己不重要且不被愛。伴侶會說：「那我呢？」原生者則回答：「我們總是在一起的，可以以後再說。」正因如此，原生者所建立的關係通常很短暫，伴侶會想：「他們甚至不試著跟我產生連結，那這到底有什麼意義？」然後可能就決定離開。

對北交點落入雙子座的人而言，任何事情都能啟動「目標機制」，這可能是有關政治、社會、環保、靈性或任何與伴侶或親近的人等方面的事，例如他們希望伴侶減肥，希望孩子學會用錢，或規勸最好的朋友結束不好的關係。然而即使目標與伴侶有關，仍會阻礙親密感，因為這個目標會成為雙方連結的焦點。伴侶可以感受到原生者其實不是在跟自己互動，而且最後這個目標會阻礙了他們與伴侶體驗真正的親密感，反而讓自己更加孤獨。

希望假以時日，這些原生者能發現唯一突破孤獨的方法，就是勇敢與重要的關係人進行真正的互動。他們只要問伴侶：「你覺得……如何？」然後真正聽進對方的回答，便能開始真正認識對方、與對方建立連結。這些人時常猶豫要不要直接問伴侶問題，因為他們害怕自己不會應付對方的回答。原生者如果問：「親愛的，你覺得我們的關係好嗎？」當伴侶回答：「不錯，但我覺得如果我們能……，我會更滿意」時，他們很害怕自己接下來不知怎麼回應。原生者必須學著他們只要把話聽進去，然後簡單回一句：「噢！沒問題」。他們不需要馬上說一個深入的答案；伴侶也會因為他們問了這句話而感受到關心。原生者必須知道：溝通不是答案和解釋，而是想法與認知的交換，在雙方建立在相互理解的過程中，讓親密感自然流動。

另一個對原生者極有利的方法就是，「想要」知道伴侶的想法及當下的遭遇。伴侶也許只需要他們聽自己說話，或提供一些有幫助的意見。如果他們真正關心伴侶，就得一步步接受挑戰，去認識伴侶的人生觀，對伴侶的意見、想法、希望及夢想產生興趣。最後他們很自然會找到方法，建立渴望的親密連結，讓彼此都非常滿意。

他人所能提供的協助

讓原生者知道：別人的意見對他們自身而言也是對的

北交點落入雙子座的人在過去許多世裡都沉浸在宗教戒律中，所以對「真理」的定義可能非常抽象又理論。他們必須學習把個人層面的事物融入真理，才能與別人建立連結。例如，一個朋友用錢非常謹慎，原生者可能會說：「到處都是財富！這麼節省實在不對！」但是，朋友也許是因為來自於貧窮的生長背景，所以非常謹慎地運用自己的資源。原生者必須學著關心，為什麼朋友會有這樣特定的行為，然後發揮他們天生的愛心，幫助朋友發展出超越侷限的個人認知。

你可以鼓勵原生者養成探詢別人觀點的習慣，然後把來龍去脈整合起來，認清別人的「真理」源自何處。例如，一個人在軍中服役二十年後，政治觀念可能變得非常保守。原生者若能多詢問別人的經驗，就能更加瞭解對方過去與現在的觀念有何關連。他們必須放慢腳步關心別人，然後聆聽。當原生者發現就對方的個人生命經驗來看，他們的想法也是對的時，就能從中獲得更多新資訊，用一些自己從未想過、更令人興奮的觀點去面對人生。

鼓勵他們利用邏輯

北交點落入雙子座的人習慣憑空相信，不加以確認就一頭栽入一件事情，請提醒他們在作決定前多利用邏輯思考。例如在購買股票時要考慮交易表現，或在訂婚前考慮未婚妻或未婚夫的人生目標是什麼？提醒原生者在任何情境中先確認事實，客觀列出正反兩面的因素，如果他們能根據現狀、而非憑著直覺或盲目的信仰妄下決定，就能有最好的表現。

這些人時常沒有考慮到別人的立場，所以常在想見某人的最後一分鐘才打電話，而對方通常都沒空。他們若想跟某個人見面，鼓勵他們先打電話、安排約會。如果他們因為某人的行為而沮喪，鼓勵他們用邏輯分析找出朋友為何會如此的原因。這對原生者而言是很難的，建議他們把對方當成兄弟姊妹，這樣他們很自然會知道如何輕鬆且自然地與對方相處，也能幫他們建立渴望的緊密關係。

鼓勵他們發問

有句話說「好奇心殺死一隻貓」，但對北交點落入雙子座的人而言，健康的好奇心是非常值得鼓勵的。你可以先問原生者一些問題，讓他們能自在地提問，例如「你為什麼這麼反對去新餐廳？」、「我們如果去了，你覺得會發生什麼事？」這些問題可以使他們找到作決定時根據的特定想法、迷信或信仰，也幫助他們更有意識地做事，有利於人際互動並創造緊密的關係。原生者必須學著在作決定或下結論前盡可能地蒐集資訊及事實，事實可以變成他們的穩固基礎，支持正確的直覺。

對北交點落入雙子座的人而言，自由及冒險的價值是很重要的。如果你讓他們覺得發問是種挑戰，更是種「冒險」，可以讓他們更自由，他們就會願意嘗試。舉例來說，如果有個朋友沒有赴約，建議原生者打電話給對方，以一種不帶責難的方式詢問對方：「我記得我們三點有約。我記錯時間了嗎？你還好嗎？」等朋友回答之後，原生者就能更明智地決定該如何應對。

當他們在社交中欠缺安全感時，請鼓勵他們對別人提問，展現對別人的興趣。好奇及提問就是種與人連結的方式，他們可以問：「我好難找到這個地方……你很快就找到了嗎？」「你從事什麼工作？你喜歡嗎？」關鍵就在於對別人表現真誠的好奇心，加上與別人輕鬆建立連結的渴望，如此便能讓原生者克服焦慮。

幫助他們看到選擇

北交點落入雙子座的人一旦決定某件事，通常需要別人幫忙認清這些選擇。他們非常迫切需要知道自己是「對的」，所以你先要肯定他們的立場：「沒錯，你百分之百是對的，但從另個角度……」你可以先紓解原生者「必須是對的」的心態，然後他們才會敞開心胸探索其他可能性。鼓勵他們考慮用多元的方法看待事件：「好吧，我知道你為什麼會做這個決定，但是否還有其他可能性？例如……」，這可以幫助他們養成開放的習慣，而不只堅持一種洞見，同時培養更寬廣的心智彈性。

原生者作決定時通常默不吭聲，直到他們已經「清楚」該用什麼方法，然後突然採取不可挽回的行動。他們常跳過別人的意見，也忽略獲得更多相關資訊的可能性。你可以在日常生活中鼓勵他們養成習慣檢視自己的選擇。例如說：「你可以下班後再去乾洗店，或者另一個選擇是，我外出買生活用品時再去拿乾洗的衣服。」多用「選擇」這個字眼，可以幫助他們習慣從不同的角度看待人生。

鼓勵他們溝通

北交點落入雙子座的人常為了避免衝突而不與人溝通，這會阻礙關係中的親密感，因為如此不但無法瞭解彼此，也不能互相接受。你要讓他們知道溝通攸關誠實，必須對別人的觀點感興趣，然後再與對方分享自己的看法。這些人會被個人的誠實激勵，如果他們認為不溝通是種不道德的行為，就會比較願意冒險一試，打開溝通的大門。

原生者通常堅信真理、倫理及道德。他們必須學習在日常互動中誠實且公平地與人相處，表現所謂的真理。如果他們能與對方分享想法及感受、用較圓融的方式表達意見，就不會引起對方的負面反應。他們也可以透過溝通瞭解別人的態度及生活觀。

不鼓勵的習慣

假設別人的想法及情境

當這些原生者說出「假設」這個字眼時，警告的紅旗就出現了。鼓勵他們蒐集更多資訊以確認現實。你要讓他們知道，當他們假設任何事情時，他們就用錯方法了。

自以為是的態度

這些原生者天生就是倫理道德及誠實的信奉者，而且會不顧一切推動自己相信的目標。你要阻止他們在各種情境中把「目標」看得比身旁相關的人還重要。

說話太直率

北交點落入雙子座的人習慣斬釘截鐵地說話，聽起來就像法律一樣，無論自己說什麼，一定得是對的。一位北交點落入雙子座的友人告訴我的弟弟及弟媳：「不要再生另一個小孩，那會讓你的生活黯然失色，也將是個錯誤。」這位友人其實與他們並非很熟識，卻用權威的方式說出這些話，讓他們不禁懷疑起自己的決定。我的弟弟及弟媳最後還是再生了個小孩，而事實證明這個孩子為家庭帶來真正的幸福。為了阻止原生者的這種特質，當他們說出某些傷人或令人生氣的話時，可以反問他們：「你指的是不是……？這是你真正的意思嗎？」幫助他們發現自己在與人互動的過程中，如果太過直接可能會破壞關係，也可能傷害別人。

月亮北交點落入巨蟹座或第四宮

他們帶給關係的特別禮物

* 負責
* 誠實
* 可靠
* 付出的精神
* 生活能力
* 組織天賦
* 願意掌管事情

阻礙親密關係的迷思

* 最後負責的總是我。
* 別人讚美我都是別有用心。
* 我無法真正滿足，因為別人總讓我失望。
* 如果我很脆弱，對方就會傷害我。
* 我不知道自己的感受。
* 我不能依賴任何人來照顧我。

＊如果我說出自己真正的感受，就一無是處了。
＊我必須不停地重複，別人才能瞭解我。

伴侶的埋怨

＊他們總想控制一切。
＊我無法接近他們，他們總有自己的事要忙。
＊我必須完全按照他們想要的方式，他們才會開心。
＊他們的感情很不成熟。
＊如果我說出自己的需求，他們就覺得受到威脅。
＊他們根本不在乎是否傷害到我的感覺。

放下緊握的掌控權

北交點落入巨蟹座的人在過去許多世裡都是政治家、議員、一家之主、企業老闆，或在某個情境中一肩擔起創造成功責任的人，別人的生存都仰賴他們。基於這些過去世的條件，這些人很容易變成「父親的角色」，自覺必須為整個家庭的管理及生存負責。因此他們常處於警戒狀態，處裡外界所有事物，確保身旁的每個人都很幸福，同時達成明確的目標。他們甚至會用自己的習慣，掌管一些涉及別人行為及感情的情況。

我的一位個案的北交點落入巨蟹座，他的未婚妻不想與他的孩子有任何往來，但他卻覺得自己必須擔起責任，確保未婚妻和小孩相處融洽，因此列出了一些規則，規定雙方要如何對待彼此，他的未婚妻覺得處處受控制，最後離開了他。這些原生者常全心放在目標上，反而忽略了別人的感受和過程的完整性，忽略了對方也需要親身經歷，才能獲得個人的成長。

我的個案如果允許未婚妻不跟孩子互動，花點時間研究一下為何她有所保留，必能更瞭解她。他如果單純用「想要更瞭解她」的目的來接近她，她一定會誠實地與他分享自己的顧慮。也許她在早期的家庭生活中覺得被冷落了，很害怕如果他的孩子在身旁，他就不會關心自己了。原生者若能理解她的感受，而她也覺得獲得對方的支持，這個問題就會隨著時間解決；當然，問題也可能依然存在。然而這種方式至少可以讓事情自然地發展，也能創造更深入的親密感及連結。北交點落入巨蟹座的人必須學習在關係中，讓完整的過程引導結果。

當危機出現，或是當別人把事情搞砸時，這些原生者會負起責任創造秩序，幫助每個人活下去。他們常有過度的責任感，甚至認為即使把責任交給別人，自己最後還是要全權負責。他們會想：「沒有任何人可以完全按照我想要的方式處理好這件事。」這當然會阻礙親密感，因為別人會覺得無論怎麼做都不夠好。對原生者而言，如果他們一肩扛起達成共同目標的全部責任，便會失去對對方的尊重。他們必須學習支持別人利用自己的才能，創造成功的結果，而非試著去掌控全局。他們必須學習樂於接受別人的幫忙，才能培養關心及支持的感受，如此並無損互相的尊重——這是維持關係融洽的必要因素。

北交點落入巨蟹座的人還有另一個問題，因為他們真心認為自己是最好的照料者，所以根本不認為能仰賴別人來照顧自己。他們不認為別人能用自己需要的方式永遠支持自己。他們內心非常渴望能依賴別人，卻又擔心當自己真正需要對方時，對方不在身旁。這些人認為能滿足自己需求的唯一方法，就是自己主控全局。他們真心相信若別人能完全按照他們的話去做，自己就能獲得安全及快樂。但是他們並不快樂，因為如果按照他們的方法，根本不可能創造他們渴望的親密感。伴侶會覺得無法在原生者面前展現真我，也無法用自己的方式來滋養他們，這就堵塞了能量的交流，伴侶也無法自在或自發地支持他們。

北交點落入巨蟹座的人必須知道，如果他們想在健康的關係中體驗親密感，就必須改掉控制性的行為。控制模式會造成緊張，因為對方會覺得如履薄冰。原生者若想獲得親密感，首先得學著相信一件事：當他們放開「控制機制」後，自己仍能獲得滿足。即使他們的需求沒有完全按自己想像的方式獲得滿足，或他們無法完全達到目標，但這也不是世界末日，更不代表伴侶不愛自己。事實上，別人無時無刻都在嘗試著支持原生者，只是原生者沒有發現！他們必須學習積極地接受別人的支持，注意到別人想為自己做些什麼，同時樂於接受別人的幫助。

他們除非能意識到這點，否則時常會感到失望，最後就拒絕類似的經驗。我有位個案的北交點落入巨蟹座，她已經有兩個孩子，而且又懷孕了，非常需要別人幫忙。她總覺得丈夫不會幫忙，所有事情都必須靠自己。因此她越來越生氣，最後不再跟他掏心分享，拒絕創造親密感，也拒絕接受任何滋養。

從她丈夫的角度來看，她總在埋怨他不在身旁，而當他試著幫忙時，沒有一件事能讓她滿意。這位女士若能換個角度觀察丈夫如何付出，而非光看他沒做到的部分，就會發現他已經試著用自己的方式來照顧她。當他沒有幫上忙時，她可以與他分享自己的感受，讓他明確地知道她需要什麼幫助。然而她總是想著：「他讓我失望」，並拒絕提出自己的要求。她如果知道丈夫的本意是想支持自己，就能與他分享自己的感覺及經驗，從中創造親密感。例如，她可以讓丈夫知道寶寶正在肚子裡動來動去，讓他知道自己疲憊不堪、腰痠背痛，這等於給他機會來支持她。他會因此有參與感，覺得自己是被愛的、被感激的，然後就會願意給她更多滋養及支持。

體驗滿足感

北交點落入巨蟹座的人常拒絕接受別人的感激或讚美。他們必須學習停下腳步，真正接受別人的愛的能量，同時感受讚美的原因。當別人讚美這些原生者時，他們常常只當耳邊風，沒有真正的吸收其中的意涵，他們會說：「謝謝」，但並不會被影響。就某種層面來看，這是因為原生者不想表現出「全部的自己」。他們認為輕描淡寫自己的才華和能力，是一種謙虛的表現。

就更深的層面來看，這些原生者是害怕自己一旦接受讚美，就會自滿於目前的成就，喪失有助於達成更多成就的不滿足感，甚至放棄自己的目標。其實，當他們真的接受別人誠懇的讚美，真心地感受它，把它當成對於自己的天賦和過去成就的肯定，就能感受到別人的滋養，實際地創造出更多令人滿意和喜悅的成就。接受讚美就像一種能量的完成，這是對於過去成就的自然禮物，必然會讓他們感覺很好。

原生者還會因為另一個因素而封閉自我，那就是當他們聽到讚美時，很害怕會因此失去「第一」的地位。他們認為只要不接受別人的「感謝」，就永遠會是別人敬仰的對象。這些人時常忽略了享受，因為他們潛意識中認為唯有犧牲個人的享受，才能換來尊敬。然而事實上，不知如何接受讚美這件事，會在他們與別人之間製造一道牆，讓對方覺得他們不領情，覺得被貶低了。北交點落入巨蟹座的人必須學習允許自己真心地接受別人的讚美，才能與別人創造平等與親密感。他們也可以因為自己的辛苦工作與成就而獲得別人的滋養，更加強自我的核心力量，否則他們無法從自己的成就中獲得情感的滿足。

這些原生者的成就一定高於預期。他們總處於極度活躍的狀態中，彷彿在無意識中試著活出別人的期望。他們無論完成了什麼，總覺得必須達成一個「更高的目標」，所以時常對現況不滿。事實上，他們正在做的事就是人生的使命，然而他們卻總覺得還有某件事情要做，而且就更寬廣的角度來看，他們最後都有完成的能力。

原生者過於專注於成就，常會破壞了親密感，因為他們常將與愛人共同享受的快樂擺在一旁，直到自己完成了某個未知的理想目標。他們總被自己的計畫綁住，這也讓他們無法真正地與對方相處。這些人會對親近的人生氣，尤其是住在一起的人，如果他們內心認為對方阻礙了他們發展。這種情境中當然很難創造親密感，因為對方會覺得自己永遠無法讓原生者滿意或快樂。北交點落入巨蟹座的人甚至沒有意識到別人正在付出。他們除非開始接受別人的關愛，否則別人就會認為他們一直在打分數。久而久之對方可能會想：「何必呢？不管我付出多少，永遠都不夠。」

北交點落入巨蟹座的人若想打破這個模式，就必須知道滿足感並非來自於尚未達成的事，而是意識到生命中已擁有的支持、滋養及愛。而當他們開始給予別人滋養，就能產生正面能量的互動。當對方的需求被滿足後，對方就會想回饋，結果就會帶來豐富的互相滋養及支持，加深彼此的親密感。

原生者可以透過一種方法順利展開這種互動，例如問別人喜歡什麼（喜歡吃什麼食物或看什麼電影等），然後按對方的方式去做這些事情，看會有什麼結果。他們會發現若能按照對方的需求付出，便能帶來感激及親近的能量，而這種親近可以創造親密感，最終讓原生者找到一直在追尋的完整及滿意。

重新與感覺產生連結

北交點落入巨蟹座的人通常沒有顧慮到自己的感覺，因為他們在過去許多世裡都是別人的照料者，卻不曾照顧過自己。他們也可能刻意壓抑自己的感受，藉此達成明確的目標。舉例來說，他們可能會為了財務收入或名望與某人結為連理，卻忽略了自己對愛及親密感的需求。無論如何，這些人因為在過去許多世裡過度專注於外在事物，因此必須在今生重新學習如何與自己的感覺產生連結。

這些人如果不正視自己的感覺，往往會採取違背真實本性的行動。由於長久的忽略，他們很難辨識自己的感情。這不代表他們沒有感覺，事實上，這些人因為太過壓抑，往往有非常強烈又充沛的感情。然而，他們因為對情感的起伏及流動很陌生，也無法體驗到感情帶來的滋養，所以在面對感覺或感情時常很不自在，因為不知道如何引導感情的能量。

他們可能很天真地拒絕分享自己的感覺，也拒絕接收別人的感覺。然而，若一味拒絕體驗透過交流感覺而建立的「感情世界」，感情就會不斷地湧出，直到潰堤。然後他們會表現得彷彿自己才有資格生氣，或才開始表達自己的情緒。原生者要學習注意自己的感情，承認感覺的存在，或當感覺出現時試著與別人分享。如果他們能學會不要評斷自己的感覺，不要試圖改變自己的感覺，就比較不會覺得被別人的感情威脅。他們必須學習融入感情的流動，而非抗拒它，這終將為關係帶來更多滿足。最好的方法就是養成習慣，更常去覺察自己與別人的心情，允許感情的自然存在，而不需要去改變它們。

這些人在今生必須學習的功課就是：學習信任自己的直覺本能，將它運用在作決定的過程中。問題是，這些人會質疑自己的所有感覺，因為他們無法認清感覺。我有位北交點落入巨蟹座的個案，她認為給女兒最棒的「教育優勢」就是讓女兒在兩歲時就去念幼稚園，之後她感到沮喪卻又不知道原因。她內心覺得還不到時候送女兒去上學，又認為要按照「應該的」方式去做，而非相信自己的直覺。當她的女兒在學校適應不良後，她才知道應該遵從自己的感覺。

另一位北交點落入巨蟹座的女士在與男友分開一陣子之後，男友終於首次願意為這段關係努力。她心裡仍然接受他，也想再試試看，但卻已經有了新的對象。她最後決定遵守對新男友的承諾（她認為自己「應該」做的選擇），而非聽從內心的聲音——但之後她就後悔了。北交點落入巨蟹座的人若開始按照感覺行事，內在羅盤的導引力量就會變得更加強烈。

這些人因為太欠缺處理感情的經驗，所以有時當他們試著分享自己的感覺時，只會用單向的方式說出來。分享的目的將會決定結果，如果他們還陷在「控制模式」，真正目的是想指導別人改變，或希望別人採取不同的方式，最後就會換來對方的反抗或被動的抗拒。但是他們的目的若只是單純的展現自己，給別人一個更瞭解自己的機會，他們就可以獲得真心的關懷及愛護。這裡的重點就在於，當他們分享感覺時，確保自己處於「我」的架構中。例如他們說：「早上不要太大聲，你把我吵醒了。」可能會導致對方自衛的抵抗，但他們若說：「我想告訴你，早上有很大的噪音時，我時常會被驚醒，心跳加速，好一陣子都非常焦慮」，就可能換來關懷的回應。他們必須敞開心胸，鼓勵別人用自己的方式回應，就能加深彼此的親密感。

原生者即使有正當的理由教導對方（也許是工作上的經驗），仍時常會產生問題，因為他們忽略了互動中的感情成分。例如他們可能會提過某事，之後真的很想強調這件事的重要性，於是不經意地又提了一次，如果他們不確定對方已經聽進去了，就會用稍微不同的方式再說一次。他們認為自己是在幫忙。然而對方卻會覺得原生者別有用心，或認為原生者覺得自己不夠聰明，無法在第一次就聽到重點。這可能會讓對方關上心門，潛意識中不停抗拒原生者。對方會覺得原生者無法與自己產生真正的連結，否則應該知道自己已經把話聽進去了。這裡的關鍵就在於，原生者在與別人溝通的過程中必須放慢腳步、打開管道，進入彼此之間的感情領域，然後等待並觀察自己是否能在重複同樣的話之前，感受到感情能量的細微轉換，發現對方其實已經「接收」到自己的訊息。

這些人對自己與別人的感情連結通常感到非常焦慮，即使只是問問對方過得好不好，或探索自己對對方的感覺，都讓他們緊張不安。他們必須學會自在面對感覺，才能知道如何處理感情中的非理性成分——而這也是人性經驗的一部分。當原生者願意花心思探究別人的感情時，絕對會創造雙贏的局面，因為他們非常正直，一旦他們體驗到感覺，絕對不會過於濫情。當他們能帶著好奇及支持聆聽別人說話時，對方會覺得被「看見」了，感受到關愛及滋養。在他們融入別人心情及感覺的過程中也讓自己更開放，更能接受自己不停改變的心情與感受。

讓感情成熟

北交點落入巨蟹座的人因為在過去許多世中都缺乏別人的滋養，因此在感情上往往很不成熟，其中一種表現方式是，他們可能非常容易被一個人的外在條件吸引，例如形象、美貌或青春等，而非讓關係持續滿足的深度情感。他們時常因某個人符合自己心智的標準，就與對方建立膚淺的連結，卻不會花時間與對方交流真正的感情。

他們感情的不成熟如此顯而易見，所以根本沒有真正在乎別人的感受。這些人可能天性善良，不想傷害任何人的感覺，但如果事情真的發生了，他們完全不會因此寢食難安。原生者的人格中少了一塊「敏感的晶片」，所以當別人很沮喪時，他們無法產生同理心，跟著對方難過或感到抱歉。他們不是故意傷害別人，但他們的確會按照自己的方式做事，並顯得理所當然。他們會迴避感覺，不斷用腦袋與別人相處，而非付出自己的心。原生者往往不承認感覺的存在，或不願意處理它，因此別人常覺得他們無法親近。這些人除非能擁抱感覺，否則在與別人的互動中，永遠少了某一層面的人性經驗。

這些人還有一種感情不成熟的表現方式，就是以極端的方式來解決自己推斷的狀況，藉此拒絕親近的人。我有一位北交點落入巨蟹座的個案，她在父母的住所附近買了間公寓。有一次她請父親到機場接她，她父親因為時間安排沒有馬上答應，她就想：「爸爸如果不確定是否要放下自己的事來接我，那麼我就靠自己！」她不想讓自己陷入孤立無援的局面中，竟然去買了一輛車。當別人要求原生者幫忙時，他們總能想辦法達成目標，即使犧牲了自己的需求或願望，所以當別人無法盡全力幫助他們時，他們會選擇靠自己解決。

當北交點落入巨蟹座的人覺得自己沒有受到照顧時會以為：「他們不是真正在乎我。當我需要支持時，他們根本沒來幫我。」因此遠離對方，不讓自己的感情受傷。他們仍會花時間與對方相處，甚至幫忙對方，但內心深處的某個角落卻是封閉的。這也阻礙了伴侶的親密感，因為當原生者即使遇到事情一時無法解決，之後還是會自己搞定一切，而這會讓對方覺得：「好吧。我對他們一點也不重要。他們非常獨立自主，根本不需要我的幫忙。」

結果常常變成別人覺得自己不如這些原生者。這也就是為何北交點落入巨蟹座的人必須願意探究自己被拒絕的感受，多蒐集資訊，才能更加瞭解對方的處境，雙方在互相的敏感及支持下，往往就能順利解決事情。舉例來說，我的個案可以搭晚一點的飛機，這樣她的父親就能來接她，她必須聽懂他猶豫背後的邏輯。原生者的確有種天生的本領，找到一種解決方法讓大家都滿意，如果他們願意與別人一起解決，過程會讓每個人更開心。

北交點落入巨蟹座的人還有另一種感情不成熟的表現，就是他們時常只注意別人的行為，或是別人對自己的反應，而非關心自己內在的感覺。他們必須學著找到自己當下的感受，與自己對話，而非因對方的反應或評斷而生氣。例如，北交點落入巨蟹座的人如果因為自己的言行換來別人的負面反應，他們就會很焦慮。他們處理焦慮的方法是逃避或控制局面，通常是用憤怒或退縮來因應。對方可能會因此讓步，但原生者仍然焦慮，因為事情並沒有解決。

北交點落入巨蟹座的人會讓別人覺得必須不斷放下自己的事來配合他們，才能維繫關係。別人會擔心如果表達自己的意見或喜好，會惹惱原生者而換來報復。例如有人說：「我今晚不想吃烤肉，比較想吃義大利菜。」原生者的回答可能充滿防禦心：「什麼？你認為我很笨嗎？因為我想吃烤肉？」這些人常把別人不同的想法、願望和需求當成對自己的威脅，最後變得失控或沒有安全感，而對方則覺得被漠視了。

北交點落入巨蟹座的人應該學習放棄對外界讚美的需求，試著把別人的差異性當成一種機會，支持對方的喜好，藉此創造親近感。這些人常擔憂如果考慮對方的需求，就無法達到自己的目標。他們最好能學著放下焦慮，不因別人表達了不同的喜好及欲望就變得焦躁不安——別人的願望及需求並不會威脅他們的目標。事實上，如果他們能把別人列入考慮，這趟人生之旅就會讓每位參與者都覺得有趣，從中體驗到親密感。

表現脆弱及真實

北交點落入巨蟹座的人對拒絕非常敏感，因為被拋棄的經驗是他們最痛苦的人生歷練，任何被認為是拒絕的訊息，都會勾起他們被拋棄的恐懼。所以這些人常忽略許多小事情，不敢誠實與別人討論自己的感覺或心情。他們很害怕如果與別人討論感情就會製造對立，讓自己受到責備、被拋棄或被拒絕。結果，因為他們不斷壓抑自己的感情，最後變得很焦慮、沒有安全感。

這種模式是種惡性循環，因為他們不斷忽略自己的感覺、忽略別人的感覺或忽略任何不協調，直到對方突然有所反應，接著他們可能會用極端的方式回應。他們也許變得很激烈，用憤怒來控制狀況，也可能退縮並拒絕對方，因為害怕被對方拋棄。諷刺的是，他們並非因為脆弱或真實的表現而被拒絕，如果他們能分享自己的感覺，意識到彼此間的感情氛圍，就能表現出自己的關心。他們也可以在事情發生時問對方一些問題，讓對方有機會說出心聲。這種溝通方式，可以讓自己及別人都有安全感。

許多北交點落入巨蟹座的人，在幼年時期的感受時常遭人否定。不幸的是，這些人又非常敏感，會因為童年的被拒絕經驗而封鎖脆弱的感情世界，導致長大後別人也很難靠近他們。他們渴望說出自己的感覺，但又會認為說出口後會被對方否定。對方會說：「你不該這麼覺得」或「這種感覺是『不對的』」。對原生者而言，「正確」是件非常重要的事，當別人批評他們的感受，他們會極度沒安全感。所以這些人不願分享自己的感覺，反而試著取悅對方，藉此創造親密感。他們認為：「如果我讓他們開心，之後他們就會對我更體貼、更關心我，不會拋棄我。」

一位北交點落入巨蟹座的女士發現丈夫有婚外情。她無法忍受被拋棄的恐懼，所以不但沒有說出受傷及被背叛的感覺，也不去探究導致婚外情的原因，反而為了控制局面而閱讀許多性愛及穿著的書籍，試著改變風格來取悅丈夫。她開始對丈夫玩性暴力，因為這是她丈夫喜愛的方式。她試著藉此讓丈夫忘記外面的女人，但到頭來都是她在努力，而她也無法在性生活中獲得任何滿足。經過兩年後，她發現自己又累又生氣。她的確達到目標，留住了丈夫，然而因為她不敢去處理感情層面，這段關係就無法建立在任何真實的基礎上，也無法發展出深刻的滋養、互惠及親密。

原生者試著取悅伴侶，卻不敢誠實溝通，結果對方看不見真正的自己，也在關係中製造出距離和緊張。因為伴侶會感受到他們有所保留，因此變得挫折，他們不知道哪裡做錯了，也不知該怎麼改善。這不可能有任何親密感，因為北交點落入巨蟹座的人只是在表面上控制關係，最後變成一場戲，雙方都維持日常生活所需，盡到各自的責任，卻不是一段能提供溫暖、滋養及喜悅的親密關係。這些人必須學會承認自己的不安感，而非試著控制一切。

這些原生者未表達的感覺會妨礙能量增長及自我建立，他們會覺得有個很沉重的東西在壓迫自己。他們必須學習克服恐懼，不要認為別人無法瞭解自己，而應該勇敢坦承自己的感受，誠實處理對方的反應。然而，這些人常堅信別人會誤解自己，也很難對對方說：「我希望我們能在這件事情上一起努力，因為這就是我的感覺。」又或者，當原生者終於勇敢與別人分享自己的感受時，往往會用一種防禦性的態度，當別人試圖反抗他們，或接受之後又退縮，他們就更加確定自己的恐懼。有時候原生者認為分享了感情，卻往往只是陷入「控制模式」，根本是在給予對方指示。舉例來說，如果他們的狗走失了，他們可能會沮喪地對伴侶說：「不准提到狗。」而非說：「我一聽到你講到狗就覺得很難受，沒辦法工作。」如果他們能用感情的字眼來解釋情境，表現出自己的脆弱，就能給對方機會來表達支持，而非只能服從命令。

北交點落入巨蟹座的人在今生必須學著相信：感覺其實沒有對錯，只是一種與別人連結的工具，用以體驗共同的人性。這不能是單向的溝通，而是要先顯露自己的感覺，然後聆聽別人對此的反應。如果他們想在關係中創造親密感，就必須有真實的感情連結，過程中他們必須真誠地分享自己，同時接受別人的真實感受。

創造平等感

當身旁的人沮喪時，北交點落入巨蟹座的人往往試圖安撫對方，或馬上找些解決的方法，因為不安的感情氛圍會勾起他們的無力感。這些人像在扮演上帝，想為每個人的感覺負責，這樣才有安全感。當所有人都滿足時，他們就可以避免更多的浮躁不安。這當然漠視了別人的真實感受，也會阻礙親密感，因為對方並不想被剝奪感受和體驗。

當原生者過於專注在自己的計畫及目標上，也會阻礙關係中的親密感。伴侶如果提議做點不同的事，他們第一個直覺就是抗拒，因為他們不知如何面對新提議帶來的感覺，也焦慮著不知該如何與別人平等地完成一件事。然而，原生者否決對方的提議，只是讓自己少了機會嘗試著用一種意料之外的方式達成目標。事實上，親密感必須有平等的成分存在，而這都來自於分享彼此的感受，進而帶來相互的同情及認識，原生者若試圖控制每件事，這段關係就無法建立在平等的基礎上。

北交點落入巨蟹座的人必須學習放鬆並試著瞭解：即使某件事不是按照自己的方法進行，也不代表那是錯的，而指揮別人的行為，更無法創造一段親密的關係。他們必須知道這種方式不健康也有失平等，而平等能在互相的滋養及愛當中，創造出令人心滿意足的交流。

北交點落入巨蟹座的人會慢慢發現，互相尊重的感覺可以為彼此創造平等的地位。他們得學著更加覺察且尊重別人的需求、欲望及感覺，願意花時間與對方一起完成事情，才能創造健康的關係。

北交點落入巨蟹座的人往往覺得自己基本的感情需求不能獲得滿足，還會不斷看到伴侶的錯誤。我有位個案的北交點落入巨蟹座，她告訴我，當她的母親輕微中風時，她留訊息告訴丈夫自己正在醫院，每件事情都處理好了。然而，當丈夫晚點才到醫院探望時，她又很難過他怎麼沒早點到。她在處理的過程中其實有很多感受，也很希望丈夫能在身旁安慰她、支持她，但她不但沒告訴丈夫自己的感受，還壓抑自己的感覺，到頭來又埋怨丈夫的反應。這些原生者應該試著瞭解：伴侶的確能支持自己，但自己必須即時的溝通。例如我的個案應該留訊息告訴丈夫：「我心裡亂糟糟的，很需要你來陪我。」他就可能滿足她感情上的需求，為雙方創造平等及親密感。

北交點落入巨蟹座的人在關係中的挑戰就是創造平等感，因為沒有平等的基礎，他們永遠無法享受關係的親密感。他們必須勇敢地表現脆弱，公開分享自己的感覺，才可能與伴侶建立真正的感情連結，敞開心房，享受彼此的認識、同理心、關愛及接受。

成功經營親密的性關係

對北交點落入巨蟹座的人而言，造成親密關係的一大障礙就是：他們太過投入自己的目標，時常把感情視為浪費時間的分心。儘管在某些公事場合中，感情的確令人分神，但他們必須把這部分納入私人生活中。在公事領域，他們必須設定目標、擬好策略才能成功，而有時為了達到目標，的確必需保留一些資訊。例如在面試時，不要主動透露自己已經快破產了，也不要坦承自覺無法勝任這份工作。很多時候，我們只需要站上舞台扮演角色，私下克服內心的不安全感。

然而在一段真正成功的親密關係中，雙方都必須注意彼此的感受，尊重當下誠實的溝通過程。他們可以細心留意伴侶的感覺，保持清楚且誠實的溝通，而非為達成一些外在的目的，把感受藏在心裡，或擅自採取行動。舉例來說，北交點落入巨蟹座的人在建立一段新的個人關係時，會把承諾或性設定成目標，因此在追求的過程中可能不會表達重要的感受，反而讓關係錯失了更多的發展空間，或即使他們達成目標，但也無法建立真實親密感需要的感情連結。

原生者不妨詢問對方：「你在感情上準備好了嗎？我們要再進一步嗎？」更重要的是，他們必需隨時檢視自己的感覺。這些人在過去許多世裡都忽略了自己對親密感的需求，也找不到自己內在的「親密關係計算器」。因此他們甚至不知道自己對別人的感受，這讓他們很難放開心胸，也會造成彼此的懷疑及困惑。這些人對於任何不贊成或放棄的訊息都非常敏感，因此最重要的是他們與對方發生肉體關係前，必須先有感情基礎和安全感，否則內心深處就會產生無法承受的恐懼。他們必須先真正瞭解伴侶，感受到彼此之間的共同基礎和相互支持，才能放鬆自己，讓事情順其自然地發生。

北交點落入巨蟹座的人如果對關係失望，可能變得非常有控制慾。他們會拒絕感情上的交流，表現得冷漠又退縮，甚至不接受對方的改變意願。對方會覺得自己被隔絕了，無力維持感情的滋養及互動來打破僵局。所有的關係都會遇到考驗，如果最後不能得到感情滋養的回饋，沒有人願意努力讓關係圓滿。原生者如果阻擋了感情的連結，無形中就會破壞了關係，也無法讓彼此從中獲得滿足。

這些人如果偽裝自己的感覺及關心，藉此達到特定目的，便會在無意識中破壞親密關係。我有位北交點落入巨蟹座的個案，與一位非常喜愛的女士長期維持著柏拉圖式的交往。這段關係後來出現轉變，有可能朝愛情發展，然而他卻因為害怕求愛失敗又失去了她的友誼，所以不敢放膽追求她。他沒有跟她分享自己的擔憂，反而保持沉默，這使得對方也無法與他產生連結，考慮進一步的關係。她意識到他的焦慮，卻不知道背後的原因，到頭來他的拒絕溝通反而破壞了他一直想要維護的友誼。這些原生者在個人關係中必須學會：無論自己有什麼顧慮，都必須與伴侶坦承分享，如此才能找到一個讓雙方都開心的方向。

北交點落入巨蟹座的人在親密關係中還有另一種危機，就是他們堅信自己一定會失望。這些人會不斷地找證據證明自己的想法是對的——他們當然可以找到許多證據，因為這就是他們詮釋事情的方式。原生者總在注意伴侶讓自己失望之處，而忽略了伴侶對自己的支持。伴侶之所以無法滿足他們的需求，其實是因為他們從不給對方機會，也不曾明確地說：「我需要這個。」他們總期待別人直覺知道自己需要什麼。

這些原生者必須學習承認自己的不安全感，允許伴侶用他們自己的方式來支持自己，而非試圖控制局面。如果他們說：「我需要你的支持，因為我覺得……」，就能讓伴侶表現出最佳善意，能根據自己的直覺提示來滋養他們。有時候，如果他們能先滋養別人，就更能敞開心胸接受別人的滋養，然後帶著覺知感受到伴侶的喜悅。我有位北交點落入巨蟹座的個案，她幫男友做頭皮按摩，男友非常樂在其中，而她也能感受到他的愛與珍惜。這種感情的交流讓她很有安全感，開始與男友創造更深層的連結，同時接受男友給予的滋養。

這些人很難讓性生活更加融洽的部分原因，來自於他們的核心議題：無法意識到感覺。若他們想解決此根本問題，就必須學著注意自己浮動的情緒，同時要接受它，而非試圖改變它。當伴侶表達需求或不安時，他們也必須要改掉自己老舊的反應模式，不要認為受到威脅。他們可以問伴侶到底發生了什麼事，藉此瞭解伴侶，也給伴侶機會表達自己。事實上，當原生者詢問伴侶的需求並表達關心時，就會非常清楚必須做些什麼或說什麼話。當他們熟悉其他不同的感情後，也會慢慢更自在地面對別人的感受。如果伴侶不開心，他們也比較容易找到並解決隱藏的問題，而非讓不滿一直累積，導致情緒大爆炸。當他們知道導致特定感覺的原因後，便知道如何對伴侶表現愛意，即使在情緒化的情境中也不會手足無措。

對北交點落入巨蟹座的人而言，提升感情的意識層面並非一件簡單的事，因為他們過去許多世裡都無法接觸到感情領域，卻必須在今生把它重新挖出來。他們必須不斷地提高警覺，切勿回到過去的控制傾向，也不能過於專注在自己的目標上，因為這會讓他們與伴侶隔絕。當原生者把自己困在老舊的世界裡時，可能會覺得安全又熟悉，但卻不會快樂，因為沒有與對方分享愛與親密感。

北交點落入巨蟹座的人必須知道親密關係中需要同理心。如果他們願意關心伴侶、問幾個問題，用和悅的態度回應伴侶的煩惱，對方一定會覺得好過得多。這種方式可以建立連結，確保當他們需要時，伴侶也會在身旁支持自己。這些人必須與對方誠實、自由地交流感情，勇敢地表露自己，才能創造所希望的親密關係。雙方都必須讓對方知道，自己是如何被對方牽動或影響，同時也要相信過程中會帶來好的結果，才能成功創造親密的性關係。

儘管他們一開始會有點笨拙，但一旦找到感情的頻道，瞭解感情的重要性，就會發現自己其實擁有一種天賦，能用美好、單純又誠實的方式來處理感情。而他們也會發現這是值得冒險的，因為若無法在生活中與別人分享感覺或心情，只是偶爾的沮喪，都會讓整個世界變得枯燥又黯然失色。

他人所能提供的協助

幫助他們認識並處理感覺

北交點落入巨蟹座的人無法覺察自己的感情領域，也很難認清自己的內在感受。旁人要鼓勵他們多探索自己的感覺，辨識自己內在的體驗，他們才會越來越自在地面對感情，也比較能在下決定時把感受列入考慮。這對於他們在關係中創造親密感會極有幫助。

這些人天生就是成功者，也願意為了達成所設下的任何目標而負起全部責任，如果你鼓勵他們把重新喚醒並回應自己的感覺當成一個值得努力的目標，他們就會採取必要的步驟去達成。他們缺乏「感覺字彙」，所以你可以先幫他們列出一張感覺清單，鼓勵他們隨身攜帶，隨時辨識自己的感受。

這張清單中，可以列出傷害、沮喪、輕蔑、否決、挫折、尷尬、羞辱、罪惡、害怕、憂慮、焦慮、驕傲、沒安全感、不自在、失望、掛念、愉快、體貼、難過、快樂、急躁、脆弱、笨拙等選項，當他們有某種感覺卻又說不出是何感受時，鼓勵他們利用這張表格，必要時進一步去探索感覺的底端。例如他們說：「我真的很生氣。」幫助他們認清憤怒其實是次要感情，是對某種決定的反應，然後幫助他們更深入地看到現實，結果可能是：「我覺得很受傷，我非常窘迫……」。

這些原生者處理感覺的最好方法，就是當感覺出現時試著去認識它，而非置之不理。這些人會體驗到許多種感情，但如果他們無法用字眼來形容它，就會覺得無力。他們不知如何與別人溝通，也不知道如何有效地紓解感覺，所以寧可壓抑感覺，而不願去認清它、面對它，或允許它發生。

當他們面對各種感情發生的情境時，例如父母的死亡、與愛人的衝突，或展開新工作等，鼓勵他們以日記記錄當下的感受，這樣便更意識到自己的感情世界，證明感覺的存在，也可以穩定自己。你也要鼓勵他們試著「說出」自己的心情及感受，同時練習接收旁人的心情及感受。

激勵他們珍惜過程及目標

這些原生者非常的目標導向，所以很容易因為沒達到目標而變得沮喪。你要提醒他們從經驗中學習及成長，而過程本身就會引導他們走向目標。在幫助他們認識過程的價值時，你不妨對他們說：「你今天學到什麼？」或是「哇！我們真的在這裡學到東西、有了些成長。」這可以幫助他們放鬆，更能接受自己及別人。

不要忘了提醒他們：經歷所有的步驟也是達成目標的一部分。過程中也許會有別人參與，而這些人都在他們的成長過程中扮演特定角色，可幫助他們達成最後的目標。原生者若想更完整地活出自己，就必須學習認清並珍惜過程的神奇：看看所有的事情是如何及時地出現，並創造了最終的結果。他們也必須學習享受過程，舉例來說，原生者若受邀參加派對，他們可能匆匆忙忙隨便梳妝打扮，完全沒有享受準備的喜悅，直到抵達了現場。你可以鼓勵他們開心地逛街，為派對準備特別的服裝，想想該送什麼禮物給女主人，享受準備的樂趣。

這些人願意為了創造成功的結果而負責。但他們必須學習不要過度重視結果，而是更加關心過程。如果他們願意放慢腳步學著珍惜和享受過程，並把這些視為創造深刻及愉快經驗的一部分，就比較能樂在其中。這些人也很重視自己是否能當別人的正面榜樣，如果你對他們說：「若你能做到這點，就能向別人示範如何擁有一個得到更多感情回饋的人生！」那麼，他們就會願意培養這些未開發的自我特質。

鼓勵他們關心別人

當原生者不確定該如何面對一個情境時，不妨問他們：「你是想控制對方？還是關心對方？」如果他們想控制，必然會是輸家，但若他們是真心關心對方（而非要對方負責），互動就會產生正面的結果。鼓勵他們把關心別人的福祉當成一種目標，鼓勵他們問對方：「你還好嗎？」「這樣會不會太快？」「你會冷嗎？」當這些人想與某個人更親近時，你要支持他們表現出對對方的關心及愛護。請鼓勵他們支持別人達到目標，這有許多方法可以嘗試，例如問些問題、說鼓勵的話，或對別人表現信心，肯定對方一定能成功。當原生者開始有意識地表現興趣和關心時，就會發現自己很擅長這種方式。別人會非常感激，而原生者也可以從這些能量中獲得滋養。

感情會帶給人生許多充實又豐富的經驗，但這些原生者常把感情拒之門外。不過若你幫助他們設定「目標」，要求他們固定檢視自己的心情及感情，以及與別人溝通彼此的感受，他們就會負責地達成目標，經營出成功的感情世界。你可以問他們：「為什麼你認為對方會這樣反應？」「你覺得他們是受到威脅還是害怕？」善意地提醒他們：他們有能力感受到別人的感情。鼓勵他們有意識地體驗別人的感受，這可以讓他們不再專注在自己的心智活動，幫助他們找到同理心。如果他們允許自己處於兩人的感情世界裡，就能更容易、更合宜地與對方相處。如果你鼓勵他們做得很好，就能幫助他們培養自信，更願意表現出脆弱的一面，與別人建立更深刻的連結，創造共同的安全感。

你要鼓勵他們與別人分享感覺，建立雙向的感情交流。舉例來說，在衝突發生時，鼓勵他們與對方有話直說，同時教他們學會道歉的藝術：「嘿！我非常抱歉對你大吼大叫。我因為財務問題壓力很大，都發洩在你身上。」或當他們不太確定伴侶的情形時，他們可以問：「那天當你……時，為什麼會有那種反應？」幫助他們真正聆聽到並接收到對方想說的話，同時誠實分享自己的感情反應。

幫助他們認清、欣然接受別人給予的滋養

對北交點落入巨蟹座的人而言，最重要的關鍵就是有意識地覺察別人對自己的關愛與支持，這樣他們會從中獲得必要的安全感，之後才能與別人坦然相處。最後你要幫助他們接受別人的讚美，吸收正面能量。這些人常需要這類支持，才會對自己感覺良好。

你也要鼓勵他們更加意識到、並改變自己的刻板印象，不要總認為伴侶沒有付出，也應有意識地覺察對方對承諾的表現。舉例來說，伴侶支持的方式可能是隨時與他們討論問題，或是忙著處理事情、雜務或接送。北交點落入巨蟹座的人若能發現別人其實不停在實現他們對自己的承諾，他們就會打開心房，接受愛和滋養的能量。

同時，你可以鼓勵他們向別人求援：「我需要你幫我做這個」或「我正在忙一件事，如果你能幫忙，我會感激不盡」。他們會很驚訝只要開口求助，別人竟會如此迅速伸出援手。這些人也必須學習謙虛的價值，學著尋求幫助，而非每件事情都靠自己完成。如果他們願意接受幫忙，就比較能表現出自己的脆弱，同時隨時感受到別人的滋養，而事實上，這份滋養一直存在於自己與別人的日常互動中。

鼓勵他們尊重別人的成就

北交點落入巨蟹座的人時常沉浸在自己的生活、目標及挑戰中，很少注意到旁人的能力及成就。他們必須學習更加意識到別人的成就，尤其是家人和親近的人，同時積極肯定對方。舉例來說，他們身旁的人如果表現得很好，鼓勵他們告訴對方「你們很棒！」

這些原生者喜歡被尊敬，所以如果他們能親切地肯定別人的能力，就能成為別人的好榜樣。你要明確地告訴他們，如果他們能大方地重視並尊敬別人的成就，對方會因此光采耀人，因為對方會認為這份

肯定是來自於一個在許多方面都能「完全搞定」的人。這招對他們非常管用，當他們有心走出自己的世界、給予別人肯定時，其所感受到回饋的能量便能讓自己開始軟化，最後，他們會成功打開交流的大門，建立相互的尊重及親密感。

不鼓勵的習慣

忽略感覺（包括自己及別人的）

不准他們這麼做。當你說出自己的感覺，而他們準備逃避或拒絕分享感受時，你要客觀地與他們溝通，而非責備為何會有這種舉動。這些原生者必須學會道歉的重要性，當他們傷害別人的感覺時，提醒他們欠你或別人一個道歉。

不尊重別人

這些原生者覺得失敗時，常會貶低或輕視其他的參與者。不要讓他們養成這種習慣。如果他們辱罵或誹謗別人，提醒他們每個人都在學習和成長，包括他們自己在內。

因焦慮而反應

這些人往往未弄清楚自己真正的感受就直接回應別人，特別是在感情的情境中。別人若傷害了他們，他們可能會憤怒反擊，卻沒發現自己的感情受傷了。鼓勵他們放慢腳步，先找出自己真正的感受或情緒，然後再回應對方。

月亮北交點落入獅子座或第五宮

他們帶給關係的特別禮物

* 公平
* 誠實的交往
* 平等感
* 不會針對個人
* 對別人表現真正的興趣
* 支持別人實現他們的夢想
* 友善

阻礙親密關係的迷思

* 除非我對整件事情有完整的認識，否則不能採取行動。
* 我不知道自己想做什麼。
* 我沒有足夠的熱情不停地自我創造。
* 別人都比我特別。
* 我必須用特定方式行事以取悅別人。
* 不管我對別人付出多少，他們都會讓我失望。

* 我不能擺脫困惑和分心。
* 如果我完全投入在一件事或一個人身上，就會被困住。

伴侶的埋怨

* 他們總想快速解決感情的煩惱。
* 他們不跟著自己的心去冒險。
* 他們壓抑熱情。
* 他們不會支持別人的獨特性。
* 他們不夠慷慨。
* 他們總是心不在焉。

心靈和理智：熱情地過日子

北交點落入獅子座的人若能比較隨心所欲，不要總以理智行事，就能過得更平衡。這些人非常務實，根本沒有聽聽自己的心聲。事實上，他們非常自傲於這種非感情的人生觀。這些原生者避免投入情感的方式之一，就是讓他們自己活在理智中——而且是在自己世界的理智中——這也是讓他們惹上麻煩的原因之一。這些人會非常忠於自己的想法、責任感或是非觀，但這些都是自己編織出來的！他們可能非常狂熱且自以為是地宣稱「瞭解」某件事，因為自己已經研究過此事，這在他們看來一切都很合理。他們可能會堅守自己的理智信念，不接受別人的說法，也不考慮別人的個人經驗及認知。這當然會阻礙親密感，因為別人會認為他們很自負，而他們也無法深入地瞭解一個人。

這些人渴望活在感情的大平原上，不希望有太多的起伏，每件事情最好都四平八穩，不會太誇張或太恐怖。他們也會用這種觀點來看待自己：「很好，我基本上是個好人……」北交點落入獅子座的人會迴避生命中強烈的喜悅及痛苦，但這卻阻礙了他們用一種充滿激情或生命力的方式來認識自己。他們逃避熱情的傾向也妨礙了關係的親密感，因為別人會覺得他們一點也不欣賞自己的所作所為或獨特之處。原生者會對伴侶說：「這很棒。」但卻不帶有感情成分，而這些話聽起來也不誠懇。別人會覺得原生者「只是說說」，卻無法「感受」到他們的參與。如果他們能在讚美伴侶之前先建立感情的連結，就能讓對方欣喜不已。

他們無意識中記得過去世裡「非個人」的生活經驗，但到了今生，他們必須過「個人」的生活，活出充滿熱情的一生。這些人的挑戰就是追求任何能讓自己快樂且興奮的事情。他們除非能意識到這個命運的安排，否則就會避免任何激情的狂熱。所以，激情的經驗對他們是件好事：例如坐雲霄飛車、玩極限運動，或任何能讓他們體驗到活著的樂趣、完全活在當下的活動。如果他們能熱情投入這些特別經驗或團體，就更能加意識到自我特質。他們會因此更有自信，利用個人的能力及才華創造快樂的生命經驗。

北交點落入獅子座的人非常善於處理強烈戲劇化的情境。當他們處於緊要關頭時，直覺地知道該相信什麼、該如何反應，當他們想太多時往往會陷入麻煩。這些人時常覺得在人生中遊蕩，試著理解自己該做些什麼。他們會回頭看看自己的過去，然後想「找到正確的道路」，或是希望找到一個方向讓自己成為某些更深層、更廣泛事物的一部分，為它服務。事實上，他們掙扎地摸索人生道路，是要為自己的創造能力找到出口。這跟他們過去習慣的模式截然不同，他們必須順著心的方向，而非依循理智。這裡的關鍵就在於，他們要把注意力放在吸引自己的事物上，他們必須學著注意自己對於事物的反應：自己適合做什麼事情，什麼事讓自己很舒服或由衷地快樂。對他們而言，這些都是對的事情，值得他們去追求。而當他們對某個特定方向產生較強烈的連結感時，只要勇敢追求，通常能感受到更多的樂趣。然而，這些人時常不確定是否要嘗試「任何事情」，因為他們除非能「掌握」它，否則都不會有連結感。所以對他們而言，最好的方法就是嘗試一下，然後觀察這件事如何激發自己內在小孩的創造熱情。

事實上，這些人今生的工作就是運用創造力。當他們想像著今生的大藍圖時，必須學著聆聽，同時融入自己的心聲，讓目標帶有感情的滿足及玩樂，同時達成理性觀點上的成功。舉例來說，北交點落入獅子座的人通常決定在生命的某個時間點「必須」做些什麼（例如現在我該安定下來、結婚生小孩），然後才運用邏輯選擇「正確的候選人」，與對方攜手前行。但是根據邏輯和理性來作決定，只會讓人生枯燥無趣。這些人的挑戰就是想像一個願景，「任它存在」，然後看看誰會出現，激發自己的生命力。那個時刻出現的人，才能與他們創造充滿熱情又令人滿意的人生。

創造快樂

北交點落入獅子座的人必須自己創造快樂，而非等著別人帶來快樂。這不是回頭看看過去人生的樂趣何在，然後重複同樣的樂趣。而是他們必須活在當下，試著在目前的處境中創造快樂。

他們也必須學習把握眼前每個展現自我的機會，成功活出自己。這個過程可以激發他們天生的創造能量，也使其能從中認識真正的自己，而非不停地取悅別人。他們會因為不停尋找方向的習慣而妨礙了前進的腳步，也習慣在獲得讚美後，等著聽取別人對自己的期望，再給自己一個方向。事實上，他們應該學習創造「自己的」方向，從事在追求過程中能帶給自己快樂的活動。

北交點落入獅子座的人非常重視自由，他們擔心一旦踏上某個方向，就永遠就得做同樣的事，跟同樣的人共度一生，然後困住自己。他們最根本的恐懼就是：做同樣的事、沒有創造性、沒有改變，彷彿有人在耳邊說：「你被困住了，你被套牢了，你死定了。」這些人忽略了一點：他們可以發揮個人意志，運用自己的能量，創造美好的結果並讓自己開心。他們最害怕的矛盾就是：自己如果全心投入就會被困住——事實剛好相反。他們只有在全心投入時才能激發自己的創造活力，真正樂在其中。如果他們沒有全心投入，很可能只是按照別人的願望活著，因為他們個人特有的創造力根本沒有被激發。

這些人若想克服恐懼，可以嘗試一個方法：對特定目標許下承諾，或設定一段時間，然後允許自己在這段時間內全心投入這個目標。如果他們有時間限制，就可以想像會發生什麼情節，這可以幫助他們放鬆，減輕恐懼。在這種前提下他們就能全心投入，看看特定的人或活動是否能「綁住」自己，因為他們知道時間一到，自己就能重新選擇一次。我有位北交點落入獅子座的朋友，她在早年曾創作許多雕塑作品，但不確定是否想重新花費時間與精力去上雕塑課，也不確定自己是否還有興趣。然後她發現一個雕塑課程的廣告，課程為期一個月，這實在太適合她了。她安心地百分之百投入，結果馬上又迷上了雕塑，現在的她遠比過去長久以來更加快樂。當她的創造能量能全然爆發時，快樂就會散播開來。她的丈夫與朋友只要跟她在一起，就覺得很開心。

北交點落入獅子座的人會發現，只要在當下專注於創造某件令自己開心的事物，很自然就會出現一個可以追尋的計畫。例如他們可能想在重要關係中創造更多的刺激，他們可能會決定：「好吧！我在接下來一個月裡，每天都要做點浪漫的事。不必驚天動地，簡單的浪漫就好。」當他們開始這個實驗後，可以從伴侶的反應中知道該如何調整自己的方式。就像一場比賽，一旦他們參加了，整個過程就很令人享受，因為他們正從事一件自發的事情，而且會讓自己開心。事實上，正是這種帶有強烈創造性的過程，加上周遭給予的回饋，才能讓他們看到自己渴望實現的「大藍圖」，並以更高的層次來規劃它。

他們會慢慢發現，用理智來創造，或不停尋找展現個人創造力的「大藍圖」，只會阻礙自己的創造能量。就像一位畫家在還沒拿起畫筆，就想知道最後成品的確切模樣，這種特質會阻礙關係的親密感，因為他們常靜觀不動，等著別人主動，而對方則覺得他們很被動，興趣缺缺。原生者可以在關係中設定一個自己想實驗、令自己開心的目標來克服這種障礙，體驗緊密的感情。然後，他們一旦決定了自己想創造的目標，只要全心陪在伴侶身旁，隨著自然出現的創造能量發展，慢慢地就能與對方一起完成目標。他們必須學習為創造自己的快樂負責，而非試著取悅別人，才能真正帶給自己及旁人快樂。

克服困惑與分心

北交點落入獅子座的人常因為一堆外在的活動而顯得心不在焉：過多的工作、邊聽音樂邊看電視、一堆興趣要經營等。他們彷彿總因為某件事分散了注意力。這會妨礙親密感，因為他們總是必須去哪裡，或是必須做某件事。別人因為老被他們晾在一旁而無法與他們建立親密感。久而久之，這些原生者的生活會變得非常膚淺，不能獲得感情上的滿足。因為他們沒有全心陪在伴侶身旁，無法產生活力，也無法培養能量——這些能量源自於雙方付出全部的注意力，分享最關心的議題，想出最有創意的解決方式。到最後，他們的關係往往不再有熱情與力量。

有些北交點落入獅子座的人會因為別人對自己的期望或是自我期許而迷失方向，他們的諸多困惑都來自於不知道在特定場合中必須扮演什麼樣的「角色」；如果他們無法做自己，就無法創造關係中的親密感。這些人不應隨時應付別人，反而應該理清自己的困惑，找出適合的方式，因為這些困惑往往就是他們想要的東西。「我該把精力花在這裡，還是用在那裡？我到底希不希望這段關係繼續下去？」他們不知道自己是否想把心力投入某件事，創造特定的結果，所以乾脆不參與。這也阻礙了親密感，因為他們從來不投入任何能在關係中創造正面或快樂結果的事物上。

北交點落入獅子座的人常覺得能創造任何東西，卻不知該從哪裡開始、該怎麼做。這些人壓力很大，因為老想著自己「應該」做什麼、「可能」做什麼，或「可以」做什麼，反而無法專注在當下。他們會對眼前的選擇感到迷惑，不停地想：「我該往哪個方向走？」他們希望有人告訴自己該怎麼做。這種「我不知道自己想創造什麼」的想法也會干擾關係中的親密感，因為他們害怕不能做自己，或無法及時回應對方，除非他們已經有了無須逃避的「大藍圖」，知道自己「應該」創造什麼。

這些人的腦袋動個不停，運轉時速不下一百哩，所以當他們跟別人相處時老想著別的事情：「牆壁應該塗什麼顏色？」或「孩子如果醒了，我該怎麼辦？」這會阻礙親密感，因為他們只關心自己，無法在當下創造或發揮自己。這些人甚至會對對方生氣，覺得對方佔用了自己的時間，讓他們無法認真思考自己「應該」做什麼事情。伴侶不知道原生者為何生氣，其實甚至連原生者也搞不懂自己，只知道自己有其他應該做的事。其實，他們根本沒有真正想專注於當下，因為全心投入對他們而言實在太可怕了。這些人如果下定決心創造某件事，就必須學習全力以赴，面對失敗或被拒絕的恐懼。

北交點落入獅子座的人認為只要結婚了，至少決定了重要的終身伴侶是誰，就算是許下承諾了。他們認為只要跟「對的人」結婚就能看到「大藍圖」，一切都會很順利。但即使在結婚後他們又會因為害怕而迷惑：「假如這不是對的人，那該怎麼辦？我以後還可能遇到其他人嗎？」這種想法使得他們會與伴侶保持距離，也不會百分之百地付出，伴侶則覺得不受重視，阻礙了親密感的交流。伴侶會覺得原生者總心不在焉、遙不可及，久而久之也開始遠離原生者。原生者除非能「覺醒」，看清自己的所作所為，採取不同的方式，否則他們最後很可能無法在人生中建立深度的交流和親密的連結，也無法獲得感情上的滿足。

學習創造結果

北交點落入獅子座的人如果不知道結果，就會害怕參與或著手展開一件事情。如果他們沒有一張「大藍圖」，就會欠缺安全感，不知如何進行每件事。他們的挑戰就是把自己想要的東西描繪成一張藍圖，努力創造結果，而非等著事情發生或等著別人來達成。如果他們沒辦法在關係中做到這點，就會阻礙親密感，因為他們放棄了替自己創造快樂的責任。他們很可能隨著伴侶的願望而活，而無法積極追求自己的夢想，展現個人的特質。最後的結果是他們從未真正表現出自己的內在，也無法與別人建立親密關係。

他們也會因為害怕沒有「大藍圖」而延遲了行動，所以很可能在踏出第一步之後又猶豫不決，這種焦慮讓他們很難放鬆地進入創造過程。對北交點落入獅子座的人而言，最好的方法就是投注創造的活力，展開某件新事物，然後他們就能觀察自己是否喜歡這個方向，能否從中獲得樂趣，這條道路是否能開啟更多方向，讓自己更快樂。

北交點落入獅子座的人在關係中對參與其中的猶豫不決，勢必會影響親密感，也會阻礙創造的能量，因為親密感需要及時的創造和交流。機械式的溝通無法產生連結，他們必須及時反應。此外，如果他們不能敞開心胸與別人的能量連結，就無法從對方身上獲得必要的資訊，也無法從中看到願景，與對方創造共同的目標。

在北交點落入獅子座的人展開了新方向後，一旦需要更多感情投入或事必躬親的引導，他們常因此怯步，或轉移注意力到別的事物上。如果他們沒有馬上獲得想要的回應，通常就會放棄，因為他們認為必須要有立即的滿足，才有目標性的動機繼續投注精力在某件事上。然而「創造」並非這麼一回事，他們必須發揮意志力。例如一個人在創業初期必須非常努力工作，投入大量時間、金錢和精力，而且通常不會馬上看到成效。當你朝一個新方向邁進時，也需不斷投注心力，慢慢地累積，不過只要持續投入創造性的能力，遲早會出現突破，事業也能越來越成功。

然而，北交點落入獅子座的人在創業時遇到困難，並不會努力解決問題，反而會失去興趣，放棄目標。他們必須知道，開始一個新方向時一定會遭遇到反對。事實上，這種對立的「第二勢力」是創造過程的一部分，他們必須鼓起更多力量、注意力及意志力去突破，才能建立新的能量管道。這樣的對立通常點出了哪裡需要更多的能量及韌性，才能創造出想要的結果。

北交點落入獅子座的人只要能投入熱情就有能力達成目標，然而他們常常才剛開始進行某件事，而後想到另一件事便轉移了注意力。把一件事情徹頭徹尾地完成需要決心，而決心又會被成就感加強，這對這些原生者而言真是矛盾的難題。這些人若能在轉移注意力之前全心投入並完成一件事，即使只是件小事，都能因此發現自己堅實的內在力量。他們時常可以從自己的計畫中體驗到自我重生的奧秘。這些人若想做某件事，願意實際地付諸行動，未達目的絕不罷手，就能從過程中獲得極大的滿足。他們也會因此光芒四射，耀眼動人。

這些人若能把與愛人分享親密感這件事當成一個計畫，堅信結果對他們十分重要，就很容易與別人建立起親近感。例如在家庭關係中，如果他們決定真心陪伴某位家人，很自然地會投入更多心力讓彼此覺得關係變得更好。他們在面對愛情或選擇新關係時，如果是出自內心的喜悅而想全心投入，就必須採取行動，奠定感情的基礎，也才能創造關係中的親密感。這些人除非能許下承諾，投注心力，否則只會阻礙了親密感的交流，因為他們根本沒有真正地參與關係。

北交點落入獅子座的人還可能用另一種方式破壞自己想要的關係：他們投入心力想創造出自己希望的成果，但當事情上軌道後他們便馬上放手，讓整件事虎頭蛇尾地結束。他們總以為嘗試幾次之後就會有人突然明白自己想要的結果。舉例來說，他們想讓關係更羅曼蒂克，就會有幾次浪漫的表現，之後會想：「現在我的另一半應該會浪漫一點了。」然後就停止任何浪漫的表現，也不會為了讓自己開心而繼續下去。這當然阻礙了親密感，因為他們的表現忽冷忽熱，讓伴侶摸不著頭緒。原生者的行為若不能持續一段時間，伴侶可能無法配合他們的新行為模式。

北交點落入獅子座的人無論在關係或其他生命領域中都缺乏清楚的方向，也很難感受到創造力的流動。當這種情形發生時，他們最好能先設定一個想要達成的小目標，才能重新啟動自己的能量。作法很簡單，也許是打電話給朋友讓自己振奮一點，或準備一個小型的晚宴。這些人可以透過全心創造一個簡單又成功的結果讓自己發揮意志力，解放內在的創造能量，激勵自己向前邁進，把心力放在某些讓自己快樂的事物上。這個方法之所以會奏效，是因為這些人除非能積極運用自己的創造能量，否則無法感受到別人的支持。如果他們能朝自己喜歡的方向踏出一步（學習藝術課程、展開寫作計畫、參加運動等），就能輕鬆獲得別人的支持，因為他們會在過程中產生無比的喜悅及生命力。

給予愛，慷慨付出

北交點落入獅子座的人正在學習如何付出愛。他們會發現自己若能慷慨地付出，無論是經濟或感情等任何形式，對方也會回饋他們，然後彼此就能共享愛的快樂。這些人無論在金錢或心靈方面都必須學會慷慨；金錢和禮物也是表現愛的管道。當一個人對你慷慨大方，注意你的需求，想給你讓你開心的東西，無形中就肯定了你的個人價值——人們行善往往是因為覺得結果很值得。除此之外，你對某個人付出，也就是肯定了他們對你的價值，這些行為就意味著：「我珍惜你而且相信你，我希望能對你現在做的事情提供更多幫助。」

有些北交點落入獅子座的人時常否決了自己想付出的衝動。事實上，他們堅持每次購物都必須通過有用或實際的考量，讓他們的愛人時常覺得自己不能想買就買。這些原生者會用同樣的態度來處理禮物、金錢及感情，而不能真正注意到哪些事物能讓對方快樂，然後大方地付出。這種感情及金錢上的吝嗇會妨礙關係中的親密感。對方常覺得自己被原生者視為理所當然，而原生者也很少注意到自己的獨特之處。

北交點落入獅子座的人必須學習讓自己的付出都是出自於適切的動機，而非期待別人有所回饋。真正的付出是一種愛的表現，珍惜對方真正的模樣、肯定對方的重要性，並感激對方的支持，或只是單純的付出，因為你知道這會帶給對方喜悅。北交點落入獅子座的人若想增加生命中的親密感，就必須學習在別人勾起自己的付出欲望時，立即付諸行動。

然而，這些人也要特別注意，不要因為期望特定的結果而去付出，因為這不是真正的給予，而是賄賂，他們最後一定會失望，結果可能因此不再付出，傷害了自己也傷害了對方。這些原生者必須敞開心胸地給予，如果他們有所保留，不僅會阻礙親密感，也不會得到對方的回報。

有時候，這些人的付出是為了有面子，想獲得同儕的注意，這種心態會導致問題。原生者如果不是打從心底樂於付出，別人會感受到這不是真正的給予，而原生者也會期待特別的結果，反而讓彼此充滿壓力。原生者若能發自內心付出而不期待回報，與別人建立真正愛的連結，那麼對方就會由衷感激他們。事實上，原生者想要的立即的感激便存在於真誠的付出之中。當他們能尊重別人的特質而表現出的愛與支持，便能為彼此創造感情的滿足及和諧。

表現個人特質

「獨特性」是每個人都擁有的內在創造力，可以透過個人獨特的才華及個性呈現。當我們運用創造能量展現出某個令自己開心的成果，或追求令自己高興的目標時，就能表現自己出的「獨特性」。

北交點落入獅子座的人時常沒有展現他們的獨特性，因為他們不會採取行動來加強自我特質，找出自己擅長、或令自己快樂的事物，反而滿腦子想著自己的缺陷。事實上，當別人真的看見、並肯定原生者的獨特性時，他們常常不承認。他們經常忽略這些肯定，認為別人只是很善良或別有用心，或只是太無知或欠缺經驗，才會不知道自己一點也不特別。

基於過去世的影響，這些人習慣扮演幫助別人發光發亮的角色。到了今生，他們很擔心別人發現自己一點也不特別，所以又把焦點放在別人的獨特性上。他們在關係中時常把對方推上舞台中央主導一切，這種習慣會製造許多問題，因為對方常會因此自我膨脹。這也阻礙了親密感，因為這些原生者不會採取行動為關係創造更多喜悅及興奮，反而習慣等待對方採取主動。北交點落入獅子座的人渴望成為目光的焦點，但又害怕如果表現個人特質會被認為太過自負，然後別人就會在背後說自己的壞話，不再愛自己。他們希望別人愛自己，所以不停告訴自己：別人比較聰明、比較漂亮、比較清楚狀況或比較會打扮，無論任何事情都認為自己低別人一等。

他們今生的功課就是學會：每個人體內流動的生命能量都是獨一無二的。他們必須知道每個人都是獨立的個體，沒有人能取代另一個人。事實上，他們習慣性地保留態度，再加上容易壓抑熱情，時常阻礙了親密感，也無法與別人分享快樂，因為別人無法單純地欣賞真正的他們。原生者常覺得缺乏親密感，因為別人無法接受真正的自己。原生者如果不在別人面前展現真正的自己，關係就只能建立在謊言上。

北交點落入獅子座的人如果無法誠實地追求自己的快樂，而一味追求讓伴侶開心的事，關係就會變得死氣沉沉。伴侶會覺得他們無法接近，因為某種程度上，他們只是盡說些取悅對方的話。原生者應該從事令自己開心的事，展現個人的獨特之處。當他們專注在某種創造時通常較不會害羞，會比較放得開，這讓他們覺得自己更有魅力，別人也會覺得他們更有吸引力。

北交點落入獅子座的人容易被周遭的人過度影響。我有一位個案有陣子很熱衷於幫朋友製作靈數命盤，只因朋友對形上學感興趣。她非常投入地研讀不少這方面的書，然後開心地說：「沒錯，這就是我今生的使命！」不過當她接觸到有其他興趣的朋友時，馬上就忘了形上學，開始投入其他事物。北交點落入獅子座的時常不夠有自信，無法確定自己想創造什麼樣的人生。這些人必須學習不斷向前，即使他們可能會因為別人的反應而改變方向。

這些人會不斷地自我懷疑，直到他們開始從事能發展個人特質的活動，或跟能讓自己開心的人相處。他們必須停止根據自以為的別人反應來採取行動。他們要學著不在乎別人是否喜歡自己、是否會嘲笑自己的熱情投入，才能自在地展現個人特質，建立起獨特風格。這就是他們今生要努力的方向：無論跟誰在一起，都要隨時保持自我的完整性。他們會很驚訝地發現，與其跟隨旁人的腳步與對方合為一體，還不如當自己才是最快樂的。

北交點落入獅子座的人時常掩飾自己的真心，表面上告訴別人關於自己的所有事情，但其實他們口中講出的並非真正的自我感受，也沒有表現出真面目。他們常自覺配不上身旁一些非常特別的人，他們花大量時間和精力在跟別人做比較，努力創造一種能取悅他人的人格面具，並覺得在關係中應有所保留，才不致破壞別人對自己的印象。他們很害怕做自己，因為覺得自己已經變成別人期望的模樣，但又害怕一旦表現出新的自我，與原先創造的人格面具不一致，對方就不再喜歡自己了。

這妨礙了親密感，因為原生者從不覺得別人會愛上真正的自己，但是當他們試圖隱藏真我時，反而讓對方無法與他們產生連結。原生者會覺得自己看清了別人，但別人卻沒看清或瞭解自己。他們最後會因為別人把自己視為理所當然而難過，也讓內在創造能量的熱情隨之消失。這些人如果沒有坦承自己的欲望或採取行動展現創造能量，就會變得很貧乏，彷彿需要被別人「填滿」。然而，他們從來不做點事讓別人能幫助或支持自己，因此別人會認為他們對關係非常堅持。然而，這些人如果不讓自己成功或出人頭地，只會阻礙了親密感，因為他們沒有給對方機會來崇拜自己——而這正是他們最需要的東西，唯有如此，他們才能感受到愛的流動。他們非常善於肯定旁人是顆閃亮的明星，但卻以為自己的發光發亮會掩蓋別人的光芒——事實剛好相反。北交點落入獅子座的人必須讓自己變成閃亮之星，然後就會發現自己與別人的人生都因此充滿了光彩及歡樂。

成功經營親密的性關係

對北交點落入獅子座的人而言，阻礙親密感的最大障礙就是習慣把感情放一旁，即使在親密的性關係中也是如此。當問題出現時，他們通常會選擇避免衝突，用較淺層次且實用的方法來處理感情的失望，而非深入地探索問題，和伴侶一起徹底解決感情上的煩惱。因此同樣的問題會一再地以不同形式發生，因為他們從來沒有討論到感情上的需求，也導致親密關係發生問題。

我有位個案的妻子的北交點落入獅子座，我的個案希望居家環境井然有序，讓自己神清氣爽，但妻子卻習慣凌亂無章的生活。婚姻的頭兩年她試著整理家務，忙著收報紙、扔書或決定東西的擺設，卻總是弄得亂七八糟，之後她又重新整修廚房，混亂又長達兩年。當她的母親過世後，又有一堆的東西搬進他們位於紐約的小公寓，製造出更多雜亂。在他們十年的婚姻中，他的妻子處理一件又一件的事情，自認為在解決混亂的問題（以不同形式出現的相同問題），但他卻覺得不斷在忍受混亂。

他開始覺得挫折和憤怒，因為自己的感覺不斷地被忽略。雖然他妻子不斷尋找「務實的」解決方法，卻沒真正地考慮到丈夫的感受。他最後忍不住終於爆發了，兩人大吵一頓，也沒有親密地和解。他的妻子不知他為何這麼生氣，因為她只是做了「小事一樁」。然而，這不是「小事一樁」，而是在過去十年以不同形式不斷重複的事情！對北交點落入獅子座的人以及他們的伴侶而言，他們在解決問題時必須考慮到雙方在理智及感情層面上的個人特質。上述例子中，解決之道就是丈夫在他們的臥室裡整理出一個有秩序的個人空間，完全由他主宰，這可以滿足並穩固他在感情上對秩序的需求，而她也可以繼續不斷整理的生活方式。

這些人會否定感情成分的存在，無論是自己或別人的感覺，這時常會在重要關係中導致一連串的問題。他們在一開始選擇伴侶時就會想：「我們喜歡做一樣的事、我們都想要小孩、性關係很美好……」他們會根據自認為合理的邏輯來作決定，而非考慮自己對對方的感覺。這會變成親密感的阻礙，因為他們在理智思考的過程中，沒有真的放入感情，而是藉此與對方保持距離，維持心智的客觀性。伴侶會感受到他們並非由衷地投入，因此也會有所保留，不與他們建立更深的連結。伴侶會感受到原生者其實不願意表現脆弱，也不如他們口頭上所說的那樣投入。這種情形如果沒有改變，伴侶會選擇疏離，最後認為這段關係比較像方便的友誼，而非快樂的愛情。

北交點落入獅子座的人若無法意識到感情連結的重要性，就不願對伴侶慷慨。伴侶可能會開始懷疑自己「我哪裡做錯了？」納悶為何無法得到關愛。原生者若不能認同伴侶重視的事，伴侶就感受不到自己的獨特性，之後會開始退縮，以保護自己的個人價值。伴侶也可能不再打開心房，讚美原生者的獨特之處，結果產生惡性循環，沒有人是贏家。這種被對方視為重要且特別的需求若一直無法獲得滿足，情況就會越來越嚴重，最後雙方也許會在其他人身上尋求滿足。追根究柢，如果其中一方曾對對方說：「你真得很特別！」事情就很容易出現新的轉變。

感情連結的短路會影響肉體的親密。當這些人無法隨著內心的節奏反應時，通常無法透過肢體的親密來表現感情，例如牽手、愛撫、擁抱或背部按摩等。這不代表原生者感受不到熱情，或不受內心深處感情的牽引，他們其實也很渴望表達或展現愛，卻因害怕被拒絕或沒得到回應而有所保留。這阻礙了親密感，因為伴侶感受不到熱情。北交點落入獅子座的人若不能透過愛撫來表現愛意，或無法體會伴侶的反應，可能會被伴侶視為無法滿足自己的感情需求，無法讓自己快樂。

原生者最好停止把注意力放在自己身上，開始全心地關心伴侶，展現浪漫的熱情，這對他們在關係的建立上非常重要。他們最好跟伴侶說：「給我一張清單，列出十件我能讓你感受到愛的方式。」然後不時落實這份清單，透過行動表現對伴侶的愛意，讓伴侶開心。北交點落入獅子座的人若想開啟愛的交流，就必須願意面對自己的感情，才能帶給伴侶全然的快樂。

一段親密關係中，觸覺是最容易分享喜悅的方式：一起用餐、愛撫及性愛。關上房門後，如果少了感情的滋養，做愛就會變得淡而無味，也少了熱情吸引所帶來煥然一新的重生感，這種性生活就只是體能活動。許多男人能從性愛中獲得純粹肉體的滿足，但對女人而言，如果只有性沒有愛就會性趣缺缺，開始退縮。當一個女人尋求感情的連結，但北交點落入獅子座的伴侶在感情上卻始終保持疏離，他就無法滿足她。這是種持續破壞性的摩擦，久而久之兩人就不再有性愛。如果他們想保有性的吸引力，就必須維持浪漫中的感情成分。

這些原生者除非能意識到這點，否則很難從親密伴侶身上得到想要的回應。有趣的是，他們跟小孩子相處得非常融洽。當他們跟兒童相處時不再害怕被拒絕，也不再擔心別人的眼光，所以能毫無保留地建立感情上的連結。事實上，他們可以把伴侶想像成自己內心的小孩，開始與這個小孩玩耍，這對親密關係很有幫助。這可以讓他們練習、熱身，然後把內心的小孩帶入現實人生。

原生者常陷在自己的邏輯裡，用他們自認為「愛」的方式付出，但對方並沒有真正「接收」到愛，因為原生者沒有真正關心什麼才能讓伴侶快樂。雖然他們覺得愛著對方，慷慨地付出，但其實是待在自我封閉的世界裡，換句話說，他們只是跟自己演出愛的戲碼，完全按照自己的方式表演。

事實上，北交點落入獅子座的人具備建立感情連結的天賦，但他們多半沒發揮這點。這些原生者就像演技爐火純青的演員，可以客觀意識到觀眾的感覺，也可以與觀眾建立感覺上的連結，並牽動觀眾的情緒——他們應該把這種才華運用在親密關係上。原生者只要接收並感受伴侶的感情，就能在互動中肯定並讚美伴侶的獨特性，為雙方帶來感情上的滿足。如果他們能意識到這點，就能獲得渴望在親密關係中獲得的東西，收穫會遠超乎預期。

他人所能提供的協助

鼓勵創造性的方法及活動

北交點落入獅子座的人長久以來一直躲在別人的喜悅和創造後面，保留自己的創造精神。他們通常不會積極投入一件讓所有人和自己都開心的事，反而會太容易放棄，只按照別人的願望去做。你要鼓勵他們找到創造的管道採取行動，讓現況產生正面的轉變，並從中獲得快樂，也讓旁人開心。舉例來說，他們的親密關係如果變得無聊又乏味，鼓勵他們找些雙方能共同參與的活動重新點燃愛的火花。如果他們沒有自信，建議他們假裝在演戲，想像可以得到自己渴望的結果。

你要欣賞他們的才華，也許是藝術、寫作、音樂、公開演講或演戲。支持他們發展這些創造性的興趣，從事能表達這些天賦和才華的活動。當他們沉浸於創作時會非常開心，而之前自覺不滿足的部分也幾乎能被填補；他們的喜悅能振奮身旁的人。對他們而言，運用創造性的意志力也是門重要功課，當他們運用意志力作決定時，會發現整個過程都變得令人振奮。

鼓勵他們冒險，跟隨心的方向

這些人需要感受冒險的能量，讓生活充滿興奮及熱情。因此你可以鼓勵他們運動，尤其是那些需要渾然忘我的體能活動，諸如滑雪、高空跳傘或滑水都能激發他們需要的刺激，也需要他們全心投入。鼓勵他們參加任何有興趣的運動。

這些原生者非常擅長遊戲，玩樂可以創造出他們內心的小孩，幫助他們體驗到樂趣。你要多鼓勵他們在其他生命領域中冒險，這些人天生能客觀地看清全局，所以通常會作出好的選擇。如果他們遲疑，請鼓勵他們冒險，並告訴他們：即使結果不如預期，也永遠可以調整方式、再試一次。因為他們總想看到「大藍圖」，所以你可以建議他們把冒險當成實驗，從中獲得資訊，看到更寬廣的遠景。

北交點落入獅子座的人在過去許多世裡，都不允許自己隨心所欲地享受樂趣，所以時常覺得很無聊。這些人的挑戰就是重新找回心的方向及生命的熱情。他們有時需要很多支持，才會在作決定時把追求快樂作為前提。他們可以從小事開始，但不要讓他們拖延。鼓勵他們嘗試體能活動，例如跳舞、釣魚或運動，或鼓勵他們從事能發揮創意的工作，如演戲、繪畫、音樂、手工藝等任何能帶來樂趣的藝術表達方式。鼓勵他們多與讓自己開心的人相處，也應該把更多的精力投注在一些能讓自己心胸更開闊的活動上，試著重視並肯定自己的熱情，讓這份熱情越來越強烈，成為性格的一部分。

激勵他們示愛

北交點落入獅子座的人必須多採取行動表達自己的感受。他們可以用肢體來輔助自己的言語，讓這些言語看起來更真實。例如他們說：「我很在乎你」，就必須做些事讓對方知道他們的關心，也許是送花，或某些能讓對方粲然一笑的禮物。他們可以透過這些方式實際表達自己的在乎。

這些原生者習慣活在理性的文字世界裡。你要鼓勵他們為伴侶實際做點事情，對方才會有感情上的回應，而這也可以幫助他們打開心房，抒發感情。他們想擁有一份感情，但不知道為何總是得不到它，你必須鼓勵他們對重要的人採取行動，當他們付諸行動後，就會深深感受到渴望已久的愛。

鼓勵他們慷慨付出

北交點落入獅子座的人如果不對別人慷慨，別人通常也會對他們小氣，這會造成惡性循環，因為雙方都感受不到對方的重視，覺得自己在對方眼中一點也不特別。解決這種狀況的最好方法就是：你要先對他們大方。舉例來說，如果你希望他們浪漫點，你就要先對他們有浪漫的表示。你可以送禮物或謝卡給他們，請他們吃晚餐，或以其他方式表現他們對你的重要性。

對原生者慷慨，就能讓他們體驗到被別人另眼相待是多美好的一件事。當他們也開始對你慷慨時，你要表示珍惜，給予他們正面肯定。你可以花點時間享受他們給予的寵愛，盡情展現你的獨特風采，肯定他們對你的影響。透過這種方式，你們之間才能開啟能量的交流，帶給彼此更多滿足。

這些原生者非常愛朋友，也對人很友善。如果你讓他們發現慷慨是件「友善的事」，有助於世界的友誼及平等，他們會樂於大方地付出。你要鼓勵他們對自己在乎的人大方一點、對朋友伸出援手、買玩具送小孩，讓小孩覺得得到了特別待遇。你也可以幫助他們發現，當他們能激起別人心中的「特殊感」

時，也能從中發現自己的特別之處。對他們而言，這是非常好的滋養及療癒。

支持他們享樂

當北交點落入獅子座的人參與某個活動時，你不妨問他們：「你覺得好玩嗎？」他們的答案如果是肯定的，就鼓勵他們繼續下去；如果他們的答案是否定的，建議他們暫停，也許改變參與的方式或乾脆換個活動會更好。你要鼓勵他們參加讓自己開心的活動，幫助他們找到期待發生的事物，或建立讓自己開心的情境（例如派對、談戀愛、商業約會等）。

這些人若能從某些活動中體驗到樂趣，就可以點燃感情層面的火花，打開心房。你要鼓勵他們玩耍，展現內在小孩的歡樂及嬉戲特質，並肯定這些玩樂。這些人有時對人太過嚴肅，提醒他們把別人當成小孩，試著與別人內心的小孩玩耍。這會讓他們更有自信輕鬆地面對關係，讓所有參與者都感受到更多的人生樂趣。

不鼓勵的習慣

延遲創造的行動

這些人常覺得自己因為還沒有準備好，所以無法「做」任何事。你要敦促他們別拖拖拉拉，不要被週遭的刺激影響，而應該專注地向前，完成自認為重要的任務及目標。

因為沒看見「大藍圖」就怠惰

你要鼓勵北交點落入獅子座的人多把握眼前的機會踏出下一步，讓結果順其自然地呈現。如果他們能把注意力放在令自己充滿活力的事情上，就能創造出令所有人滿意的結果。

隨心所欲

當這些人想「隨心所欲」時，一定要全力以赴！他們太容易因為旁人的壓力而妥協，鼓勵他們不要因旁人的要求而分心，必須勇敢地追求滋養感情的經驗。鼓勵他們作出讓自己開心的決定，而非凡事都以「務實」為考量。

月亮北交點落入處女座或第六宮

他們帶給關係的特別禮物

* 無條件的愛
* 原諒的精神
* 同情心
* 不帶批判
* 優秀的規劃能力
* 敏感
* 善良

阻礙親密關係的迷思

* 如果我說不，就會毀了對方。
* 如果我在信任的人面前放下戒心，就會受傷。
* 如果我在乎一個人，就應該為對方犧牲。
* 當事情涉及感情時，我無法好好溝通。
* 我太敏感，不知如何面對負面反應。
* 別人會利用我的善良。

＊如果別人誣賴我，我必須跟他們斷絕關係來保護自己。
＊如果別人輕視我，我就永遠無法成功了。

伴侶的埋怨

＊他們太敏感了，很容易受傷，回應也充滿防備。
＊他們時常扮演「無助的受害者」。
＊他們的需求就像無底洞。
＊他們無法接受任何建設性的批評。
＊他們太容易被恐懼及焦慮打敗，因此變得無助。
＊他們太過投入自己的工作及計畫。

設定個人的界線

北交點落入處女座的人在過去許多世裡，都在努力消除個人的界線，培養「萬物一體」的覺知和無條件的愛，所以到了今生很難拒絕別人，也很難專注在自己的渴望及需求上。但如果他們沒有設定任何界線，就很容易把自己全然奉獻給別人，然後又因此生氣和憤怒。這些原生者必須學習建立並嚴格遵守自己的常規，這將有助於他們個人的幸福與健康，讓他們能在今生適當展現自己的靈性覺知——這也是他們建立健康關係的唯一方法。

然而，這些人除非開始設定界線，否則常會因為不懂得拒絕別人，做了許多自己不願意做的事。舉例來說，我有位個案的北交點落入處女座，他跟哥哥合買了一棟房子，買賣契約一簽完，他的哥哥就想馬上開始整修房子。他當時即使因為新工作而筋疲力盡，仍打起精神買工具、粉刷房子，但整個過程中，他都對他哥哥非常生氣，而且心情非常惡劣。

這些人不敢拒絕別人的另一個原因，就是害怕對方會生氣。他們在過去累世中常成為別人憤怒下無辜的受害者或遭受迫害，所以到了今生變得非常敏感，不知道如何面對憤怒。這些原生者如果必須拒絕，又認為別人會因此生氣，便可能會先發怒，讓自己做好準備。他們認為：「最好的防禦就是完美的進攻」，不過他們可能又因此產生罪惡感，因為對方並沒有做錯什麼事，不過是要求他們幫忙做一件事。這些原生者若能專注於當下，找到方法與對方互動、溝通，就能化解這些無意識的壓力。

北交點落入處女座的人也會因為別人提出要求而生氣，因為他們最痛恨罪惡感。當他們必須拒絕對自己付出最多的朋友或家人時，便特別有罪惡感，甚至認為這很傷感情，因為對方讓自己進退兩難。當這些原生者說「不」時，一方面害怕對方的反應，一方面也被自己的罪惡感淹沒。這些反應會讓對方覺得受挫，因為他們不知原生者為何為有防衛性的反應，久而久之，別人就會很猶豫向原生者提出要求。

這裡最大的問題在於，原生者必須學會運用字眼來設定界線。他們拒絕的方式如果只是反映了自己主觀的心理狀態，就會有罪惡感，但是若他們能用實際且明確的方式陳述拒絕的理由，就不會產生罪惡感，而別人也較能接受他們的拒絕。如果他們不是說：「我太累了」或「我不想做」，而是說：「不行，我今天有一堆事要做」「我必須待在家裡打掃，休息一下」或「很抱歉，我已經有計畫……」，情況就會好得多。這些原生者除非能學會這些技巧，否則常覺得是對方故意讓自己有罪惡感，然後他們就會鬧脾氣，惹得大家都不開心。

這些人常誤信別人，而且特別容易因此忽略了個人界線，最後活在不斷被傷害的恐懼中。他們信任的人如果在感情層次上疾言厲色地回應他們，無論當時是什麼狀況，他們都覺得被背叛了；他們會被嚇得心力交瘁，甚至無法為自己辯解。所以這些原生者寧可表現得像個孩子般坐在原地等著驚嚇過去，也不願與對方對質，直接把話說明白。

因為原生者什麼都不說，別人也不知哪裡出了問題，但原生者卻會把當時的情境在心中重複上演，不停地想：「他們怎麼可以這樣對我？」他們並非在批判對方，只是因為被完全擊潰了，才會縮回自己的世界。這些原生者不會再跟對方談感情，也不再信任對方，自此之後在關係中保持著高度警戒的狀態。

他們的伴侶若想跨越這道障礙就必須採取主動，邀請原生者談談，問問他們「發生了什麼事？你為什麼這麼疏離？」等原生者終於放下不愉快的感覺，伴侶就能與他們討論當時的情境。原生者若能對當時情境有更多實際的認知，就不會一直陷在自己內心的焦慮裡，最後便能釋放負面的能量，與伴侶重修舊好。雖然此時關係就能恢復運作，但直到伴侶再次破壞了原生者對他們的信任，整個情節又會重複上演。然而，無論如何，伴侶都必須扮演積極的角色。原生者的關係時常因為這種互動模式，而無法長久維持。

這些原生者正學習用較實際的方法去信任別人，從現實的層面來處理心中的背叛感，其中一種方法就是他們得更加注意別人的個性。舉例來說，如果他們發現有個朋友天生有傷害人的一面，他們就該明智地決定不要在對方面前表現出所有弱點，例如他們知道某人喜歡在人背後議論長短、散播八卦，若他們還信任對方，以為對方不會在背後說自己的壞話，那就太不實際了。在這種情況下最有利的方法就是把這些特質視為人的天性無法改變，然後減少與對方的接觸。

北交點落入處女座的人在今生必須學習如何調適自己的信任，與現實達成妥協，這不必得是非黑即白的二分法。這些原生者要知道善用好的判斷，接受人都是不完美的事實，他們最後會發現自己可以信任別人的自然表現。如果他們願意正確地辨識別人的性格，就能根據自己脆弱的感情來決定如何與對方相處，往後也不會如此容易對別人的行為感到震驚。話雖如此，這些原生者還是會不時覺得別人背叛了自己。對這些原生者來說，最管用的方法還是採取實際的方法，直接詢問對方，瞭解現實的真相再妥善的應對。

北交點落入處女座的人對參與事件的程度也常欠缺清楚且適當的界線。這些人可能非常專注於自己的興趣——也許是工作、嗜好或某個人——而完全失去了分寸。對許多原生者而言，沒有什麼比工作更令人享受的事情了，因為那是他們最能控制的領域；這種傾向會導致生活失衡，因為他們常把所有時間、精力和熱情都投注在工作上。工作也是他們逃避焦慮的方式，因為他們沒有自信去處理其他的生命課題。無論理由為何，這些人若全心投入工作，必定會很嚴重地影響家庭生活，他們會變得很少關心另一半，也很少參加孩子的學校或體育活動。

然而這些原生者十分敏感，一旦他們發現自己的不夠關心會傷害身旁親近的人，便會開始極度滿足對方的需求及渴望。他們也許可以把重要的家庭活動記錄在行事曆上，再加個字條提醒自己，還不時用特別的方式來肯定另一半。這些人正學習如何負責地安排自己的時間，把運動、工作、家庭、社交及休閒娛樂整合起來，創造一個平衡的人生。

人際關係是原生者最需要設定的個人界線。這些人通常可以深入理解別人，非常具有同理心。他們時常任由自己被別人利用，這並非因為缺乏警戒心，而是因為他們太善良。例如他們被一個人傷害，通常不會去找對方討公道或採取任何行動，而對方也通常很快就能發現這點。

當原生者溫和看待別人的過錯、允許別人惡意對待自己時，常常很難過對方利用了自己的善良本性，但不久後他們又覺得對不起自己，自認是受害者。基於這點，他們總害怕別人利用自己，也很難相信他人。這會阻礙親密感，因為當別人意識到原生者不信任自己時，也會和他們保持距離，不信任他們。北交點落入處女座的人為了建立更健康的關係，必須學習設定且尊重個人的界線，不能允許別人踰矩地對待自己。

克服焦慮及羞恥感——專注在當下

北交點落入處女座的人在過去許多世裡都過著與世隔絕的生活，通常是在修道院裡，也可能是在某些機構，例如監獄。他們可能是因為自己的行為入獄，也可能是無辜的受害者。隔絕的部分用意是要讓一個人有時間自我反省、淨化、並獲得靈性的成長，而基於這樣的輪迴經驗，這些人到了今生通常會以寬容、非評斷性的態度去面對別人。然而他們因為欠缺了入世的經驗，所以常覺得無助又沒安全感。

這些人隨時都感受到一種無所不在的焦慮，害怕別人會利用自己。他們也很容易因為焦慮而攻擊別人，或表現出其他不當行為。這些人處理這個問題的最好方法就是專注於當下的現實，當他們能有意識地觀察別人衣服的顏色，感受皮膚上的溫度，或是風的味道時，便能自然地放鬆下來。

這些人的累世經驗還可能帶來另一個問題。他們常在無意識中覺得羞恥，因為在過去世曾被監禁或收容。他們在個人的靈性層次上常覺得一切都是自己的錯——即使自己並沒有直接責任——因此在與別人互動時，很難站在平等的基礎點上。這對建立健康的關係而言是個極大的挑戰，因為平等是健康關係的基本要素。

原生者對於別人對自己的看法也非常敏感，總覺得在接受審判。當他們以為別人不公平地輕視自己時，就會變得十分憤慨，而且會猛烈反擊，或變得高高在上，或因此畏縮。我有位北交點落入處女座的個案，她戰勝癌症活了下來，但因為接受化療而導致毛髮脫落。有天她去健康食品店購物，當時她的頭髮尚未長回來，旁邊一位女士掉了東西，她上前幫對方把東西撿起，正準備拿給對方時，那位女士忽然尖叫：「別碰我！」她當場非常想鑽到地洞裡。

另一位北交點落入處女座的個案，她在一家書店櫃台前排隊查詢書單時，發現老闆非常尊重她前方的男士，還讚賞那位男士選的書籍。輪到她時，當她說出想找的書，卻覺得老闆的表情非常不屑。她覺得被鄙視了，當下滿腦子只想趕快離開那家書店。這種過於敏感的天性，常導致原生者的感情狀態會太過於受到別人的影響。

事實上，這些人對別人可能的反應太過焦慮，反而讓他們不敢走出去，自然地與別人相處。他們常保持戒心，擔心如果太過展現自己就會遭到別人批判。當他們真正喜歡某個人時會變得很緊張，甚至說話結巴，彷彿必須躲起來。原生者總認為如果自在地做自己，別人就會看到他們的負面特質而不喜歡他們。

這些原生者必須學習不要過度專注在自己的內心狀態，而是更實際地創造正面及現實的結果。上述例子中，我的個案應該以平常心與書店老闆相處，跟他討論自己選的書，分享自己想讀這本書的理由，結果肯定很不一樣。但是她卻因為覺得羞辱而選擇退縮。這種相處模式會阻礙親密感，因為原生者習慣退縮，而非勇敢踏出步伐與伴侶溝通，共同創造更高層次的理解。

基於累世的經驗，這些原生者擁有旁人不及的宿慧，知道在宇宙的大藍圖下生命自有出口。他們雖然天生具備這份堅定的覺知，但卻往往無法發揮作用，尤其是當他們覺得受到批評，或發生某件自己無法控制的不愉快事件。這時候他們會被過去世帶來的焦慮及羞恥淹沒，導致負面的情境一再地發生，讓自己捲入激動及恐懼的黑洞。直到生命某一刻，他們才能「停止重演」，再一次與天生的靈性覺知產生連結，重新找到心靈的平靜。

北交點落入處女座的人通常反覆思考每件事。他們擔心衣著是否恰當、髮型夠不夠吸引力、是否做了不好的商業決策、鄰居是不是討厭自己等，這種個性會讓人抓狂！這些原生者是所有北交點族群中最容易因為慌亂而出現攻擊傾向的人，除非他們能記得如何帶著覺知，善用自己對宇宙的基本信任，然後才能專心創造一個實際的計畫，恰當地面對當下的處境。

然而，北交點落入處女座的人除非能重新找回這份覺知，否則常覺得必須把別人扯進自己內在的焦慮中。別人也許想幫忙，但原生者的需求就像無底洞般，最後雙方都會覺得深陷在負面情緒裡無法掙脫。這些原生者在過去許多世裡都沉浸在自我淨化的過程，然而到了今生，他們這種自我覺察的習慣可能會破壞關係。伴侶常覺得根本無法與原生者建立真正的親密感，因為他們只活在自己的世界裡。原生者跟別人相處時，若只是不斷談論自身的問題，便無法創造更深入、讓彼此更滿意的連結。到頭來，他們的關係常變成表面功夫，雙方都無法體驗到真正親密的豐富感受。

矛盾的是，這些原生者若能將注意力放在別人身上，往往具備一種天生的敏銳，可以正確地發現、並整合別人正在經歷的事。他們其實擁有一種讓人敞開心胸的天賦，人們與原生者相處時常覺得很安心，可以說真心話，因為他們意識到原生者不會批判。這種互動不只能幫助他們建立自己追尋的、彼此滿意的連結，同時也能透過幫助別人來表現愛。他們也可以從中建立信心，相信自己能在這世界上好好過活。當他們的自我感覺良好時，隱藏的焦慮及羞恥就會消失。

北交點落入處女座的人通常敏感又害羞，這加劇了他們與別人相處時面臨的挑戰。他們在社交場合裡常因別人的眼光而讓自己被焦慮感淹沒，如果沒有一個明確定義的「工作」，他們不知該如何融入和參與。

他們可以用一種方法克服這個障礙，就是學習在這些場合中找到自己的「工作」。事實上對這些原生者而言，終其一生不是服務，就是痛苦。如果他們願意用實際的方式服務別人，眼前自然會出現一條創造自信心的道路。舉例來說，原生者參加一個派對而開始覺得焦慮時，最好的方法就是想想自己是否能實際地幫助別人，或許是到廚房幫忙，或許是跟某個落單的客人聊天，幫助對方融入環境。

這些原生者如果用某些方式參與活動，讓活動往更正面的方向發展，很自然地就會建立信心，覺得自在。他們會驚訝地發現，當自己不帶私欲地採取行動時，別人會是多麼感激。

學習透過實際方法創造健康的關係

北交點落入處女座的人的今生功課就是與現實環境保持連結，當有事情發生時，用實際的方式回應別人。他們除非能學會這點，否則就會專注在自己內心對於這件事的認知，這常導致不健康的感情反應。這裡最大的問題在於，他們對別人的拒絕過於敏感，常認為別人是針對自己。

這些人內心有著非常深層的恐懼，擔心自己在別人眼中「不夠好」，而且常常覺得自己被拒絕，但旁人卻沒有同感。他們一旦覺得被拒絕了，就會啟動內心的「焦慮跑步機」，不停自問：「我做錯了什麼？她不喜歡我哪點？這是我的錯嗎？」這些人會習慣性地反省自己的缺點，有些是真實的，有些則是想像的，以致於不能客觀地分析狀況。我有一位北交點落入處女座的個案常去舞廳跳舞。大家都知道，在舞廳邀舞不見得都能得到對方首肯，這並非針對個人。可是我的個案邀請一位女孩跳舞，對方如果拒絕，他就會認為對方是針對自己，也因此沮喪，不停地想自己到底有什麼問題。

這些原生者的極度敏感常會妨礙關係中的親密感。當他們覺得被拒絕時，就顯得鬱鬱寡歡，甚至不試著與對方聯絡。這也是為什麼他們很難拒絕別人，因為他們會因被別人拒絕而覺得被打敗了，所以也很害怕自己的拒絕會讓對方受傷。

這些人必須學著理解，當別人拒絕時並非針對他們，對方可能只是對某個活動不感興趣，或時間不適合等。有個比較建設性的方法就是，原生者可以先靜下心來蒐集資訊，客觀地看待對方的理由，然後就不會認為對方是針對自己。如果他們能有意識地重新找回自己一開始邀請對方的動機，就不會如此害羞，不敢再次邀請對方，而這能讓自己及對方的人生都更豐富。

這些原生者會發現，若能勇敢地確認自己對事情的認知，關係就會更加圓滿。事情如果與感情無關（例如公事），他們就能比較客觀看待，不過在愛情或帶有感情成分的情境裡，這些人會對自己想要的東西非常焦慮。他們應該學著如何參與創造自己的願望，而非一味地退縮。

我有一位北交點落入處女座的個案未婚懷孕了。當她告訴男朋友這件事後，對方說要娶她，但她拒絕並做了流產手術。後來她回頭想想，認為自己當初應該答應，因為這是段很美好的關係，雙方都深愛彼此。她說她拒絕的唯一原因，就是擔心男朋友的父母覺得自己不夠好。她只是因為害怕而拒絕，根本沒有花時間真正分析整個情況，也沒與男朋友討論。這些原生者常有自我毀滅的傾向。

這些原生者遇到挑戰時，要學習給自己一點時間，想想自己渴望創造的結果。在懷孕這件事上，我的個案應該緩一緩，確認男朋友能提供什麼幫助，然後說出自己想要的結果（「謝謝你的求婚，我想答應你，我覺得我們能快樂地一起生活」）。最重要的是，她必須冒險坦承自己的顧慮（「但我很害怕你的父母不接受我」），或者是給她自己的父母一個機會，幫她分析整件事，一起想個方法來解決問題。

北交點落入處女座的人基於累世的經驗，很缺乏信心面對外面的世界，常表現得非常害羞，尤其是在小時候。然而當他們一旦開始工作，就會發現自己其實很有能力在職場上出人頭地，而且也十分自在。工作正好可以讓他們展現必須在今生培養並發展的才華，也就是透過實際的方法為外界的混亂理出頭緒。這些原生者具有統合的天賦，可以把瑣碎且具體的訊息組織成有意義的事情。所以這些人非常擅長工作，在職場上也信心滿滿，因為他們明確地知道工作的方法。

原生者在社交場合中比較容易遇到困難，因為沒有人清楚界定他們的「工作」。這些人私底下不知該做些什麼，才能在社交場合中表現得體，所以通常很沒安全感、焦慮不安。他們正在學習將職場的原則運用在其他生命領域裡，讓自己找到信心。事實上，他們無論在什麼情境中都可以做些幫助別人的事，而且自然會找到連結點，產生自信。當他們為別人服務、表現出無條件的愛時，總能創造正面的結果，也會因此充滿信心。

我有一位北交點落入處女座的個案，他有份非常好的工作，也準備談一段認真的關係。但他每次一接觸女性就非常焦慮，我鼓勵他把注意力放在服務上。他有次在同學會中對整理吧台的一位女士很有好感。他一開始先跟她閒聊，後來就問她餓不餓。現場有許多豐富的美食，但她不能離開吧台，所以他幫她取了一盤食物。服務的目的再加上明確的「工作」，讓他充滿信心。同學會結束後，他順利邀到這位女士出去約會。

北交點落入處女座的人若能找到實際的方法採取行動，就不會再恐懼或焦慮，同時發現自己其實能在每個生命領域中創造正面結果。

創造雙贏：用建設性的方式回應

北交點落入處女座的人在過去世有過許多暴力及剝奪的經驗，所以已經學會如何用寬容及無條件的愛來回應別人，但這些經驗也會讓他們變得過於戒備。這些人在今生對別人的行為及言語往往過度敏感，因此很難以建設性的方式回應別人，創造雙贏的局面。

舉例來說，當別人的心煩指數是「一」的時候，原生者心中的指數通常已經飆到「九」。這些人總會注意別人肢體語言或說話語調中的細微變化，對方一旦說了什麼，他們就覺得受到打擊。原生者如果放下防備心信任某個人，之後對方用一些看似嚴厲的方式對待他們，他們就會覺得更受傷，然後開始在感情上武裝自己，讓關係中的親密感蕩然無存。

這些人在過去世裡常因別人錯誤的指控而犧牲，所以到了今生，錯誤的指控就成為特別沉重的課題。他們本能的「生存模式」反應通常就是完全地退縮，他們甚至不會替自己辯解，因為他們認為自己「超越」別人，回應指控只是抬舉了對方。

這種互動方式只會破壞關係，因為原生者從不試著找出別人誤解的原因，而是直接與對方斷絕往來。他們用這種方式「懲罰」對方時，並不能得到任何正確的資訊。事實上，別人往往不知自己做錯了什麼，也不懂原生者為何如此生氣，結果雙方都無法從中獲得成長。而原生者不肯放下憤怒及背叛的感受，只會破壞關係的未來發展。有時痛苦的唯一收穫就是讓我們發現，哪些行為可以（或無法）創造出我們想要的正面結果。

北交點落入處女座的人若想創造成功的關係，最重要的就是找出行為改變的原因，這樣比較容易得到想要的結果。但他們通常很抗拒這麼做，因為他們在無意識中知道，自己常會對任何覺得受到審判或批評的事反應過度。他們過去許多世裡的唯一目標就是清除所有的「內在錯誤」，所以當有人對他們說：「你這樣不對」時，他們就會感受到一種無法動彈的恐懼，覺得無法達到自己的最高憧憬。他們會透過極度活躍的心智思考重新找到控制的力量，然後陷入慌亂的反省及焦慮中。當對方試圖幫助他們成長，告訴他們某些行為只會造成自我傷害時，他們也無法克服頑固且極度的恐懼感，最後對方會覺得他們無法靠近、不願意聆聽，也無法妥協。

諷刺的是，若對方說的是事實，原生者就會很生氣。原生者會希望別人不要看到他們的缺點，而是從整個生命的角度看到一個更大的藍圖，發現「真正的他們」。我有位北交點落入處女座的個案，他把每分錢都存下來幫助殘障的妹妹上大學。朋友有次說他非常小氣，因為他從來不請人吃晚餐，他聽了非常難過，但是他從未告訴別人自己的狀況。這些人必須學習讓別人認識自己，別人偶爾會誤下結論也是可以理解的。原生者必須積極地參與這個狀況，提供朋友更多資訊，而非拒絕往來或猛烈反擊。他們若能向前跨出一步，就能在混亂中理出頭緒，為所有人創造雙贏的結果。

北交點落入處女座的人，其實並沒有比別人更多的缺點或感情包袱。他們與別人的差異就在於：其他人通常不會意識到、也不會特別關注自己的「包袱」。這些人在今生的功課之一就是學習客觀地看待，並接受別人真實的模樣。當別人評論他們時，他們必須學會辨識哪些是對方話中的客觀內容，哪些是自己內心觸動的感受。他們可以先回答：「嗯，讓我想想看。」稍後再回頭跟對方說：「我不認為自己做過那樣的事」或「謝謝你的指點，我的確做過這件事，我會設法改善。」原生者如果在與別人互動時能更帶著覺知，更專注一點，必然能做到這點。否則無論別人的任何回饋，他們都會防禦性地回應，只是每個人的防禦機制各有不同。有些人可能會變得更加跋扈，有些人可能小心眼生氣，還有人會完全退縮。以上種種防禦性反應都會破壞關係，因為對方會覺得無法跟他們溝通，共同解決事情。

除此之外，原生者如果認為別人的看法是針對自己，別人也會覺得他們的反應是衝著自己來。這並非原生者的本意，但對方還是會有這樣的感受，因為原生者的表達方式通常很傷人，最後兩人不管是堅持立場或是和解，都會阻礙親密感。伴侶會覺得如果自己的言行舉止很隨性，就可能引起原生者的防衛性反應，因此跟他們相處少了許多樂趣。

這些原生者還有另一個問題，他們常自認是許多領域的「業餘專家」，總想與別人分享他們的知識。然而當別人反過來想要分享看法、給他們建議時，如果不帶著柔性的感情成分，或告訴他們「應該」怎麼做，他們會非常抗拒別人幫助自己進步。

他們可以透過另一種方式改善防衛性的反應，就是參與一些活動，清楚地把給予及接受建設性的回饋當作目標，例如參加團體或同儕諮商，或與專業人士見面。他們也可以與朋友立下清楚的約定，一起解決某個問題。這些人必須知道，所有人都是一體的，應該互相學習和成長，幫助彼此獲得更高層的自我實現及喜悅。

不要扮演受害者

北交點落入處女座的人在過去世常扮演「理所當然的受害者」，所以他們到了今生會特別小心不要被他人迫害。然而諷刺的是，當他們面對任何失望或損失時常自怨自艾，表現得像個無助的受害者，彷彿對這種情境莫可奈何。

這些人常沉浸在「無助受害者」的想像中，試圖讓身旁某個人變成自己的「救星」。但當他們向別人求救時，卻不願意採取任何實際行動，真正地改變現況。這會讓他們愛的人十分頭疼，因為他們太容易放棄，一味依賴「救星」。

我有位個案的母親北交點落入處女座。她忍不住告訴母親：「媽，拜託妳不要老打電話給我，妳什麼事都要我幫妳做，這樣實在不好。」她的母親會說：「沒錯，但我已經失去老公，也沒有其他孩子可以找，我只有妳。」或是「某某人每個禮拜跟女兒碰面三次，他們什麼事情都一起做。」她的母親為女兒設定了特定角色，堅持女兒必須配合演出。其實，當原生者試著強迫別人扮演某種角色時，對方只會逃得更遠，讓他們無法感受到渴望的親密感。我的個案因為母親的依賴而備感壓力。她說：「我覺得責任好沉重。她每次找不到我就非常擔心。她的感情需求就像一個無底洞。」她覺得根本不可能與母親真的親近，因為雙方都陷在焦慮的「煙霧」裡。她很愛母親，卻必須在感情上跟母親保持距離，她希望有一段健康的母女關係。事實上，她的生氣和憤怒可以幫助她跳脫母親不健康的心態，就像是種快速表態，不過也必須花很多力氣才不致於被捲入感情的漩渦。

北交點落入處女座的「受害者行為模式」會嚴重破壞關係的發展。當他們迷失在焦慮中時，會無法專注於當下，也無法與別人建立真正的連結。他們今生的其中功課之一就是找到方法擺脫自己的焦慮情緒。他們可以列出一長串的理由不採取實際行動、不替自己創造正面改變，然而，這些人如果不發揮自己的力量，試圖把個人的混亂變成有生產力且健康的秩序，就永遠不會有人想接近他們。他們也必須學習按部就班地建立常規常態，找到今生最需要的結構性。

北交點落入處女座的人很容易忽略這種簡單又實際的方法，因為他們已經在過去世發展出解決外在問題的能力，其作法就是退讓，專注在個人內在的議題。但到了今生，這種方法已不再管用，他們現在正在學習用實際的方法補救外界的情境，藉此解決自己內心的問題。當他們無意識地把注意力向內轉移時，只會增加焦慮感，讓事情變得更糟糕。這些原生者除非能意識到這點，否則這將永遠會成為絆腳石，讓他們無法在關係中創造親密感。

有個非常有用的小實驗讓原生者可以刻意地轉移注意力：如果他們帶著服務別人的心態面對任何情境，恐懼和焦慮就會如魔術般消失。他們必須有一個清楚的目標：渴望幫助別人。這可以幫他們擺脫內在的焦慮，停止扮演「受害者」。以上述的母女為例，這位母親若能想想如何幫助女兒、替女兒服務，就會減輕許多焦慮感。

北交點落入處女座的人會因為很多事情陷入受害者模式，例如生病、令人失望的戀愛、工作問題、親人過世等，即使事情沒這麼嚴重，他們也容易出現受害者傾向。其中一種最常見的情境就是，如果有人輕視他們，他們馬上就會表現得像個受害者。他們不會客觀地評估對方的話，也不會直接反駁事情並非如此，而是理所當然地相信對方的看法，覺得自己很渺小。

我有位個案的北交點落入處女座，她常跟男友玩心理戰術，結果觸發了她「不如人」的感受，即使實際上她的外貌更有魅力，她學歷比他高，賺的錢也比他多。有一次，她的文章被刊登在一本有關她工作的知名專業期刊上，她拿給男友看，男友回道：「反正我也看不懂，何必要看？」後來他朋友的女兒也寫了一篇同樣技術性的文章，男友卻仔細閱讀，還不吝讚美，這讓她非常挫敗。

這些原生者正在學習採取行動、扮演更積極的角色，確保關係是合理且平等的。在上述的例子中，我的個案可以把事情講清楚，讓男友知道自己需要、也值得他的尊敬及支持。她也要讓男友知道，他必須改變自己的行為模式，她才會繼續這段關係。原生者若不能主動地參與關係，就會阻礙親密感。如果他們對伴侶付出很多，卻又容忍對方不回報，不久就會覺得遭到背叛，最後會退縮回自己的角落。

北交點落入處女座的人必須停止上演受害者戲碼。無論外界的情境如何，他們一旦陷入內心的混亂，便只會讓自己更脆弱，所以必須用更實際的方法來處理關係。他們一旦找到目標就能擬定計畫，創造實際且正面的結果。最後他們會瞭解：在今生，受害者的道路並沒有辦法通往自己追求的親近感。

幫助別人改善自我

北交點落入處女座的人雖然會因過度敏感而妨礙社交，但這也讓他們更有效地幫助別人。他們與別人相處時，很自然能看到對方內心的缺陷，也清楚知道對方因為哪些自我傷害的模式而無法自我成長，而且對方該採取哪些行動才能解決這些模式。他們非常瞭解對方何時願意改變，也能馬上能提供糾正行為的建議，讓對方聽起來毫無批評意味。

舉例來說，我有一位北交點落入處女座的個案，他有個朋友菸酒不忌，體重超重也不運動。當他覺得時候到了，就對朋友說：「你知道當人越來越老，真的必須照顧自己，以後才不會有嚴重的毛病。即使你節食了，效果跟跑步和健身也不一樣，肌肉不會結實。如果你加上運動，那麼不只會改善健康，還能讓肌肉緊實一點——包括你的臉，這樣你看起來就會更年輕、更健康。」他的朋友非常感激他的建議，決定開始節食和慢跑。我的個案也非常開心，因為他運用了自己的判斷能力，實際地幫助了朋友。

對北交點落入處女座的人而言，當他們直接受到別人行為影響時，想要幫助別人改善自我其實是一大挑戰。諷刺的是，這些原生者很容易引發旁人做壞事。若他們想在今生體驗到快樂又滿足的關係，就必須幫助別人糾正自我毀滅的行為。這些人今生的使命之一，就是當他們看見別人的缺點時，必須幫助對方改掉自我毀滅的行為。

這些原生者在過去許多世裡努力地修正自己的缺點，所以他們不只能看到別人的缺陷，而且極富同情心，知道這些缺陷其來有自。然而，同情心卻會使他們不敢積極行動。最常發生的情形就是，當原生者看見了別人的缺點，第一個反應就是退縮，而非上前指正，他們會想：「我應該避開這個人，他有一些無意識的問題會讓我們間的互動不健康。」然後當他們發現自己在批判對方時又產生罪惡感，對對方充滿同情和無條件的愛。這裡的問題在於，他們會讓這些感覺停留在關係中，但卻沒有採取積極的行動幫助對方改變行為。

其實對原生者而言，帶有批判性的辨識能力是種正面特質。如果他們能在關係中分辨哪些方式有用、哪些不管用，就更能想出好的方法解決問題。他們最大的敵人就是退縮，因為這讓他們陷入無助的狀態，不只無法幫助對方，反而讓對方繼續表現出負面或過度的行為。當原生者積極地糾正問題時，不管關係出現何種變化，他們都會感覺良好，因為他們知道自己已盡力幫助對方，而非忽略了自己的極限，任由自己淪為弱勢。

我有另一位北交點落入處女座的個案，她的哥哥掌管家族基金，卻沒有妥善管理而造成虧損。她的反應就是退縮，採取受害者的姿態，並不積極地糾正這個狀況。她問我：「為什麼我要幫他解決這個問題？」答案很簡單。她若能幫助哥哥改善缺點，讓哥哥更有效率地管理基金，她就能擺脫受害者的位置，確保自己的錢以後不會被散盡，同時也能申張自己的權益。

每個人都不停地在學習和成長，也必須承受自己天生缺陷造成的結果，尤其當這些缺陷演變成自我傷害的行為。然而，我們必須知道自己當下的所作所為有哪些是行不通的，才能從中獲得成長。這個北交點族群的任務就是向前踏出一步，幫助別人認清在無意識中傷害自己的行為模式。

這些原生者的挑戰就是找出能在這俗世中運作的機制，發揮助人的天賦，用實際且有效的方法幫助別人擺脫混亂、找到秩序。這其中有個附加的好處是，他們也可以在這個過程中讓靈魂學會一件事：在「當下」採取實際的步驟就能消除心中的焦慮感，進而克服個人的缺陷或外在環境的限制。

成功經營親密的性關係

北交點落入處女座的人富有同情心，也願意付出大量的愛。他們希望別人珍惜自己的付出，但伴侶若如果沒有表示感激，他們就會覺得自己被利用了。伴侶如果真心認同原生者、對他們表示出感激，原生者就會對自己及關係感到滿意。

這些人時常擔心如果非常關心別人、信任對方、與對方產生連結，自己就會受傷。他們一旦對一個人認真，很容易讓對方成為自己的生活重心，因為他們不善於設定個人界線，而這會讓他們變得太脆弱。他們很可能因此失去自己的力量，放棄個人的獨特性，也可能因為太過在乎伴侶而成為對方的奴隸，盡己所能地讓對方開心。

然而，替別人服務和當別人的奴隸是完全不同的兩碼事。原生者可以在服務中展現自己的力量，但是作為別人的奴隸只會弱化自己。當他們成為伴侶的奴隸時，會隨時隨地注意伴侶的感情波動，犧牲自己的需求及渴望，只為滿足對方的突發奇想。然而「服務」意味著用一種實際而非感情層面的方式來處理並參與關係，替所有相關的人帶來幫助及力量，包括他們自己。

我有位北交點落入處女座的個案，她的男友想享受一段正式關係帶來的好處，但又希望能自由地與別人發生性關係。從奴隸的角度思考，她只能順從男友的作法，即使她覺得自己被貶低了。但從服務的角度思考，她必須實際與男友討論兩人的思想分歧。她的天性是追求單一伴侶，她男友如果堅持自由的性關係，那麼她就應該尊重自己的意願，另外找一個跟自己觀念相同的伴侶。

這些人如果無法認清並尊重個人界線，而把自己的權力交給伴侶，臣服在對方之下，就會妨礙關係的親密感，因為關係中最重要的公平元素已經蕩然無存了。原生者會發現自己變得太脆弱，他們看不起自己，伴侶也不尊重自己。對方可能會越來越自私，因為他們知道原生者最後會忍受自己的惡劣行徑。久而久之，就變成向下沉淪的惡性循環。原生者讓伴侶為所欲為、需索無度，任由對方操縱、利用、虐待自己，關係肯定會日益惡化。也有可能原生者覺得自己太過脆弱，所以開始保留感情的付出，即使人在伴侶身旁，但心已不在。

北交點落入處女座的人如果允許這種感情虐待的情形發生，就會變得越來越虛弱，並演變成一種共存的關係，伴侶覺得需要原生者的支持，原生者也覺得必須仰賴伴侶。這會觸動了原生者的潛能，以一種犧牲、不健康的方式去愛對方，因此常衍生出性虐待的關係。

這些原生者今生正學習一件事：尊重個人的界線，採取實際行動，而非耽溺在感情漩渦裡，才能創造健康與有益的結果。事實上，若他們真的關心一個人，就應向前踏出一步，幫助對方戒除不良的行為模式。例如，女友不小心踩到他，他不應認為女友不是故意的便不跟她計較，反而應該說：「妳踩到我了，很痛耶！」這可以讓別人知道自己粗心的行為會如何影響原生者。

北交點落入處女座的人還有另一個問題：這些人在潛意識中還記得過去世在修道院或機構裡的生活經驗，習慣由別人來制定規則。所以他們到了今生很容易焦慮，因為覺得必須在別人的保護下，生活才能找到秩序。他們認為在親密關係中，伴侶會設定規則、建立常態，而自己只要在對方面前遵守「計畫」，完美地執行它，關係就會成功美滿。

這些人正在學習如何組織自己的世界，制定自己的常規，但是他們又害怕如果沒有事事「完美」，關係就不會圓滿。他們可以用一種方法克服這個心理障礙，就是單獨分析一個生命領域的需求，把它寫下來，讓它變成實際的目標，並根據這個特定目標來設定計畫。原生者只要開始實現這個計畫，就會對自己感到滿意，同時也能從權力平等的地位，與伴侶一起創造更多的親密感。

這些原生者除非願意積極經營人生，創造正面的結果，否則常會被自己的恐懼及焦慮打敗，這可能表現為盛氣凌人、逃避困難、成為憂鬱症患者，或是扮演受害者角色。他們也可能因為累世的隔離經驗而天性害羞、缺乏自信、拒絕社交活動。這讓伴侶沒有機會帶著他們出雙入對，與其他情侶或夫妻一起玩樂，也常因為要為他們的缺席找藉口，而感到壓力或生氣。原生者這種處理內心慌亂的方式會讓伴侶十分吃力，所以他們要學習實際採取行動，用某些技巧化解自己的焦慮，面對讓自己怯步的情境。

這些原生者還會因為其他的累世經驗，而阻礙了關係的親密感。他們已在過去世培養出幫助別人和解決困境的能力，方法就是獨自向對方傳達正面能量。但是他們必須明瞭，這種技巧到了今生已經不管用了，這令他們驚訝不已。這些人必須學著瞭解，當別人抱怨腳很冰冷時，他們應該拿雙襪子給對方穿，而非用正面的想法來溫暖對方。也就是說，他們必須找到實際的方法來表現關心，才能慢慢贏得伴侶的感激，創造兩人的親密感。

原生者的另一個挑戰可能是被拒絕的恐懼，讓他們無法真實地與伴侶溝通自身的需求和渴望。這些人非常敏感，伴侶常常不需要開口，他們就會主動意識到並滿足對方的需求，因此在潛意識中他們也認為對方會用同樣方式對待自己。很遺憾，事實並非如此（因為很少人能像他們一樣敏銳）。不過他們仍習慣性地保留自己的期望，而不直接與對方溝通。這些人在今生必須學習主動提出要求，唯有如此，他們才能知道自己是否能依賴伴侶的付出。伴侶若有正面回應，他們就應該表現出快樂與感激。伴侶間如果沒有付出與接受的互動，就無法一起成長，最後很容易分道揚鑣。

這些原生者常會對別人的回應充滿戒心，即使他們非常擅長以建設性的方式幫助別人改變，但他們自己卻痛恨別人來評斷或糾正自己的行為，尤其是伴侶。這會讓伴侶覺得很難接近或信任他們，因為永遠不知道他們會因為這些批評產生什麼反應。原生者的防衛方式通常是退縮，有時則是猛烈反擊，而且出人意料地嚴厲。對方最後就彷彿「踩在蛋殼上」，只好盡力避免讓原生者有防備性的回應。原生者若無法敞開心胸接受伴侶的意見，伴侶就只能不斷應付他們的害怕及恐慌，反而無法幫他們找到永久的解決之道。解決上述難題的方法，就是把互相的自我改善定義成關係中的任務。如此一來，原生者就較能面對自己的焦慮，認為是「事情還沒完成」，而非自己有問題。我很建議原生者接受諮商，這無論對他們自己或伴侶來說，都是非常有幫助的根本之道。

原生者必須找到克服個人恐懼的方法，允許伴侶協助他們自我反省，讓一切落實在生活中，否則對方永遠無法與他們坦然相處，也無法幫助他們改掉傷害自己的模式——這些模式會不斷破壞彼此的親密關係。這些人在今生必須學習樂於接受別人對自己行為所提出的有利建議，才能獲得自我進步及成長。

他人所能提供的協助

幫助他們專注在某件實際的事情

當北交點落入處女座的人看起來很困惑、迷失在焦慮及怠惰的汪洋中時，你不妨請他們解決一個問題，或請他們完成某件工作，他們就會馬上回到有成效的正途。此外，你也可以問他們問題，請他們專注在手邊問題的細節，這可以幫助他們平息心中的焦慮，而當他們專注時，較能看到整件事情的來龍去脈，找到解決方法。

這些原生者最容易在社交場合失去重心，變得沒有安全感、焦慮不安，這也是他們常拒絕參加派對或其他社交活動的原因。你要鼓勵他們帶著服務的目的參加活動，為別人作出特別的貢獻。例如建議他們幫忙在廚房忙碌的女主人端出啤酒給大家喝，或招呼一些單獨出席的客人。提醒他們把融入當下當成一種清楚定義的任務，這樣他們就很自然能消除焦慮感，也能從社交活動中建立自信而變得更自在。他們也會因此開心，因為自己透過服務別人，表現了無條件的愛。

提醒他們活在當下

北交點落入處女座的人在過去許多世中都在修道院度過一生。到了今生，對他們而言，許多地方都像「另一個世界」，因此常會有些漫不經心又健忘，也無法意識到現實環境。想要幫助他們落地生根，就得提醒他們不要再做白日夢，並隨時留意週遭的實際細節，例如開車途中的路標、食物的味道及口感，或是花圃裡花的顏色。如果他們能放慢腳步，意識到周遭的實際細節，就比較會記得要鎖上車門、不要把外套留在餐廳，或是準時赴約。

提醒他們不要只關注自己，也不要一直沉溺在自認為的理解中，而應把焦點轉移到別人身上。提醒他們在社交場合多專注於實際細節，例如別人的衣著，房間的裝飾及顏色，或是室內溫度等，這樣他們很自然就能放鬆自己。

支持他們養成健康的規律生活

北交點落入處女座的人若沒有一套事先計畫的活動，時常會神遊在自己的世界裡，這會讓他們充滿焦慮，失去自信。你可以鼓勵他們用行事曆規律地計畫一些必須或想做的事，建議他們最好提前一個禮拜規劃，讓每天都有點事做。例如，他們必須安排規律的運動，可能是每週三和週六要來個長距離的散步，他們可以根據自己的生活方式及目標設定運動形式和天數——最重要的是讓這些活動變成規律。

這些人可以從規律的用餐、就寢及晨起習慣中獲益良多。如果他們需要更多的社交活動，建議他們提早一個禮拜計畫與朋友看電影或吃晚餐。鼓勵他們培養多元興趣，讓自己保持忙碌，創造更均衡的生活。如果他們能長時間地規律生活，按計畫過日子，就能幫助他們保持穩定及自信，不會過度專注在某些封閉的生活領域。

對北交點落入處女座的人而言，養寵物也是件非常健康的事，可以藉此豐富人生。寵物的陪伴能讓他們感受到自己深切渴望的無條件的愛，他們也能因為照顧寵物而養成規律的生活習慣；這可以成為一種持續的穩定基礎，幫助他們達到心理平衡。所以只要情況允許，你可以鼓勵他們養隻寵物，最好可以結合某種形式的服務，例如從當地的流浪動物收容所認養動物。

建立條理分明的計畫，幫助他們處理焦慮

北交點落入處女座的人對隨性這件事感到非常不自在。如果沒有計畫，他們就容易恐懼又迷惑。所以當這些人因參加社交活動或與某人互動感到焦慮時，幫助他們設定計畫可以讓他們有信心，同時也向他們保證會找到其中的條理。舉例來說，如果你們一起參加派對，事先讓他們知道你打算待多久、你參加的目的，或你希望兩人能一起做些什麼。當他們有個參加的計畫及目的時，就會比較有自信。

如果他們對某個領域感到不安（例如財務或健康），鼓勵他們馬上採取實際行動，檢查現實的狀況。當他們獲得更多資訊後就能分析狀況，重新找回自信。

此外，條理分明能幫助他們對個人關係建立信心，例如讓他們知道你要去哪裡、打算什麼時候回家，或在回家之前打個電話，通知你快到家了……這都可以幫助忙他們紓解內心焦慮，變得輕鬆一點。

鼓勵他們專心創造有益的結果

當這些原生者感到焦慮時，無論當時情境如何，鼓勵他們專心創造實際且正面的結果。如果他們認為資訊不足無法採取行動，提醒他們可以詢問一些更實際的細節。這種方式可以讓他們放下焦慮，重新找到力量。舉例來說，如果他們覺得左半身疼痛，並開始想像無數可能的疾病時，你應該鼓勵他們去看醫生。他們可以透過實際且合理的方法，解決自己想像的問題。

如果他們擔心付不出帳單，建議他們列出每月的開銷清單。把每件事羅列在紙上可以幫助他們看到現實，而且他們會非常樂在其中，因為這讓他們感覺又找回了主控權。如果他們擔心工作，鼓勵他們跟老闆談談，但要提醒他們把焦點放在工作上。舉例來說，他們可以說：「我真的很喜歡幫你做事，也很喜歡我的工作。有什麼地方我必須注意的，藉此改善我們的工作成效？」

不鼓勵的習慣

與人隔絕，獨自面對焦慮或恐懼

這些人有自我毀滅的傾向，會在自以為是的衝突中選擇退縮。提醒他們：把設定個人界線和拒絕別人當成服務對方的方式。這也可以讓別人對原生者有較正確的瞭解，或明白不要逾越別人的界線是件非常重要的事。

「盲目相信」朋友或愛人

這些人不應該不經過選擇就隨便相信別人。提醒他們注意：一個人如何對待別人，就也會如何對待你。鼓勵他們要認清現實，相信別人的行為是不會因你而異的。

沉溺在受害者的想法中

這些人在今生扮演著受害者角色是完全行不通的。當他們怨天尤人時，不要跟著附和，鼓勵他們為目前的狀態設定實際且正面的計畫。

月亮北交點落入天秤座或第七宮

他們帶給關係的特別禮物

* 獨立
* 真實
* 激勵別人的影響力
* 直接
* 精力充沛
* 勇敢的精神
* 自律

阻礙親密關係的迷思

* 我必須獨立自主才能生存。
* 如果我維持美好的外貌，就能吸引完美的伴侶。
* 如果我對伴侶許下承諾，就會失去個人的完整性。
* 如果我幫別人達成願望，就會干擾自己想做的事。
* 我必須替自己的需求負責。
* 我只能靠自己的能力及智慧生存。

＊我直覺認為適合自己的事情，通常都是對的。
＊我即使與別人相處，也必須一直注意自己。

伴侶的埋怨

＊他們總是有所保留。
＊他們很自私。
＊我知道他們愛我，但我感覺不到感情成份。
＊他們不在乎別人對和諧的需要。
＊他們不願意妥協自己的立場。
＊他們對自己的時間和精力斤斤計較。

不要過度獨立

北交點落入天秤座的人在過去許多世裡曾當過戰士，所以非常崇拜個人的力量。戰士從不會表現出害怕的情緒，或表露出自己的脆弱。到了今生，這些人在潛意識中仍相信獨立與自主是生存的必要條件，而自立自強則是最強大的狀態。他們很重視自己給別人的印象，認為自己必須儀態得宜，隨時掌控一切，所以遇到問題時通常會躲起來自己解決。他們不想讓別人知道自己發生了什麼事，因為害怕被別人看到自己的缺點或無能。

這些原生者常不自覺地因為過度獨立，而把能夠且願意支持自己的人拒於門外，他們非常在乎個人形象，所以讓別人無法真正地認識他們。別人只看到他們的表象上「完全到位」的那一面，因此無法與他們建立有意義的連結，而原生者也知道自己隱藏了某部分的自我，所以更無法坦然地與別人相處。

原生者除非能意識到這個模式，否則就會在親密關係中製造緊張感，因為他們不允許自己在任何人面前表現出脆弱。舉例來說，我有一位北交點落入天秤座的個案在新工作上遇到困難，他通常試著自己解決問題，而非冒險「表現脆弱」，告訴另一半自己的困境。然而，有一次他試著與伴侶分享自己的挫折感，他很意外對方沒有瞧不起自己，反而全然地支持他。這種互動非常健康，不僅能幫助他紓解情緒，還能增加關係中的親密感，因為伴侶會覺得自己是他生活中的一部分。

過度獨立也會造成關係中的距離感，這與原生者對「完整」的定義有關。對北交點落入天秤座的人而言，所謂的「整體」和「對自己誠實」永遠意味著：無論在什麼環境中，做自認為正確的事情。這些原生者認為如果考慮別人的需求，就無法維持個人的完整，更必須堅持自己的主張，才能避免被別人的需求左右。因此，他們可能會很大聲地說話，或花很多精力堅持自己的意見。基於累世的戰士經驗，他們潛意識中具有競爭意識，認為「不是征服，就是被征服」。

這些人擁有強烈的自我意識，也知道如何靠自己成長茁壯。這會破壞親密感，因為他們通常沒有意識到別人願意幫忙或支持自己。例如，他們若需要紅蘿蔔維持健康，就會想辦法自己準備好每天要吃的紅蘿蔔，因此當他們相信隨時隨地都只能靠自己維持生存時，就永遠會在關係中有所保留，因為他們總關心是否有時間和精力取得自己所需的紅蘿蔔。他們甚至不會注意到伴侶在種紅蘿蔔，也願意每天提供他們紅蘿蔔。他們必須學習注意別人願意提供給自己的東西。

這些人長久以來習慣相信自己所做的一切都是對自己最好的事情。這會讓他們得不到想要的親密感，別人也無法與他們建立真正的伴侶關係，同時，因為原生者不願接受對方的支持，當然也無法意識到對方也有付出及支持的需求。事實上，對北交點落入天秤座的人而言，學習分享是今生最大的挑戰之一，尤其是與每天往來的親人及朋友，而情況往往會因為欠缺溝通而變得更加複雜。舉例來說，如果原生者擔心別人無法在特定的情況下符合自己的需求，他們不會告訴對方，而是自己想辦法解決。對方雖然不知道發生了什麼事，但卻會因為感覺的到他們沒說出實情而擔心。

這些人會認為一旦滿足了別人的願望，對方就會開始有所期待，而這在某些程度上侵犯了自己的自由；這種想法也會破壞關係的發展。我有一位北交點落入天秤座的個案，他的女朋友喜歡每天晚上找他聊天，跟他分享生活中的點點滴滴，他的反應就是：如果一直配合，就會佔用自己的時間而無法做自己想做的事情。這種態度當然會妨礙親密感，因為原生者不願多想想該如何支持伴侶需要的和諧。這些人正學習如何在全心支持別人的過程中獲得喜樂，他們的自我意識如此強烈，大可以完全地付出，毋需擔心會失去自我。

然而原生者除非能意識到這點，否則很難違背自己的本性，在當下做出並非自己想做的事情。他們可能在理智上知道這件事對自己不好，例如抽菸、酗酒或與女人偷情，但還是很難對自己說不。如果有人勸阻他們，例如醫生希望他們戒菸，反而會激發他們獨立的競爭意識，馬上唱反調點一根菸。然而，他們也非常自律，具備過度發展的生存意識，所以如果他們認為一個壞習慣會對個人的生存造成反效果，他們會就發揮自律的精神達成生存的目的。他們很可能會為了個人生存的最佳考量，克服自我破壞的行為。

北交點落入天秤座的人在潛意識裡記得自己在過去世能完全自立，所以他們的第一本能就是做自己想做的事，不顧伴侶的期望。然而，他們在今生最快樂的時光，通常是與別人分享的當下。所以即使伴侶並不反對他們單獨參加任何活動，但原生者最後會發現，自己一個人參加活動時，並不像當初想像得有趣。我有位個案的丈夫是北交點落入天秤座，他希望拋下妻子來個為期一周的摩托車之旅——「做點自己的事」。我勸她不要反對他，而是支持他。當他回家後對她說：「妳知道嗎？我真的好想妳，我實在離開太多天了。」之後他每次出門旅行，都會早點回家。

這些人正在學習多花點心思與伴侶一起解決事情，打開親密交流的大門。如果他們能放鬆自己對於獨立的過度重視，全心全意對別人付出，就能感受到對方源源不絕的感激與回應。

克服自我專注的習慣

對北交點落入天秤座的人而言，維繫關係以及與別人分享是非常重要的，但他們卻很容易在這方面遇到困難。部分原因是因為原生者以為，別人會被成功或能幹的人吸引，這導致他們有強烈的自我關注傾向。他們認為只要維持適當的形象，別人就會想接近自己。他們立下許多自我戒律，花很多時間與金錢讓自己維持吸引力、保持好身材，無論如何都要表現得「完全到位」。

這些人不斷注意自己，從來無法把焦點從自己身上拉開。他們總有些疏離，持續觀察著自己與別人的關係。在互動過程中，他們只注意自己的反應，或自己在當下是否自在。這些人不曾真正地注意別人，因為他們十分專心地改善個人形象，藉此維繫關係。

當關係出現波動時，他們習慣馬上把注意力轉移到自己身上，第一個想法是：「我該如何更吸引伴侶，才能拉近距離？」他們不會把焦點放在伴侶身上，從中發現問題，反而會更努力維持自己的完美形象。但這種作法其實只會阻礙親密感，因為到頭來這種自戀又膚淺的手段，只會讓別人內心深處更加抗拒。

這些原生者必須學習用另一種更有效的方法來解決關係中的問題，將目光的焦點轉「向外」，從自己轉移到對方身上，付出真正的愛護及關心。他們有時只要對伴侶表現出一點興趣，例如問伴侶在心煩什麼，真正聆聽對方的答案，就能重修舊好，融洽如昔。然而，基於只關心自己的習慣，他們往往要花很久時間才能理解這點。他們即使在跟別人聊天，最後的焦點都會回到自己身上，例如：「喔！我也有過……」或「我也曾發生類似的經驗……」。這些原生者表面上在聽，其實只是在等待一個機會插嘴，將焦點轉回自己身上。

事實上，這些人因為眼中只有自己，完全沒有意識到別人，因此有時會在一些顯然不恰當的時機，不斷要求別人的關心及幫忙，別人若如果沒有全力以赴或熱情參與，他們可能會很生氣。這些人甚至沒有意識到自己在利用對方的時間及精力，或擾亂對方的計畫，反而會納悶自己為何被冷落。

北交點落入天秤座的人在內心深處渴望分享，享受一對一的親密關係，但他們只想分享讓自己開心的事，不要造成自己太多的麻煩。他們只想把別人帶進自己的世界，卻很自私地抗拒進入別人生活中，也不樂意做對方想做的事。這讓別人覺得不被注意或不受重視，因為他們必須放棄自己的方向，把精力投注在原生者身上。北交點落入天秤座的人正在學習如何在關係中建立真正的平等互惠，這是非常重要的一門功課。

這些原生者即使表面上把別人放在第一位，但也時常要求對方先達成自己的願望。他們可能會在某個情境中先考慮對方的立場，但其實只是一種操縱，目的是在另一個情境中達到自己的目標。伴侶感受不到他們的愛和支持，因為在某種層面上，原生者最後關心的仍是自己。

真正地注意別人

北交點落入天秤座的人和別人相處時，最強調的仍是個人意識，因此他們無法清楚地認識別人，他們可能會看到別人的才華或耀眼的特質，但不會付出個人層面的關心。他們沒興趣花時間發現別人的真實模樣，例如詢問別人來自何方、會受到哪些事物激勵、內在的特質，以及別人如何看待自己的能力及缺點。這些原生者即使正在與對方交往，也仍試圖待在自己的世界裡，這常讓伴侶忍不住想搖搖他們：「醒醒！我也是人，好嗎？」然而原生者通常就是不願接收別人的感覺及敏感。

這種不去認識別人背景的習性顯然會阻礙親密感。北交點落入天秤座的人除非能設身處為別人著想，否則跟他們往來的人會一直覺得被控制、被利用。他們可以從認識別人的過程中發現別人也有自己的目標，也想用自己的方式分配時間。原生者若希望別人付出心力，就必須懂得回饋，建立平等互惠的自然交流。

這並不代表原生者不關心別人，只是他們不知道別人與自己不同。他們會認為每個人都跟自己一樣：完全的自立，專注在自己的事情上。原生者必須知道，如果伴侶不開心，代表他們得更敏感一點、聽對方說話，給予對方更多支持，而不應自以為是地認為別人不希望被看到無法自立的那一面。例如，伴侶難過時，他們可能會離開，不想讓對方覺得很窘；或他們也可能會反求諸己地想：「如果我能減重十磅，買些新衣服或一台新車，就能更吸引她。」

這個北交點族群的人除非能意識到這點，否則很抗拒走出自己的世界去支持別人，對伴侶的需求也會顯得漫不經心。我有位個案非常喜歡用肢體語言表達感情。他的妻子是北交點落入天秤座，當他抱怨太多時，妻子偶爾也會應付他，過來碰碰他的手臂，或用其他肢體語言表現關心，然後又回到平常的無感狀態。再舉個例子，我的另一位個案買了棟新房子，有三個小孩。她希望北交點落入天秤座的父親能定時來家裡拜訪，多花點時間跟孫兒相處，但父親總是有許多藉口：「我必須照顧另一個孫女，她覺得很無聊」或「我無法忍受交通」等。事實上，他若能早點起床就能避開車潮，而且假如這是份工作，他也一定會早起。但是他不願意改變自己的方式去探望女兒，對她表示關心，讓她開心。

原生者這種欠缺覺察的習性也讓他們無法正確地認識別人，這可能會導致煩惱、危險，甚至背叛。舉例來說，這個北交點族群的人很少說謊。如果你問他們一個直接的問題，他們通常會誠實回答。也因此，他們會把這種特質投射到別人身上，總是相信別人說的話——他們其實不該全都信以為真。他們會從表面判斷別人的價值，而非花費更多時間和精力，去發現對方的真面貌。

這些人會因為投射的習慣，無法真正地認識別人，當問題發生時，也無法正確地評估狀況。當別人辜負自己時，他們習慣將之合理化，而非找出事實。原生者會試圖解釋一切不符合自己形象投射的事，所以當別人背叛或離開他們時，往往會覺得驚訝又受傷。他們的投射也會阻礙親密感，因為對方無法與他們分享自己真正的樣子。原生者已經根據自己的認知，「為所有問題填上答案」。

北交點落入天秤座的人必須學習展開「移情之旅」，進入伴侶的世界，才能真正瞭解伴侶。然後他們才能獲得精準的資訊，更正確地解讀別人的行為，避免無預期的震撼。他們也會知道如何以讓別人覺得被尊重的方式給予其更多支持，從中獲得對方的感激與認同。

跨出自我——欣賞別人

大部分北交點落入天秤座的人都能從挑戰生存技巧的危險活動中，獲得極大的刺激與興奮，當他們克服這些類型的情境時，常覺得非常驕傲，提升了自我的價值感。諸如越野賽車、攀登高峰等這些活動可以讓他們超越因習慣專注在自我而導致的停滯能量，擴張個人感情的疆界。然而在關係中，原生者會全心專注在自己身上，對方則覺得被拒之門外，因為他們不停地想要自己克服這些挑戰。

這些人很擔心如果讓別人參與這些挑戰，就會失去啟動生命力的刺激感，也會減少個人成就的興奮感。雖然與別人共同分享這些經驗的確會改變投入的能量，然而別人的冒險也可能擴張他們的視野，開創全新的方向。舉例來說，我有一位北交點落入天秤座的個案，他喜歡在海外旅行中安排健行，而他的女朋友也喜歡這些活動。他很想去西班牙北部健行，女友則想去保加利亞爬山。他有意識地改變慣性的反應，決定冒險一下，同意女友的選擇，結果他因為分享了女友的決定，讓自己有機會發揮不同的能量去探險，而有了完全嶄新的體驗。

這些機會也能擴展原生者目前的界線，在日常生活中重新感受生命力。原生者若想體驗這點，只需學著關心別人，願意去探索別人帶來的機會，即使只是簡單地到外面用餐，也可以擴展他們的視野。舉例來說，他們可以讓朋友在不熟悉的市區挑選一家帶有種族色彩的餐廳，來趟奇特的冒險。他們只要花點時間看看另一個世界，就能學習到新的事物，從中發現不同的個人特質，更清楚自己在這世上的處境。

北交點落入天秤座的人通常沉浸在自己的世界裡，不會注意別人，也很少聽進別人的話，這也是為何他們很少給予別人所需要的關心。他們可能好幾個小時都專注在自己的事情上，而關心伴侶對他們來說比較像「工作」。他們在團體中甚至會忘記把另一半介紹給別人認識。他們對伴侶缺少感激和體貼，常因此破壞了彼此的關係；伴侶會覺得總是被當成背景，沒有被接納、被保護，也不受重視。

這些原生者通常不會認同別人的本質，只會注意對方的作為。他們會注意到孩子的考試成績、朋友有哪些令人驚艷的特殊才藝、伴侶的事業很成功，或是生意夥伴賺了很多錢；但當這些人需要支持時，他們通常都不會發現。所以對方常覺得原生者根本沒有注意自己，也不關心自己。伴侶可能會以為原生者並不認識自己，也不是真正地愛自己，因此覺得孤單又疏離。北交點落入天秤座的人除非能延伸自己的感情界線，才能發現且欣賞別人的個人特質，否則對方最後都會離開他們。

有了例子能看出這些驅力如何阻礙了親密關係。我的一位個案與北交點落入天秤座的男友一起去爬一座挑戰性極高的山。當他們幾乎要攻頂時，她實在沒力氣再往上爬了，必須休息一下。但她的男友不願意停下來，他迫不及待想體驗完成的興奮感，便自己繼續往上爬。他攻頂後發現有另外一群山友在慶祝登頂，便加入了他們。過了好幾個小時，她終於攻上頂峰時，男友恭喜她、讚美她克服了挑戰，然後馬上回頭跟新朋友聊天，甚至沒有介紹她給大家認識。他最後終於滿足了狹小的自我中心，而當他們回家後她就提出分手，讓他驚愕又傷心。

諷刺的是，儘管這些人非常沉浸在自己的世界裡，也只關心自己生活中的事，然而，他們最快樂的時刻卻是與別人分享自己的經驗。這是兩難的習題：因為這些原生者凡事都想成為目光的焦點，如果別人沒有注意他們，他們還會因此生氣。接納別人變成一個極大的挑戰，別人也會擔心如果沒有將他們放在第一位，他們就會大發脾氣，猛烈反擊。

原生者常有許多累世的憤怒，因為他們以前過太專注在競爭與戰鬥上。在累世的情境中，他們可能因為憤怒而生存下來，因此到了今生，仍習慣用憤怒來「打敗」別人，獲得勝利。這種嚴厲和競爭的習性是妨害關係發展的最大障礙。除非他們能敞開心胸，聆聽別人的觀點，否則情況無法有任何改變。

北交點落入天秤座的人的整體人生觀通常欠缺彈性，即使在關係中也習慣用嚴格且明確定義的方式來處理事情。他們會說：「這是你的角色及責任，而那是我的角色及責任。」這種關係中並沒有真正的合作與融合，不是伴侶的事情就是自己的事情，沒有「我們的」事情。這些人必須學習試著保持彈性，在適當的時候互相幫忙、互相回應。

這些原生者若想建立成功的關係，就必須學著更開放地接受雙贏的局面，讓彼此都很滿意。他們必須願意妥協，透過別人的角度來看待人生，才能理解如何處理關係，以新的技巧與人相處。然後他們的靈魂才有機會在今生學會一門大部分人天生熟悉的功課：延伸個人的界線，進入真正的關係領域，找到方法創造健康且滋養的連結，共享互相依存的人生。

變成團隊的一分子——接受夥伴關係

北交點落入天秤座的人天生就不是團體分子。他們覺得最重要的，就是做對自己而言最「正確」的事，因此通常只根據自己的想法下決定。然而，如果他們願意培養意識及技巧，讓自己成為團體中的一分子，就能知道有利於他人的「正確的事」。當他們全心投入團體時，便能創造更多的成果，遠遠超越不斷專注在自己身上的成就。

這些人缺乏與別人有效合作的經驗，這會在每個生命領域中造成困難，包括人際關係和專業領域。這些人在無意識中非常迷戀自己的魅力及獨立性，所以容易拒絕別人可能提供的機會。他們不知道只要變成團隊的一分子，就能更輕鬆地往上爬。他們也可以因此找到一份賺更多錢的工作，讓工作更有活力，因為他們融入了與別人的互動。舉例來說，我有一位個案的父親的北交點落入天秤座，他非常聰明、迷人又瀟灑、人見人愛，所以很容易找到工作。他的上司很早就想把他從勞力工作調升到辦公室裡，但是他最後只能重複地做勞力工作。他喜歡辦公室工作，薪水也比較高，但卻無法跟下屬開會，也無法跟他們一起出去用餐。他不知道該如何放鬆和社交、如何表現興趣及支持，他自認為比誰都聰明，但這種自我沉溺的態度只會害了他。

這些人在團體中不是選擇疏離，就是覺得必須堅持自己。他們相信自己必須非常堅定，一定要為團體帶來影響——這是種「自他對立」，而非「自他融合」的心理。這些人在今生的成長功課之一，就是學習把團體或別人視為一體，學著與別人融合，也許是支持團體或對方，或讓他們朝更正面的方向發展。例如，這個團體的目標如果是拯救斑點貓頭鷹，他們就應該把這視為個人的目標與方向。他們一旦決定支持這個團體，就不再需要堅持自己，只要當個團隊成員，看看自己能做些什麼，帶來更好的成績。

北交點落入天秤座的人在親密關係中特別需要跳脫個人想法，把「我們」和整體的關係看作一個團體。然而，他們卻從來不相信別人會幫助自己，而是想：「別人又不是我肚子裡的蛔蟲，他們不知道我需要什麼。」當然，在一段健康的關係裡，雙方都要確保自己的需要獲得滿足，不過原生者的想法顯然太過極端。這會阻礙親密感，因為會讓伴侶覺得雙方都必須為自己籌措一切。

北交點落入天秤座的人時常忽略了關係的真諦：照顧對方、彌補對方的弱點，以達成共同的目標、分享樂趣。這就像網球雙打：兩人必須同心協力才能獲勝。他們不僅需要注意自己的場域，還得在對方有需要時，開心地上前補上一拍，因為他們是同一隊的。他們必須學著不要視個人利益、而是根據對方的需求去付出，才能展現出對這份關係的努力。舉例來說，原生者必須每天準備午餐便當，但是沒辦法在早上把所有事情做好，準時去新公司上班。這時，所謂的夥伴精神就是：其中一方會說：「我早上還有點時間，可以幫忙準備午餐，你就不需要早起了。」這不是一種「讀心術」遊戲，而是更加注意對方的困擾，找出最好的方式來支持對方。

這些人也必須學會停止認為沒有人能滿足自己的需求，因為這種想法會變成障礙。他們必須先給別人機會來支持自己，接下來是要留意別人的付出，然後表示感激。這些原生者有時滿腦子想的就是「我要讓自己快樂」，反而沒有意識到別人正試著讓他們快樂。

如果他們願意嘗試用口頭表達自己的需求，絕對能讓事情更順利。我有一位北交點落入天秤座的個案，他就像大多數這個族群的人一樣，強烈覺得自己需要時間獨處。他擔心如果與新交的女朋友太過親近，就無法滿足獨處的需求。他最後同意了我的建議，坦白對她說：「我每個早上如果沒辦法靜坐冥想一小時，就很容易生氣、心煩意亂。」他非常驚訝女友願意成全他的需要，甚至在他每天冥想時出去散步。這個北交點族群的人如果願意與伴侶分享自己的需求，就能給伴侶機會來支持自己，讓伴侶覺得自己是他們生活中的一部分。這對雙方而言，不僅能讓關係更為愉快，也能創造更多的親密感。

讓別人融入──克服自我表露的恐懼

北交點落入天秤座的人通常精力充沛，四處玩樂。他們非常善良，也不會刻意傷害別人，只想玩得開心，做自己想做的事。遺憾的是，當他們年輕時，只願專注在自己的事上，所以需要一點衝動跳出自己的世界，才能變成一個好的伴侶。而當他們年紀漸長，不能永遠活力充沛地四處玩樂時，才會發現自己必須用不同方式與別人相處，花點時間認識別人。然後他們才懂得更加珍惜人生及身旁的人，同時調和自己與別人的需求；這種嘗試可以讓別人融入他們的人生。

每個人都有「陰暗面」──這就是為何原生者習慣保持疏離，不與別人分享全部的自己。這些人可以意識到自己的黑暗面，還認為這一面不太吸引人，也擔心若別人發現自己的黑暗面，就可能會因害怕而有所保留。北交點落入天秤座的人非常清楚自己的黑暗面，也知道自己試圖隱藏這一面。然而，如果他們能把注意力轉移到別人身上，就比較能放下嚴格的自我評判，更輕鬆地與別人相處。

這些人時常毫無必要地保持神秘，部分是因為他們太過沉溺於累世的經驗，所以到了今生會過度保留，不讓別人看見自己。在親密關係中，伴侶常會感到挫折，因為無法內心深處與原生者建立真正的連結。伴侶想要一段建立在互相坦誠自我和分享的「真實」關係，但如果覺察到原生者總是有所保留，就會想：「他不信任我，所以不願意打開心房。」伴侶也可能害怕原生者對這份關係有所保留，或因為不被信任而覺得受傷。矛盾的是，原生者保留自我的另一個原因是：基於累世的經驗，他們根本無法真正相信任何人。在他們眼中，每個人都是不可預測的，除非他們願意花心思真正地認識別人。

這些趨力顯然會阻礙親密感，因為北交點落入天秤座的人在關係中並未完全展現自己。對方想要一個完全投入的伴侶，到最後卻覺得總是自己在付出，冒險地表露自己。伴侶可能會因他們不願意完全分享自己，而不斷地彌補，試圖向他們示範如何當個完整的人，雖然時間一久，他們可能會「跟上進度」，開始回饋伴侶，但這期間伴侶往往得耗上許多精力，負責所有的付出，所以也很容易離開他們。

北交點落入天秤座的人還有另一個問題：他們非常獨立自主，也不願多花一分力氣在別人身上。他們會把所有精力保留給自己，而不願意把它用於滋養別人。許多原生者天生活力十足，顯得精力充沛，但當他們表現出這一面時，暗地裡想的卻是吸引別人的注意。換言之，他們想的還是只有自己。這些人很懂得如何接受能量，也很享受別人關注的目光，他們應學習如何不帶任何附加目的地單純付出自己的能量，同時關心別人。當他們開始關心別人、無私地付出時，便會發現自己不需要操縱別人便能獲得能量，而且接下來雙方很自然能互相回饋。

北交點落入天秤座的人在關係裡還可能出現另一種趨力。他們非常清楚什麼是對自己最好的，以及自己想做的事，對方可能會猶豫在他們面前展現真正的自己，以及自己的感受。舉例來說，我有位個案父親的北交點落入天秤座。在她小時候父母就已經離婚，她與母親同住。父親常在約定的探訪日打電話來：「我今天不能來，我得工作。」她跟其他姊妹會說：「喔，好吧。沒問題。」但之後就覺得非常生氣，不停哭鬧。她們的母親只好打電話給父親：「你必須過來看她們，不能總把自己的事情放在第一位。」但父親會說：「她們剛剛說沒問題的。」

我的個案和姊妹其實不敢跟父親說出真實的感受，因為她們知道父親還有其他想做的事，也不想讓父親為難。別人可能會意識到原生者的需要，但這些原生者通常不會注意到別人的需求，這顯然會阻礙親密感。因為當對方發現需求無法被滿足，就會開始保持距離，保護自己，最後乾脆尋覓另一段真正的伴侶關係。別人會認為原生者根本不在乎，只是不斷忙著他們自己的事。北交點落入天秤座的人甚至沒有注意到伴侶的心已不在，也沒發現伴侶已在另覓他人。

當原生者封閉在自己的小世界裡時，通常不在乎別人的事，直到有人直接無禮地給他們當頭棒喝。

他們被別人拋棄時常震驚不已，不禁想：「嗯，難道是我不夠有魅力？難道是我……」他們想的仍全是自己，根本沒意識到自己不曾真正地關心並珍惜伴侶。他們不認為應為這個結果負起部分責任，反而會用這些經驗更加確定一個根本的想法：不能信任別人。這些原生者除非能有自覺，與別人以真正互惠的方式交往，否則很可能在現實生活或感情世界裡，總落得孤單收場。

成功經營親密的性關係

我們投注時間與精力在一段關係中，目的是要讓雙方能創造一種共同的方式分享彼此的感受，互相照顧對方，兩個人都能深入地關心對方的幸福。在一段親密的性關係中，伴侶很自然地希望原生者能注意自己、考慮自己的感受、取悅自己，而他們也會給予原生者特別的體貼和關心。

然而，北交點落入天秤座的人習慣先想到自己，不會考慮伴侶。他們在年輕時甚至會直接拒絕，完全不考慮伴侶的期望，結果常常使得兩人在感情上漸行漸遠。

這些人比較成熟之後，就會發現對自己最好的情況，就是試圖滿足伴侶的需求，而且還能做自己想做的事。他們總算知道如果只專注在自己身上，別人會對自己失去興趣，所以通常開始試著妥協，讓自己與伴侶的欲望在某種程度上能取得平衡。但這些原生者有時表現出的妥協會讓別人覺得動機很自私，比較像做生意：「你給我這個，我就給你那個」。

在個人關係中，你必須願意支持伴侶，不能別有用心。北交點落入天秤座的人若永遠想確定自己是否能得到完整、甚至多點的回報，那麼一定會影響親密感，因為伴侶不覺得原生者真正關心他們的快樂——沒有人想接近一個完全不考慮自己需求的人。

這些人必須知道單純付出的價值，享受伴侶臉上流露的喜悅，這可以打開親密感的大門，讓更多好事發生，否則他們很可能會去說服對方，藉此滿足自己的期望。他們常常會任意擺佈事情，利用自己對別人的認識去操縱或強迫對方來達到自己的目的。他們會說：「這會很好玩」「這麼做就對了……」等。他們喜歡有人陪，但只做自己想做的事，還要別人樂在其中！

伴侶通常會因為想讓原生者開心而妥協，他們希望關係能成功，也知道妥協是必要的一部分，但卻會覺得無法真正信任原生者，因為自己一旦與他們太親近或表現得太脆弱，就會受到不公平對待。伴侶會因此難過又失望，因為在關係中始終必須有所保留、照顧自己的感受。所以原生者若想維繫關係，就必須學習互相回饋、滿足，最終要學會放下自己，讓伴侶開心。

然而，北交點落入天秤座的人除非意識到行為破壞了關係，否則就會繼續獨自追求個人的欲望。他們也會鼓勵伴侶依循自己的想法行事，變得更獨立自主。基於這種想法，他們常吸引來一些有依賴問題的伴侶，這種伴侶一開始會繞著原生者的自戀打轉，但久而久之這段關係會變得一面倒，伴侶會開始把握機會掌握自己，學習真正的獨立，而當伴侶一旦開始朝這個方向努力，最後通常會選擇另一位比較願意平等對待自己的人。

北交點落入天秤座的人若沒有真正付出感情，別人很難與他們維繫親密關係。他們習慣用預設好的反應來隱藏自己的感覺。舉例來說，若他們想幽默應對，即使事情變得很「沉重」，他們還是會用笑話來掩飾。這些人的另一個挑戰則是，他們天生不擅長表現自己，例如用肢體示愛或說「我愛你」，也因太過專注在自己身上，而無法在親密關係中與伴侶交換能量。

伴侶常覺得自己不是與一個完整的人相處，彷彿有障礙阻擋了彼此的能量交流——深入點來看的確如此。這些人除非能更加意識到這點，否則習慣在親密關係中保留部分的自我，因為他們非常自私，只想自己找樂子。他們在過去世的戰士經驗並不包括夥伴及婚姻關係的利益，所以到了今生，很抗拒和任何人產生緊密的連結，因為他們不想因此失去在主要關係之外與第三者享受樂趣的機會。

北交點落入天秤座的人可能永遠在觀察自己。他們覺得必須在某些方面保持魅力，才能留住伴侶，其實他們不知道留住伴侶的方法是注意對方。伴侶感受不到他們的愛，因為他們總心不在焉，甚至在某些方面不誠實，或是有外遇——而事實上也的確如此。這些人太愛自己，根本不想關注自己以外的事。

這些原生者需要伴侶關係，讓靈魂在今生能獲得成長，如果他們不能建立成功的關係，最後會孤獨又憤怒，把結果全怪罪在別人身上。如果他們能意識到自己的本質，願意更成熟看待生命的可能性，學會把另一半擺在前面，就能改變這種破壞關係的趨力；當他們開始這麼做時，動機就會決定結果。如果他們很吝嗇，只做些能維繫關係的必要動作，伴侶會覺得他們不是真心付出，也不認為他們真正想接近自己、渴望親密感。如果他們能無私地支持伴侶，就會非常驚訝對方是如此地感激。

對北交點落入天秤座的人而言，最好的作法就是全心對別人付出，然後看看會發生什麼。他們通常會發現，這種付出方式能換來伴侶的快樂及珍惜，讓自己心中充滿滋養的能量。他們最好學著不帶著任何期望、放鬆地與伴侶交換能量，共享愛的喜悅，同時更加覺察並珍惜伴侶的付出。如此一來，他們就不會堅持必須把一杯水全部倒出來，另一個杯子才能裝滿水，反而會知道水不一定要裝在某個杯子裡，而體驗到水輪流倒在兩個杯子中的樂趣。

他人所能提供的協助

鼓勵他們發現別人的規則和期望

北交點落入天秤座的人會把同樣的規則投射到每個人身上，當他們發現別人的行為不符合自己的期望時，便會覺得受傷且失望。為了幫他們克服這個問題，當他們覺得失望時，鼓勵他們體貼地問問對方，理解對方為何會有那些行為表現。你要鼓勵他們發現別人的規則和期望，這可以讓他們對關係的期待變得較為實際。

你要支持原生者找出別人生氣的原因，這可能是因為他們破壞了對方的「規則」，或在某些方面沒有達到對方的期待。提醒他們最勇敢的作法就是：直接問對方為什麼生氣。在認識別人的過程中，他們不僅可以成長，也能更加知道夥伴關係的運作方式。

無論如何，你要不斷鼓勵原生者去真正地認識別人，知道對方是什麼樣的人、審慎決定可以與對方建立起哪種關係，這樣他們就能更正確、更成功地掌握與朋友、家人、夥伴或同事的關係，也可以把這些新的技巧運用在親密關係裡。

激勵他們注意別人、支持別人

北交點落入天秤座的人很害羞，當他們沒有自信認識某個人時，鼓勵他們把焦點放在對方身上，試圖提供對方幫助。一開始可以簡單地聊聊天氣、維持對話。這些人若能帶著支持的目的認識別人，就不會只關心自己，而且在詢問的過程中不僅可以認識對方，也會對自己更有信心。接著，他們可以問問對方的想法、生活方式或最重視的事，看清別人需要鼓勵的地方。建議他們站在別人的立場看事情，如此才能更加知道對方會感激或需要自己的哪些肯定。

這些人在社交場合中很笨拙，不知道該如何贏得別人的支持。你可以鼓勵他們把焦點放在別人身上，目的是要得到對方的支持，如此就能幫助他們克服這個問題。你也可以鼓勵他們善用讚美或協調能力來支持別人，過程中不僅能更客觀地看待別人的立場，也能更客觀地認識自己。

如果你告訴北交點落入天秤座的人，用上述方式與別人往來是一種勇敢的表現，他們就會願意嘗試。你要讓他們知道，如果他們願意幫助別人，就能同時表現自己天生的獨立能力。

鼓勵他們圓融處世

北交點落入天秤座的人非常保護自己的獨立性，所以常會清楚地告訴別人，他們打算做哪些自己想做的事，完全不顧對別人的影響。你應該鼓勵他們用另一種別人能夠配合的溝通方式。例如他們說：「我想自己去露營」，可能會惹來伴侶的反對，但如果他們說：「我很心煩，你現在真的不適合跟我一道去。我想一個人去山裡過幾天，回來後就比較能把心放在這裡」，伴侶可能就會支持。

請提醒他們在說話時要更注意別人的反應，發現自己對別人的影響。如果他們有疑惑，提醒他們站在對方的角度著想：若伴侶對自己說了同樣的話，自己會有什麼感受？這些人的確具有社交天賦，其最大的挑戰就是要放慢腳步，好好地善用它。如果他們能在溝通的過程中考慮到別人，對方就比較不會反對自己的計畫。這些人很喜歡展現自己的能力，如果你提醒他們圓融可以讓事情更成功，他們可能就會聽取你的建議。

激勵他們變成團隊分子

你要鼓勵北交點落入天秤座的人學習與別人結合，把別人當作夥伴。這代表他們要學著問別人問題，從中認識對方，而非靠自己的想像，試圖以自己的力量讓團隊變得更強大，就像在體育競賽中必須意識到每個隊員的強項及弱點，在必要時支持別人。你要告訴他們，如果把團隊的利益置於個人利益之上，每個人都會是贏家，還有人可以一起慶祝成功！

這些原生者非常重視自己的生命力量。如果你讓他們知道，他們若能幫助別人，就能成為團隊的一分子，也能加強自己的生命力，確保自己的生存無虞，他們就會願意按照你的話去做。成為團隊的一分子代表他們必須完全分享自己，包括他們還沒有「完全發展」的部分，這也可以讓夥伴知道，他們正處於哪種狀態。提醒他們，在關係中誠實是一種完整的表現，願意表現自己的脆弱，以及願意接受別人的支持，其實能創造更多的親密感。北交點落入天秤座的人如果知道自己對夥伴關係的需求，便可創造雙贏的局面，最後會發現一對一的人際關係，其實是自己最擅長的事。

幫助他們先考慮別人

北交點落入天秤座的人在過去許多世裡都是戰士，在戰場上一旦有同袍倒下，他們會繼續戰鬥，而非停下來照顧別人。你可以提醒他們今生的狀況已經不同，他們必須學著先考慮別人，然後從中獲得喜悅。你要清楚地告訴他們，如果他們能不考慮個人利益地對別人付出，就能展現天生的獨立能力，獲得別人的歡迎及感激。

你要幫助他們知道，如果能養成全心對別人付出的習慣，就證明了他們內在的力量能不斷再生且自給自足。提醒他們，他們其實擁有豐富的能量能與別人共享，而當他們用自己的力量支持別人時，生命也會給予他們力量！當他們能不求回報地付出時，也更容易打開心房，接收到渴望已久的愛。

不鼓勵的習慣

自私

北交點落入天秤座的人通常只想到個人的生存，根據自己的利益行事，完全不考慮別人——不能允許他們這麼自私。你要強烈鼓勵他們回饋別人，與別人分享，同時讓他們知道，如果他們能不求回報地付出時，不帶有任何利己的念頭就能在生命中打開回饋的大門。

競爭

這些人基於累世的習慣，常會為了維持個人的生存，不自覺地與每個人競爭。當你發現他們在與別人競爭時，請他們觀察別人如何反應，以及思考最後會獨自面對哪種結局。你要明白地告訴他們，唯有支持別人，才能共同分享勝利。

只關心自己

這些人通常能敏銳地意識到環境對自身的影響，卻無法覺察自己對別人的影響。不要讓他們只關心自己，提醒他們注意週遭其他相關的人。對於這些原生者而言，「我就是一切」症候群就像個無底洞，別讓他們深陷其中。你要跟他們說聲抱歉，然後離開做你自己的事，不要配合他們，讓他們馬上意識到過度自我的結果。

月亮北交點落入天蠍座或第八宮

他們帶給關係的特別禮物

* 忠誠
* 堅持不懈
* 徹底
* 願意努力工作
* 可靠
* 溫暖及愛人的精神
* 感官享受

阻礙親密的迷思

* 別人如果按照我的方式做，生活就會更美好。
* 如果我問別人私人問題，就會冒犯對方。
* 如果我做些讓自己開心的事，別人就會想跟我在一起。
* 給我正面關注的人，就是適合我的伴侶。
* 如果我全然信任別人，他們就可能會背叛或拋棄我。
* 如果我對某個人許下承諾，關係就會很辛苦，我會覺得被困住了。

＊沒有人可以像我的「理想伴侶」一樣完美。
＊如果我滿足別人的需求，就無法滿足自己。

伴侶的埋怨

＊他們從來不努力解決問題，只是讓我筋疲力盡，最後妥協。
＊他們非常固執。
＊他們無法真正「瞭解」我。
＊無論何時何地，凡事都以他們為主。
＊我不相信他們會顧慮我的利益。
＊他們的需求就像無底洞。

學習辨識並尊重別人的天性

北交點落入天蠍座的人總是知道如何讓自己舒服，也許是特別的飲食法、健身房運動、特殊的理財方式，或實現自己的政治或宗教觀點。問題在於，他們認為必須用特定的方式才能達到成效，而且假設別人如果也能依循同樣的方式就更好了。這些原生者常強迫別人以他們的方式過日子，他們認為這是表現支持，但其實是企圖讓伴侶進入他們住的「箱子」裡，而他們也總不瞭解為何對方會拒絕。

這些原生者非常能幫助別人，但通常只根據他們的個人價值，而非對方的需求及方式。舉例來說，我曾雇用一名北交點落入天蠍座的男士幫我清理租屋的垃圾及後院。他沒問過我的意見，就在「清理」的過程中砍掉四棵樹。他的本意是要幫忙，也做了他認為需要的處理，但卻沒有花點時間瞭解我的喜好。

這些人往往沒有考慮別人的目標，也不顧慮別人的脾氣、需求及價值觀。每個人的做事方法都不同，例如若想從A點到B點，每個人都有自己最自在、最有用的技巧。原生者應該學習在提出意見時聆聽別人的回答，不要把別人的話當成必須克服的反對勢力，然後他們才知道該如何支持伴侶，又不致於讓伴侶心生抗拒。

舉例來說，我有一位個案的北交點落入天蠍座，必須每週四天去健身房練習舉重，維持身材。他覺得這種方式讓自己看起來很棒、感覺很好，所以也強迫伴侶一起去練舉重。但是伴侶對舉重沒興趣，而較想上瑜珈課。他如果沒有真正聆聽伴侶的心聲，就會不斷對伴侶施壓，希望對方去練舉重，最後惹得對方抗拒又生氣。

這些原生者應學習如何把個人的焦點放在一旁，直正地聆聽別人，然後鼓勵別人按照自己的天性做想做的事。在上述例子中，原生者如果鼓勵伴侶去上瑜珈課，結果會皆大歡喜，伴侶會因為可以做自己想做的事，開心地跟原生者一起上健身房，也會感激原生者的支持。這可以讓雙方認清且尊重對方的價值，加強真正的連結。

然而，北交點落入天蠍座的人除非能懂得欣賞別人的特質，否則很難做到這點。對他們而言，別人都跟自己沒有兩樣。他們常會說出許多刻板印象的用語：「你知道，男人就是這樣」或「女人都一樣」。這些原生者很懶惰，不想花時間和精力去認識別人的特質，他們只想對每個人「一視同仁」，讓事情簡單化。這種互動方式顯然會阻礙親密感。原生者如果沒有真正地花心思去認識別人，便永遠無法接近對方，此外，他們若不能肯定他人的獨特性，別人就會覺得自己在他們眼中不過是件物品。

原生者對於別人出色的才華一點也不感興趣，也不會給予肯定。他們不會單純為了鼓勵或取悅別人而去幫助對方，這很傷害關係的發展。伴侶會覺得原生者無意支持自己，也不會注意或重視自己的整體表現。

我有位個案聊到北交點落入天蠍座的姐姐。「我真的很驚訝她會對我的生活好奇，她從不瞭解真正的我，但她卻認為瞭解我。每次我想糾正她的誤解或提供更多資訊時，她總是不感興趣。」別人會因為原生者的這種態度而不敢在他們面前表現脆弱，也不會與他們建立深刻的連結，只讓一切維持表面狀態，最後可能會對原生者失去興趣；原生者只好再次嚐到遭受背叛和拋棄的滋味。

原生者必須學會更加注意別人，而非只滿足自己的需求，才能打破這種互動模式，因為即使他們完全用自己想像的方式來滿足所有需求，也不會帶來期望的快樂。

北交點落入天蠍座的人正在學習所謂的「關係」，不僅止於實現個人需求，而是雙方都必須認同且肯定對方的特質，才可能建立起強烈的連結，創造親密感。也唯有如此，他們才能找到長久追尋的能量重生。

放下自我挫敗的自戀

北交點落入天蠍座的人非常在意自己。他們因為過度自戀，所以關心的焦點總是「我、我的、現在」。舉例來說，我的個案的父親北交點落入天蠍座，突然在她結婚兩周前娶了一位她未曾謀面的女士。她的父親說：「嘿！愛莉絲跟我昨天結婚了。我希望她能一起參加妳的婚禮。」她的父親很清楚，她只邀請了雙方父母以及新郎的一位童年死黨參加婚禮。她只好回答：「很抱歉，這是非常私人的親密典禮，而我甚至不認識她。」

就在她婚禮當天，牧師即將宣布他們結為連理的前幾分鐘，她的父親說：「我約了晚餐的外燴公司下午兩點碰面，我必須到場，你們能不能快一點？」她對父親的言行簡直不敢相信，也非常受傷。幾天後，她的父親對她說：「妳必須補償愛莉絲，她因此很沮喪，我整個周末都很難受。」

當這些人完全只關心自己時，就會阻礙了關係中的親密感。我的個案無法對父親打開心房，也無法在他面前流露脆弱，因為他表現得對她視若無睹。而她的父親也會覺得她有所保留，然後繼續跟她做表面工夫。結果這件事成了進退兩難的困境，雙方都很孤單，覺得被疏離。

北交點落入天蠍座的人對自己的需求非常敏感。他們為了滿足自己的需求，會藉由展現自己的財富、地位及才華，或任何能讓自己光芒四射的特質吸引別人的注意力，讓世界以他們為中心。他們會想：「這就是我。我很棒，不是嗎？」有些人的確會被他們的表現吸引而注意他們，然而這種趨力會阻礙關係的深入發展，因為原生者並沒有表現出真正的自己，只呈現表面及片面的形象。當他們不停展現自己是「多麼值得」時，只能與別人建立表面關係，因為他們無法關注別人，並持續這種「表演」。

有趣的是，這些人在童年時期通常都得不到父母雙方或其中一方的肯定。他們為了讓自己感覺好一點，從小就培養出自吹自擂的能力，然而這種應變之道只能在小時候奏效，成年之後他們並無法藉此得到渴望的關係。這些原生者除非能意識到這點，否則就會繼續「取悅」別人，無法真正地與對方建立關係。

當原生者與伴侶都因「表演」欣喜時，即使一切流於膚淺，對方也無法與原生者產生親密感，雖然過程仍是非常愉快的。在這種情形下，原生者很容易被對方操縱。舉例來說，如果伴侶想與原生者維持關係，同時知道原生者想要一個與自己想法相同的伴侶，他們就會完全配合，讓原生者以為他們真是如此。這段關係可能會維繫一陣子，直到原生者發現他們的真面目。即使原生者真的喜歡對方，但經過一陣子之後，這段關係就會像是一份「工作」，因為彼此之間沒有真實的連結，也無法自然地交流親密感及活力。

原生者有時會被某人吸引，而且有可能建立真正的連結。他們不應該忽視這個可能性，而是需要花時間去認識對方，而非只是取悅對方。他們必須聆聽對方的想法，問對方一些問題，建立雙向的能量交流。舉例來說，他們可以問：「你對這個意見有什麼想法？」或「你為什麼覺得這很有趣？」唯有如此，雙方才可能在關係中互相回饋交流，創造親密感。這些人如果不努力認識別人，關係就永遠建立在為別人「發光」的基礎上，無法產生真正的連結，而這就是他們最後往往以孤獨收場的原因。

我的一位個案曾如此形容北交點落入天蠍座的男友：「什麼都是以他為主，他無時無刻不想著自己的需求、財產及利益。」這些原生者的伴侶往往因為這種單向的注意而覺得受傷，因為伴侶願意支持原生者，但原生者不想回饋，也不想支持他們。北交點落入天蠍座的人會對特定的事伸出援手，但都表現得好像出於義務，而非真正地想幫忙，或愛護對方。他們的付出仍是以自我為主，只願意做自認為重要、必須做到的事。

事實上，北交點落入天蠍座的人過度關心自己的需求，因此伴侶常覺得無法相信原生者會替自己著想。我的一位個案男友的北交點落入天蠍座。她在海邊買了間套房，希望能離男友家近一點。男友非常興奮，因為這對他來說非常方便。她一開始為了能繳出房貸，在夏天時將套房出租幾個月，她的男友因此大怒！他希望她能一直住在那裡，完全不關心她為此欠下龐大的債務。

這些人如果繼續忽略伴侶，不替伴侶做最好的考慮，必然會傷害到關係，因為伴侶為了生存也會有某種程度的自我保護。伴侶如果無法信任原生者，就無法百分之百地對原生者誠實或付出，這種不健康的界線會讓雙方都產生孤立感。

出乎意料的是，原生者若能停止滿足自我需求的行為，開始專心地支持伴侶（按照對方想要的方式提供支持），對方就會開始回饋，照顧他們的需求。然而，原生者卻一手安排關係中的所有細節，確保自己的需求能獲得滿足。他們可能會畫出明確的空間界線，設定嚴格的責任協議，例如誰負責打掃房子等。也可能透過憤怒，逼迫別人來滿足自己的需求——他們有時非常不講理。

北交點落入天蠍座的人在今生正在學習回饋。當他們終於瞭解若想維繫一段關係，其中必須要有互相的回饋，然後就能把注意力轉移到伴侶身上，試著去支持對方。這可以幫助他們開啟轉化和活力的大門，找到深層連結的喜悅及親密感。

化解固執僵化的停滯能量

北交點落入天蠍座的人在過去幾世裡都是靠肉體的力量達到目標，所以他們習慣在今生靠著重複且持續的努力達成所希望的目標。例如，有這個位置的男士若想用折扣價格買到一部車，一定會不斷跟車商議價，直到買到手為止。

這些原生者也可能用同樣的方法與伴侶相處。這就像一種本能反應，他們會把對方弄得筋疲力盡，達成目的才願意罷手。這種情形必然會影響雙方間的親密感，伴侶會覺得被欺負了，變成原生者想要什麼、自己就得給什麼，而這也會讓伴侶沒有機會以自己的方式對原生者表現慷慨。

北交點落入天蠍座的人認為，只要自己開心，身旁的人也會開心。例如，原生者覺得買雙新鞋能讓自己心情很好，丈夫卻因為卡債高築而反對。她還是可能固執地添購新鞋，因為她認為即使違背丈夫的意思，但只要她快樂，丈夫也會開心。到最後，她可能稱了自己的心意，丈夫卻覺得像被挖土機強碾過去，一點也不開心。

這個北交點位置的人在工作或事業上通常表現良好。他們擅於處理危機，能力十足，極能為人信任，然而他們處理感情就完全是另一回事了。他們從來不願意考慮對方的價值觀及顧慮，也似乎完全不理解別人需要些什麼，即使在關係中，仍會堅持按照自己的想像來建構事情。

整體而言，這些原生者非常抗拒按照別人想要的方向走。儘管別人已經用成功來證明這些經驗，原生者仍堅持著毫不退讓。他們對自己狹隘的興趣、信仰及價值觀之外的東西時常非常不屑或抗拒，只要事情按他們的方式進行，一切都沒問題，但是他們一旦得配合別人，就會百般抗拒，變得非常生氣。

這種情境下，別人會覺得無法說出自己真正的想法，因為原生者對別人的第一反應就是說：「不」。他們的缺乏彈性會阻礙關係中的親密感，交友圈也會嚴重受限。因為他們對自己狹隘生活圈之外的事物完全不感興趣、嗤之以鼻，因此很少人會想親近他們。

別人會覺得必須「卯足全力」才能與原生者談問題。這種用固執建構的堅牢藩籬讓別人無法穿越，別人不想因衝突而挑起他們的憤怒，然而如果妥協，便會覺得自己只是原生者的附屬品，而非獨立的個體。別人會開始與原生者疏離，甚至離開這段關係，才能維持自我價值。

在大自然中，兩朵花在經過異花授粉之後都會變成嶄新的模樣。在關係中，當雙方結合能量及興趣，也能帶來全新的成長，彼此延伸自我，進入對方的生活。這些原生者正在學習一件事：固執會讓他們無法與別人的能量融合，把自己困住，也會妨礙關係的發展，讓能量停滯不前。

北交點落入天蠍座的人必須處理界線的問題。這些人的界線太過死板，讓他們無法自然地付出，也無法互相支持，而這些都是成功關係的必要元素。原生者認為堅守界線是「照顧自己」，實際上卻把自己關在狹小的牢籠裡，也不知如何回應別人的要求、真正走出去。他們有時會用憤怒來維持自己的界線或舒適程度。

這些人今生的功課之一就是學習優先考慮別人，但他們潛意識的自戀及投射會讓這變得很困難。諷刺的是，他們反而認為是別人自戀，才會要求他們的支持及注意。如果他們能真正認識別人，就會發現別人一點也不自戀，也不像自己一樣自立，而是非常需要自己的支持。

這些原生者若能認真地滿足別人的需求，就可以化解僵化和固執所導致的停滯能量。若他們能真正聆聽別人的話，就能讓溝通的內容消除自己的抗拒。這些人正在學習所謂的伴侶關係，就是要解開自己死板的界線，接受更多個人感情層面的回饋。原生者若能試著讓伴侶開心，便也能從其中自然的付出與接受來滿足自我的需求，並透過這個過程，找到一直追尋的重生能量。

避免幻滅：分辨現實與投射

北交點落入天蠍座的人渴望與別人連結產生的生命力，但卻常遺漏最重要的一步：認清對方真正的本質。北交點落入天蠍座的人需要更認清別人的本質，才不會產生幻滅，然而這些人也最容易把自己的價值觀、需求、目標及幻想，投射到別人身上。

這些人在過去許多世中都是孤單一人，一心想的就是自己的肉體生存，根本沒有機會與別人建立關係。所以，他們甚至已學會想像一個理想伴侶，藉此滿足自己對連結的需求。這些人到了今生通常非常理想主義又浪漫，很容易做白日夢，特別是當他們被某人吸引時，常把自己對完美伴侶的形象投射到對方身上，而當對方的行為不符合自己創造的想像時，他們就會驚訝又受傷。當他們終於瞭解自己幻想的伴侶並不存在時，會感到非常失望，因為幻想比現實美好。然而，真正造成限制的是他們對「完美伴侶」的想像，這就如同想把一個真實世界的人，塞進一個狹隘又死氣沉沉的箱子裡。

北交點落入天蠍座的人有很強的第六感，只要願意花點時間精力，通常能很準確地看清別人的本質。他們寧願少講話溝通，而是去感受對方。他們的洞察能力其實來自於第六感捕捉的蛛絲馬跡，而非口頭溝通。但無論如何，最重要的是，他們必須發現別人最真的本質，才能與對方建立適當且可靠的聯繫。

他們遇到的每個人，都會為關係帶來不同的可能性。他們除非能花時間去認識對方，否則無法知道有哪些可能性，而哪些又會成為事實。原生者如果先分享自認為重要的東西，別人看似附和，他們就很容易把自己的幻想投射到對方身上，最後其實是在跟自己的投射互動。原生者不應陷入這種模式，而要找出對別人來說重要的事，如果他們也對同樣的事感興趣，那麼兩人就很容易彼此對方，一起努力達到共同目標。

這些人不只會對人投射，也會對事情的發展有自以為是的想法。他們在這個過程中，完全沒有考慮每個人的獨特本質，例如願望、需求、個人心態和風格。在尚未有所覺知前，他們會認定什麼是自己快樂所需的東西，然後設法改變伴侶的意志，來滿足他們的需求。而當原生者憑著第六感知道別人很難過時，通常不會去問對方哪裡有問題，反而會假設自己知道原因，直接「處理」問題。他們常試圖改變當下的氛圍，卻不會去跟對方求證確認問題出在哪裡。這些人只按照自己的猜測採取行動，當他們說：「我猜你是因為工作而難過，對嗎？」其實是一種傲慢的表現。當他們去詢問別人時必須真正願意聆聽，以同理心面對對方的回應。

北交點落入天蠍座的人發現伴侶疏遠時，通常會用投射找出疏離的原因，而非詢問對方。就某種層面來看，這是因為他們不想聽到任何負面的答案，或是被人批評。事實上，當有問題發生時，對他們而言最好的方法就是問對方：「你認為到底是什麼原因，讓我們不再真心地互動？」如果他們把渴望結合當成前提，在交流意見時就比較不會帶著責備意味。

對北交點落入天蠍座的人而言，理解關係的運作方式是今生非常重要的功課，因為強烈的性或財務連結，是他們通往個人成長及活力的通行證。這些人因為在過去世專注於肉體的生存，因此欠缺心理及感情上的細膩，然而他們的確擁有很強的第六感和深刻的感情，足以找到靈魂伴侶，與對方建立連結。因此對他們而言，如何正確辨識別人是件非常重要的事。這些人若能用同理心「注意」別人，包括對方的感覺、欲望、動機和精神，就能找到真正的靈魂伴侶。這很難尋找，但是遇到時他們就會知道：「這個人有某種特質，讓我很想與他建立關係。我可以感覺得到。」這就像是一種召喚。

這些人潛意識中知道自己能與別人建立深層的連結，卻常因自己對關係的想法而受阻。舉例來說，他們常認為對關係許下承諾就會有一大堆麻煩事接踵而來，包含痛苦與折磨。事實上，如果他們跟對的人在一起，根本不會覺得困難。但如果他們被自己的投射困住，就會覺得必須在關係中付出許多，然後衍生為不安或憤怒。

這些原生者很容易妨礙深刻的連結，因為他們不曾真正許下承諾，即使他們認為自己已經許下承諾。他們可能是對自己投射的伴侶許下承諾，而非實際對伴侶許下承諾，這有時是因為原生者在內心深處覺得別人無法勾起自己的興趣，也無法促進自我成長。如果他們無法真正認識別人，只忠於自己的想像，最後就會兩敗俱傷。所以這裡最大的問題就是，能否正確地辨識別人真正的本質。即使一段特別的關係無法長久，但原生者若能因此脫離沉悶僵化的模式，事後便能獲得清楚的啟示及認識。

更開放地接受別人

北交點落入天蠍座的人在過去幾世裡都獨立負責自己的生存。例如是一位獨居的農夫，勉強靠自己的耕作熬過寒冬，或是沙漠中的遊牧民族，必須知道如何利用貧乏的資源生存下去。因此到了今生，這些人會因為無意識中對生存的恐懼，永無止盡地累積資源。他們必須面對的功課就是：「多並不一定更好。」在現實生活中，他們可能因太過專注於累積，反而忽略了別人提供的真正財富，失去機會踏進一個比他們所能體驗更加寬廣、豐富的世界。

這些人除非能意識到這點，否則對別人的觀點通常非常狹隘。我的一位個案曾如此形容他北交點落入天蠍座的姐姐：「她從不願意認識別人，除非對方跟她的工作或興趣有直接關連。」這些人只會對一些他們認為有利自己、能滿足自己需求，或與自己想法雷同、有同樣愛好的人產生興趣。這會傷害到他們的關係，增加他們的孤立感，因為他們只能跟別人膚淺地交往，按照自己的「清單」將對方分類。即使是跟他們很親近的人，也不願意在他們面前表現脆弱。原生者如果對任何與自己無直接關聯的事都抱持著封閉和武斷的態度，就很難與別人建立真正的友誼。

北交點落入天蠍座的人不想要任何負面的回饋，然而，人際互動及事情運作都是根據宇宙法則在進行。當這個北交點族群的人接收到伴侶的暗示，知道伴侶因他們做的某些事情而生氣時，他們也根本不在乎暗示的內容，只會注意到伴侶生氣了，然後找個合理化的理由：「她只是累了，工作一整天很辛苦」等。情況若沒有改善，過了一陣子伴侶就可能會用更激烈的表達方式，或離開這段關係。原生者如果沒有接收到伴侶誠懇的反應，最後可能錯失學習如何建立成功關係的良機。

這些人在關係中還有個嚴重的問題：他們很猶豫與別人展開互動，除非對方先主動。這是因為他們知道自己很容易過度參與別人的事，最後惹來憤怒或抵抗。對這些原生者而言，事情不是全部就是沒有，他們可能會完全投入，試圖掌控一切，也可能完全不參與。這當然會阻礙親密感，因為伴侶會覺得無法與他們分享生活，而且如果沒有完全臣服於他們之下，也不能向他們尋求支持。

這個北交點族群的人正在學習如何在深思熟慮後才提供別人協助，也許只是一些鼓勵的言語或想法，或符合對方需要的建議，而非一味地強加付出。如果他們能接受別人的回饋，並記住別人也有人生的主宰權，就能使關係有利發展，與對方建立感情的連結，而非侵犯對方的界線。

事實上，這些原生者非常有能力支持別人達成目標，然而他們必須克服天生的習性，不要自以為知道最好的方法，而是要讓對方主導。這些人總認為如果太過注意別人的需求，就會失去創造成功的力量，但事實往往正好相反。他們可以與別人連結，並為雙方創造成功，前提是必須停止投射，同時開放接受別人的願景。原生者若能根據伴侶的需求採取行動，就能獲得感激、肯定與愛的回報。

當這些原生者專注在自己的需求時可能非常刻板，然而他們可以在幫助別人達成目標的過程中，很自然地發現個人彈性非常重要，那決定了所有生命領域的成敗。當原生者願意依照別人的動機來支持對方時還有另一個好處，就是他們能在靈魂層面上學會一個大部分人天生就知道的道理：如何適當地與別人互動，結合彼此的資源，創造強大的連結。

他們的功課之一就是嘗試全心的允諾。這些原生者必須根據別人的價值觀，把所有心思放在對方或共同的計畫上面。他們可以先嘗試一段時間，然後觀察結果。如果他們能從這種伴侶關係中獲得活力、擴展生活圈，就可以試著許下其他的承諾。

原生者如果只關心自己，需求就會永無止盡，覺得內心十分空虛。即使當他們強迫別人以他們的方式來滿足他們的需求時，也會有同樣感受。然而，如果他們能把精力放在支持別人上，就可以透過互相交流得到正面的能量及關心，不僅能真正滿足自己的需求，在心理上也會很滿足。北交點落入天蠍座的人若能意識到這點，就代表他們已經上了軌道。他們在全心支持別人的過程中，也總算能敞開心胸，接受別人的支持。

用更深的同理心看待親近的人

北交點落入天蠍座的人在過去許多世裡都面臨過沉重的生存課題，所以到了今生，會對物資的累積欲罷不能。他們不斷投注心力和時間累積更多的物品、重新安排物品、提升物品的品質、儲藏物品等。他們無意識中會因為財產產生實際的安全感，甚至用財產來分散對人際互動的關心。他們把所有心力都放在「物品」上面，以填補內心的空虛。

這些人若想體驗真正且持續的滿足，就必須學會轉移對物質的關心，勇敢地嘗試與別人建立一對一的深刻連結。然而，這些人的累世經驗都過於強調肉體及感官層面，並不熟悉感情及心理的細膩，也不知該如何自然表現。到了今生，他們正在學習如何真誠地關心別人，感覺別人的能量流動，從深層感情連結中擴展自己。他們必須脫離刻板的背景，帶著同理心進入別人的世界，認識對方的價值及人生觀，然後才能真正地欣賞、認同並支持伴侶。

北交點落入天蠍座的人正在學習如何對別人付出，讓對方自覺特別。當別人的回應也讓原生者覺得自己很特別時，就可以讓愛互相交流，雙方都感受到重生的能量。原生者只要把人看得比「東西」重要，就會發現自己擁有天賦，足以與靈魂伴侶創造成功的關係。

這些原生者在關係中還會面對另一個問題：他們在社交場合時常會太害羞，不敢與別人有心理層面的交流，這是因為他們在過去許多世裡都是自立自足，所以也會投射性地認為別人需要隱私，維持嚴格的自我封閉。他們認為過問別人的私人問題是種「冒犯」，對方也許會生氣。事實上，任何一個人遇到大麻煩時，通常都無法侃侃而談，原生者卻把這種表現解讀成為對方不想談論這件事。其實，當有人表示關心或問起這件事時，當事者可能反而會鬆了一口氣。

這些人想更加認識別人時，常不知道該問對方什麼問題、如何表達關心才不會讓自己尷尬或被對方拒絕。而當他們真正提問時，常常又太過認真，讓對方覺得太熱切。這些人若想避免給別人這種印象，就必須學習先用閒聊的態度來認識對方，例如問：「今天過得好嗎？」，這種方式可以促進感情能量的交流，建立起密切的關係。

他們最好先問些別人重視的事情，但不要太私人。舉例來說，他們可以先問關於工作、寵物或嗜好的問題，專注觀察對方描述的生活。他們不需事先調查什麼事，只需願意聆聽並認識別人、發現對方重視的事物，譬如對方把精力花在哪些事情上？目前遇到什麼問題？或有什麼令他們興奮的事？透過這種方式就可以知道如何適當地進入更敏感的問題，例如：「你跟某某人的關係現在進展得如何？」

北交點落入天蠍座的人對別人的體能很敏感，也能感受到別人的健康出了問題，然而他們通常會用「誰在乎啊？」的態度回應，也不想花時間和精力處理別人的問題，或任由對方自行解決問題。原生者必須克服懶惰和個人的不舒適，參與伴侶的事情，否則關係會永遠流於表面，他們也無法從中獲得滿足。

原生者如果花時間詢問，對別人的難題有了理解，就能提出自認為有幫助的提議。即使對方不接受也應該堅持下去，繼續蒐集資訊去體會對方的感受，找出讓對方有正面改變的方法。透過這個過程，別人往往能藉由原生者對自己及當下的處境產生更深層的心理認知，而且無論最後有沒有採納原生者的建議，都會很感激原生者的關心。這可以幫助雙方建立無價的同理心連結，這其中蘊含了無限的療癒能量。

北交點落入天蠍座的人若無法克服深究別人心理的保留態度，就會阻礙關係的親密感，尤其是與親近的人，因為表露深層的內在感受是任何一段真誠關係的基本元素。原生者必須克服這種對感情過程的恐懼。他們一旦涉及感情領域就覺得很不自在，因為這可能會引出許多哀傷及強烈的情緒，所以他們寧願迴避。但如果他們逃避面對，關係就只會維持表面。伴侶會因為原生者想逃避，而藉此避免任何深層的感情交流。原生者有時甚至會不合理地發脾氣或對伴侶粗暴無禮，藉此避免處理深層的感情議題。最後使得伴侶關閉心房，雙方都無法在對方面前表現脆弱、獲得滋養。

北交點落入天蠍座的人除非能意識到這點，否則容易沉溺在自認為重要且有活力的安逸狀態。然而，他們的關係中如果缺乏深層的感情交流，無法讓彼此及關係轉變，就不會獲得成長和激情。他們必須願意與伴侶一起探索源自於過去、深層的、未解決的感受，才能強烈地交流感情，帶來真正的療癒。透過這樣的互動，原生者才能重拾過去世錯過的豐富感情，也可以為關係增加全新的深度和親密感，讓雙方都感受到能量及喜悅。

成功經營親密的性關係

北交點落入天蠍座的人在過去世裡可能過度專注在生活的物質層面，因此到了今生，習慣把自己和別人視為物品。這些人在潛意識裡希望自己是「值得被囤積的物品」，也傾向於把別人看成囤積的物品——這種心態會折損他們獨特的感情與精神天賦。

我有位個案如此形容北交點落入天蠍座的女友：「她只喜歡我對關係的實際貢獻，根本不瞭解我的感情與心理，也不感激我的慷慨。我有時覺得自己好像只是為了滿足她的需求而存在的。」這些原生者若無法意識到伴侶的內在價值與獨特天性，就會讓彼此產生距離。

很多人會埋怨北交點落入天蠍座的人：「他們佔有慾很強，總是追查我的行蹤」。當原生者把心交付給某個人之後，通常會想知道對方的行蹤。這些原生者不敢冒險嘗試深度地溝通，以創造關係的親密感，而寧願透過密集的聯絡，建立表面的連結。所以伴侶也不敢跟他們太親近，深怕原生者的行為會干涉了自己的自由。

這些人會妥善照顧自己的「伴侶財產」，但是伴侶若無法感受到他們的理解或支持，彼此間是不可能有親密感的。原生者如果不認同伴侶具備的獨特能量，不願與對方融合並創造出共同的力量，關係就會陷入停滯，他們的人生也不可能出現類似異花授粉作用帶來的改變及創新。最後，這種關係會耗盡伴侶的活力，使得伴侶不是放棄，就是覺得自己困在原生者的世界裡，或乾脆另外尋找一位能互相交流的伴侶，一起創造活力及親密感。只有當原生者能從生活圈更寬廣的人身上感受到互相的吸引力，而對方的能量也能激勵原生者進入他們的世界、支持他們，關係才能順利維持下去。

然而，北交點落入天蠍座的人即使遇到一位吸引自己的人，也可能很猶豫給對方承諾。因為他們在過去許多世裡都是靠著自由的自給自足來維持生存，所以到了今生就會堅信「承諾等於受困」。這種無意識的恐懼是個兩難習題。他們會因此不敢與別人太接近，也會缺乏安全感，無法向對方許下承諾。

這些原生者在過去許多世裡都是靠自己生存，所以常假設如果與別人建立連結，自己就得負責一切。他們希望日子能充滿樂趣又興奮，卻認為承認一段關係會帶來「許多辛苦事」。他們必須知道這種想法並不正確，因為當他們與別人建立關係後，若能超越個人界線，就會創造出許的活力，將一點也不覺得日子辛苦。他們會知道關係的好處之一，就是兩個人採納其中一方的成功模式協力合作，讓日子更輕鬆。事實上，結合雙方天賦所創造的成就往往能帶來更多成功及利益，過程也會更輕鬆、更有趣。

這些人非常害怕失去個人的自給自足，所以內心十分掙扎。他們渴望一段承諾的關係，但又在無意識中堅信自己可以獨自創造出想要的一切。然而在這一世，他們必須尋找一位特別的伴侶，跟對方一起創造自己渴望的支持及感情重生的經驗，才能體驗到真正的滿足。

這些原生者的另一個問題是時機。他們作決定及採取行動的步調通常比一般人慢，如果他們感覺有人在旁催促自己快一點，就會變得更頑固。不過，等北交點落入天蠍座的人決定要對某個人許下承諾時，機會通常已經溜走了。他們時常只注意自己的時間安排，卻忽略了別人是否早已準備好了。為了預防這種情形發生，他們必須學習放下抗拒，適度把握機會。這些人必須脫離自己的舒適狀態，才能在今生獲得成長。

原生者若想與別人建立更深的連結，就必須脫離自己的舒適狀態，向對方說出自己的渴望。舉例來說，我有一位北交點落入天蠍座的個案告訴她的男友：「如果這是一對一的關係，我會更想跟你在一起。」他告訴她，他雖然很在乎她，但還不想許下更深的承諾。她雖然有些失望，但至少知道了對方的立場，日後不致於嚴重受傷。這些人如果沒有表達自己的感受，但對方剛好是自己的靈魂伴侶，那麼他們就會錯失良機。相反地，如果對方不具有伴侶的潛力，而他們卻不把話講明白，也反而會讓自己錯失另覓良緣的機會。

這些人非常享受成功且互相承諾的關係。他們很喜歡與伴侶一起做許多事，創造共同體的感覺，他們真心覺得伴侶能讓自己更完整。但即使如此，他們仍會因為恐懼而拒絕許下承諾，有時會以微妙的方式逃避。舉例來說，他們可能會因為自己的恐懼，而選擇一位無法給自己承諾的伴侶。

這也是北交點落入天蠍座的人非常喜歡性愛的原因，他們在肉體世界裡最感到自在，因為他們可以透過性與別人建立真正的連結，完全不帶抗拒，而其中產生的轉變能量也讓他們擴張自我，重新充滿能量。這如果是段一對一的關係，他們會因為性而更想深入認識對方，與對方在一起。他們可以透過性很自然地與對方建立感情的連結。然而他們不是對伴侶投入，而是忠於性帶來的能量及轉變，他們有時甚至很清楚這一點。

因此，北交點落入天蠍座的人必須比其他北交點族群的人更挑剔性伴侶，如果他們與不適合的人發生性關係，可能會帶來很深的傷害及幻滅。所以最重要的是，他們必須認識別人真正的本質，而非把自己理想伴侶的形象投射在對方身上。

如果他們只是因為別人被自己吸引，就與對方發生性關係，最後只會陷入停滯狀態，令自己反感。北交點落入天蠍座的人必須選擇適當的性伴侶還有一個特別重要的原因：因為他們會死守著錯誤，即使關係已經問題重重。所以他們必須選擇一位重視互相交流及成長的伴侶，才進入承諾階段。原生者不僅要對伴侶許下承諾，也必須願意與伴侶一起創造，如此才能產生互惠及親近的感受。在這種關係中，原生者不會覺得被困住了，而性帶來的活力與親密感，則讓雙方感到快樂又滿足。

北交點落入天蠍座的人今生獲得上天的允諾，可以找到靈魂伴侶。原生者的生命中會出現特別的可能人選，但是他們必須留意，如果他們不斷注意自己，把自己的價值及理想投射到別人身上，那麼當對的人出現時，他們可能不會發現。所以他們遇到喜歡自己的人時，必須放下自己的投射，實際與對方相處，才能發現自己是否能與對方感受到同樣的生命活力。隨著關係的進展，如果這種活力能持續累積，原生者也覺得對方的價值觀及生活圈很有趣，就會願意作出更多必要的努力，讓關係更圓滿。

靈魂伴侶的關係有如上天的賜福，它就像一個無限符號「∞」：一股強烈的能量從其中一方流動至另一方身上，然後折返。這份互相回饋的禮物，再加上認同彼此的獨特性，可以為兩個人帶來轉化。這也就是原生者今生的追尋和必經的生命道路。

他人所能提供的協助

提醒他們「注意」別人的能量

原生者在關係中常把一切都投資在伴侶身上，因此若伴侶離開，他們就陷入悲慘世界。其實他們知道這即將發生，卻選擇忽略自己的直覺。你要鼓勵他們覺察別人的感情狀態，伴侶若看起來在生氣或變得冷漠，提醒他們要問對方發生了什麼事，而非自行猜測問題所在。

這些原生者往往要別人強迫才願意「付出」、注意別人，他們在關係中欠缺互動的交流，所以伴侶可能與他們保持距離。伴侶如果覺得不受重視或不被珍惜，就會關上心房，而原生者最重視的感官樂趣，以及毫無保留的感情付出，也會漸漸消失。你要幫助原生者知道，當這種情形發生時，代表他們不能只關心自己，還要給予伴侶理解、肯定、認同及全心的支持，實際展現伴侶在關係中的價值。

鼓勵他們研究別人的動機

你要鼓勵原生者對別人好奇、產生興趣，例如以問題的方式更加認識對方，瞭解對方最重視的事物，或想創造出什麼樣的人生。如果他們能放下武斷，用開放且支持的心態認識別人，對方就會感受到他們的善意，珍惜他們的心意。你要鼓勵原生者在關係建立的初期，不要說太多關於自己的價值觀及需求，而是多研究和聆聽，理解別人的心態及動機。然後他們就會知道別人的價值觀及需求是否與自己一樣，或是否要與對方進一步地發展。

你要提醒他們，別以為他們的快樂是來自能滿足他們需求的另一個人，而應該判斷自己的需求是否能符合別人的需求及價值。這些人如果用心與別人建立連結，願意支持對方、讓對方開心，便能展現出獨特的溫暖及愛意。他們可以為關係添加活力，也能讓雙方維持可靠的平等互惠。

幫助他們珍惜別人的價值

這些人很容易過度關心自己及個人的需求，你要幫助他們看見朋友及家人的優點，關注別人獨特的價值，如果他們能培養這個新習慣，就能建立更自在的關係。這對北交點落入天蠍座的人而言非常重要，因為他們可以藉由與別人的交往，釋放自己獨處時體驗到的窒礙感。

這些原生者的天性會強烈依賴一個持續且穩定的狀態。如果他們認為某種方式可以增加個人的舒適，或是能維持共存而快樂的現狀，他們就會願意改變。所以你可以對他們說：「如果你……，就能更舒適」，他們會比較可能採取行動。鼓勵他們把別人當成夥伴，即使對方是他們的上司或下屬，這樣可以體驗到互相強化的影響，激發自己表現出最好的一面。

不停地說話引起他們注意，不要接受拒絕

北交點落入天蠍座的人非常固執，對新想法或改變的第一反應就是說「不」。這讓生活很無趣，而他們也清楚這點，事實上，他們跟伴侶都是這份固執的受害者。當你跟他們提出重要想法時，可以選令他們自在的環境，進行一些身體的接觸（握手、勾手臂或揉肩膀），強調這會增加金錢、安全感、舒適、親近或其他價值。你要不停地說話，直到他們瞭解你真正的意圖，才可以比較客觀地看待你的提議。感官的事物可以幫助他們放鬆，使他們放得開，例如愛撫，或在一個好餐廳享用美食。

你要鼓勵他們拓展自己的界線，觀察別人的需求。這些原生者非常重視忠實、可靠和信任，當你希望他們改變時，你不妨說：「聆聽別人覺得重要的事情，是種忠實及信任的表現」，他們就比較可能接受你的建議。這些人非常刻板，也很害怕踏出自給自足的孤立世界。你要鼓勵他們先把個人需求放在一旁，試著在一段特定的時間內把所有的心力都投注在別人或某個計畫上，然後看看結果。他們會很驚訝地發現，這種作法獲得的好處遠勝過自己原來堅持的方法。

提醒他們：轉變的能量就是「上軌道」的指標

北交點落入天蠍座的人若想擺脫過去世的停滯模式，就必須作出抉擇，促進個人的轉化和成長，超越當下的界線。如果他們想達到這些目標，就必須有個伴侶：一個他們能表現支持、建立連結的對象，這個對象可以與他們用強化彼此的方式，攜手達成共同目標。接受轉變這個心態就像是他們開啟今生使

命的鑰匙，令人害怕但別無他法。

對這些原生者而言，充滿活力的轉變能量就像一個「上軌道」的指標。如果他們開始固執又抗拒，提醒他們：「你正在學習，你正在成長，你會變得更有活力！」鼓勵他們接受改變。這些人會被自給自足的欲望激勵，所以如果你這麼建議他們，他們比較容易接受。例如你可以說：「如果你把自己的資源跟這個人結合，就能增加自給自足的能力。」

不鼓勵的習慣

固執的抗拒

當這些人固執地反對某件事時，你要多用「舒服」這個字來鼓勵他們，例如：「我保證如果你這麼做一定會很舒服。」你要不停在言行舉止中表現出對事物的看法，當他們接受你的能量之後，便會開始融化內心的抗拒。另一種好的方法是溫柔地碰觸他們，例如拍拍他們的肩膀或手臂，因為撫摸的力量可以讓他們放鬆，真正聆聽你說話。

否定別人

幫助他們把焦點放在別人的價值上。不要讓他們批評別人。幫助他們看到每個人都有可貴的特質，同時學會珍惜別人的獨特性。

只關心自己的需求

這些人太專注在自己的需求上，而不懂得考慮別人的需要。提醒他們如果能照顧別人的需求，對方就會回饋，滿足他們的需要。

月亮北交點落入射手座或第九宮

他們帶給關係的特別禮物

* 刺激交換訊息
* 溝通氣氛愉快
* 好奇心
* 輕鬆愉快的氣氛
* 愛好體能及心智活動
* 精準的第六感
* 善於社交

阻礙親密的迷思

* 我必須不斷確認自己與伴侶的立場。
* 如果我讓事情保持輕鬆愉快，伴侶也會開心地維繫關係。
* 我和伴侶如果有相同的想法，就能維繫關係。
* 如果我不能每天與伴侶連絡，關係就會失控，而他們也可能會離開我。
* 為了維持正面的能量，說一點善意的謊言無傷大雅。
* 沒有所謂的永久解決之道。

＊如果我能獲得足夠的資訊，就會知道什麼最適合自己。
＊別人都太嚴肅，想法太簡單。

伴侶的埋怨

＊他們太忙著溝通自己的想法，卻不瞭解我的重點。
＊他們缺乏道德標準……我無法信任他們。
＊他們會說善意的謊言。
＊他們會用邏輯來操縱別人。
＊他們喜歡聊八卦，我不相信他們會守住我的秘密。
＊他們刻意用言語來傷害別人。

重新找回良心──找到道德標準

北交點落入射手座的人在過去許多世裡，完全只根據邏輯作決定，忽略了內心／直覺的提示。他們在許多世裡扮演的角色是向別人推銷產品及計畫，所以這些人滿腦子想的都是人類心智的運作模式，如此才能更輕易說服別人，販售自己推銷的東西。

他們有時會推銷正面的「東西」，並自認為這對社會很重要。事實上，這些人在過去許多世裡曾經當過老師，但個人的收入卻甚少。無論如何，這些人會試著操縱別人來接受自己的觀點，而且有時候還會昧著良心做「買賣」。久而久之，這會破壞他們最基本的正直感。因此，這些人到了今生通常已與高層的自我失去連結，也很難決定最好的行為模式。他們太久沒憑著良心做事，因此可能欠缺道德感，常為了得到自己想要的東西見人說人話、見鬼說鬼話。他們正在學習找回個人的正直感，而非隨意附和，講些社交的場面話。他們總認為「我不知道正確的道路」——這並非事實。他們內心的確知道，只是需要一點鼓勵，讓內心覺知變得更為強烈。他們只要學會根據直覺及良心做事，就能開始滋養內心微弱的聲音，讓它越來越清楚。

北交點落入射手座的人的缺乏道德標準，代表他們欠缺一套倫理、道德或精神信仰來引導自己建立價值觀，與別人互動。舉例來說，我有位個案丈夫的北交點落入射手座，他常亂丟垃圾，根本不會顧及公共環境的整潔。這位個案的家庭信仰摩門教，滴酒不沾。她基於尊重而不在父母面前喝酒，丈夫卻說：「妳應該在他們面前喝酒，還要拿酒給他們喝。」他總愛對女人品頭論足：「這女人好辣！」完全沒有道德觀，也未將注意力放在婚姻上，反而不停地獵艷。

這些人欠缺道德觀標準的另一種表現就是他們有時會缺乏勇氣，不能在關鍵時刻表現忠誠，所以別人無法相信他們會挺自己。他們可能會因為同儕壓力而妥協，也可能做些「團隊分子」應該做的事，最後選擇「被認同」，而非選擇誠實或「真理」。這種缺乏正直感顯然會破壞關係，因為別人若不能信任原生者會做正確的事，就不會尊重他們，也會質疑他們的人格。

原生者除非能意識到這點，否則旁人就會對他們缺乏信心，覺得無法信賴他們，還會認為原生者並非真正地愛自己。舉例來說，我有位個案哥哥的北交點落入射手座。他小時候被其他大男孩欺負時，哥哥並未挺身而出，他永遠不會忘記這件事。他對哥哥失去信任和尊重，此後將哥哥拒於門外。

北交點落入射手座的人除非能重新找到良心或道德標準，否則有時會說出傷人的話。尤其當他們生氣時特別容易如此，因為他們沉溺在過度活躍的思考中，完全沒有顧慮到感覺。對於別人而言，原生者就像小說《化身博士》*"Dr. Jekyll and Mr. Hyde"*中所描述的情況，在這一刻可能開懷大笑，下一刻卻言語尖酸刻薄。

我有一位北交點落入射手座的個案，總希望能遇到他的真命天女，但對方不能有讓他想放棄關係的「缺點」。他會說：「為什麼她的衣服尺寸不是六號？為什麼她不能高一點，或是矮一點？為什麼她態度不能好一點？」他總認為是這些因素導致關係失敗，還會在無意識中生氣，並說出嚴厲的話。他有一陣子跟一位女士約會，對方剛到美國，英文不太流利。他最後對她說：「妳什麼都不懂，必須多學點英文。」這就像間接地說：「因為妳的缺點，我們沒辦法在一起。」她知道他的意思，因此很受傷。

這些人只會想著哪些原因造成關係失敗，然後會對另一半發脾氣，紓解自己的挫折感，這當然會傷了對方的心。伴侶會覺得自己「配不上」原生者的期待。原生者若能換個方式，誠實地與伴侶討論，就能一起努力找出問題。就像在上述例子中，這位原生者可以支持女朋友上課改善英文，甚至他自己可以考慮上語言課，認識她的母語，拓展個人的眼界。

這些人除非能意識到這點，否則欠缺道德感這件事勢必會影響親密感，因為伴侶不相信原生者會正直地對待自己。這也會阻礙原生者的親密感，因為他們無法從任何事物上獲得安全感，支持自己去親近別人、信任別人。這些人今生的功課就是培養內在的力量。他們必須堅守道德倫理標準，聽從自己的良心與直覺，站在真理的基礎上，相信一個更高層的力量能幫助自己創造正面結果。

找到心的平靜：接受直覺及靈性意識

北交點落入射手座的人在過去許多世裡都與社會有著深刻的糾葛，因此失去了靈性指導的力量。他們通常沒有強烈的信仰，也不覺得自己與靈性的真理有任何連結，對這方面的東西不感興趣。但是這些人的焦慮和不安全感就是因為他們只依賴過度活躍的心智過程，並藉此找到方向，而非順應直覺，或對某種更高層的力量培養耐心及信任。

這些原生者常常因為想太多而無法感受到內心的平靜。他們擔心是否選擇正確的工作，或者是否和對的人在一起。他們給自己太多壓力，事情如果一不對勁，他們就想找出原因，毫不遲疑地繼續前進。他們希望有邏輯及科學性，所以會在下決定前盡可能蒐集許多資訊。然而，這些人過度活躍的心智可能會吸收所有的觀點，到頭來只會為每種狀況列出正負兩面的結果，累積了一大串的清單。

這裡的問題在於，他們累積清單的標準是重量不重質，只會注意兩方的「點數」，想知道哪種方法比較重要，或比較無法考慮。所以這些人時常不知道自己該選擇什麼，而且總是在事後自我檢討。他們有些人會不停地尋找更有「邏輯」的方法，因此永遠無法完全投入一個情境，當然也無法創造親密感。

這些原生者如果暫時跳出心智活動，就會有近乎強迫性的行為表現，無法自拔且滔滔不絕地說話。舉例來說，在商業談判的場合中，他們一開始會仔細推敲自己及對方的說法，之後就會認為自己「必須」強調或澄清某個特點，但是這種強迫性的能量常源自於他們的不安全感，通常無法帶領他們走上正確的方向。這些原生者最好能靜下心來感受自己的直覺，如果他們「覺得」迷惑，就可以繼續發言，如果他們覺得很平靜，那就不要發言，這樣才可能創造最好的結果。

北交點落入射手座的人在今生若能培養耐心，跟著直覺走，這一生就能過得更輕鬆愉快，包括關係的發展。這些人天生擁有「強烈的覺知」，他們必須學著信任它，而它往往能更快且更正確地提供答案，遠甚於「邏輯」。他們也比別人擁有更清楚的直覺。他們很清楚知道別人在想什麼，所以知道如何適當地面對別人的負面想法，也很擅長激勵別人達成目標。如果他們能用正面的方式運用這些天賦，便能讓內心更平靜。

遺憾的是，這些人除非能意識到這點，否則容易將信仰奠基在心智概念上，也就是他們所謂的現實，因此削弱了直覺的力量。如果他們一味堅持事實與邏輯的個人領域，只會讓自己「卡在」低層的認知層面，因為真正地聆聽別人、接受對方言語中蘊藏的能量，才能讓他們改變和成長。然而，這些原生者通常會記得資料及「邏輯論點」，然後開始冗長的諷刺，反覆咀嚼既有的資訊，而非真正地思考及表現自己的想法。

這些人在思考過程中不願意接納別人言語的能量，也會使他們的想法停滯，無法讓自我進入更高層次。這常會讓事情懸而未決，因為別人根本無法跟他們商量，最後變成一場鬥智。這些人若不能有意識地與更高層的力量建立連結，就無法找到「第三方觀點」，而這往往來自於更高層次、而非個人的最初想法。因此，這些人若想體驗最深刻的親密感，就必須客觀地看待伴侶的觀點，創造一個雙方滿意的結果——這並非不可能的任務。

關係中的雙方若想找到真正的答案，就必須建立健康且充滿活力的交流，這不需要任何的事先規劃，也無須任何設限，而是一有任何想法就自在地與對方分享。原生者如果允許自發性的表達，就能讓他們的對話和關係充滿生氣及能量。如果他們想讓關係不斷進步，就必須允許能量自由流動，創造生命力。在原生者的關係中，能量往往停滯不前，因為他們不信任自發性的過程，無意識地想利用過度活躍的心智思考，讓事情慢下來。他們認為自己必須知道發生的所有事情，才能確保「安全」，但最後的結果卻是雙方都失去了感覺，這當然會妨礙了他們追尋的親密感。

這些心態會成為北交點射手座的人在關係中的最大障礙：他們非常不情願安定下來，或對未來許下承諾。這些人因為心智過度焦慮，時常覺得事情會改變，包括對別人的感覺，所以很害怕規劃。例如伴侶說：「我們明年夏天去巴黎。」他們即使非常在意對方，也想讓關係圓滿，但卻一點也不想答應。伴侶當然會感受到他們的遲疑，也會因此受傷，結果拉開了彼此的距離。

我要再強調一次，這些原生者容易忽略直覺，把一切交給過於活躍的心智。所以當他們聽到「我們去巴黎」這個點子，最好的方法就是相信心中第一個自然產生的「覺知」，判斷當下最適合的反應。最重要的是，他們不要在事後用所有「邏輯的」好壞來檢討自己。

這個北交點族群的功課之一就是把人生視為冒險，要跟著自己的心走，而非依賴理智。然而，北交點落入射手座的人可能很難冒險去放手一試。這些人通常運用自己的心智力量在外面的世界創造成功，因為他們的決定多半以物質為基礎，而他們的邏輯也能引起別人共鳴。不過除此之外，這些人在過去世未解決的行為模式就是把重心放在「推銷」，而非「物品」本身，這也讓他們不知道如何引導關係的發展。

舉例來說，如果他們忽略直覺，就可能靠邏輯選擇伴侶，然後不由自主地想把自己推銷給對方，反而沒有注意到這段關係是否真能讓自己開心。這些人如果不去面對自己的感情及信仰，試著從更高層次來看事情，事後常會後悔自己的決定。如果他們根據左腦的邏輯來建構人生，常會阻礙親密感，即使親族關係也不例外，因為別人覺得無法與原生者建立任何層面的連結。

另一個影響關係的因素就是，這些人的心智思考很活躍，通常非常聰慧，也自認比任何人都聰明。他們為了操縱別人對自己的看法，有時會用邏輯展現心智上的優越，有時則會刻意貶低自己的心智能力，不讓別人覺得他們太自滿，這顯然是另一種形式的善意謊言。因此伴侶常會覺得原生者在玩弄他們，藉此獲得支持，或是覺得原生者會機靈地表現無助，以退為進，藉此掌控某種情勢。

這些原生者除非能在心靈層面上找到實質的基礎，否則只能透過玩弄這些「心智遊戲」來獲得安全感。當他們「贏」的時候，可能會短暫地有安全感，覺得自己上了軌道，但伴侶最後往往會厭倦這樣的交鋒，因為一切是如此膚淺。

這些原生者如果無法與伴侶深入討論重要的觀點，找出對雙方覺得最重要且真實的事物，根本無法產生親密感。北交點落入射手座的人常會避免深度及實質的層面，因為他們害怕進入未知的領域。然而，這卻是唯一的真理領域，可以讓他們找到深切追尋的心智平靜。這些人常陷在表面及物質的世界裡，以非常狹隘的觀點看待實際上最重要的事情，這會阻礙親密感，因為伴侶會發現原生者找不到內在的核心，也導致他們無法與別人建立全面且深入的個人連結。這也就是為何對於原生者而言，靈修、祈禱和冥想都是今生使命的重要部分。

克服操縱的自毀習性

北交點落入射手座的人相信只要讓關係保持輕鬆愉快，讓伴侶笑容滿面又獲得樂趣，伴侶就會一直留在自己身邊。所以他們願意說笑話、倒立、猜撲克牌遊戲等做任何事情逗對方開心。這種模式其實會妨礙親密感，因為原生者在扮演「小丑」。「小丑」並沒有任何真實的關係，也不是原生者的真面目，這個角色只是一種無意識的手段，用以讓別人與自己保持連結，獲得安全感。因此他們的生活常變成一連串的小脫軌，偏離基本、有意義的正道，根本無法建立深層連結的關係。伴侶會覺得在與一個角色、而非真實的人交往。他們很喜歡跟原生者在一起，但卻很難建立真正的連結，因為他們不認為原生者真正瞭解或認同自己。

這些人常在腦海中對伴侶展開「邏輯的」長篇大論：「如果我告訴他……，他就會認為……我不能告訴他……我找不到解決方法」。他們很少直接表露事情的真相，或分享當下的感受，只會用自己完美的邏輯來說服、勸誘或操縱別人，讓對方與自己站在同一陣線，但這可能會導致失敗。

我有一位北交點落入射手座的個案，她的男友最初不想許下一對一的承諾，並試圖跟我的個案分享自己的感覺，但她只說：「一對一是唯一合理的狀態，因為所有的性病都會傳染。」儘管他們都同意不要有其他愛人，但她從來不願深入探討他對這件事的看法，只是要他接受她的邏輯。然而，她的男友當時顯然不是處於一對一伴侶的人生階段，最後還是與別人發生關係，而我的個案因此得了性病。

這些人除非能意識到這點，否則常常不願意表露真相，也不願意分享自己真實的意見及感覺，以避免傷害別人的感受。他們一點也不在意說些善意的謊言，甚至會以社交上的善意、策略及良好態度，承諾出自己不打算做的事情。例如我有次歸還租車時，對租車公司說：「汽車爆胎時通常是租車公司付錢，但我得自己掏腰包，讓我對你們公司的印象很差。」這是個來自客戶的誠實回饋，讓一個公司有機會重新審視他們的理賠政策。然而，我北交點落入射手座的朋友卻在一旁催促地說：「別說了，這只會製造壞印象。」

這些原生者有時會在完全沒必要的狀況下說謊，而且通常是小事，藉此操縱別人對他們的看法。然而，這類不誠實會產生漣漪效應，很容易破壞其他非直接相關的關係。對一個人的善意謊言，也往往導致其他人的道德難題。

舉例來說，我的一位個案的男友是北交點落入射手座。她聽到男友對一位住在其他州的朋友說，他多次沒有回電給她是因為手臂骨折住院了。她稍後與這位朋友見面時感到非常不自在，因為對方問起她男友的手臂狀況。當她聽到男友說謊，當然會破壞對他的信任，而男友只為了避免說自己太忙、沒時間回電話而編造謊言。這些原生者正在學習一件事：即使是小謊言，也會造成嚴重後果。因為當別人知道真相時，可能會製造出兩倍於一開始就誠實以對的麻煩。

善意的謊言除了導致信任問題，也會妨礙親密感。因為當別人發現原生者不誠實時，也會覺得必須對原生者保留真相，久而久之，關係就會變得膚淺又沒意義。當雙方都覺得不能相信任何事時，就沒有人願意冒險付出深刻的感情。原生者的說謊習慣，就像不尊重對方知道事實的權利。這些人正在學習與別人分享真相，同時敞開心胸聽對方的真相，從關係中學習及成長。

善意謊言的後果還不僅如此。原生者在說謊之後心中會異常紛亂，更刺激他們過度的思考，努力回想別人最後到底需要什麼！當一個人說謊或保留真相後，為了一再圓謊而不得不繼續隱藏事實，或改變某些事實來配合這個謊言。當真相被揭穿時，這種處境才會解除，說謊的人才能獲得空間、自由及心的平靜。原生者若能有話直說，便不必會因為說謊而在日後造成任何不愉快的經驗。

舉例來說，一位北交點落入射手座的個案答應和多年未見的前男友吃飯。她沒有告訴現任男友，因為怕他不開心或認為他們舊情未了。這些原生者常想控制別人對他們的想法——當然他們不認為這是控制。對他們而言，這僅是一個小謊言，可以預防可能發生的問題，但是這種行為終究會阻礙親密感。在這個例子中，我的個案顯然不相信男友能接受自己與舊情人會面，而且也讓她的男友少了個機會，展現他對她的信任。

我有一位北交點落入射手座的個案，他在二十幾歲談戀愛時，非常在乎當時的女友，後來他出城度假幾個禮拜遇到了另一位女子而有了短暫的戀情，當他事後向女友坦承這件事，女友就與他分手了。他從這個經驗得到的結論就是，有些事情永遠不要說，或乾脆說些善意的謊言。他把這個當成人生教訓——這也是許多北交點落入射手座的人的共同結論——所以之後再說任何善意謊言時，都顯得神色自若。

儘管這種方式讓關係較為順利，但卻無法創造真正的親密感，因為謊言總伴隨著罪惡感。在上述的例子中，我的個案即使告訴女友一個善意謊言，也會造成彼此的距離，而且無論顯意識或無意識中都會有罪惡感，讓他無法全心與她交往。當原生者說出善意的謊言時，伴侶會覺得無法觸及他們的某個面向，卻又說不出所以然，最後會覺得受傷又迷惑。

在上述例子中，若原生者的處理方式不同，就可能造成不同的結局。如果他們能善用累世培養的溝通及轉圜天賦，就能用一種讓女友更靠近、而非抗拒的方式告訴她事實。舉例來說，他可以告訴她，單獨度假又與別人約會這件事，讓他發現自己其實想與她建立一對一的關係。

當然，最好的結果應該是他一開始就要憑著良心，不能在擁有一位非常在乎的女友之後又與別人發生戀情。這些人正在學習重視內在的力量，享受順應良心的喜悅，讓行為合乎個人的道德及倫理標準，以及更高層次的準則。

表面上的vs.真實、有意義的調適

北交點落入射手座的人在關係中習慣於觀察伴侶，只講一些伴侶覺得「受用」的話。例如一位北交點落入射手座的男士想要娶妻。他喜歡能照顧自己的女性，但又對這種想法很沒安全感。他會想：「女人是否比較喜歡男人能當一家之主、照顧家庭和處理財務？」「是否該嘗試讓伴侶知道自己的這種想法？」

這些原生者不願讓別人看到自己自然且真實的本質，反而按照自認為會營造和諧氣氛的方式表現出膚淺的迎合，所以他們常因為伴侶的關係而必須不斷改變立場。可是伴侶若不瞭解他們的本質，根本無法建立深度的關係。

這些原生者相信如果不讓伴侶輕鬆快樂，關係就會瓦解。他們對未知的真理及真實的恐懼顯然會妨礙親密感。當他們覺得對話變得太嚴肅或太深入時，會習慣性地退縮、改變話題，讓氣氛回到之前的膚淺及表面。他們會為了避免涉及深入實質的討論，而做許多事來轉移話題，例如逛街、玩牌、看電視、看電影等。這有部分是因為原生者知道自己的心智思考過度活躍，時常想太多，他們其實很佩服自在輕鬆的人。原生者總認為自己太嚴肅了，如果讓伴侶也變得很嚴肅，就會導致關係沉悶無趣，伴侶最後就會離開。所以這些原生者總不停地開玩笑，刻意讓一切看起來很輕鬆淺薄。

當這些人面對有些沉重的情境時總試著放鬆心情，這也會對關係造成問題。例如當有人向他們談起一個嚴肅的問題，但他們卻把很嚴肅的情形看得很輕鬆，對方很可能會生氣。原生者如果試圖把問題表面化，伴侶會覺得「不受重視」，也無法更深入討論真相。對原生者而言的最好作法是改變態度，認真注意別人為何生氣。如果他們認為實際情形沒這麼嚴重，但是自己反應也不恰當，他們最好說：「對不起，我不知道這對你這麼重要。」如果他們認真聽別人說話，就可以從對方的眼神中知道這件事情很重要，那麼最合適的回答就是：「我正在聽，請告訴我到底發生了什麼事。」

這些人必須停止輕率應對，並願意認真地與伴侶對話。如果他們不改掉這個習慣，伴侶就會退縮，覺得原生者根本不在乎自己的想法。原生者若能超越表面膚淺的層次，認真面對問題，就會產生截然不同的結果，創造關係的親密感。他們正在學習只要真心想解決問題，與伴侶討論較嚴肅的話題，其實是很安全又健康的事。如果他們能跳脫不斷推敲琢磨的心智沼澤，也不要因為特定的話而心煩，就能發揮最好的一面。

北交點落入射手座的人有時堅持別人談論事情所用的詞彙必須與他們的完全相同，因而引發爭論。這部分是因為他們過去許多世曾當過老師，當他們分享資訊時，會確定別人是否正確地瞭解自己的意思。所以原生者如果發現別人用字「錯誤」，或有某些部分「不正確」，不完全吻合自己告訴他們的內容，就會糾正他們。這種態度非常武斷，當然會讓人退避三舍。造成這種趨力的部分原因是，原生者自認為在「教導別人必須學習的事」。當對方完全接受自己的話時，原生者會覺得自己的想法被肯定了，也會更相信自己的認知。他們正在學習相信自己與真理的連結，其實並不需要別人的肯定。

這些人還有個負面習慣可能會影響關係，就是愛聊八卦。原生者通常很迷人也很友善，他們想知道別人在做什麼，這並非出自惡意，而較像是種打發時間的方式。原生者喜歡聽別人說自己的事，然後把話傳播出去。當他們分享八卦時所引發別人的情緒反應，會讓他們覺得自己很重要，與別人建立強烈的心智連結。但這種交流其實都停留在表面的「安全」階段。

他們最後會因為聊八卦的習慣而無法與別人建立深層連結，因為別人很害怕秘密會被公諸於世，儘管原生者並非惡意，但就是口風不緊。諷刺的是，原生者會想：「嗯，如果我談別人的八卦，別人也可能會說我的八卦」，所以也不會跟別人聊自己的私事。少了基本的分享自我，原生者的人際關係永遠流於膚淺，無法建立忠誠及安全感。如果他們替自己著想，就應該停止說三道四的習慣。

透過深入地聆聽、誠實地顯露自我來解決問題

北交點落入射手座的人很少深入地聽別人說話，而習慣讓事情流於膚淺，維持短暫的和諧交流，所以常忽略了關係中的重要議題。這些人凡事講求邏輯，他們認為既然不斷有新的事情發生，那就不可能有不變的解決之道，因此習慣附和別人，即使並不相信對方的看法。

這些人不認為討論令人沮喪的事可以找到解決方法。然而，在一段成功的關係中，雙方應該坦承自己的感受，想辦法找到正面的解決方法，才能讓彼此都覺得更完整。但原生者不相信這種方法行得通。首先，他們不相信別人會對他們說實話，也認為若與別人分享感受，別人就會產生防禦心，否定他們的看法。因此他們只會處理表面上的意見分歧，但在較深的層次上，問題依然存在。

舉例來說，原生者可能會先傳達自己的想法，然後確定別人瞭解自己的意思，對方也會表達自己的

想法，並確定原生者瞭解自己的立場，只可惜，最後雙方都沒找到解決方法就各自離開了。也或者是原生者告訴家人一個想法，家人聽了就說：「嗯，好啊。」原生者可以意識到家人並非真正同意，卻也沒有多說什麼，到最後，事情還是沒有解決。

我有一位北交點落入射手座的個案，他與兩個人合夥做生意。他總是跟一起創業的合夥人爭論不休，另一位合夥人只好夾在中間當三明治，試圖取得平衡。他與創業的合夥人通常會各自陳述南轅北轍的看法，另一位合夥人就會說：「好了，這是你的看法，這是他的看法……而我認為這是最好的選擇」，最後三人投票決定。即使原生者與創業的合夥人都有聽對方說話，也真正瞭解對方的意見，但是如果沒有另一位合夥人，便很難解決問題或達成共識。原生者正在學習找到「第三方的真理」，無論是第三者的意見或是勝過原來計畫的新想法。

這種情形特別容易發生在親近的人身上。原生者認為如果大家都能「立場一致」，彼此「瞭解」，就可以避免爭吵。然而，這種關係肯定貧乏無味。在一段關係中，其中一方如果總是附和，而非真正達成共識，那麼在許多層面上都無法建立親密感。雙方如果不是全心接受一個計畫，或不能共同對某個新點子興奮不已，那麼所有的解決方法都只是假象，其中沒有真正的親近或成就感。

原生者可能會根據「不要計較」的習慣來採取行動，讓事情保持愉快，伴侶則會在他們的操縱之下附和。當時間一久，原生者如果總是接受某個想法，而非真正地與伴侶達成共識，伴侶會覺得原生者不是真正在乎自己，也不想真正解決問題，而這會讓關係日漸枯萎。此外，所有沒被真正解決的重要問題，最後一定會再次浮上檯面。

北交點落入射手座的人若想找到滿意的解決方法，一定要秉持著誠實和直接，這是不可或缺的基本態度。如果他們因此生氣，而又不與伴侶分享自己真正的想法與感受，就永遠無法真正地解決問題。所以他們的第一步應該是認清自己的看法及感受，這樣才能跳脫邏輯及事實，從更高的層面來看待問題。接下來的第二步就是要深入地聆聽對方。

舉例來說，一位北交點落入射手座的個案在公司遇到難題，必須決定讓哪位同事晉升經理。他有屬意的人選，但甲合夥人卻希望拔擢另一位人選。乙合夥人同意甲合夥人提議的人選，我的個案卻覺得這不是個好決定。但是他這次改掉附和的習慣，主動找乙合夥人談談，仔細討論這個人事決定。乙合夥人讓他更瞭解這個職位的需求，以及為何不選擇他屬意人選的原因，同時向他解釋，他們需要怎樣特質的領導者來擔任此職位。當我的個案深入地聽取乙合夥人的想法後完全被說服，他最後終於能看清楚這件事的來龍去脈，並同意他們的決定。

同樣重要的是，我的個案並沒有因此低估自己的能力和直覺，他非常準確地解讀了這個人事決定和他人的反應，並建議合夥人必須避免事後有負面的反彈。他直覺被否決的人選會是個問題，所以向合夥人說：「我聽了你的分析後知道你們的選擇是正確的。但是答應我，要與另一位同事做正面的溝通，讓他知道你們對他的未來安排，或建議他接下來該怎麼做。如果你一直讓他懸在那裡，可能會失去這個人才。」

對我的個案而言，這整件事稱得上是個人的大勝利。他重視自己的不安，花時間深入地聆聽合夥人的想法，然後根據直覺來考慮另一位人選的需求。他告訴我，這是他第一次能感受到滿足、完整及內心的平靜，這是因為他與別人創造真正的解決之道，而非達成表面上的暫時協議。這其中還有附加利益，他透過這樣互動，與合夥人創造更多的親密感，讓雙方未來能更信任彼此，促進合作。

對北交點落入射手座的人而言，勇敢說出真正的感受是非常重要的事，這並非只是為了解決特定狀況，而是攸關人生的滿足及快樂。舉例來說，我有一位這個北交點位置的個案，她已經走到生命的盡頭，卻仍然對前夫充滿恨意。她怪他讓自己困在一個無愛的婚姻中這麼多年，最後還為了外遇離開她。我告訴她：「妳已經經歷這麼多，應該不希望自己在死前還不知道妳來這世上該學會什麼功課吧？」

過了一個禮拜之後，她打電話給我說想跟我碰面。當我到醫院看她時，她身上散發的光芒照亮了整個病房。她臉上掛著微笑，看起來更平靜了，我過去許多年都不曾見過她如此安詳。她對我說：「珍妮，我終於看到事實了。我當時應該告訴我的丈夫，我不愛他了，而他就會放手讓我離開。」

北交點落入射手座的人還有另一門重要的功課：他們無論多麼恐懼結果，其所作所為都必須揭露內在的真理，唯有如此，眼前才會出現正面的道路。

尊重別人的現實　建立充滿活力的連結

北交點落入射手座的人習慣聽從自己的意見，選擇正確的生活方式。舉例來說，我的個案提到北交點落入射手座的丈夫：「他不停地說話，有時我甚至插不上一句話。」他總不停談論自己的問題、興趣和想法，讓她覺得不受重視。

伴侶若覺得原生者並沒有真正「認識」自己，就會認為如果完全地表現自己，也不會被原生者接受，自然不會嘗試與原生者展開有意義的溝通。這會阻礙親密感，兩人的關係也會變得膚淺，只侷限於日常生活小事，而沒有任何智慧層面的交流。原生者總讓事情看起來很輕鬆，維持表面和諧，伴侶通常也會親切回應，但卻會保留自己最深層的性格，例如信仰、重視的東西，以及最能感受到生命意義的事物，因此阻礙了更深層的連結、成長及生命力，也破壞關係的發展。對原生者而言，他們也無法從中獲得互相的親密感與個人的成長，因為他們其實只是在跟自己的想法、而非伴侶說話。

舉例來說，我的一位個案想重新粉刷客廳，她詢問北交點落入射手座的朋友的意見。我的個案說：

「我想我會選擇酒紅色。」她的朋友回答：「喔，不要。我想妳應該選比較偏咖啡色的顏色。」我的個案說：「我不喜歡咖啡色，那讓我不舒服。」但她朋友說：「我想妳搞錯方向了，妳應該弄一小桶咖啡色油漆來試試。」

這位原生者沒有真正聽進去或回應我的個案的話，否則她應該說：「好吧！那除了咖啡色或酒紅色，……如何？」這個北交點族群最好的應對方法是真正聆聽且尊重別人的看法，再表達自己的意見，然後沉默一會，等待「第三方想法」出現，而這通常都是來自於直覺。

這些原生者習慣表面上聆聽，卻沒有真正理解對他人來說重要的事。別人的看法如果屬於原生者熟悉的邏輯範圍，原生者可能會聽從，然後給予肯定，但如果是原生者完全陌生的領域，例如某人對顏色的「感覺」，原生者通常會錯過對方的重點，只聽到合乎自己邏輯的特定字眼。

當原生者真正發揮好奇心探索別人的世界時，不僅能幫助自己更加瞭解對方，也能擴展個人的心智視野。如果他們不這麼做就會影響親密感，因為伴侶會覺得原生者根本不瞭解自己，最後可能另覓其他人選，建立更有意義的連結。

北交點落入射手座的人可能非常專斷。他們知道自己的需要及喜好，還認為別人的需求都跟自己一樣。他們其實不能理解為何別人會有不同的想法，而且認為別人若不同意自己的看法，就一定是錯的。這些原生者常常無法脫離自己的邏輯領域，開放地接受討論。

這些原生者自認為知道別人的需求，但他們的判斷卻往往是錯誤的，因為那些都是根據他們對現實及別人的認知。原生者可能花時間和精力在伴侶身上，甚至送禮物取悅伴侶，但卻沒考慮到對方真正的需求及願望。這些人必須學習不要只是努力爭取當下短暫的接納，而是要更深入地、真正聆聽對方關心的事。

這些原生者若想創造關係中的親密感，就必須學著瞭解、同時接受一個很基本的觀念：別人跟自己的需求不同。舉例來說，我有一位北交點落入射手座的個案，他妻子有時想自己看場電影，也需要一點獨處的時間，但他實在無法理解。原生者如果不支持或不幫助伴侶滿足需求，就會妨礙關係中的親密感，最後對方會覺得自己不受重視和肯定。

北交點落入射手座的人如果可以意識到、並開始聆聽伴侶的「真理」以及「真正在乎」的事，讓伴侶分享真正的自己，那麼他們的靈魂就有機會看見一個大多數人早已明白的真理，那就是一個人可以透過完整的表達，誠實地展現內涵的真理，並獲得更多的內心寧靜，與別人建立深入的連結。

原生者若能允許別人展現個人真理，便能更有信心揭露自己的內在真理。他們可以透過這樣的方式分享真實而互相認同的親密感，也能清楚地找到解決深層需求的方法。他們不再需要為了與伴侶維持暫時的心智和諧而不斷地操縱對方。這種互動不僅能讓雙方成長，根據內在的真理所獲得平靜及安全感，也能成為關係最重要的基礎。

成功經營親密的性關係

北交點落入射手座的人在親密關係中如果無法持續得到正面回應，就會欠缺安全感。原生者需要靠日常的聊天溝通，才能確保自己在伴侶心中的形象依舊沒變。他們想知道伴侶對自己的感覺，也想告訴伴侶自己對他們的感受。

他們會因為這種不安感而不斷猜想伴侶的立場：「他還愛我嗎？他還會被我吸引嗎？他明天會來找我嗎？他是否在跟別人約會？我對他有多重要？」原生者會希望馬上知道答案，而不願隨著關係發展自然看到答案。他們不願直接問伴侶這些問題，於是開始使出許多操縱和心機遊戲。例如，原生者認為伴侶不夠重視自己，因此很沒安全感，他們可能會為了改變伴侶的看法，就開始對伴侶不理不睬，甚至威脅要另覓新歡。

原生者其實非常渴望伴侶說：「我迷死你了，永遠別離開我！」但伴侶若沒有這樣表示，原生者就會很焦慮，最後作出破壞關係的事。他們可能會威脅要結束關係，其實只想看看伴侶是否會追上來、說出自己的感受。他們認為這是想得到真實的反應唯一的方法。然而實際上，當他們揚言離開時，伴侶的反應很可能像個被嚇到的小孩，因為害怕被拒絕或拋棄而亂了陣腳。

伴侶可能會很生氣，因為原生者勾起了這些強烈的童年恐懼，而光是這點就會破壞關係的發展。原生者的原意是要雙方更親近，但卻用了一種不健康的欺騙手段。伴侶可能會堅持不分手，但這並非他們對原生者的真正感受，只因他們不想被拋棄。當原生者玩弄這些手段時，會阻礙彼此真正的吸引力，因為雙方都不知道對方的真心。

從原生者的觀點來看，這並非欲擒故縱。他們認為必須這麼做才能知道伴侶的真心：「他到底愛不愛我？他既然不說，那我就測試一下。」這種心態會阻礙親密感，因為這段關係已經被原生者變成一場實驗，實驗結果如果顯示他們可以相信伴侶，就會開始用不同的方式對待伴侶。原生者無意識中認為：「如果我離開他，他就會崩潰，所以現在可以開始操縱他了。」這顯然會傷害關係，因為對方會覺得被看透、被控制，對原生者的信任也因此大打折扣，無法建立健康的親密感。

這些不安全感都是因為原生者對正面結果欠缺基本信心，也缺乏耐性。這些人正在學習相信：生命其實希望他們快樂。他們只需遵循倫理道德讓關係自然發展，就會知道身旁這個人到底是不是合適的伴侶。他們必須學習培養耐心，讓事情順勢發展，並將別人與自己的時間安排列入考慮。

北交點落入射手座的人一旦進入穩定的關係，就會覺得每天至少必須打一次電話給伴侶。他們通常話很多，以確保伴侶跟自己「進度一致」。他們害怕如果沒有每天聯絡就會失去對方，但伴侶卻會覺得原生者不希望自己和其他人太親近。原生者可以從這種額外的聯絡中獲得短暫的心安，但這其實是種控制行為，確保自己在伴侶心中的地位。原生者的行為是經過算計的，他們讓伴侶覺得安心，也表現出負責又關心的形象，然而，這並非出自於原生者真正想建立的連結。

北交點落入射手座的人會認為，若能讓事情保持輕鬆，伴侶就會快樂，也願意留在這段關係中，因此他們可能會拒絕任何深度的討論，只想維持某種短暫的心智和諧。伴侶如果有任何不愉快，表現出沒有獲得滿足的深層需求，或某種不符合現狀的喜好，原生者可能會嘗試以邏輯溝通，而不去面對伴侶的不滿。原生者也可能暫時安撫伴侶的需求，讓伴侶開心，然後故態復萌，一心只想維持輕鬆愉快的狀態。

原生者厭惡討論關係中深層議題的態度會對親密關係造成傷害。伴侶會覺得不滿、難過又生氣，因為原生者顯得不在乎，也不想與他們建立更有意義的連結。其實，原生者若肯冒險告訴伴侶自己是如何被某事影響，所產生的正面結果往往會令他們訝異。舉例來說，我有一位北交點落入射手座的個案，她有嚴重的拋棄情結問題。她男友有次跟她開玩笑般在電影院玩失蹤，嚇得她手足無措。她在盛怒下直接且誠實地告訴男友：「史帝夫，請你以後不要再做同樣的事，我顯然有被拋棄的恐懼。我只要一覺得自己被無預警地留下，就像你在電影院所做的事，我內心的小女孩就會驚慌失措。」男友非常能諒解這點，再也沒有做過類似的事。

這些人如果願意更深入地聆聽伴侶的需求，誠實說出自己的需要，就能進階到另一個層次，開始用有意義的方式來解決問題。他們可以說：「我們現在有什麼好的解決方法？」如果當下找不到好方法，同時也感受不到「第三方的直覺」，那不妨邀請第三者加入——例如婚姻諮商師——這可能會很有幫助。無論如何，北交點落入射手座的人若不敢打開心房真實表現自己，就永遠無法體驗渴望在關係中獲得的親密感。

他人所能提供的協助

鼓勵他們誠實和直接

北交點落入射手座的人習慣保留真實的想法和感受，所以通常需要點提示，才能提供別人直接的回饋。你要幫助他們知道，別人值得誠實的回饋，因為這可以幫助對方學習成長，也有機會改變自己的行為。你得明白告訴他們，如果他們不與伴侶分享自己的真理，伴侶就無法根據他們真正的願望及需求來付出，這勢必會破壞關係。為了讓事情能解決，你要鼓勵他們表現出自己的內在真理，儘管他們非常害怕會有反彈的效果。請提醒原生者，他們在這一世已經無法再逃避真相。

如果他們變得疏離、怪異或難以預測，請他們說出心裡的話，有可能是某種特定的恐懼，例如：「你不再覺得我有吸引力了」或「我不想再繼續這段關係了。」你要請他們分享內心的秘密，然後老實說出看法，如此就能與對方真誠交換意見，找到最自然的解決之道。

鼓勵他們唯良心是從

北交點落入射手座的人在過去許多世裡都是靠著敏捷的心思來操縱關係，但這些技倆今生已不管用。如果他們遵從邏輯違背良心，不採取直覺知道的「最佳方法」，最後一定會一敗塗地。他們現在正在學習無論多害怕事後反彈的後果，都要唯良心是從。

你要鼓勵他們跨過信念的門檻，採取正確的行動。事情也許看來不合邏輯，但如果他們願意冒險，憑著良心做事，通常能得到正面的結果。你要告訴他們，他們必須信任並依循一個善良的「更高層力量」，慢慢培養出內在的力量及道德標準。

這些人時常無法遵守承諾，因此破壞了關係的發展——不要讓他們養成這種習慣。例如他們出差時答應每晚會打電話問候伴侶，請提醒他們即使很累或不太舒服，也要信守承諾。

鼓勵他們禱告、冥想或嘗試其他靈修活動

這些原生者的心智非常活躍，不斷在事後反省自己而徒生焦慮感，所以他們必須珍惜並尋找內心的平靜。鼓勵他們培養對某種靈修活動的興趣，從中獲得一些指引的準則，並應用在日常生活中。但無論他們選擇哪種方法，都必須跳脫「法則的字面意義」，跟隨自己的直覺，再將靈性的準則及真理融入日常生活。

鼓勵他們規律地禱告或冥想，尋求正面的「更高層力量」，跳脫心智框架，從中獲得支持及平靜。北交點落入射手座的人習慣忙碌，無法忍受無聊，如果他們能找到一種靈修途徑讓自己的能量不停流動，就比較能持之以恆。提醒他們，若將靈性法則運用在日常情境中，他們將體驗一段新的探險，也能看見宇宙所提供的解決之道如何示現。這些人可以透過接觸大自然，放下頻繁的心智活動，培養洞見。鼓勵他們去爬山，或花幾天時間在大自然中散步或靜坐。如果現實允許，請鼓勵他們選個有自然景觀的房子，這可以讓他們有機會放鬆心智，感受生命展現的能量。你也要鼓勵他們多到國外旅行，當他們處在不同語言的環境，會很自然能放鬆自己，不會一直想與別人建立心智的連結，而可以單純地做自己，如此讓他們更容易地以更寬廣的角度看待周遭的人事物。

幫助他們找到直覺

你要鼓勵北交點落入射手座的人感受內心的直覺，這可以幫助他們減緩過度活躍的心智，享受些許內心的寧靜。請你也鼓勵他們多觀察直覺的感受，接受靈性的指引，這可以讓他們跳脫自身心智結構的命運，在所面臨的任何困境中創造更好的結果。

舉例來說，如果他們正考慮一個決定，不妨問他們：「你直覺怎麼做才是對的？」這可以提醒他們意識到、同時參考自己的直覺。當他們因為個人關係而憂心忡忡時，不妨問他們：「他給你的直覺是幸福還是不幸？」你要不停地提醒他們利用直覺，把直覺當成正確的導引系統。

如果你也樂於接受他們奇準無比的直覺，就能幫助他們建立信心。當你面對一個困難的決定，或不清楚目前的關係，不妨請他們給個直覺的建議：「我不知道是否要換工作，你有什麼直覺的想法嗎？」或「我很困擾與鮑伯的關係，你有任何直覺的看法嗎？」請不停提醒他們利用直覺提供你意見，不要跟他們的邏輯妥協。如果你不斷提醒他們朝這個方向發展，他們的直覺就會變得更強烈。

鼓勵他們深入地聆聽

你要鼓勵他們更深入地聽別人說話，找出真正的解決方法，而非尋求暫時的心智和諧。這些原生者是天生的溝通者，他們非常重視與別人保持愉快的心智連結，也很喜歡被接納的感覺。原生者若相信說出實情並要求伴侶對自己說實話，可以讓伴侶更容易接受自己的想法，那麼他們就會願意做。這對他們而言是可怕的嘗試，但是你要鼓勵他們這麼做。

別讓他們縮短聆聽的過程，只在表面上接受別人的觀點，暫時達成協議。他們應該用心聆聽伴侶的想法，並感受對方的話語。不要讓他們「不聽你說話」。在你們的關係中，你要多鼓勵他們打開心房，建立深層的連結，如此雙方才能在更具意義的層面上珍惜彼此的陪伴。

幫助他們知道，若能冒險放下輕鬆的態度，在深刻有意義的層次上處理與他人的關係，將能發現帶來持久平靜的答案，並在他們的生活中創造正面能量。如果他們發現自己只要能打開心胸，深入地瞭解伴侶的希望、夢想及信仰，就能更滿意地與對方相處，他們就會願意冒險改變態度。

北交點落入射手座的人也喜歡新資訊。你要鼓勵他們超越現實，從旁人身上找到更多深度的資訊。每個人都是訊息的使者，而出現在我們生命中的人是我們專屬的特別使者。這些人若能深入地聆聽，直覺就會引導他們找到需要的資訊，更成功地掌控人生。

不鼓勵的習慣

為了得到表面的和諧而操縱別人

不要讓他們把事情維持在「輕鬆愉快」的感覺，只為了掩飾一個更深層的憂慮。別讓他們玩弄遊戲和實驗，測試與自己有關的人。

說善意的謊言、聊八卦

不要讓他們沉溺在這些習慣。提醒他們過去的一些八卦已造成不好的反作用力，而他們每次這麼做，只會讓自己失去能量，而且就長遠來看，結果也不會令人開心。

過度思考

勸他們不要在事後批評自己。鼓勵他們不要懷疑自己最初、最自然的內在認知。

月亮北交點落入魔羯座或第十宮

他們帶給關係的特別禮物

* 同理心
* 照顧的精神
* 渴望滋養別人
* 感情的融合
* 敦厚
* 處事公平
* 渴望保護自己所愛的人

阻礙親密的迷思

* 我必須先有安全感，才採取行動。
* 避免冒險是保持安全的最佳方法。
* 家人無論如何都會支持彼此。
* 別人依賴我就代表我很重要、被人需要。
* 我不相信別人能真正瞭解我。
* 我不知道如何掌控情勢，設定目標。

＊隨性是不安全的，我必須保持控制。
＊我必須委屈一下，才不會造成麻煩。

伴侶的埋怨

＊我被他們過度情緒化的反應控制。
＊他們總認為錯不在己。
＊他們太受母親影響。
＊他們不知道別人需要哪些支持。
＊他們常被細節卡住，導致一事無成。
＊他們做事沒有效率。

改掉依賴家庭的壞習慣

北交點落入摩羯座的人在過去許多世裡都在家庭中扮演依附者的角色，必須仰賴與家庭的連結來生存，因此到了今生，這些人會過度認同家庭。他們最大的障礙就是習慣把所有事情都縮小至「家庭」的範疇內，卻不會用人生的整體角度來看待家庭。

這些原生者依賴家庭，不但受家庭的保護，也必須保護家庭，但卻不認為自己是獨立的個體，也不曾認真想過創造自己的命運。他們把「安全感」和「家庭」完全混為一談，所以時常會委屈自己。如果他們認為追求自己的夢想會破壞家庭的保障，就會無意識地自毀努力，遠離成功。

這些人會不斷把心思花在家庭、住家及個人的安全感上而造成一堆問題，妨礙關係的親密感。當他們把重心放在家庭時，會習慣地想掌控一切。他們想要保護家人，而且是用自己的方法。這些人經常處於焦慮的狀態中，因為他們在潛意識中認為自己必須控制家裡的每個成員，才能確保整個家庭的安全。

這些原生者把家庭當成中古世紀的氏族，為了確保生存，永遠必須行動一致，所以家人若違背他們對家庭關係的嚴格期望或理想，他們就容易有過度情緒化的反應。這些人可能陷入某種情緒或亂發脾氣，迫使對方不得不改變方式，以符合他們認為維持個人安全的必要標準。這往往使得別人感到窒息，覺得必須小心翼翼，才不致惹得原生者情緒爆發。

然而就另一方面來看，北交點落入摩羯座的人無論在任何時刻都非常忠於家庭。他們認為家人應該隨時互相支持，堅守家庭的價值觀，維持家庭的傳統。他們即使不同意家人的某些看法，仍會把家庭忠誠擺第一，放棄個人的意見，因此時常覺得因為家庭而不能做自己。如果他們始終相信家人都必須有同樣的價值觀，這種感覺就不會消散。如果他們堅持別人應該遵守標準，自己也就無法跳脫框架。

這些人永遠把家庭擺第一，所以常會有種不切實際的期待，認為家人也該把自己放在第一位。當事實並非如此時，他們就感到沮喪，覺得家人不瞭解或不支持自己。這些原生者把家人視為理所當然，他們不會費心表示對家人的重視，也不會感激家人的付出，反而覺得這一切都是應該的。這些人認為因為「我們是一家人」，所以家人必須對自己更好、付出更多。他們最後往往變得很依賴家庭，要求很多，不時發牢騷——這些表現與他們對自我形象的期望，剛好完全相反。

北交點落入摩羯座的人認為家庭應該滿足他們的需求，這常讓家人有點緊張。家人總覺得應該彌補原生者的弱點，也不知道原生者的反應為何如此情緒化，結果讓原生者更加覺得家人不瞭解自己。

追根究柢，原生者的這種趨力是因為他們卡在人生的初期發展階段，他們無論在家中的長幼順序或地位為何，似乎都需要永無止盡的關心及保護，即使已經當了父母或祖父母，在無意識中仍把自己當作小嬰兒，希望整個家庭能齊心一致地保護自己，希望家人說自己是最棒的，把自己視為至愛等諸如此類。

原生者認為家人會聆聽、鼓勵或取悅自己，願意借貸自己金錢，幫自己度過每次危機。他們就像嬰兒一樣不會用言語來溝通自己的需要及願望，而期待別人能自動照顧自己。這當然會讓家人非常挫折，因為他們想跟原生者平等相處，而非將他們視為小嬰兒。

這種傾向阻礙了親密感，因為這使其他家庭成員怨恨原生者，想推開他們，或迫使他們為自己的需求負責，讓彼此能平等相處。這也讓原生者無法展現親密感，因為家人若不能滿足自己，他們彷彿就像生存陷入危機。然而，家人如果真的滿足原生者的需求，只會讓他們更晚獨立，以及不能為自己負責，創造成就。

北交點落入摩羯座的人往往抗拒踏出這一步，因為他們在無意識中認為必須先獲得家人的鼓勵和支持，才能追求自己的目標。實則他們總在尋求協助，然後才願意向前踏步，擔下責任並創造成功。這種保留的態度是他們最大的錯誤，因為別人的付出永遠不夠，所以他們永遠沒有自信踏出第一步。這些人的功課是：無論有沒有家人的支持，最終還是得靠自己努力達成個人的目標。

很諷刺的是，儘管原生者希望得到家人的支持，但如果家人對自己有所要求，他們往往十分抗拒，即使家人是為了他們著想。例如我有一位北交點落入摩羯座的個案，她必須完成過去三年的報稅才能拿到遺產。她雖然非常需要這筆遺產，卻百般不願意完成報稅。這使得她自己的經濟無法獨立，因為無意識中，她抗拒著母親的「規則」，她希望家人能瞭解並同情這點，二話不說地照顧自己。

原生者若想克服這些非理智的抗拒，可以學著嘗試建立不同的心態。例如我的個案可以告訴自己：「這件事無關家庭，只是浩瀚無邊的宇宙在提醒我時候到了，我必須當個負責的人，搞定自己的事。」這就是原生者的人生功課之一：他們表現得越自律，別人對他們的要求就越少。

這些人的另一個問題是家人對他們的看法（特別是家中的威權人物）會深刻影響原生者的自我形象。原生者即使非常清楚家人對自己的看法是錯的，但在感情層面上仍忍不住懷疑自己。除非他們能跳脫家庭對自己的看法，否則很難獨立走出去。

原生者因為對家人的特別期許，所以相對來說，他們也會對親戚特別嚴厲。他們可能會不斷怨恨或懲罰某位家人，因為對方在過去沒有支持他們。即使對方需要支持，他們也會表現得憤怒或保持距離。如果他們能放下這種負面的家庭趨力，就會發現自己還有其他選擇。他們可以繼續用懲罰來讓對方學到教訓，或是提高層次，以身作則地向對方展現體貼的感情與支持。

有時北交點落入摩羯座的人準備放下對家庭的依賴，但家人卻不讓他們走！原生者可能會發現，他們希望能照顧家庭的渴望已使家人養成依賴，使家人變成自己的負擔。原生者的脫身方法是不再當家做主，或努力滿足自己及每個家庭成員的需求。

這些人必須學習用更寬廣的角度來看待「家庭」概念，這可以讓他們比較容易脫離家庭，為個人的人生目標負責努力。如果他們發現自己能獨力創造成功，就能把不健康的依賴轉化成真正的同理心，然後帶著覺知，用一種更健康的方式重建家庭關係。

戰勝不安全感及失敗的恐懼

北交點落入摩羯座的人會因不安全感及害怕被拒絕，而不敢向前踏出一步。對他們而言，最基本的動機就是維持生理及感情的安全感。這些人很容易不斷地焦慮：「假如這件事發生了該怎麼辦……、假如那件事發生該怎麼辦……？」這些人必須處理內心隱藏的不安，也必須在人生的定位及關係中面對同樣的問題。他們時常擔心自己能力不足、擔心無法與別人溝通、擔心自己手足無措，也很害怕別人會看穿他們的不安感，認為他們無足輕重、沒有用、能力不足或沒有抱負。在現實生活中，除非他們能意識到這點並做出改變，否則常會因為太脆弱，而無法勝任。這些人常因為害怕設定目標，不敢嘗試冒險，而顯得胸無大志。

原生者的強烈恐懼源自於過去世的經驗，當時的生存充滿危機，讓他們不自覺把對失敗的恐懼與對死亡的恐懼畫上等號。因此到了今生，這些人不敢嘗試任何擾亂現狀或可能威脅安全的冒險。這些人正在學習：冒險有時可能是增加安全感的最佳方法。一位北交點落入摩羯座的個案曾有機會買一棟很好的房子，每個月的房貸跟房租一樣，但是他的恐懼使他無法把握這個機會。他擔心房貸的責任、繳稅和打理庭院等事情。

原生者的最大恐懼就是別人無法真正瞭解自己，而這種自我暗示往往成真，因為他們在與別人相處時總不自覺地戴上自我保護的面具。他們通常甚至沒有意識到，其實是自己不讓別人看到真正的自己。舉例來說，他們與一群人聚會玩樂，沒一會兒就會開始與別人保持距離。他們無法享受當下，反而會把這場合視為錯誤的連結，他們會想：「這只是個稍縱即逝的機緣，沒有任何意義。」如果有人對原生者說：「哇，你真棒！」他們不會當真，還認為別人誤解了自己。這種心態顯然會阻礙親密感，因為原生者已經認為別人無法瞭解「真正的自己」，還常會以此為由，不去創造一個能更自然表現自己的狀況。

這些人對拒絕非常敏感，所以在社交場合中除非有些化學作用的協助，例如小酌幾杯，否則通常很難流露真性情。正常情況下，他們無法不在意別人的眼光，隨興地表現自己。這些人應該允許自己流露真情，最好一開始就先設定一個有時間限制的目標：「我在今晚的派對中要盡情做自己，看看誰能被真正的我吸引。」

如果他們不冒險嘗試，馬上會出現自我暗示的念頭：「沒有人真正瞭解我，所以我只要表現出他們認為的我就好了。」這肯定會讓別人無法真正瞭解他們，阻礙雙方表現親密感。原生者會覺得被誤解了，對方則會覺得不是跟一個真正的人在互動。

原生者對自己的感情狀態非常敏感，又很害怕被傷害，因此會不顧一切地避免被反對或拒絕，甚至不敢展開一段關係。原生者可能非常喜歡某個人，在腦海中對這段關係有許多的浪漫想像，然而如果他們不確定對方是否喜歡自己，就不會展開行動，最後會因為恐懼，讓所有想像都無法成真。他們甚至會在什麼也沒發生之前就已經放棄。

這些人非常害怕犯錯，害怕自己無法糾正錯誤，或讓別人發現自己的缺點。這些人在過去世不曾嘗試冒險，也不曾創造個人的成就，所以並不瞭解一件事：即使冒險的結果是失敗，他們仍能學到一些功課，有助於在未來創造成功。

這些人因為恐懼而可能很難學會某些特定的人生功課，因為他們不允許自己踏入未知的領域，所以無法在一個超越個人界線的狀態中學習和成長，讓自己更快樂，同時也更有安全感。這些人時常陷在自己的恐懼裡，擔心冒險的代價太痛苦或太龐大，會讓自己永遠無法恢復。若他們想突破這種模式，就必須完全專注在「追求目標」上，否則很容易因為恐懼而動彈不得。

北交點落入摩羯座的人正在學習萬物無常的道理。世上沒有永遠的安全感，他們必須瞭解，唯一能依賴的就是自己主動掌控當下的意願，試圖在目前情境中創造安全感。他們只要開始冒險，就能解放內在的能量，應付當時的情況，創造成功的結果。對他們而言最好的方法是隨時隨地認清自己的目標，把逐步達成目標視為首要之務。

獲得尊重：創造現實的期待、誠實、遵守承諾

北交點落入摩羯座的人有種深層的恐懼，會害怕別人不尊重他們。這些人非常在意別人的眼光，時常過度高估自己的能力，只為活出自認為的別人的期望。他們非常害怕讓人失望，也擔心別人認為自己無能，所以常常無法完全誠實，而在別人面前有所隱瞞，結果反而往往導致他們最害怕的結果。

舉例來說，這些人因為想要達到別人的期望，不會老實地說：「我明天行程已經排滿，可能會遲到。」反而會說：「我明天一定會準時。」直到約定時間的前一個小時，他們才終於發現自己根本不可能準時到達。這些人通常要到自己無能為力時，才會發現最好在事前讓別人知道，不要製造錯誤的期待。

原生者的這種趨力顯然會阻礙親密感，因為當他們無法達成別人的期待時，對方會對他們失去尊重，開始保持距離，因為對方不認為原生者能信守承諾。原生者則一再地自陷於失敗中，直到無法達成目標時才感到羞愧。

這個北交點族群的人正學習必須完全信守承諾，務實地看待自己的潛力。最聰明的方法就是多預估一點時間來完成某件事，或滿足別人的需要。沒有人能隨時滿足所有人的欲望及期待，只有原生者最清楚自己的狀況。他們即使因為事情不如預期進展，最後無法遵守承諾（這是每個人都會遇到的情形），也必須學習拿起電話，誠實地與對方溝通。原生者可以透過這種方式建立別人對他們的信賴，同時加強他們的自我尊重感以及對自己的信心，維持個人的正直形象。

魔羯座落入北交點的人還有另一個問題：他們常把脆弱與無能混為一談。別人可能會很坦然地說：「我通常很膚淺」或「我有時很不成熟」，一點也不擔心他人會因此不尊重自己。這是因為別人懂得尊重自己，也接受凡人並不完美的事實。但原生者永遠不願表現自己的弱點，他們害怕一旦表現脆弱、無法勝任、無法負責或謙虛，就會被人看輕，這使得他們在有需要時無法開口求救。然而事實上，若他們向

人求救，就能成功達到目標，會顯得更有能力；但若他們不求援，只會把自己弄得灰頭土臉。

這些人正在學習，如果只為了讓自己看起來比別人厲害而不夠誠實，或試圖操縱個人形象，通常只會換來反效果——這最常發生在家庭成員之間。舉例來說，我有一位北交點落入摩羯座的個案告訴母親，可以用五十萬美元的遺產維持農場十年的經營。她其實並不相信這筆錢可以用這麼久，但她知道這是母親想聽到的話，結果短短三年這筆錢就用完了。她為了讓自己看來「非常有能力」，創造了一個不切實際的期望，最後讓家人失望。這是她最不願意發生的事情。

原生者一心想操縱自己的形象，這是非常不健康的習慣，讓他們顯得被動，變得更依賴，彷彿已經放棄主掌自己的命運。他們必須學習誠實地做自己，而說實話就是保護自己的最好方法。如果他們說：「我有時很暴躁」，那麼當他們真的很暴躁時，別人便已有心理準備，也比較能接受。如果他們假裝得永遠高高在上、無所不能，一旦「滑一跤」，別人就可能會失望，因為他們從未表現出這一面。其實，一旦他們隱藏部分的自己或某些資訊，別人多少會有感覺。然而，別人不知道原生者到底想隱藏什麼，最後導致關係中的不信任。

對北交點落入摩羯座的人而言，唯一真正能表現力量的方式就是開始作決定，在行為中表現自重，不要顧慮別人的意見。他們要學著追求個人重視的目標，並明白在過程中堅持做自己，比較能達到所想要的成就，然後他們的個人形象自然會因為這些成就而加分。

原生者若能在任何一個領域成功，別人自然會給予他們所想要的尊重，這也能帶來自我滋養，因為他們終於懂得尊重自己。他們甚至會發現在努力的過程中，自己已成為別人的典範。

停止責怪別人：努力克服感情的逃避

北交點落入摩羯座的人自認為非常有同理心。事實上，他們對別人的感情也非常敏感。別人如果生氣或難過，原生者通常無法穩住自己的情緒、成為對方的支柱，反而會接收對方的情緒，尤其當對方是他們親近的人。最後原生者還會因為自己的悶悶不樂而責怪別人！

這些人的情緒很容易被勾動，所以會盡可能地避免別人的批評或負面能量，因為他們害怕自己會有過度的情緒反應而傷害了對方，然後又得處理衝突的場面。原生者會試圖支持親近的人，但如果對方的言行舉止不符合他們對關係的期望，他們就會大發雷霆，或透過某種擴張的情緒來逼對方「就範」。他們傳達的訊息是：「如果我對你失望，都是你的錯！」

這會阻礙親密感，因為別人不想被這種相互依賴的感情操縱。別人最後會覺得無法有自己的感覺，也無法與原生者分享，因為原生者總是情緒化，認為別人的話都是針對自己。其後原生者會選擇離開幾天，自己舔傷口、哭泣、或掀起另一場戰爭，試圖釋放爆發的情緒，直到重新找到平衡點。

原生者如果認為權威者對他們有任何懷疑（尤其是在家中的權威者），他們不會試圖證明自己的能力，或客觀地看待狀況，反而會認為：「他們也許是對的。」更因此非常受傷，花許多時間在感情上逃避，不去追求個人的理想。原生者之所以會有這種自我傷害的傾向，是因為他們認為所有事情都是針對自己，而自己在別人面前很丟臉。

原生者若想達成目標，就必須學習培養客觀及實踐的能力，把發生的一切都視為成功的機會。然而，原生者如果因為任何自認為的挫折或某些未解決的家庭問題而勾起情緒，就常陷在「這很痛苦」的想法中，而不願採取下一步行動，達成自己的目標。

這些人基於這種趨力，通常無法滿足自己的需求，偶爾還會製造一些狀況，讓別人必須伸出援手。

他們常以這種方式在關係中控制別人。原生者通常會順從對方，以確保自己的需求被滿足，同時使對方和他們綁在一起。就某種角度來看，原生者是利用放棄主權來控制對方，這會讓情況變得非常迂迴，也會阻礙親密感。因為如果他們不能掌控自己，就無法安心地放下防衛，讓別人靠近自己。

這些人可能會透過被動的侵略行為來處理受控制的感覺，他們有時表現得非常開放又願意支持，但只要感覺到一絲輕慢或拒絕，馬上就會暴怒，讓人退避三舍。最後，旁人可能會為了避免被原生者的情緒爆發傷害，而與之保持距離。

北交點落入摩羯座的人通常不願為自己的決定負責，彷彿如果自己冒險做了決定，而事情沒有好結果，一切都會是自己的錯。他們可能把個人的一事無成怪罪到前妻或前老闆身上，卻不願意自己負責創造正面的結果。當他們覺得害怕或沮喪時，常會責怪別人造成自己的不安，總之一切都是別人的錯。

原生者正在學習在成功的伴侶關係中擔負更多的責任。他們習慣把關係的經營視為伴侶的責任，一出錯就責怪對方。他們拒絕為生命中的結果負責，這往往限制了親密感，因為別人一旦發現原生者把自己的感覺、決定及錯誤都怪罪到自己身上，最後就不再信任或尊敬他們。

若原生者不冒險為自己設定任何目標，那麼當身旁親近的人在追求自己的目標時，他們就會覺得被控制了。舉例來說，我有位個案的母親的北交點落入魔羯座，他和父親想搬到加州居住，母親最後一道前往，但卻很討厭這個安排，過得非常痛苦。他的母親沒有為自己在事前想想對搬家的感受，也沒有表達自己想做的事。

這種不參與決定、然後把結果怪罪別人的模式，往往是破壞關係的主要原因。這其實是種感情操縱，因為一旦做了決定，別人就無法彌補原生者，然後就會覺得對原生者有義務或有罪惡感。在上述例子中，家人覺得無法彌補母親，卻也深感無力，只會讓彼此的距離越來越遠。

這些趨力所造成的嚴重問題是，原生者不停責怪別人，導致他們無法從經驗中學習和成長。他們也因為深感無力，只好不斷重複同樣的錯誤及牢騷，並再度造成同樣不可避免的傷害。久而久之別人開始遠離他們，因為沒人想繼續感受他們的痛苦及負面能量。

原生者一旦瞭解這個關鍵，就可以開始改變。舉例來說，如果他們收到一張超速罰單，就不會怪車廠的技師沒有正確調整時速表，反而會面對真正的問題，對自己說：「是我造成這個狀況，我必須改變行為，才能避免重蹈覆轍。」

創造成功：學習主宰及設定目標

北交點落入摩羯座的人在過去許多世裡習慣窩在家裡的火爐旁滋養家庭成員，由內而外地變得更強壯，藉此在這個世界生存下去，而別的家人可能外出掙錢，確保整個家族的生存。但原生者為了真正關照家人的感情需求、支持家人，往往忽略了自我的發展，無法主宰自己的命運，創造個人的成就。

基於過去世的無意識印記，原生者常有隱藏的憂慮，不時覺得自己完全無能為力，或某件事情失去了控制，擾亂了安全感。而當他們覺得不安全時，自然無法擁有關係中的親密感。

原生者在種種人生經歷中時常覺得無法自己掌控情況，也無法負責創造成功的結果。當事情結果不如預期時，他們不想負責，也很害怕讓別人在他們犯錯的過程中看到他們的不完美，擔心對方會看不起自己。然而事實上，這些人因為在過去許多世裡都拒絕面對自己的能力，所以到了今生，這部分能力就像是進入睡眠狀態，他們甚至無法完全意識到它的存在。然而，這些人只要願意下定決心負責，面對自我的能力，他們的確具有完整的掌控本領，足以在這世間創造成就。原生者總是認為：「我不知該如何掌控」——這並非事實。他們只需要承認自己的能力，表現它，藉此使自己的人格變得更加完整。他們唯有學會掌控，才能讓人生順利，關係圓滿。

這些人是潛力無窮的成功者。然而，除非他們能重新產生掌控的意識，否則通常只是等待權威者來滿足自己的願望。原生者若想改變依賴的趨力，就必須對自尊心有更強烈的渴望，戰勝失敗的恐懼。

這些原生者必須知道，要重新啟動潛能、達成個人目標的唯一方法就是勇敢冒險！若他們能勇往直前、主宰一切，就會發現自己創造成功的能力。他們也會發現自己的不完美與其他人並無不同，這正是個人成長的機會，讓他們能在達成目標的過程中努力精進。

北交點落入摩羯座的人一旦有了明確的目標，最好能爭取別人的幫忙。他們是優秀的管理者，而當其追求目標時，往往能促使別人想來幫助他們。他們正在學習給予別人支持自己的機會，他們要學習掌控大局，讓別人知道自己達成目標所需要的東西，然後專注在這個方向。

這些人凡事都習慣為了「家庭」的期許而限制自己，特別是生意、事業及工作方面，這往往導致他們重返不健康的家庭趨力中。他們很容易把小事化大，不斷陷入同事或下屬的情緒漩渦裡，忘記自己才是主宰一切的人。

北交點落入摩羯座的人正在學習：讓身旁的人應付個人的日常生活，處理自己的情緒問題。如果他們能有意識地掌管一切，監督整個大局，就能讓許多事情更順利，讓身旁的人和自己都更快樂。這裡可能會有個問題：這些人若是因為內心想逃避責任才請別人來幫助自己，那麼最後只會引發依賴問題。所以當他們在考慮別人的幫助時，必須有意識地知道自己才是真正的主宰者。

培養健康的情感敏感度

北交點落入摩羯座的人如果一心想著自己的恐懼及不安全感，就無法發揮天生的敏感度，感受到別人的感情需求，別人也無法感受到他們的關心及支持。舉例來說，我的個案接到父親過世的噩耗後，馬上打電話給北交點落入摩羯座的男友，告訴他晚上不能一起吃飯，自己必須馬上飛回家一趟。男友沒有在她難過的時候給她安慰，反而只關心自己的事，開始談到氣象預報的壞天氣，擔心自己搭飛機時會遇到暴風雨。

這些人常沉溺在負面情緒中，不知道自己可能會影響別人的心情。如果他們無法與別人同調，就會阻礙親密感。他們必須給予別人感情的滋養及支持，才能發展自我、達成目標。造成這種情形的部分原因是，原生者習慣透過「我」的濾鏡來看待所有事情，這會造成他們在潛意識中覺得自己像個嬰兒，整個世界都只有自己。

原生者通常會找時間關心別人的問題，但即使當他們在聽別人說話，仍會把「我」當成唯一的重心。這些人必須知道別人跟自己都是獨立的個體，也有各自的需求及願望，如果對方感受不到真正的能量回饋，也會開始退縮。

原生者非常容易被別人的負面能量干擾，所以他們希望不惹惱對方，才不必忍受結果。這些人長大後常發現自己容易有過度的感情反應，容易發脾氣，所以會試著壓抑自己的情緒，也很擔心一旦對別人產生負面情緒，就容易表現出連自己都後悔的言行，事後造成更多痛苦。

北交點落入摩羯座的人比起其他北交點族群的人更害怕被自己的感情淹沒。他們太重視自己的心情，所以一旦在感情上受傷，就宛如身體受傷般疼痛。他們可能會躲起來哭好幾天。原生者小心翼翼地不去傷害別人，所以當有人傷害他們時，他們會覺得對方很清楚所造成的傷害，也因此覺得委屈。如果他們與這個人越接近，受傷就越深。

然而在現實生活中，因為大多數人沒有同樣的「敏銳情感晶片」，所以根本不知道原生者的感受。

當別人對情感遲鈍時，原生者會失望到極不合理的程度。這就如同期待一個貧困出身的人表現出貴族的高雅，根本是不可能的。

原生者在今生的功課之一就是要開始理解這個道理，幫助別人培養對他人的情感敏銳度。原生者若能善用自己的情感敏銳度，溫和地接近他人，幫助他人培養同樣的敏感，就能創造雙贏的局面，彼此的關係就會更圓滿。

這些人最好能設定目標幫助別人，而非保護自己避免負面的情感能量。若他們想成功，就必須帶著像老師一樣的客觀性，幫助那些沒意識到自己對別人會產生影響的人。原生者的「更高自我」會發現，若能放下情感偏見，其實自己具備了強大的能力參與別人的人生。

北交點落入摩羯座的人具有無比的天賦，能夠發現別人脫離了正軌，同時能運用天生的敏銳度來指引別人。對方不會覺得被貶損，反而會非常感激他們的幫助。然而對於原生者而言，最重要的是要完全放下偏見、主宰一切。否則他們就會失去獲得成功的客觀性，而雙方都會覺得太過針對個人。

這裡的關鍵在於，他們必須用一種非個人的方式分享感覺。例如他們應該說：「你有沒有發現今天說的話，可能是種粗魯的評論？」而不該說：「你這樣說非常無禮！」他們也應該肯定別人的善意：「我知道你希望今晚有個愉快的晚餐。但我認為你對侍者說的話可能會讓他覺得自己沒把事情做好。也許你可以告訴他……，讓他好受點。」

原生者在關係中若不能克服對於情感不安的恐懼、分享自己的觀察，就會影響親密感，因為他們會不斷審視自己在關係中的表現。伴侶也會感受到這點，因此無法自然隨性地與原生者相處。伴侶在無意識中會覺得原生者保留了某種天賦，並因為自己的不瞭解而深感悲哀。

原生者如果不分享自己的洞見，也會阻礙親密感。如果他們看到伴侶對別人有不體貼的表現，就很自然地會在潛意識中把伴侶視為「粗俗」的人，失去對伴侶的尊重。他們應該學著放下偏見，選擇更高層的道路，有意識地幫助伴侶成長。如果他們能用更多能量去認識並瞭解伴侶，就更有機會替雙方創造成功的結果。

成功經營親密的性關係

北交點落入摩羯座的人即使在結婚後也很難對伴侶產生歸屬感，因為他們自認為屬於原生家庭，因此當原生家庭告訴他們該做什麼，或期望他們出現在某些場合，他們很可能放下自己的家庭以取悅原生家庭。

例如，伴侶期望去摩納哥度過聖誕節，但原生者覺得必須跟他們「自己的」家人在紐約的普萊西德湖團圓。原生者也許並不想去湖邊，但最後仍會因為對家庭不健康、永恆的忠誠，而選擇去那裡過節。更糟糕的是，家人如果不喜歡他們的伴侶、說伴侶的壞話，原生者可能會接受家人的觀點。

另一個相關的問題則是，原生者滿腦子想的都是與母親的關係，即使到長大成人也一樣。他們在決策的過程中常把母親的意見（或自認為母親的期望）作為主要的考慮因素，雖然在某種程度上仍會試圖反抗母親（如果他們把父親視為主要的滋養者，那也可能是父親）。這當然會影響關係中的親密感，因為原生者除非能意識到這一點，放下母親的立場，否則很難與伴侶共同解決問題。

北交點落入摩羯座的男人若沒有解決這些問題，很容易無意識地把問題轉移到伴侶身上，抵抗伴侶。伴侶若只是稍微讓他們想起「媽媽」，雙方就會起衝突。這些人在成長的過程中可能與母親相處得不開心，所以希望伴侶能照顧自己，變成一個「更好的媽媽」。另一個可能是，這些男人與母親相處甚歡，甚至在性方面被母親吸引，但他們不會承認這點。

北交點落入摩羯座的女人如果進入一段承諾的關係，問題會比較複雜，但一樣會干擾親密感。她們會變得很像自己的母親，而且會繼續地反抗她。無論是男是女，原生者很習慣與母親維持不健康的歸屬感，這會影響親密感，而伴侶會覺得自己並非原生者生命中最重要的人。

原生者除非能意識到這點，啟動「成年人模式」，否則他們的關係總是令人失望，變得非常沉重。這有部分是因為不健康的家庭問題，另一方面也是因為過去世未解決的依賴模式。因此這些人在無意識中常在尋找互相依賴的關係，為了建立這種關係，通常會在一開始扮演照顧者及保護者的角色，讓伴侶依賴自己。當他們知道伴侶很需要自己，就會自覺非常重要、受到尊重，也很有安全感，儘管這只是一種假象的親密感。

其實對北交點落入摩羯座的人而言，感覺被需要是一件非常重要的事，所以他們常常用烹飪來滋養伴侶。他們會在伴侶上班前準備一頓豐盛的早餐，回家後伴侶又能享受一頓美味的晚餐。他們以這種方式支持伴侶成功，同時證明自己是可以依賴的另一半。伴侶一開始可能會覺得這種模式很奇怪，但久而久之就會喜歡這種支持，然後開始依賴。伴侶能感受到原生者渴望滋養他們，而這會讓原生者自覺很重要，也會因為伴侶接受自己的滋養而自覺是被愛的。

然而，若伴侶不接受原生者的食物，原生者就會覺得被拒絕了。伴侶可能回家時已經很晚了，因此說：「喔！我不太餓，我想睡覺了。」原生者就會說：「可是我費了這麼多工夫……」，然後覺得很受傷。如此一來，即便伴侶根本不想吃，但最後還是勉為其難地吃了。我有一位北交點落入摩羯座的個案就有這種習性，導致他的老婆婚後胖了一百二十磅！原生者這種作法只是把重心放在滋養別人的成功上，而非滋養自己，提供自己創造成功的所需能量。

這些人必須學習詢問伴侶，哪種方式才是最好的支持，而非試圖強迫對方接受自己想要的付出。原生者的滋養欲望最後可能妨礙親密感，因為他們試圖把自己的價值觀強加在伴侶身上，完全不考慮對方的個人特質、天賦及喜好。這有時是因為原生者害怕伴侶覺得自己無能或胸無大志，他們更不想流露自己脆弱的一面，於是不斷努力爭取伴侶的尊重。然而，這只會讓伴侶很難接近他們，因為實在很難與一位不停要求被尊重的人談情說愛。當原生者試圖表現得很能幹，一點也不脆弱時，伴侶只會在無意識中覺得無法自在地與原生者相處，也無法表現脆弱。

就另一個層面來看，北交點落入摩羯座的人複雜的感情趨力，部分是因為他們潛意識中希望能完全依賴伴侶，即使自己不說，伴侶也能完全明瞭自己的願望及需求。這當然是不可能實現的，結果他們就會認為伴侶「不符合標準」。原生者若想打破這種模式，就必須開始讓伴侶知道自己需要哪些支持，否則伴侶若沒按照原生者想要的方式回饋，原生者可能會非常憤怒。

舉例來說，原生者堅持替伴侶做飯，但他們也會期望如果自己太晚回到家，伴侶能為他們準備好晚餐。原生者會認為這才有互相依賴的感覺，即使他們很清楚伴侶根本不會做飯！他們可能完全忽略了伴侶一早替他們熱車、送小孩上學，讓他們能準時上班的辛苦。

這些人如果把依賴當成關係的基礎，就永遠無法感受到親密感，因為他們認為如果冒險地表達自己，就會有太多不能放手的東西。事實上，這是導致雙方最後對關係不滿的主要原因，而原生者若能意識到這點，開始擺脫自己的恐懼、設定目標，就能讓關係更有生氣、更有活力。

舉例來說，原生者可能希望每周有一天浪漫的「約會」，卻不敢冒險建議伴侶，因為他們害怕伴侶並不想這麼做，也很害怕被拒絕。然而，若他們能勇敢提議，也許雙方就能體驗到以往錯過的滋養、信任及親密感。

他人所能提供的協助

鼓勵他們設定目標

當你發現北交點落入摩羯座的人生氣或困惑時，可以問問他們：「你現在的目標是什麼？你想追求什麼？」他們一旦認清自己想要創造的最後結果，你就可以先幫他們設定較小的目標，按部就班地逐一完成，最後就能達成較大的目標。他們一旦達成一個小目標，就會因為成就感而充滿活力，從中獲得必要的信心，而願意繼續努力下去。

對於原生者而言，最重要的就是安全感。所以你要讓他們知道，設定目標就是獲得更多安全感的一種方式。例如他們對與父母開會談生意感到不安，不妨問問他們這段合夥關係的目的，以及希望發生的結果；最後要做到能帶著自尊去面對父母，無論開會的結果如何。比較小的目標可能是維持自己的界線，或與別人分享自己在某個生命領域中追求的成就。你必須提醒他們把焦點放在結果而非過程，這樣他們就不會太過脆弱，覺得感情超載，無法承受。

你要花點時間認同原生者的成就，讓他們知道自己已完成了許多部分，提醒他們必須自己努力達成目標。如果你能肯定他們的成就，他們就能建立信心，增加自我價值感，有充沛的力量完成更大的目標。

鼓勵他們負責

原生者如果在工作上有機會被賦予重責大任，你要鼓勵他們接受這個機會。若他們願意擔負責任，就自然能應付狀況，並發現自己其實很有能力。這些人若能向自己和別人證明他們其實可以妥善處理額外的事情，就能開始擔任管理者——這個角色最能幫他們建立自尊。

不要讓原生者推卸責任，如果你聽到他們說：「我知道那棟房子是個不錯的交易，但我不想負責照顧房子」，就要馬上鼓勵他們買下這棟房子。因為如果他們逃避責任，等同忽略了自己的力量。你要幫助他們更自在地當自己的主人。

這些人永遠覺得自己沒準備好承擔更多責任，請鼓勵他們向前一步，勇敢向別人展現能力，如此他們就能表現出最好的一面。家人及家庭對他們而言非常重要，所以你若對他們說：「如果你負責搞定這些事，就能替家人及自己創造更多的保障」，他們就比較可能向前踏出一步。當他們這麼做時，生命就會給予他們豐富的回饋，而最重要的是，他們可以擁有值得信賴的保障，因為一切都是自己一手建立的。

支持他們主宰大局、「當家做主」

原生者正在學習接受當家做主的地位，向自己和別人證明接受挑戰的勇氣。他們最大的障礙就是情感的不安全感。你要提醒他們達成一個實際的目標，其實跟心理準備程度無關。他們最常在達成目標的過程中培養出成熟的情感，足以處理結果，因此無論他們自認有哪些不足，提醒他們把重心放在目標上，而非因為害怕失敗而故步自封。

這些人非常需要安全感。你可以建議他們：「如果你掌管大局，就能創造出可以信賴的結果。」他們就比較可能冒險一試。這些人一旦大權在握，通常很容易成功，因為他們能敏銳地覺察下屬的感受。提醒他們把重點放在目標上，同時還要支持別人專心地朝目標前進。

提醒他們自尊＝賦予力量

北交點落入摩羯座的人必須依自尊行事，才能重新找回個人的力量。你要鼓勵他們做些讓自己感覺良好的決定。例如：「如果你為了這件事打電話給媽媽，會很有面子嗎？」你要幫助他們找到隱藏的動機。他們在做某件事時如果覺得必須有別人的支持才能採取行動，就注定會失敗，但如果他們是為了增加自尊感而做，就會成為贏家。

你要幫助他們瞭解，若想透過達成目標來獲得自尊與別人的尊重，就必須跨出他們日常的舒服領域。這有可能是達到理想體重、成功經營事業，或離開一段糟糕的關係。對北交點落入摩羯座的人而言，若他們想創造成功，就必須大權在握、表現能力，不能因為一些自我破壞的負面想法就偏離了目標。

幫助他們避免過度情緒化的反應

北交點落入摩羯座的人常有過度的情緒反應。他們時常認為別人在針對自己，例如他們會把誠實分享感覺解讀成為一種批評。如果他們覺得被攻擊或被拒絕，就會變得很有戒心。

這些人可能會利用自己的情緒來贏得注意、控制某個情境，或強迫別人來支持自己——不要讓他們養成這種自我毀滅的習慣。你要告訴他們，如果不健康地沉浸在情緒裡面，只會讓別人疏遠他們。當他們因為個人的負面想法而心煩意亂時，無形中也剝奪了個人力量。你要鼓勵他們真正聆聽別人的感受，而非認為別人是在針對自己。

不鼓勵的習慣

花太多時間在家裡

不要讓他們花太多時間窩在家裡，例如招待朋友在家裡吃飯（而非到餐廳見面），或是太過投入維持居家環境。他們會透過這種方式逃避挑戰，而不願擴展個人的界線。

責怪別人

不要讓他們把自己的處境怪罪到別人身上。如果他們開始這麼做，千萬不要表現同情或縱容他們。

找藉口

不要讓他們找一堆藉口逃避責任，而不積極創造成功。他們永遠都覺得自己沒「準備」好，鼓勵他們別想太多，「做」就對了！

月亮北交點落入寶瓶座或第十一宮

他們帶給關係的特別禮物

* 慷慨
* 心地善良
* 創造力
* 忠實
* 決心
* 喜歡玩樂
* 創新的見解

阻礙親密的迷思

* 別人若能給我想要的，我就會開心。
* 別人應該注意到我有多特別。
* 別人如果愛我，就應該用我期待的方式示愛。
* 別人沒有權利反對我，擋住我的去路。
* 別人如果真的瞭解我的背景，永遠都會支持我。
* 我必須獨力實現自己的使命。

* 這世上沒有任何人與我勢均力敵。
* 如果我完全接受別人的愛，就會失去追尋的熱情。

伴侶的埋怨

* 他們太固執，總是用自己的方法。
* 所有事情都要以他們為主。
* 他們不表達感情。
* 他們有太多的期望。
* 他們對於我和我做的事，一點都不感興趣。
* 我沒有一件事能真正地取悅他們。

放下固執

北交點落入寶瓶座的人做起事來任性固執，不允許任何干涉。就正面的角度來看，這是種全然的決心，也是達成公益目標的要素，然而，即使是最好的意圖也可能變成過度的擴權，無法獲得別人的贊同。這些人並不想傷害任何人，他們的原意也不是使喚別人，他們只是堅持自己的方法，完全不顧別人的願望及需求，而且一旦事情不如己意，就會大發雷霆。這就像一場拔河。北交點落入寶瓶座的人永遠是贏家，因為對方已經筋疲力盡，懶得跟他們較量。

他們有時會公然地耍脾氣，或表面上願意順從別人的計畫，但是若沒有馬上獲得滿足，就會躲到別人的背後為所欲為，行為就像個孩子一樣。這些人天生不擅長說謊，所以如果他們必須欺騙時，往往會對別人生氣，責怪對方逼得自己必須使出欺瞞的手段，才能得到自己想要的東西。這當然會傷害他們的人際關係。別人也會非常生氣，認為原生者必沒有真正地把他們放在眼裡，也不關心他們。然而，北交點落入寶瓶座的人認為，如果別人瞭解自己深層純潔的意圖，就一定會贊同自己，而當他們發現對方沒有用最好的角度來看待自己時，也會深感受傷。原生者希望別人永遠用正面角度來看待他們，但當他們有這些幼稚表現時，別人只會退避三舍。

這些人害怕在關係中失去控制，一旦不知道事情會如何發展，就會表現得很固執。別人會認為：「哇！他隨時都要事情完全按照自己的方式進行，否則就會生氣。」別人為了不想永遠配合原生者，便會與之保持距離。北交點落入寶瓶座的人的功課之一就是學習願意與別人合作，不要在別人背後任性行事，也不要破壞關係，企圖從另一個人身上得到自己想要的東西。

原生者認為事情都應該立即發生，永遠不需要等待，這種馬上就想達到目的的態度會阻礙親密感，因為他們不會考慮別人的狀況及時機。原生者的欠缺耐心常讓關係來去匆匆，因為他們只想要得到最後的結果，而非經營過程。別人會覺得不舒服，也不免納悶：「這個人到底在急什麼？」他們時常還沒開始探索一段關係，就已經草草結束了。他們從來不曾自然地隨著時間及實際的互動來體驗一段關係。

當一個男人遇到一個女人，馬上說：「妳就是我想娶的女人。」對方的自然反應就是：「他根本還沒認識我，只希望我來實現他的使命。」當原生者不願花費時間來認識別人時，對方也會心生不平，他們會覺得自己只是參與了原生者的幻想，而非被視為一個也對未來懷抱夢想的真正的人。

克服優越的態度

北交點落入寶瓶座的人有著曾擁有崇高社會地位的過去世記憶，這些人在過去許多世裡是國王或皇后，所以到了今生很自然地會成為操控者，常用跋扈的態度毫無內疚地指揮別人做事。某種程度上，這會阻礙親密感，因為別人會覺得自己一直「被指揮」，而就更深層來看，這也會妨礙原生者創造親密感，因為他們覺得必須主宰一切，完全依賴自己和自己的願景，才能實現今生的使命。他們覺得如果讓任何人做主，就無法維持正常生活，同時認為沒有人能帶給自己快樂，或幫助自己找到正確的道路。他們甚至不會發現或承認別人一路走來對他的協助。

北交點落入寶瓶座的人儘管有這些無意識的問題，但到了今生，他們非常渴望能與別人平等，卻因為天生的優越感而感到困惑，不知該如何做到這點。他們常覺得無法與某個人產生百分之百的連結，因為對方不夠聰明、不夠富有或能力不足，無法與自己相提並論。原生者習慣看到別人的缺點，而非對方實際該扮演的角色，所以在他們眼中，別人總有些地方無法達到自己無意識下的標準。他們總看到別人不如自己的地方，而非比自己優秀之處，導致關係失去平等，妨礙了親密感。別人也會覺得自己永遠都不夠好。

舉例來說，我有一位北交點落入寶瓶座的個案與男友約會，她提到前晚看的電影。男友說：「喔！我好想跟妳一起看。」她只是聳聳肩回答：「嗯，可是你昨晚不在啊。」他說：「可是我說過，我想跟妳一起看。」她回答：「你可以自己去看啊。」他說：「妳知道我不喜歡自己一個人去看電影。」她則告訴他：「這又不是什麼大不了的事，你只要買票，找個位子坐下……」她的態度就是：「我可以自己去看電影，你為什麼不可以？」

這種互動的結果就是：我的個案展現了優越感，而男友則覺得她根本不瞭解真正的他，也不關心他的願望，最後造成雙方的疏離。事實上，原生者如果用固執及優越的態度來回應別人，只會導致兩敗俱傷。他們可以用一種方法來克服這種天生的感覺，就是刻意地注意旁人比自己優秀的地方。別人也許比他們更會打排球、更自律，或更善於處理人際關係。原生者若能意識到別人的能力，就比較容易與對方平等相處。

對北交點落入寶瓶座的人而言，最困難的部分就是處理親近的家人、戀愛及商業合夥關係。他們比較能平等地與朋友相處，因為在朋友面前，他們比較容易放下自我意識及自己的「角色」。他們不會只注意自己的願望，反而想讓朋友更快樂，然後發現自己也會因此開心。因此，原生者在友誼方面通常非常幸運也很能得到滿足。同樣地，如果他們能學會真正地關心如何讓合夥人或關係親密的人更加快樂，就能體驗到更多的喜悅及滿足。

在一段關係中，兩個人必須有互相的平等感，才能各自表達意見，創造共同的目標，並自由地交流親密感及愛意。北交點落入寶瓶座的人在無意識中常會跟一個無法永久在一起的人建立關係，因為他們認為沒人能真正與自己匹配，所以傾向於不安定下來。一位北交點落入摩羯座的個案曾告訴我：「我會選擇一些有嚴重缺點或不如我的男人，所以總覺得在心智上或感情上兩人搭不上線。」

原生者常認為因為伴侶與自己不平等、關係無法持久，所以不願表現脆弱，也無法體會到親密感。當他們說：「沒有人能與我匹配」時，其實真正的意思是，沒有人能跟他們完全一樣。事實上，沒有人能完全具備他們的能力，但也沒有人會複製他們的所有弱點。原生者正在學習瞭解：一段健康的關係通常包含了相似性和個人差異。在親密關係中，他們也正在學習：在共享的生命領域或相容的目標上找到與伴侶密切的連結，同時要從打從心裡喜歡伴侶，以及伴侶的風格。如果他們不斷評論別人的「不足」，就無法正確地辨識可以吸引自己的伴侶，體驗真正的緊密連結，創造快樂且圓滿的長期關係。

認清包含別人的大藍圖

北交點落入寶瓶座的人在過去許多世裡都掌握大權，成功地利用意志力來達成目的，並專注在個人的追求上。久而久之，這種創造性的意志力會導致深刻的自我專注，常讓他們失去某種敏銳度，無法看到更大的藍圖。而當他們在作決定或採取行動時，也很少考慮別人的願望及需求。

到了今生，這些人可能因為這些未解決的累世習性，而無法在關係中感到成功或快樂。他們心地善良但卻習慣命令別人，永遠只想到自己和自己的願望，這其實是種天真的特質，因為他們沒有意識到別人想要什麼。他們應該在發揮強大意志力、打算朝某個可能影響別人的方向邁進之前，先確定對方的想法，如果他們遭遇反對，就代表沒有注意到對方的狀況。

舉例來說，我有一位北交點落入寶瓶座的個案告訴丈夫：「親愛的，我們可以在紐約找間大一點的房子，或搬到其他州，便能負擔一間更大的房子。無論如何，我們都必須為孩子著想。」她對丈夫的態度就是：「我已經知道要怎麼做，只是告訴你一聲」，而非「我想跟你討論，一起找出解決方法。」她還為自己的爸媽作了必須搬家的決定，這樣他們才能繼續幫她照顧小孩。她甚至也沒跟父母商量！

這些人常認為自己知道什麼才是最好的，自己想的都是正面的。原生者的能量及態度常讓別人在給意見時遲疑，因為別人認為原生者早已下定決心怎麼做，根本不在乎其他人的意見，也常會覺得無法對某個共同的決定表達意見。另一方面，原生者如果不讓別人幫忙找到解決的方法，最後就得完全靠自己解決問題。所以他們無法享受兩個人花時間一起找到解決方法的樂趣，也常錯失了體驗共同創造親密感的機會。在上述例子中，我的個案其實可以先暫緩自己的「方案」，花更多工夫來解決問題。她可以說：「我們現在有三個孩子，房子已經太小了。你覺得我們該怎麼辦？」她與丈夫若能針對解決之道分享意見，一起解決問題，就能創造關係中的平等及親密感。

北交點落入寶瓶座的人常認為自己缺乏社交技巧，不知該如何表達自己的願望，但他們欠缺的其實是沒有先確定並發現別人的需求及願望。他們這種只看到自己的傾向常在關係中製造許多傷害。原生者即使在幫助別人的時候，也堅持用自己的方法，不一定會顧慮到對方的極限。接受幫助的人常會感受到原生者的要求：「如果你不照我想要的方式做，我就不會對你好。」而且事實上，就算對方不同意他們的意見，或不屈服於他們的看法，他們仍會毫不猶豫地自己做主。最後的結局往往是，如果他們不考慮別人的需要，就會遭遇別人的反對及抗拒。

相反地，原生者如果真的仔細觀察情勢，考慮別人的願望，就會發現自己非常擅長創造讓別人樂於合作的計畫，因為對方也能從中獲得滿足！在這種互動中，原生者具備了可以創造雙贏局面的神奇能力。阻礙也是創造過程中的一部分，告訴我們知道該如何創造成功的結果。事實上，持相反意見的人可以讓原生者知道哪些地方該暫緩，而應該重新評估大局，考慮別人的特質，包括才華、能力及弱點。

原生者若想成功，就必須重新與大藍圖產生連結。他們可以先聽別人說話，看看對方想要什麼，瞭解對方最重視的事物以及對人生的夢想。原生者若能在作決定之前，積極地從別人身上蒐集更多資訊，知道對方的需求，藉此調整自己的方向，然後採取創造性的行動，最後就能為每個人帶來正面的結果。

北交點落入寶瓶座的人獨具天賦，可以支持別人實現夢想。原生者必須願意退後一步，從別人的角度看事情，根據對方的個人特質，提供最有用的建議。如果他們不觀察大局，就會不自覺地阻礙能造福自己與別人的正面解決方法。北交點落入寶瓶座的人若能養成習慣，用整體的角度來觀察所有的訊息，就會對人生的目的產生截然不同的想法。舉例來說，愛因斯坦的北交點落入寶瓶座。他展現了傲人的天賦，足以理解整個宇宙大藍圖的運作方式。

愛因斯坦在人生最後二十年試圖尋找一種結合重力及相對論的「萬物理論」。這段期間，科學界提出了量子物理學，不過因為它是根據不規則運動，所以愛因斯坦並未全盤接受，對其抱持質疑。愛因斯坦若能把個人的見解與量子物理學融會貫通，也許就能在尋找「萬物理論」的過程中豁然開朗。原生者正在學習如何把「相反意見」視為整體大藍圖的一部分，藉此成功地實現自己的目標。

打破期望及失望的循環

北交點落入寶瓶座的人會對每件事的發展擬定「腳本」，別人必須按照他們的腳本行事，他們才會滿意。所以他們對於快樂的定義非常狹隘，就像個孩子一樣，認為別人必須隨時提供他們想要的東西。然而，現實如果真如他們所願，只會讓一切平靜無波，無法創造他們追尋的鮮活能量。原生者如果一直堅持這種想法，那麼只要別人一不合他們的意，他們就會固執又任性。原生者會因此無法表現感情上的親密，因為他們隨時維持在緊張狀態中，注意別人沒有達到他們期待的任何小事。他們總覺得必須干涉局面，掌控情勢，才能確保別人符合自己的計畫安排。這會造成關係中的壓力，因為對方永遠不能做自己。

這些人可能非常自私，像古代貴族一樣，只考慮自己的需要，期待伴侶及自己愛的人能來滿足這些需求。舉例來說，我有一位個案的父親的北交點落入寶瓶座，當她還在唸中學時，父親要求她每天中午從學校返家幫他準備午餐。她如果不這麼做，他就不供養她的生活。他孩子氣的自我中心妨礙了親子關係的發展。例如他從不曾利用午餐時間跟她聊天，瞭解她在學校的情形，藉此建立友好及親密感。她還記得當時面對父親期待及專橫的態度時，心裡想的是：「你當你是誰啊？」

這個北交點位置的人可能表現出非常幼稚的行為。我另一位個案的丈夫，是北交點落入寶瓶座的人。有陣子他們家裡重新裝潢，混亂的時間超出預期。丈夫每天都怒氣沖沖，不停地說「這一切會沒完沒了，我已經連續好幾個月都在忍受混亂」。原生者應該學習轉移注意力，不要把焦點放在造成自己不方便的事情上，而是要想像裝修工程總有一天會結束，屆時他們的生活就會更愉快。

這些人通常都不相信別人會實現承諾，也忘記肯定別人已經完成多少進度。這顯然會阻礙親密感，因為他們不會支持伴侶，反而認為伴侶無法一路堅持，實現承諾，而伴侶也必須不斷對抗原生者對未來的負面想像。在上述例子中，我的個案的丈夫非但沒有幫忙裝潢住家，反而袖手旁觀，不斷埋怨整個過程對自己造成多大的痛苦。他就像個小孩般，只在意事情沒有馬上按照自己的意思進行。

北交點落入寶瓶座的人常會展現固執的一面，只要事情不按照他們的期望發展，他們就不會承認任何其他的優點或好處。當別人無法按照他們的「腳本」演出時，他們會認為這是一種不忠實，甚至可能大發脾氣。這些人很少支持伴侶成長，肯定伴侶的進步，反而會戲劇性地表現失望，因為伴侶沒有達到自己的期望。原生者一旦發現事情不符合自己的期望，就會出現短視近利的反應，這當然會妨礙親密感，讓伴侶覺得原生者根本就不在乎自己。

原生者不只期待別人該如何扮演他們的角色，還會自我投射認定某些行為能讓別人快樂。舉例來說，原生者可能會說：「你應該這樣做，讓自己開心」，但其實是讓他們開心。這會阻礙親密感與和諧性，因為伴侶會覺得不被瞭解，而且還被命令去做些自己直覺就不想做的事。

無論在哪一個生命領域，原生者都認為只要別人能扮演好自己的角色，事情都會有最好的結果。他們幼稚的小我如此強大，所以只要事情一不如意，的確會讓他們「抓狂」，因為這就像威脅到生存，所以他們會反應過度。當然，這種趨力也會阻礙親密感，因為伴侶不想面對原生者的狂怒，也厭倦自己永遠達不到原生者的期望，最後便選擇退縮。原生者也會因此意興闌珊，因為他們認為伴侶根本不想取悅自己。原生者認為伴侶必須用特定的方式表示關愛，這也會製造距離感。例如他們可能會說：「如果你真的愛我，就來機場接我。」但是這件事情根本與伴侶的關心程度無關。伴侶會覺得：「這一點都不合理，我得開兩小時的車去接你。你自己搭巴士回家只要四十五分鐘，我還能有多一點時間陪你。」

原生者只要發現別人不順著自己的意，第一個念頭就是：「他們為什麼這樣對我？」然而，對方很少是真的對他們惡毒或刻薄，而通常只是想做自己，按自己的方式來表示愛意。

這些人必須知道每件事情都是整體藍圖的一部分，而他們的大敵就是抗拒順應這種情勢的生活。對立的情況或互動困難如同原生者的益友，強迫原生者認清自己應該接納哪些人格特質，才能學會用一種層次更高的方式與別人互動，成功創造自己想要的結果。北交點落入寶瓶座的人若能探索自身之外的世界，看看別人的願望，幫助別人達成目標，就能體驗到自己渴望的必要能量，感受到真正的快樂。

學習接受愛

北交點落入寶瓶座的人有強烈的自我方向感，他們想操控一切，做些讓自己快樂的事。他們不願聽伴侶的建議來打發時間或做某些事，即使伴侶會因此覺得孤單、難過或寂寞。我有一位北交點落入寶瓶座的個案。她的男友對她說：「過來坐在沙發上，跟我一起看比賽」。她拒絕了，男友又說：「嗯，妳也沒在做什麼，為什麼不能坐下來陪我看比賽？」而她的態度擺明就是：「我想做的事情，遠比你希望我們一起做的事情重要。」

這種互動會讓雙方減少親密感。伴侶會覺得不被重視，漸漸不再試著拉近距離，因為原生者總是拒絕邀請。原生者則認為，只有自己主動親近，關係才會融洽。原生者正在學習發現伴侶何時想親近自己，而且當伴侶主動提議時，也應該給予更多的回應，這樣最後才不會演變成他們與最親近的人之間欠缺感情層面的交流。原生者除非能意識到這點，否則他們的個人意願會非常強烈，完全只關心自己的願望，無法深入覺察身旁的人，也不願意打開心胸，與別人進行有意義的互動。

北交點落入寶瓶座的人可能會沉溺於付出自己的愛，讓伴侶留下深刻的印象，卻無法感覺到伴侶回饋的愛。伴侶會覺得與原生者分享感情根本毫無意義，因為原生者不懂得接收——這妨礙了愛的交流。別人勇敢地分享感受時，原生者通常都不能報以同情或理解，這一定會阻絕親密感。久而久之，伴侶可能會開始另覓新歡，找一個可以分享感情的對象。

原生者必須學習開放接受和珍惜別人給予的愛，否則就會不斷失望，覺得不被愛。舉例來說，原生者期待收到玫瑰花，追求者卻送了不同的花，原生者就會覺得失望，並不開心。北交點落入寶瓶座的人今生最重要的一門功課就是學習如何接受愛，開放地接納別人示愛的方式。這代表他們必須真正看到別人的付出和背後的原意，然後親切地接受。他們會發現別人只是試圖表現自己，而且每個人都會有不同的期待和示愛的方法。他們也正在學習跳脫自我期望的侷限，如此才能認清、珍惜並接受身旁的人用各種不同的方式表現支持與關懷。

對北交點落入寶瓶座的人而言這可能是很困難的功課，因為這些人的過去世經驗會讓他們天生帶有「失去自我」的恐懼，必須完全靠自己來創造命運。他們覺得如果放下控制權，讓別人插手，就無法有足夠的創造能力實現自己的願望。然而對他們而言，最重要的就是放手，對別人開啟心房，因為在這一世，他們不能再繼續「自己動手」的模式。這些人如果繼續待在自己的宇宙中心，生活就永遠不會順利，也無法創造真正的幸福快樂。

北交點落入寶瓶座的人如果不考慮別人，就無法感受到充滿活力的能量或愛意。儘管如此，他們也害怕如果完全對別人敞開心房，接受當下的愛，就會失去追尋理想愛人的熱情。事實上，如果他們沉溺於想像，那才會真的失去熱情。這些人正在學習真正的「熱情」指的就是關係中的親密感所帶來的深層滿足，這必須是對伴侶打開心房，接受伴侶的願望，然後一起實現並一起享受過程。他們即使一時忘記，作出讓伴侶傷心的回應，也總是可以在事後道歉，彌補改正。道歉代表他們真的在意伴侶的感受，也試著理解伴侶重視的東西。

原生者到了今生，必須接受別人的能量及才華，才能實現自己的目標。別人也許可以看到原生者的使命，幫助他們達成目標。這些人正在學習避免讓絕對的自立導致伴侶無法真正地影響他們的命運，其中包括他們所做的事、居住的地方、追求的興趣，還有做事的步驟。原生者必須學習讓別人幫忙自己。

原生者可以透過一種方法來發揮合作的力量，那就是完全地參與別人的活動，運用自己天生的才華，達成共同的目標。這可以讓原生者放下「必須完全靠自己」的想法所導致的憤怒，讓伴侶自覺能影響他們的生活，從中創造親密感。最終原生者會知道：若能允許別人進入自己的生命，就能改變自己的命運，讓生命更美好。

減少自我中心的傾向

北交點落入寶瓶座的人常自視為「中心」，世界都是繞著自己打轉。他們甚至會在無意識中製造家庭、事業或愛情的危機，只為了讓所有目光都集中在自己身上。別人可能很難接近原生者，因為他們只是熱情地想像在自己世界中上演的戲碼，完全沒有發現別人生活發生了什麼事，或是根本漠不關心。舉例來說，我有位個案打算周末去度假，她北交點落入寶瓶座的女兒只擔心媽媽如果不在家，就沒人幫她帶小孩。她的母親需要度幾天假這件事對她而言一點也不重要。這當然會讓母親覺得除了能滿足女兒的需求，女兒根本就不重視自己。

這些人可能完全沉溺在自己的世界裡，對於別人正在經歷難過或危機感覺十分遲鈍。他們可能會隨口說：「總會沒事的，撐一下就過去了」，根本沒有發現別人的整體情境。原生者不願意參與別人遭遇的心態會阻礙親密感，因為對方無法感受到他們的關心或理解，而認為：「他們根本不瞭解我，也不是真心想幫助我，只是告訴我該怎麼做。」

這個北交點族群的人會如此地自我陶醉，是因為他們內心深處強烈覺得必須一手創造所有維持生存的條件，這不僅攸關自己的生存，還關係到身旁親近的人的生存。他們真心認為只要自己是宇宙的中心，就能把自己及旁人的所有事情都整合處理妥當。原生者認為必須為自己生命中創造的每件事負責，所以希望所有的決定都完全根據內心的信念，而非聽從別人的建議，因為他們認為自己必須為結果擔起全部的責任。

久而久之，原生者會因為所有的事都必須由自己決定而筋疲力盡。這也會影響親密感，因為原生者總是扮演生活重心，他們永遠站在舞台的中心。鎂光燈總是聚焦在原生者身上，只會讓他們過度高估自己在人生及關係中的重要性。這些人會覺得所有事情都是因自己而生，由自己所造成，包括別人對他們的反應，所以所有事情都是針對自己。當別人堅持己見或略有微詞時，北交點落入寶瓶座的人都會認為是自己引起的。原生者不希望被別人否定，所以不敢表現真正的自己，說出自己的意見。

這些人其實非常渴望得到旁人的肯定，而這種欲望幾乎已經到了貪得無饜的地步，永遠都不夠。原生者認為外界的肯定就代表別人看到了他們純潔的目的。他們常常終其一生都覺得別人不瞭解他們，所以習慣扮演取悅別人的角色，而非表現真正的自己。他們很習慣美化自己，試圖吸引更多的注意力，讓別人印象深刻。不過這通常會造成反效果，因為如果他們一心渴望得到肯定，就無法有真正的互動。

原生者對肯定的渴望也會阻礙親密感。因為伴侶如果沒有在特定時間肯定他們，他們就會覺得對方不瞭解自己、不愛自己。這會造成關係的扭曲：原生者感受不到愛和接受，而伴侶則覺得自己被迫用特定方式行事，最後雙方都會退縮，失去信任及親近感。然而，對原生者而言，最糟糕的情形莫過於別人完全沒有反應。

原生者在過去世裡非常習慣被別人視為「特別的人」，所以當別人沒有回應時，他們會覺得自己微不足道，因此感到不安。他們可能會失去控制，強迫別人給予回應，他們會咄咄逼人，覺得負面回應也勝過於沒有反應。他們的驕傲如果受傷，事情就會變得一發不可收拾，最後弄得自己筋疲力盡。他們也會因此對這個世界感到迷惘：「為何我會有這種假設，而別人卻有不同的想法？」原生者很容易認為別人的反應是針對自己，就像自己的倒影，然後樹立心防。

北交點落入寶瓶座的人的上述表現都源自於一個更大的問題：他們認為只要別人按照自己的「腳本」演出，自己就會很快樂，而自己的快樂也能神奇地感染旁人，大家都能幸福。然而事實上，原生者若能集中心力支持別人實現夢想和使命，才能讓所有人幸福快樂。對原生者而言，這才是最好的合作及雙贏方向。

這些人必須知道：若能扮演導演而非主角，人生的大戲就會更動人。主角上台展現才華時，還需要旁人負責其他工作，這場戲才能實際演出。導演則是要發現所有參與者的才華及獨特之處，負責突顯每個人的長才，結合每個人的天賦，讓所有人一起提升表演的創造層次，也讓整場戲更加生動。

舉例來說，家裡的「導演」會觀察每位家庭成員的性情及熱情，知道哪些事情能取悅他們，然後根據這些線索主導家庭氣氛，讓每個人能用自己擅長且享受的方式來貢獻家庭。而在工作場合中，「導演」必須知道每位員工的長處及弱點，根據每個人的習性及才華分派適合的工作。原生者必須透過這種方式，才能實現個人正面的目的。

北交點落入寶瓶座的人慷慨又善良。如果他們能學習讓別人參與，就能看到對方的優點，給予對方肯定及支持。他們也可以因此得到自己一直追求的感激及認同。當他們與別人一起為共同的目標合作，並創造出結果時，每個人都會開心，原生者也會感到快樂、充滿活力，又有安全感。

成功經營親密的性關係

北交點落入寶瓶座的人一旦談起戀愛，就像個小孩子進了糖果店。他們會因為浪漫的吸引力而興奮不已，重新發掘性愛的樂趣，卻又非常害怕失去，甚至都還搞不清對方是否適合自己。當他們遇到心儀對象時，會因為渴望而變得盲目，很害怕失去這個讓自己如此快樂的人。此時他們不會再幼稚地堅持凡事都要按照自己的方式，反而會像個小孩般試圖取悅「父母」，希望對方能愛上他們，永遠留在他們身旁。

原生者此時可能放下自己的方式，試圖得到對方的肯定。他們會試著「瞭解」對方希望自己怎麼做，然後扮演自己想像中的角色。他們非常依賴對方的肯定，所以會密切觀察對方的反應。他們會不斷改變自己，試圖成為對方想要的樣子，但這一切都只是他們自己的想法。整個過程中，他們會失去自我，最後演變成一種互相依賴的關係。他們會不停消耗天生的熱情，直覺地完全投入熱情創造的事物中。

原生者認為自己應該為關係的結果負起完全責任，這會導致劇烈的內心衝突。他們想取悅伴侶，但又害怕不能控制結果，所以不敢採取行動。他們會想：「如果我說出這句話或做了這件事，伴侶卻生氣了或是不認同，那該怎麼辦？」所以他們只會繞著對方的世界打轉。他們在潛意識中認為，如果變成伴侶生活中不可或缺的一部分，伴侶就會留在身旁。他們會使出渾身解數取悅愛人，因為想要控制這段關係，害怕失去對方。

我有一位個案提到北交點落入寶瓶座的女友：「她試著取悅我，因為她希望我能喜歡她。我希望她只是很單純地喜歡我本來的樣子，但我總覺得她從來不把我當成獨立的個體。」原生者的問題就在於，他們非常投入創造「完美愛情」的過程，卻忽略了實際層面的愛人。他們只是在演出一個談戀愛的「角色」，願意為愛人做所有的事看起來是種愛的表現，但卻沒有真正回應對方。這會阻礙親密感，因為對方會覺得自己只是原生者幻想中的一個玩偶。

這些人戀愛失敗的主要原因就是因為他們試著與一個「理想」談戀愛，而非與實際互動的真人建立關係。久而久之，原生者會因為發現對方並不符合自己的理想而心灰意冷。原生者的幻想如果草草結束，他們會說：「就這樣吧，我要離開。」結局就是分手；他們也可能恢復到沒談戀愛前的平常模樣，對凡事都非常要求。

原生者並非真正珍惜對方，一切不過是場愛的幻想。然而在幻想還沒破滅前，他們會盡可能地取悅對方，讓對方留下來陪自己演戲。對方會覺得有什麼事情「不太對勁」、欠缺安全感，也可能認清自己不過是原生者的投射，其行為背後的動機並不純正。結局往往不是對方離開就是原生者離開。這種關係是建立在愛的幻想上，原生者沒有真正認識且珍惜對方，或讓對方看到真正的自己、回應自己，結局當然是分手。

北交點落入寶瓶座的人可能會受夠了這種愛情的折磨，覺得身心俱疲，最後終於對愛情失望，然後得出一個結論：他們需要在一段關係中保持清醒，避免太迷戀對方。他們會開始吸引來一些缺乏熱情的對象，因為這樣就不用面對克服相互依賴習性的挑戰，因為對方根本無法勾起他們強烈的熱情。

我有一位北交點落入寶瓶座的個案在談了許多痛苦的戀愛之後，終於遇到一位自己不迷戀的男士。她覺得這樣棒極了，只需跟他上床，不用談太多感覺，就決定要嫁給他。她沒有真正地與他建立連結，也不珍惜他。在結婚喜宴上，他與他的朋友窩在角落，而她與另一群人在一旁交談。他們的婚姻只維持了兩年。

親密感是建立在真正的吸引力之上。在一段親密關係中，對方的某種特質會很自然地與自己產生共鳴。婚姻是一種最親密的結合，如果沒有真正的愛，絕對無法維持。儘管有些人會基於法律的協議，維持表面的關係。

北交點落入寶瓶座的人不應逃避強烈的連結感，反而應學習避免因為對愛情的浪漫想像讓自己痛苦不堪。他們應該追求真正的互相吸引，更實際地去認識對方。最理想的方式就是，原生者先對可能發展戀情的對象多點認識，想想「他們現在想認真談一份感情嗎？他們有什麼夢想和抱負？什麼事情能鼓勵他們？」接下來，雙方必須進一步瞭解彼此的才華及個性，知道對方最喜歡做的事情，以及對方的個人「風格」。在這個過程中，雙方對於彼此的欣賞可能會增加，也可能會減少，不過至少這段關係是建立在天生的吸引力之上。

北交點落入寶瓶座的人需要的是在關係上與他們有相同要求的伴侶，雙方必須把目光放在大藍圖上，長期共同努力。兩人都必須真正地瞭解對方，知道對方的夢想，積極鼓勵對方表現最好的一面。這不是某一方扮演「明星」等著對方來取悅自己，或某一方扮演取悅對方的角色，而是雙方要找到真正的吸引力，抱持創造的態度，激發彼此表現內在最好的一面。他們最後就能看到共同的大藍圖，在一段關係中實現彼此的夢想。在這個過程中，原生者必須聆聽對方的願望及想法，讓彼此維持熱情，最後就有機會發現新的相處方式，長久地建立一段健康的關係，遠勝過於自己之前的任何幻想。

他人所能提供的協助

鼓勵他們覺察別人的願望及需要

北交點落入寶瓶座的人常在無意識中不斷尋求認同，別人如果沒有馬上滿足他們，他們就非常受傷，還會認為這是針對個人的否定。他們必須更加覺察別人當時的目的，以及別人拒絕的原因，才能防止這個問題發生。原生者除了專注於自己的目標，也必須學著考慮別人的願望，否則別人就會拒絕與他們合作。舉例來說，原生者可能愛上一個人，認為對方是最佳旅伴，卻沒發現對方其實認為兩個人已經生活在郊區了，不需要外出旅行。而對方如果不想旅行，原生者就會認為自己被否定了。

他們在進入一段長期的夥伴關係前，無論是在個人生活或工作層面，請鼓勵他們看看對方是否有相同的抱負。你可以告訴他們：「如果你希望事情按照自己的方式進行，就必須以整體的大藍圖為出發點，接納別人的參與及願望，這樣才能成功地引導事情發展。」你要提醒他們，每個人採取的行動都是為了進一步達成個人目標。舉例來說，伴侶的夢想是當喜劇演員，可能為此搬到紐約，但是離開兩人的家鄉並非是對原生者的個人否定。

鼓勵他們建立友誼、參與團體活動和慈善事業

原生者如果有人際關係的問題，你要鼓勵他們把對方當成朋友，當成一個想要瞭解和支持的平等對象，這樣他們就會很自然地知道該如何接近對方。這種方式可以運用在對上司、孩子或愛人身上。原生者最強烈的訴求就是平等的友誼，對別人表現出真正的喜愛和關心。如果你鼓勵原生者多與朋友相處或認識新朋友，就等於幫了他們一個大忙。友誼可以在他們其他的生命領域中發揮正面的平衡作用，激發他們樂於付出的天性。朋友可以幫助他們客觀地面對現況、支持他們，提供他們最容易接受的支持。

如果你能鼓勵北交點落入寶瓶座的人追求某種全心投入的目標，例如提倡平等、動物權利或環保，就能激發他們最好的一面，而他們也會對人生感到興奮。參與慈善活動也可以賦予他們一個廣大的目

標，展現個人的精力，以及強烈又具創造性的才華。這些人是天生的表演者，他們喜愛戲劇，也可以運用自己的決心及意志力創造認為有價值的任何事物。此外，一個更遠大的目標也能正面地加強他們的自尊感。

支持他們幫助別人實現夢想

北交點落入寶瓶座的人在幫助別人時會充滿活力與熱情，如果他們覺得孤單或寂寞，鼓勵他們利用自己的創造能力幫助別人實現夢想。如果他們能發揮樂於付出的天性，不帶任何期待，一心想幫助別人達成目標，就不會時常害怕被拒絕——其實這才是他們能感受到幸福及內心平靜的方式。這些人的天性非常慷慨，如果你以「這是慷慨的表現」為理由鼓勵他們幫助別人，就能激勵他們，讓他們有信心採取行動。

原生者若能把焦點放在支持別人，便自然會開始詢問對方一些問題，瞭解對方想創造的夢想。請鼓勵他們更進一步地瞭解別人，尤其是在親密關係中。這些人如果願意支持重要的另一半實現夢想，就能用客觀的態度與對方進行良好互動。別人如果拒絕他們，你要鼓勵他們退一步想，以大藍圖的角度為出發點，瞭解對方當下的願望及需求。

鼓勵他們採取行動肯定自我

你要鼓勵北交點落入寶瓶座的人多分享自己的洞見、願景和非傳統的想法，因為他們能幫助別人看到未來的趨勢；你也要提醒他們公平地對待別人。舉例來說，如果有人對他們心動，他們卻沒有感覺，你要支持他們坦承告訴對方。原生者若能表現出真我，對方也能出自於對他們的真正欣賞而與他們互動，這可以讓關係更持久且互相滿足。北交點落入寶瓶座的人非常重視忠實。如果你告訴他們：「你應該……，因為你應該對伴侶忠實」，他們就會鼓起內在的勇氣，做該做的事。

如果他們覺得死氣沉沉，生活停滯不前，不知道該做些什麼，不妨問他們：「有什麼事情無論成敗，都可以讓你更加肯定自己？」原生者若能採取行動來肯定自己，最後就不會在乎別人是否肯定他們。

原生者如果遇到挫折、衝突，或看不清楚現實狀況時，最好是退後一步稍待片刻，直到看見事件整體的大藍圖。提醒他們，時間是最好的朋友。當他們強大的意志力遭遇挫折時，請鼓勵他們複誦一句箴言：「我不知道什麼才是應該的」，幫助他們放下對意志力的控制，任由事情自然發展。

支持他們關注「大藍圖」

原生者如果不瞭解別人行為背後的「大藍圖」時，常會認為別人是針對自己，然後開始要求別人。此時你要鼓勵他們放慢腳步，深入瞭解情形。舉例來說，一位北交點落入寶瓶座的個案告訴我，「別人都不『瞭解』我。我有時會強烈表達意見，當時我的確深信不疑，但之後可能因為有更多資訊，我又改變了想法。別人有時會怕我，因為我看起來很有主見，但我其實並非外表看起來這麼死板。別人如果提供我更多資訊，我是非常有彈性的，也願意嘗試不同的方向。」你要不停地鼓勵原生者，看清事情發生背後的「大藍圖」。

這些人有時會認為一切操之在己，無論自己是否採取行動，都會影響某個特殊情境的結果。你要幫助他們理解任何事情的成敗都是由兩個人一起承擔。例如，伴侶若想要小孩，他們卻不想，那麼他們無論如何都無法改變伴侶天生的渴望。

如果你能提醒原生者別人正在對他們表現愛意，就能幫助他們接受別人的愛。舉例來說，男友可能不會送花，但卻幫忙原生者打理家事，藉此表達關愛。你也可以鼓勵他們學習占星學、靈數、塔羅、風水、心理學或形上學，這些學問可以幫助他們更客觀地認識自己和別人。他們對這些方面很有天份，透過學習可以對自己的才華更有自信，同時客觀地理解週遭發生的事，並幫助他們對人生作出更多正面的決定。

不鼓勵的習慣

戲劇化的表現

這些人時常忘記自己在這一世並非國王或皇后，而且今生是來學習平等對待別人、互相幫忙的，所以他們高高在上的命令態度，常常造成反效果。如果他們有這種傾向時，你最好視而不見或乾脆走開，讓他們有時間好好自己沉澱一下。

角色扮演及「遊戲」

當原生者想讓別人留下深刻印象（尤其是戀愛時），就會開始尋找「腳本」，試圖取悅對方，贏得對方的愛或認同。不要讓他們養成這種取悅別人的習慣，這只會抹滅了他們的個人特質、失去活力。鼓勵他們把對方當成朋友，真實地表現自己。

貶低別人來增加自己的地位

北交點落入寶瓶座的人為了在別人心中建立優越的地位，並留下深刻的印象，有時會揭別人的瘡疤以貶低其他人的價值。不要讓他們養成這種壞習慣，當他們有這種表現時，你可以禮貌地找藉口離開，不要繼續與他們互動，給他們「中場休息」時間，好好想想自己所說的話。

月亮北交點落入雙魚座或第十二宮

他們帶給關係的特別禮物

* 服務的態度
* 擅長分析
* 注意細節
* 願意處理問題，改變態度。
* 樂於助人
* 認真負責
* 組織能力

阻礙親密的迷思

* 事情如果不是按我的計畫進行就行不通。
* 凡事都應該有順序。
* 每件事都有正確的作法。
* 如果有人表現得不完美，就無法達到預定的結果。
* 如果我不控制週遭一切，就會有壞事發生。
* 別人的行為不合宜。

＊每個人都希望我付出。
＊當事情出錯時，別人會不公平地指責我。

伴侶的埋怨

＊他們不能面對任何批評，總是堅持自己是對的。
＊他們過度注意不正確的部分。
＊他們常表現得非常受傷又焦慮，讓我很不舒服。
＊他們對別人的意圖非常遲鈍。
＊他們一旦遇到壓力，就會慌張且失去控制。
＊他們非常愛批評，自認為知道每個人應該如何做。

改善自我破壞的行為模式

北交點落入雙魚座的人正在學習運用個人的能力創造正面的生命經驗，不要試圖改變別人或外在世界，而是更加覺察自己的內心世界。若他們想改變外在世界的經驗，就必須先意識到、並且改變個人行為的趨力。原生者必須檢視自己釋放的能量如何導致別人的回應，才能改變別人對待他們的方式，如果他們能改變自己對別人的行為，就自然能得到不同的回應。

舉例來說，我有一位北交點落入雙魚座的個案最近架設了個人網站。當網站出現問題或連線緩慢時，她就會大發雷霆，對網路服務商及網站管理員大吼大叫。她因為總覺得事情「不對勁」，所以經常處於焦慮狀態，這讓面對她的人也很緊張，不知何時候又要被她指責。過了一陣子之後，這些人也不再回她電話。然後她就開始批評這些人的行為：「他們是不負責任的傢伙」。

其實，這位女士若想改變結果，首先要冷靜下來瞭解現實狀況，知道網站時常會發生技術故障；所有的網站客戶都遇到同樣的問題，而非只有她而已。她也必須理解，通常令人愉快或付比較多錢的客戶可以先享受服務。我的個案預算不多，代表她必須用比較圓融的方法，才能得到想要的結果。

導致這種傾向的部分原因就是，原生者在過去許多世裡都是俗世中修行的修女或牧師。他們過去的工作就是向世人展現神聖，教導人們正確的行為，一直到了今生仍覺得必須糾正別人的行為，然而此時這些方式已不再管用。所以如果他們對別人說：「你必須洗衣服」，對方不會聽他們的話，但如果他們能與別人分享自己試圖創造的情境，例如：「我今天想要一個乾淨又整潔的環境」，對方就會比較願意合作。

北交點落入雙魚座的人如果在採取行動時多把重心放在無形的「目標」，而非想創造的實際結果上，就知道應該如何改變，替自己的世界創造秩序與寧靜。如果他們不去試圖改變別人，而是改變自己的行為，會讓他們感受到更多的個人力量。他們今生的功課之一就是接受生命「就是如此」，不需要改變「現狀」，只需要學習適應。

北交點落入雙魚座的人時常覺得別人想從他們身上得到一些東西，而且總不讓他們暫緩一下，重新恢復活力。這主要是因為他們過度依戀「替別人服務」的形象。原生者在過去許多世裡都在滿足別人的需求，而身旁的人都期待原生者能參與自己的人生。原生者有時並不想幫忙，但是若他們表示想休息，別人可能會催促道：「哦！別這樣，我們真的很需要你。」而他們又渴望能活出別人的期待、表現出「正確的」行為，最後就強迫自己勉強幫忙。然而，如果他們把別人的責任攬在身上又因此生氣時，那就代表他們「偏離正軌」。此時他們需要退後一步，重新評估整個狀況。

這些人在有能力的情況下的確喜歡為人服務，但也很容易認為別人把自己視為理所當然，這讓他們生氣又筋疲力盡。其實，最重要的是他們的動機。原生者若能把重心放在自己的夢想，也就是因為真心想幫忙才為人服務，他們的態度就會改變，反而能從中而獲得喜悅。

原生者如果需要別人改變行為才能開心地服務，那他們就必須把話說明白，但記得不要批判對方。例如他們可以說：「如果你希望我繼續替你照顧孩子，我必須確定當我打電話給你時你會接電話。」而非說：「你應該打電話回來，確定孩子的情況。」

這些人正在學習不要試圖改變別人的行為，而是要放手信任別人，放寬接納的標準，同時也要擴展自己的設限。這對他們而言是很恐怖的，但他們今生的工作就是透過解決自己的問題來獲得自我淨化。他們必須擺脫示範「完美行為」的壞習慣，為自己的健康和幸福負責，包括肉體、心理、感情及精神層面。

原生者正在慢慢發現，自己必須保持平靜才能享受生活。如果他們不能做到這點，就會因為自己傷痕累累的焦慮而影響與別人的親密感。這些人很容易陷入專注又目光狹隘的模式，「想把事情做好」的急切心態會讓他們無法享受到神奇的插曲，也無法讓整個過程更有趣，或讓自己及親近的人開心。

跳脫對正確、創造完美的潛意識渴望

北交點落入雙魚座的人對於「正確」這件事，有著不可思議的強烈迷戀。他們有時甚至無法聽別人說話，因為他們非常嚴格地認為事情非黑即白，而自己永遠是對的。對原生者而言，承認自己判斷錯誤是件非常困難的事。

舉例來說，我有位個案的兒子是北交點落入雙魚座，一直認為他的父母離婚都是母親的錯，後來他搬去與父親同住。過了五年之後，兒子對她說：「我終於瞭解妳為什麼很難跟爸爸相處。」對她兒子而言，要承認錯看一件對自己很重要的事絕對非同小可。這些原生者只要有足夠的證據，的確有可能改變自己的判斷，但通常很費工夫。

他們非常努力當個「完美先生／小姐」，所以會隨時注意別人的任何批評。他們常覺得別人隨時在觀察自己，如果他們不小心摔跤，馬上就會被發現。所以只要有人說：「你忘記拔掉咖啡壺的插頭」，他們就會驚慌失措。這些人在過去許多世裡都是牧師或修女，的確必須當個完美典範，所以到了今生，只要他們做了件別人認為錯的事，他們就會很緊張。這也是為何原生者對一些簡單的評論常會反應過度的原因。

原生者遭受責怪時容易防衛自己，無論是內心或外在，都會沉溺在責怪之中，而非與別人合作解決問題。他們甚至可能捏造故事，證明沒拔掉咖啡壺插頭並非自己的錯（例如是某人讓他們分神等）。原生者需要學習當別人生氣時，要客觀地看待情況，看看自己是否能幫忙解決問題。如果他們因某件事而被責怪，記得安靜地對自己複誦：「一切都很好，每件事都會如常進行」，如此才能保持理智的距離，正確作出回應。

對北交點落入雙魚座的人而言，阻礙親密關係的最大障礙就是他們非常抗拒別人的意見，因為他們認為凡事都有「完美的秩序」。他們今生的功課之一就是學會放鬆，更開放地允許別人的意見來影響自己，願意被改變，而非試圖去改變別人。

原生者時常因為事情太多而壓力沉重，但他們「最大的」問題就是：他們打從心底認為沒有人能幫自己。而他們也因為「要求完美」的腳本，經常慌張或生氣。我有位個案的生意合夥人的北交點落入雙魚座，因為想在國稅局規定的期限內準備好報稅資料而壓力頗大。當這位合夥人去度假時，我的個案就處理好所有文件，等她回來時想給她個驚喜。沒想到當這位合夥人回來時大發雷霆，還從頭到尾檢查一次，確保整個過程都完美無暇。這種反應顯然會讓別人覺得被貶低又無奈，似乎怎麼做都無法減輕原生者持續的焦慮及壓力。

北交點落入雙魚座的人不喜歡對未來無知，他們必須跟著計畫走才會有安全感。而當事情沒有根據計畫發展時，他們就會手足無措。這種心態幾乎像是迷信一般，認為別人如果沒有「完美地」遵循每個細節，計畫就不能成功，會有壞事發生——這種想法當然會讓旁人備感壓力。

原生者為了讓計畫成功，常不斷地告訴別人應該怎麼做。他們其實很厭倦一再提醒同樣的事，也不瞭解為何別人聽不進去。別人常會把原生者的話當耳邊風，因為每個人都不喜歡被耳提面命，而且如果按照原生者的計畫，往往無法滿足個人的需求。

這些人必須知道：雖然不能強迫別人改變行為，但可以改變自己的行為與擬定計畫的方式，這樣也能改變別人的反應方式。例如原生者「計畫」在下午在家工作，過程中如果不斷斥責孩子的搗亂，孩子們就可能會更與他作對，也更打亂「計畫」。但原生者若能在一開始改變作為，例如先考慮孩子的需求，找件事給孩子做，或雇用一名保母，他們就能按照計畫工作，同時換來孩子的合作。

這些人正在學習放下所有自認為的責任及義務。他們的任務就是做自己能做的事，誠實表達自己不願做的事，相信「無窮的宇宙」會看顧芸芸眾生。如果他們發現計畫被打亂，就得學著瞭解：無論如何，生命另有安排，而他們只需要擴展自己的眼界。原生者必須反觀自己，相信一個「更高層的力量」的確存在，同時真誠待人，這些都是靈魂在今生獲得成長的關鍵。

釋放自己，改掉評斷別人的習慣

北交點落入雙魚座的人無論是對自己或別人都有著嚴格的行為標準，他們認為自己的標準是「正確的」，而且如果別人都能像自己一樣，世界就會更美好。這會阻礙親密感，因為原生者的評斷會變成自己與別人之間的障礙。

舉例來說，我一位北交點落入雙魚座的個案抱怨他的下屬：「我說：『瑞妮，妳早上忘了煮咖啡』，她不但沒有承認自己忘了，反而找藉口說：『我遲到了』或『剛好有電話』。」我問他：「她最後有煮咖啡嗎？」他說：「有啊，不過她應該有點責任感，承認自己錯了。」原生者這種批評別人的習慣，常會導致他們無法放鬆，也不允許別人按照自己的方式做。其實，原生者一味地責怪別人，只會貶低對方的能力，無法創造渴望的結果。如果他們讓別人覺得渺小又罪惡，對方不僅會覺得無法達到原生者的理想，也比較不願意配合。

北交點落入雙魚座的人因為在過去許多世中都擔任治療者的角色，必須負責彌補所有錯誤，所以很容易發現不合秩序的事；然而這不是原生者今生該做的事。他們正在學習轉移目光焦點，不要批評別人的不完美，而要有同情心，知道所有人都會犯錯。我們如果沒有先經歷過「不成功」的經驗，如何知道什麼方式可以發揮作用？

北交點落入雙魚座的人認為所有行為都有「正確的表現方式」，這讓他們無法自在地表現自己，甚至違背自己的心意採取行動或作出決定，即使他們知道內心的想法才是對的。然而，原生者如果為了正確地活出自己，卻沒有根據當下的感受來表示接受或拒絕，就無法與別人產生親密感，因為他們並沒有達到真正的平衡。令人遺憾的是，這些人總是緊抓住自認為「應該」的想法，儘管上帝在當時已為他們準備了另一個完全不同的計畫。

這些人如果只為表現出「完美的」行為而超出個人的底線，反而會因此生氣，最後批評別人。舉例來說，我有一位北交點落入雙魚座的個案正幫忙照顧剛出生的雙胞胎外孫女。她的女兒及女婿買了三明治回家，一到家就坐下來享用。她就說：「若你們還有點禮貌的話，就該幫我準備一份。」她的女婿立刻把自己的三明治遞給她，結果她拒絕了，她說自己不餓，只是想糾正女兒的行為。我的個案誇張了自己被忽略的感受，因為其實她根本不想幫女兒照顧孩子，而女兒和女婿又沒有考慮到她。

這當然會阻礙關係中的親密感。若我的個案能放下批評，當她餓了只要說一聲：「老天，我也好餓，如果你們能準備點吃的，我會很開心。」這段關係就會產生親密感，而非疏離感。

這些人強烈認為事情應該按照特定方法進行，所以對某些事情可能非常執著，例如一定要寫謝卡、保持基本禮貌，或不能把髒盤子留在水槽裡等。他們有數不清在乎的事，理由都是「事情應該這麼做、人們應該這麼表現」。這使得他們看起來比較關心的是別人的行為，而非其基本性格。

與原生者親近的人若做了件事不符合原生者的「正確」觀念，原生者可能就會生氣，將對方拒於門外，就好像自動關上心門。而且他們總在批評別人做錯事，這也會讓人退避三舍。事實上，當原生者不斷批評別人時，其實在潛意識中也會讓自己的行為更受限制，他們會想：「如果我犯了這個錯誤，別人就會批評我。」

北交點落入雙魚座的人應該放下對於「正確表現」的執念，學習接受更高的覺知，相信無論發生什麼事，結果都是好的，而且每個人都只是想做自己。他們也應試著不用去想像必須創造怎樣的行動，才能讓自己過得更舒適。這些人除非能改變自己，否則就會一直注意某個人「沒把事情做好」，而別人也會想：「我的天啊！難道他們每件事都只看負面的嗎？」別人會無法自在地做自己，因為不知道什麼時候會踩到原生者的隱形界線，被原生者猛烈批評。

原生者若能跳脫評論別人的習慣，就能放鬆自我評論的標準，真正地釋放一直存在的內在壓力，也能把重心轉移到個人及靈性的成長。對原生者而言，生活也會因此變得輕鬆愉快，因為他們一旦停止評論，就比較不會徒勞無功地抵抗生命的洪流。他們正在學習生命不光是個人的事，還關係著別人的學習及成長，而且每個人在生命的過程中都難免犯錯。原生者若能用愛去接受現實，就能給予別人寶貴的支持，同時也能自我療癒。

接受彈性，看到更大的藍圖

北交點落入雙魚座的人很容易專注在細節而忽略了整體。他們很清楚自己想要的結果，還會依此擬定詳細計畫，但也因太專注在計畫上，反而忘記最初想達成的結果。例如他們可能想擁有一個幸福美滿的家庭，但如果他們認為家裡的每個人應該怎麼做才能達成自己的夢想，最後反而製造出許多緊張及憤怒。這些人正在學習實現夢想的同時，要讓計畫保持彈性。

原生者在過去許多世裡都是替別人服務，因為自己的犧牲而贏得讚美。他們為了贏得別人的讚賞，常過度專注在細節上，希望能把事情做得更完美。到了今生，他們也會因為這種過去世未解決的行為模式而變得非常注重細節，試圖想改變別人的行為。

這些人在過去世裡不斷地忽略了服務背後的靈性理想，只注意細節，所以到了今生也常失去靈性的能量，只能從狹隘的細節中看到「計畫」。這不只會讓他們的關係時常出問題，也讓他們耗盡心力，無論他們的行為看起來多麼「完美」，到頭來對誰都沒有幫助。他們有時也會被自己的計畫及「完美的」腳本弄得疲倦不堪。我有一位北交點落入雙魚座的個案，堅持親自照顧年邁的父親、患有老年癡呆症的母親，以及一個生病的妹妹。即使已經筋疲力盡，她仍不容許任何彈性，也不願改變計畫。她在五十幾歲時因為癌症而驟然離世，而其他人都還活得安然無恙。

這些人必須知道，「我只知道如何專注在細節上」的想法並非是對的。他們具有天生的洞察力，足以看見每件事情背後可能蘊含的夢想，然而因為長期的疏忽及否定，他們讓這種能力睡著了，此時需要一點肯定及鼓勵，才能重新發揮出來。他們可以有意識地專注在最初的理想上，觀察它在不同情境中的實現方式。

北交點落入雙魚座的人如果拒絕接受世界給予的回饋，只會讓自己陷入痛苦與危機中。他們太堅持自己的看法是對的，即使事實顯示「這是條死路」，他們也不會改變方向。然而，事情的發展最終還是會回歸到現實，此時他們就會完全崩潰，無論是在肉體、心智或情感上。

原生者最重要的功課之一是學習不要太過刻板。如果他們能放鬆一點，就不會在作出必要的改變前就被外界的意見完全打敗。他們正學習用一種更有彈性的態度面對別人的意見，學著衡量、接納適合的部分，然後依此調整計畫。他們也必須學習隨時注意當時的情形及發展，甚至在必要時與不可避免的狀況妥協。他們最好對自己說：「一切都很好。我該如何改變計畫，才能實現夢想？」而非固執地認為：「為什麼這不能按照我想要的方向發展？」

舉例來說，他們的夢想可能是去迪士尼樂園玩。不過如果他們拒絕接受外界的訊息，就不會發現另一半根本排不出假期，而且想搭乘的航空公司正在罷工。如果他們侷限在自己狹隘的夢想裡，不改變計畫，最後就必須取消行程。

原生者若能不過度執著細節，更開放地接受別人的意見，也許就能改變旅館的訂房，或當航空公司罷工時，他們可以選擇另一家航空公司，也許改搭火車或開車來趟家庭探險，也能實現全家去迪士尼樂園的夢想，而且可能更有趣！

其實，如果原生者的所有計畫都按照心裡的藍圖實現，生活將會變得非常枯燥無聊。只有允許「未知的」因素融入，才能創造神奇，把生命變成一場探險。這些人正在學習當計畫出現變化時，不過是激勵他們向後退一步，看到更大的藍圖，發現宇宙還有一個更好的計畫。他們正在學習在日常生活中「放手，讓上帝接手」。

學習重視自他的本質，而非行為

北交點落入雙魚座的人總自認為知道什麼才是最好的，這常讓人對他們拒而遠之。他們正學習不要太過專注在別人的行為上，而是要注意別人的背景，以及行為背後的動機。

當原生者發現所有事情都會按照創造的原意，自然地呈現合乎邏輯的結果時，就比較能理解別人的行為。如果他們能更加瞭解別人的動機，就知道如何在過程中支持對方，而非貶損對方。然而，原生者可能要花上好多年才能接受這種想法。

舉例來說，我有一位北交點落入雙魚座的朋友，每當她的兩個孩子調皮搗蛋時，她就會對他們大吼大叫，因為在她看來，小孩打亂了她的計畫，不過這種方式破壞了她當媽媽的權威，因為她總有罪惡感，最後又用溺愛來彌補孩子。她過度注意孩子的行為，反而沒有花時間實際地與孩子建立連結，認識孩子的個人特質——這其實可以幫助她理解孩子的所作所為。而她的孩子則覺得沒有被「看見」，或不受重視。

北交點落入雙魚座的人通常不關心別人的背景，他們過度在意別人的行為。這阻礙了親密感，因為他們沒有深入與他人建立真正的連結，讓人覺得親近。別人有時還會認為吸引原生者注意的唯一方式就是「使壞」。原生者批評和「糾正別人」的行為模式，最後只會讓雙方感到疏離，而非親密感。

另一個阻礙親密感的問題就在於，原生者通常非常挑剔自己，所以當別人指出他們的任何缺點時，他們很容易生氣憤怒，認為別人完全不瞭解自己，之後再也無法看到別人的善意。這些人常害怕別人會不公平地責怪他們，擔心因為沒有做某件事而被別人誤解或懲罰。他們不停追求完美，其實就是要預防這些情形發生。

原生者正在學習當事情出錯時，不要歸咎到自己身上。舉例來說，我一位北交點落入雙魚座的個案與朋友外出用餐，飯後拿出信用卡付帳。侍者稍後折回來非常客氣地告訴他，這張卡被拒絕交易。我的個案沒有冷靜地處理這個狀況（例如再拿出另一張信用卡或用現金付帳），反而馬上對侍者大發雷霆，不停指責侍者一定弄錯了，並堅持他的信用卡信譽良好，因為他總是準時繳交卡費。這種方式並沒有解決問題，而在場的每個人都怪原生者讓他們非常不自在。

原生者就是不瞭解當別人的意見有錯時並非針對他們，也許那只是個無心的錯誤，也許是對方習慣把事情混為一談，喜歡編造事實或說謊。原生者如果不要認為別人是針對自己，就能客觀地更加瞭解對方的本質，也能知道自己可以信任哪些事，應該留意哪些地方，以及該如何發揮同理心，幫助別人改善。

北交點落入雙魚座的人今生的任務不是糾正別人的行為，而是必須放下對別人行為的先入為主的觀念，從整體角度來看待對方。這份任務其實是瓦解自己心中的批評機制——因為那會變成他們與別人之間的障礙——然後學習對別人付出無條件的愛。

這些人若想瓦解所有阻礙親密感的障礙，就必須留意別人的優點。他們可以試著特別注意每個人的優點（也許是個甜美的笑容、熱情的笑聲，或是對方穿了一件好看的襯衫），來幫助自己培養這個新習慣。如果他們開始觀察別人「對」的部分，就能放鬆自己的身心，讓愛在彼此之間流動，瓦解所有苛刻的障礙。

信任更高層的力量，釋放緊張及焦慮

北交點落入雙魚座的人如果開始自我反省及淨化，就會面臨需要化解的內心障礙，或臣服於一個更高層的力量之下。他們的優點就是可以找到靈性的準則，並落實在幫助自己的人生轉化上。舉例來說，匿名戒酒會或處理其他問題的十二步驟計畫，就提供了實際又具靈性意涵的準則，可以應用在日常生活中；冥想及瑜珈也是很有幫助的方式。

我們可以把信任「更高層力量」的意願當成一種指標，用來判斷北交點落入雙魚座的人是否已「踏上正軌」。這些人若想與生命的滋養能量產生自然連結，就必須靜下心來獨處。他們每天必須靜修至少四十分鐘，這是維持內在平衡的重要步驟。如果他們不這麼做，就會與自我及靈性失去連結，變得防衛心極強。這些人若能找時間徹底放鬆，就能變得比較平靜，雖然旁人不時還是要提醒他們冷靜一下。

這些人堅信必須一肩扛起組織周遭環境的責任，創造良好的結果。這種潛意識的壓力源自於過去世的經驗，因為他們曾是治療者，所以別人常在生死交關之際依賴他們「讓事情整齊有序」。然而到了今生，這種習性是不對的。儘管原生者常會感受到身旁的危機，覺得必須解決所有的「差錯」，但他們越努力，只會讓本來想控制的問題變得更嚴重。舉例來說，我有一位北交點落入雙魚座的個案想要有個快樂的家庭，但她的丈夫是個酒鬼，時常對她施行語言暴力。她因為無法控制一切而深感無力。她想：「我已經控制不住了，他必須改變，否則就會有壞事發生。」她花了十五年的努力試圖改變丈夫、對他生氣、不停找他麻煩或監督他。

她的方式當然會破壞兩人分享親密感的機會。她根本不想靠近丈夫，即便他很清醒，因為她非常厭惡他的行為。丈夫也害怕對她打開心房，因為他不想在自己的行為達不到她期望時再度面對她的轟炸批評，覺得自己更糟糕。丈夫面對她當下的反應時，常覺得一定要違背她的原則，才能保有一點自我。

他們在經歷一次特別困難的危機後，我的個案終於說：「我不能一個人繼續下去了」，然後去參加了匿名戒酒協會，那是專為酗酒者的親友設計的一個十二步驟的計畫。她參加幾次後發現，她唯一能改變的人就是自己。她把計畫中實際且具靈性的準則應用在日常生活中，最後終於臣服，能夠「放手，讓上帝接手」，而這正是這個北交點族群的生命功課。她不再想要控制，不再一直憂心丈夫的行為，而開始把更多心思放在自己及孩子身上。

透過這個計畫的協助，她開始注意生命中「行得通」的事，朝著這些好事繼續前進——而這些就是她的個人興趣及孩子的活動。她在這個更大的藍圖中發現所有事情都變得美好了。這些原生者若能開放接受靈性的洞見及指引，常會有這種感受。在我的個案改變自己的行為後，她的丈夫也很自然地改變了。他最後也參加了匿名戒酒協會，直到我在寫這本書時，他已經十二年滴酒不沾。

我們之中大多數的人都能習慣事情不按計畫進行，但北交點落入雙魚座的人卻會因此過度緊張，覺得自己捲入了失控的漩渦，讓旁人也深陷其中無法脫身。這是因為原生者很難敞開心胸拓展新視野。他們正在學習如果事情不順利，其實還有別的選擇。他們可以說：「喔，我知道這行不通」，然後放棄本來的理想；或是可以冒險一下對自己說：「事情不按我的計畫進行，但能否用其他方法解這個問題？」之後他們就會發現這就像玩拼圖一樣，最後拼圖一定可以完成，儘管無法按照原來自認為的方式來拼湊所有的碎片。

原生者的理想還會面臨另一個問題，如果他們依賴別人來實現理想，別人就永遠無法「做對」，就像我的個案與她的酒鬼丈夫所經歷的。這些人必須探索自己到底想要什麼（她想要一個快樂的家庭），然後自己採取行動，讓事情發生。

北交點落入雙魚座的人不相信宇宙能帶來正面的結果，時常覺得自己被生命虧待了，而「每個人都過得比自己好」。當事情不如自己的期待時，他們不該覺得被生命背叛了。這些人最好養成一個習慣，歡迎每個生命的轉折點，問問自己：「生命想告訴我什麼？我如何讓事情順利？」然後他們就不會再抗拒生命給予的種種，也能用比較平靜、不那麼戲劇化的方式來學習個人的功課。這些人除非能意識到這點，否則通常會非常抗拒接受更深層的「真理」，導致他們有時候必須被環境「擊倒」，才能瞭解其中的道理。

舉例來說，我有一位個案的兒子是北交點落入雙魚座。他最近初為人父，孩子是個早產兒，體重甚至不到兩磅。他的第一個反應就是：「又來了。家裡每個人的孩子都很健康，只有我的孩子早產。」第一個孩子早產這件事讓他震撼不已。然而從較寬廣的角度來看，這對他而言是個完美的學習經驗。他原本計畫的細節都行不通，他無法做任何實際的事來改變這個情形，也無法責怪任何人，只能用無條件的愛來面對這件事，因為那是他的孩子。

在最困難的時刻，他放棄了過去的方式，結果開始感受到身旁所有人的愛，與妻子之間也變得更加親密。這件事也迫使他更加依賴「更高層的力量」，開始學著禱告，就在他開始「放手，讓上帝接手」，學著接受而非抗拒現實時，他的孩子開始變得強壯。這整個過程都讓他感受到重生的美麗，以及自己天性中的慈愛。

這些人其實天生就具備接觸神秘力量的能力，這能幫助他們發現事情發展背後的更高層原因。他們除非能每天獨處一段時間感受這份天賦，否則根本不會發現自己與高層力量之間的連結。如果他們不能發現這點，就會帶著滿身傷痕度過一生，顯得如此迷惑又無能為力。原生者這種持續的緊張最後常會變成情緒的爆發，結果就是失去力量，破壞創造親密感的機會。

北交點落入雙魚座的人在面對某些重要的生命關卡時，若能在接受健康醫療人員的諮商之後服用一些鬆弛劑，會對他們很有幫助。他們可以藉此放鬆過度分析的心智，感受到內心的平靜。唯有如此，他們才能接受更高層力量的真理，把自己交付給祂，永遠平息內心的焦慮。

成功經營親密的性關係

北交點落入雙魚座的人在親密關係中對某些事會彈性不足。舉例來說，他們可能很樂意讓伴侶決定去哪家餐廳，但卻非常堅持自己的計畫，一定要在什麼時間到達，或什麼時間離開。如果他們不能掌握某個時間及地點，而必須「隨機應變」時，就會覺得很有壓力。伴侶若是很隨興的人，可能會覺得原生者比較喜歡根據計畫行事，而非順著他們的心意走。

舉例來說，如果他們參加派對遲到了，原生者不只會在準備的時候生氣，甚至整晚都會陷在不開心的情緒中，只因沒按照原定計畫進行，最後可能錯失在派對中與伴侶或別人建立親密連結的機會。這也會讓伴侶焦慮，因為老需要擔心：「天啊，只要計畫一出錯，他們就會生氣好久。」

當原生者與伴侶計畫共處一段時間，通常會花很多時間準備，卻沒有真正花太多時間在一起。如果他們預定相處一小時，可能會花五十五分鐘準備，最後只享受了五分鐘。他們可以試著只準備十五分鐘，然後留四十五分鐘與伴侶真正地相處，這會對他們的關係很有幫助。

周遭的環境如果沒有秩序，他們也很難放鬆。他們會不由自主地想「整理」，無法放任不管，所以這些人很難悠閒地與家人一起放鬆，總不停地整理東西。伴侶可能會說：「就先放著吧！打掃的清潔婦過幾天就會來了。」但原生者就是無法任由環境髒亂，然後又很生氣為何別人不像自己一樣乾淨又整潔。北交點落入雙魚座的人很容易為了追求「完美」而忽略別人的需求。

原生者在親密的性關係中還會面臨另一個問題，他們太過投入在別人對自己的要求中，無法控制自己的服務傾向，最後變得完全為別人而活。這會阻礙親密感，因為原生者為太多人付出，而沒有留足夠的時間給親密的另一半。他們常會一心想滿足伴侶的需求，反而沒有真正地參與當下，滋養彼此的親密連結。

這個問題還可能衍生為太過專心在伴侶對他們的需求上，反而忽略了自己的需求。原生者想表現無私，因為這是種完美的行為，但與此同時，他們也的確想要某個東西，而這會讓他們很困惑。現實往往會讓問題更嚴重，因為原生者常覺得沒有被「看見」。不過，事實上，原生者若不能真實表現自己，伴侶又如何能正確地認識他們？別人只會看到一個「完美的人」，而非原生者的感受及需求。

原生者除非能意識到這點，否則他們在重要關係或往後大半輩子裡，很容易誇大問題，把小事化大。一件小事隨時可能引起他們的強烈反應。這會阻礙親密感，因為伴侶無法預期原生者何時會憤怒和焦慮，就很難對他們敞開心房，在他們面前表現脆弱。伴侶也不敢確定如果誠實表現自己，會不會引起原生者的長期反彈。因為即使是一件小事，如果原生者認為是針對自己，芝麻小事也會弄成雞飛狗跳，而伴侶就得處理原生者不理性的負面情緒。沒有人願意冒險，在一個會突然爆發情緒的人面前表現脆弱。

伴侶的意見常會引起原生者的激烈反彈，這特別傷害親密關係的發展。原生者如果總是對別人的意見保持戒心、憤怒以對，會使得伴侶覺得被拒絕了，沒有任何討論或妥協的空間。

北交點落入雙魚座的人有時也會變得很焦慮，藉此來控制情形，讓伴侶順從自己。伴侶每次試圖提起困難的問題，原生者就會「恐慌發作」，最後永遠無法解決關係中的深層問題。恐慌會導致困惑，造成事情無法真正進行。這些人正在學習觀察恐慌背後的原因，勇敢誠實地面對自己的感受。如果他們不能做到這點，即使維持一段關係，也無法有任何親密感，雙方都會繼續覺得很寂寞。

北交點落入雙魚座的人除非能意識到這點，否則很習慣專注在自認為錯誤的事上，而非認為一切都很好。他們這種總是看到缺點的傾向，特別容易在親密關係中製造問題。這會阻礙親密感，因為伴侶常覺得原生者認為這段關係行不通，並因此焦慮不安，也覺得為了保護自己，必須在感情上與原生者保持距離。

原生者如果根據自己的判斷認為事情「出錯」時，常陷入徹底的焦慮中。他們的能量場會變得非常混亂，讓別人避而遠之。別人不想被捲入原生者創造的緊張氛圍裡，因為自己無論說什麼或做什麼，似乎都無法幫上忙。

這些人除非能每天花時間獨處，與更高層的力量保持連結，否則事情若不符合他們的完美期望，他們就會非常焦慮，只想到最壞的結果：「我一點都不驚訝，我就知道行不通。」原生者的確懂得享受人生，但卻隨時保持防衛狀態，隨時準備有壞事臨頭。正因如此，原生者無法與伴侶享受深入的親密感，因為他們認為：「嗯，現在很幸福，但這只是暫時的。」

原生者必須學習相信宇宙，知道無論當下看起來的狀況如何，每件事都會有完美的結果。如果他們無法做到這點，就會在親密關係中不斷地生氣，遇到阻礙。這些人正在學習認真且主動地實現對於快樂關係的夢想，運用客觀明智的方法解決問題，關係才能成功。在一段親密關係中，原生者只要願意，他們的確具備能力去創造滋養彼此的親密感及喜悅。

他人所能提供的協助

支持他們與高層力量建立有意識的連結

你要幫助原生者知道每天獨處片刻，並有意識地與更高層的力量建立連結，是件非常重要的事。你要提醒他們，若能把這件事當成生活中的首要之務，他們就能感覺更好，活得更有力量。如果他們失去這種覺知，常會對生活中的事情發展感到焦慮。你要不停提醒他們，從更寬廣的角度來看，每件事的發生都是正確的，提醒他們「不要擔心」或「一切都好」。你也可以強調，他們可以透過相信更高層力量的過程中發現順從生命發展的最好方法，創造最高層次的正確秩序。

對北交點落入雙魚座的人而言，為別人服務是非常重要的事。如果你告訴他們今生最高形式的服務，就是專心一致地與更高層的力量建立個人連結，他們就會願意這麼做。如果他們能維持這種連結，外在現實的能量就會改變，障礙也會神奇地消失，為自己和別人帶來撫慰。

幫助他們停止批判

北交點落入雙魚座的人過度執著於「正確性」，這導致他們非常愛批判別人的行為。如果你發現他們生氣、好鬥又有防備心，最好的方法就是對他們說：「你百分之百是正確的，但從另一個角度來看……」你必須先認可他們「一定是對的」的需求，他們才能放鬆，真正聽取別人的意見。

當原生者開始過度分析一件事、批評相關的人時，你要鼓勵他們往後退一步看事情，記得別人不是故意犯錯。你要提醒他們，每個人都正在學習，努力利用自己目前擁有的工具盡力而為。如果你鼓勵原生者：只要停止批判別人，就能發現自己行為的缺點，進行自我調整，他們就會比較願意這麼做。

你要幫助他們意識到採取行動的目的，勸他們不要試圖改變別人的行為及外在環境，而是要把力量向內發展，改變自己的想法及行為。原生者若能發現自我破壞的行為，試著糾正自己，就會覺得自己更有力量。如果你幫助原生者發現他們的某些行為會破壞想要創造的結果，久而久之，他們就會開始更重視自己的內在世界，而非專注於外在環境。

提醒他們專注於自己的夢想

當這類人與別人互動時，特別是在工作職場上，常會專注在細節及程序安排上，結果對誰都沒有幫助。如果他們能不斷提醒自己，所有人正在努力追求的共同理想，允許每個人用自己的方式實現，就能創造正面的能量，事情可以順利完成，而每個人都是贏家。所以你要鼓勵他們把目光放在自己企圖創造的理想上，對於實現的方法要保持彈性。

北交點落入雙魚座的人是天生的分析者。如果你提醒他們把注意力集中在理想上，就能獲得更多的資訊、更能展現「拼圖」能力，他們就會願意朝這個方向努力。

這些人積極想解決問題，每當因為事情的進展而生氣時，他們不妨試著悄悄地對自己說：「一切都很好，每件事都按照應該的方向發展」。這種「真言」可以幫助他們與情境切割，獲得必要的見解，找出接下來該採取的正確步驟。

鼓勵他們對別人發揮同情心

北交點落入雙魚座的人有種特別的天賦，可以藉由對整體融合的認同獲得天賜的福氣。如果他們能學會停止批判別人，記得與更高層的力量保持有意識的連結，就能打從心底理解別人的行為，培養更廣博的同情心。你可以鼓勵他們在面對一個失敗的人時，至少找出對方的一個優點，而非批評對方。

這些原生者積極地想要服務別人，所以當你要鼓勵他們帶著同情的理解來面對事情時，你可以告訴他們：「這對別人而言是一種非常有意義的服務」，他們就很願意這麼做。你要提醒原生者，每個人都在學習及成長，一切都是上帝的旨意。那麼，當旁人退縮或失敗時，他們就比較能打開心房，表現同情心。

支持他們相信「一切自有安排」

北交點落入雙魚座的人正在努力學習放下控制的欲望，臣服於一個更高層的力量。這些人在過去許多世裡執著於負責解決每件事，因此到了今生，一旦事情違背了自己的計畫，讓他們無法控制時，他們內心就會非常恐慌。當他們因為某些細節不夠完美而因此「大爆炸」時，旁人往往也隨之焦慮。你能幫助他們的方法就是不要跟著陷進去，如果你能保持輕鬆，就能用正面的方式影響他們，讓他們也開始放鬆。

如果你告訴他們，想要改變現況的第一個步驟，就是妥協接受「一切自有安排」的想法，他們就會比較願意嘗試。提醒他們靜下心來獨處，他們就能看到最重要的大藍圖。你可以告訴他們：「如果你真想做對這件事，就必須先接受目前的結果都是『正確的』，至少就目前的努力來看都是對的，然後再看看是否想改變你已經做的努力。」這些人正在學習生命自有出口，諸如「這是上帝的工作」之類的說法，可以幫助他們表現出自己最好的一面。

不鼓勵的習慣

過度分析狀況

這些人開始分析事情時，常會陷入無法控制的焦慮中。勸他們別試圖「弄懂問題」，提醒他們「放手，讓上帝接手」。

審視別人的行為

別讓他們養成這個習慣。他們會因為批判別人的行為而無法感受到愛。如果他們在批評自己或別人時，你要拒絕加入，不要參與他們的話題。

過度執著細節及完美主義

不能讓他們養成這種習慣。如果他們開始執著細節時，提醒他們放鬆。你可以說：「一切都很好」、「不要擔心」或「一切順利」，就能神奇地減輕他們的焦慮。

第二篇、宮位

命運的禮物

宮位介紹

我們接下來要透過交點軸的位置，來定義你與另一個人之間愛的交流的本質。在每一段關係中，我們都有注定要帶給伴侶的禮物，而伴侶也有注定要送給我們的禮物。當你知道另一個人注定要帶來什麼禮物時，你可以選擇接受，這也是對這份禮物的禮讚。而當你知道自己注定帶給對方何種禮物時，你可以透過覺知積極合作，讓自己的支持更發揮力量。這些禮物都是源自於命盤上北交點的屬性，因此如果你能帶著覺知參與這個過程，就能啟動北交點的能量，讓所有的生命領域充滿活力。

接受愛及愛的付出

下文涉及「接受愛」的論述將會介紹在你生命中的人所帶來的禮物（根據對方北交點落入你的本命盤的位置），而「付出愛」的部分則討論你帶給別人的禮物（根據你的北交點落入對方本命盤的位置）。如果你想知道正確位置，可以上 www.cosmiclove.com 網頁查詢。雖然這些禮物都是在無意識中交換的，但當他人注定要用某種方式幫助你發展時，他們一定會影響你的生活，讓你在這某個領域獲得成長。有時你可以感受到他們的愛的影響，有時則覺得必須用改變來對抗他們。無論是以哪種方式互動，無論他們是無意或有意，都可以從他們的北交點落入你本命盤的位置看出他們的存在，可以幫助你發展哪些特質。我們也可以從別人的南交點落入你本命盤的宮位，看出對方會在哪些生命領域中傾向於消蝕掉你的力量，而且極可能是在完全無意識的狀態下。

我們接觸的每個人都帶有特定的業力，透過月亮的南北交點來表現。因此，所有在我們生命中扮演重要角色的人都有其存在目的。各種不同的人格特質必須在不同時刻獲得發展，如此才能培養出最高層的意識、內在的平衡及生命力。我們無意識吸引來的人，會帶給我們必須在生命中的某個時刻被激發的特質。

當你發現生命中出現一個重要的人時，注意他們的北交點落入你本命盤的宮位，那代表你必須加強個人及靈性成長的生命領域。舉例來說，對方的北交點若落入你的第三宮，宇宙要告訴你的功課就是要發展更有效的溝通能力（這是第三宮代表的性質之一），而對方會有獨特的潛能激發你在這個領域的成長，此時，你可以決定是否接受對方的禮物，允許他們用某種特定的方式幫助你更加成熟進步。我們若能有意識地接受別人的禮物，從中獲得成長，雙方都能因此獲得好處，同時也開啟了愛的互動。

若我們先入為主地對愛產生期望，希望伴侶能按照我們的方式表現愛意、關心我們，那麼關係中就會出現失望及困難。一段關係是否能成功就看我們是否允許伴侶用自己的方式表現愛意，而我們是否願意接受伴侶注定帶來的禮物。北交點會在人格最深層發揮作用，所以無論一個人的北交點落入你的本命盤的哪個宮位，你都應敞開心胸，讓他們展現獨特的本領，教導你「弄清楚」這個生命領域。如果你拒絕這些禮物，就會一無所獲，只會換來對方的抗拒。

我們若能客觀地注意到能量的自然流動，學習如何順其自然，就能在關係中滿足個人的需求。接受別人在靈魂層面注定要帶來的禮物，能引導對方表現出最好的一面，並覺得受到肯定而更有力量；但如果你拒絕這份禮物，也難免引發對方最差勁的表現，因為愛是建立於付出與接受的交流，才能在關係中持續被感受到。

如果你想與別人開啟愛的交流，就要意識到自己注定帶給對方的禮物，而這都顯示在你的北交點落入對方本命盤的宮位。如果你能有意識地採取行動、帶給對方這些禮物，對方就能意識到你的存在，激發你們之間愛的互動。我們必須對「接受」而非「付出」禮物，開啟完全不同的態度及意識，這點對關係很有幫助。你會發現下文中「接受愛」的部分，比起「愛的付出」部分篇幅更多。這是因為當我們把禮物帶給別人時，我們無法控制結果，但我們可以控制別人帶來的禮物。所以我會提出更多的指導，教導人們如何接受別人的禮物，如何從中獲得幫助。

互惠

占星學中的互惠指的是，當我們對別人某個特定生命領域帶來助益時，就能刺激他們在同個領域中幫助我們。舉例來說，你的北交點如果落在一個人的第十宮，代表你能幫助他們的事業發展，而無論對方的北交點落入你本命盤的哪一個宮位，對方也能幫助你的事業。所以這裡有兩份禮物：一份是別人透過北交點落入你本命盤的宮位，注定帶給你的禮物；另一份禮物則是因為我們的付出，對方給予的互惠回饋！

相同／相反的禮物

你和重要關係人的北交點如果落入各自本命盤的同一宮位，這代表命運的安排讓你們在同個生命領域中鼓勵彼此的靈魂成長。舉例來說，對方的北交點落入你本命盤的第一宮，你的北交點也落入對方本命盤的第一宮，就代表你們注定要鼓勵彼此採取獨立的行動，發展領導的潛能。值得注意的是，你們同時在接受且付出同樣的禮物給彼此，這非常有利於突破彼此對於改變的天生抗拒。

你和一個人各自的北交點如果落入對方本命盤的相對宮位（相距六個宮位），代表你們有機會在關係中創造獨特的愛。就像一個無限大的符號，你們之間的能量必須不斷地來回交流。

若想在一段關係中豐收，最重要的就是根據對方北交點落入你本命盤的宮位，接納「接受愛」的建議，然後根據你的北交點落入對方本命盤的宮位，慷慨地付出你的禮物。舉例來說，對方的北交點落入你的第二宮（代表界線與自給自足），而你的北交點落入對方的第八宮（朝一個共同的目標建立連結，融合彼此的能量），你們就可以透過有意識的回饋，接受且付出這兩個對立宮位所代表的特質，達到全面的物質與身體分享。

萬一發生不平衡的情況，務必要敞開心胸，接受對方帶來的禮物，這樣也能更加意識到自己付出的禮物。這樣做是為了重新啟動能量，繼續彼此之間的交流。當兩個人的北交點落入彼此的對宮時，很可能會創造最出色且令人滿意的互動，但雙方必須隨時注意，能量不會停滯在其中一個宮位代表的生命領域裡。

間接得到的禮物

當一個人的北交點落入你本命盤中南交點落入的宮位，代表你們的關係會在這個宮位代表的生命領域中遭遇特別挑戰。對方可能間接地帶給你禮物，確保你的行為表現不致偏離該宮位象徵的所有可能性。

舉例來說，我有一位個案的南交點落入第三宮，代表她正在學習不要說善意的謊言，不要沉溺在自己都不相信的膚淺談話中。她的父親的北交點落入她的第三宮，她在成長過程中覺得跟父親幾乎無話可說，父親的能量不允許她繼續過去世的生命模式：把濫用溝通當作某種操縱的手段。因此她與父親維持了好多年的沉默，直到她夠成熟了，可以真心誠意地溝通（她的北交點落入第九宮），兩人才開始有交流。她的父親的確給予她真實溝通的禮物，強迫她謹慎且誠實地說話，但不是用直接關愛的態度來付出。

帶著覺知的溝通

文字語言非常重要，這是我們對別人呈現事情的一種方式。我們在接近別人時所表現的部分自我，最後都會融入互動的結果。如果我們學會使用讓別人能真正聆聽的方式來表達需求，對方就比較有機會願意配合，而我們也就較能得到生命中渴望的事物。

你可以在下文中「值得注意的地方」及「最好的方法」部分找到針對每個宮位建議的有效溝通技巧，如果你能嘗試這些建議，就能開放地接受命中注定得到的禮物，強化這些禮物的影響力。這些指標也可以幫助你避免對方南交點不小心對你造成的「能量耗損」。

能帶著覺知運用書中的方法與人互動，就能在你和他人之間打開一扇大門，體驗到更深刻的愛的交流。

你與對方北交點落入的宮位位置，可以在網頁 www.cosmiclove.com 上輸入你與對方的出生資料，包括日期、地點及時間（如果確定的話），就可以免費查詢結果。

接受愛：同伴所帶來愛的禮物

當對方的北交點落入你的第一宮，他們帶給你的禮物是：

自我意識

如果你因為加強個人身分意識，而必須擴張且堅定「我」的概念，因此陷入失衡狀態，此時你就可能會吸引到北交點落入你本命盤第一宮的人。他們帶來的禮物就是讓你重新找到真正的自己。這些人可以真正地看到你的光芒，幫助你意識到自己獨特之處，加強你的自我意識。他們會對你很感興趣且印象深刻，還會不斷提醒你具備的個人才華及聰明，幫助你增加自信心。

當生命中出現這些人時，代表你的人格及自我表達必須更正確地反映內在的真實自我，而這些人可以幫助你更有效地與別人溝通，展現真實的自己。他們相信你有獨立自主的能力，你也很自然地願意接受這些人的鼓勵，嘗試他們提出的建議。你可以從中發覺他們的能力，然後藉此加強自己的力量。舉例來說，如果他們展現圓滑的外交手腕、優秀的生意技巧或社交觀察能力，你就會發現自己也擁有這些特質。你可以透過觀察他們的表現，在自己生活中有效地發揮同樣的特質。

這些人進入你的生命中是為了加強你必須成長的生命領域，如果你能積極接受他們的禮物，就能在個人的業力道路上加速前進。與此同時，你也可以在他們需要肯定的生命領域中，證明他們的能力。

獨立

當你吸引來北交點落入你本命盤第一宮的人，對方就會帶給你力量及獨立的特質，他們可以幫助你在生命中建立健康的自給自足，這些人帶來的另一份禮物是幫助你與別人相處時也能變得更加獨立。他們的最終目的是讓你完全放棄所有對別人的共存及依賴。他們最希望你能「活躍、發掘自我、做自己和肯定自己」。

他們在你生命中的任務之一是幫助你加強個人特質，所以當你沒有表現獨立的特質時，他們會在潛意識中遠離你，直到你在人格中重新建立這個特質後，才會更被你吸引、更想接近你。所以如果你渴望關係能更親密，最重要的就是維持獨立。

你並不一定要選擇這些人當伴侶，這種關係有時會比較麻煩。我有一位個案的男朋友的北交點落入她的第一宮，帶給她的禮物就是獨立，但另一方面，她的北交點落入他的第八宮，帶給他的禮物則是學習結合的靈魂伴侶關係！他們給予彼此的禮物恰好是相反的，所以必須不斷改變互動，才能讓彼此都開心。

舉例來說，她有時想要付出，創造「一體」的感受，但他會把她推開，這樣彼此才能各自消化共享的能量，加強彼此的獨立性格。這是一種非常特殊的狀況，雙方正學習如何在一段承諾的關係裡保有個人特質，而他們各自的本命盤也顯示他們正面臨這種挑戰。當他們各自準備好時，就會無意識地被對方吸引，應付這種挑戰。

這些人會一直鼓勵你發展個人的獨特性，加強你的獨立精神，讓你變得堅強。如果你接受他們的禮物，認清自己能獨力做到的事，就也能激勵他們積極開發個人的獨立精神，發展自己的興趣。你們可以透過這種方式賦予彼此力量，完整表現出各自的潛能。

勇氣及領導力

如果你在生命中遇到一個重要夥伴，對方的北交點落入你本命盤的第一宮，代表宇宙期許你必須變得更有主見，發展出領導潛力。對方的出現是要喚醒你天生的領導能力，這些人會鼓勵你掌握自己的生活，幫助你發展出堅持己見的能力，讓別人來配合你。他們也會鼓勵你表現出果決的一面，大方地讓別人知道你的想法。

你必須在此時變得勇敢，因為你已經準備好要培養勇氣，所以才會吸引來這些人。他們希望你能實現潛能，甚至激勵你大膽冒險，追求對生命的渴望。這些人能發現你人格中任何的害羞或遲疑，並幫助你克服，而你也可以藉由他們對你的信心變得更有自信。過程中，他們也會鼓勵你用健康的方式展現競爭的天性。

當你接受提議，開始採取行動，他們永遠都會支持你。即使你第一次沒有成功，他們仍堅信你很快就會嶄露頭角。你的任務就是接受他們的禮物，允許他們幫你設定一個領導者的角色，努力達成目標。當你運用這些人帶給你勇氣與能力成功發揮領導力時，他們也會被你自然展現的才華所影響，更有自信面對人生。

展現性格的能力

這些人能理解你的性格運作，幫助你克服任何阻礙，讓你能有效地表現自己，成功地與週遭互動。舉例來說，如果你天性害羞，說話很小聲，他們就可能鼓勵你大聲說話，讓別人都能聽到你想分享的重要訊息。

這些人也能看到你的能力及才華，希望能引導你向外表現出內在的美麗，讓別人看到你的真正價值。在公開演說、行銷或任何表現自己的場合中，他們也是你很好的人生教練，能幫助你發展天賦。

對你的身體而言，北交點落入你本命盤第一宮的人代表「好的業力」，所以他們會是你最好的醫生、美容師、服裝或顏色顧問或整形醫生——視他們的專業而定。他們會是你最好的購物夥伴，因為他們對你提出的服裝及配件建議絕對可以讓你的外表加分。他們也喜歡「炫耀」你，幫助你對自己的外表，以及在別人面前更有自信。

如果你讓他們幫助你更有效率地達成目標，你就會有衝勁去激勵自己追求成功。如果你能接受他們的禮物，珍惜他們為你所做的一切，也能讓他們表現出自己最好的一面，並讓自己的生命更加強壯。

值得注意的地方

這些人在幫助你增加自我意識、力量、獨立且個人效率的同時，常會不小心耗損了彼此的關係及互相依賴的能量。即使在婚姻關係中，如果你太過忽略自己的人格特質，或太依賴他們，他們就會把你推開。

這不代表你不應選擇這些人作為伴侶，不過如果你希望彼此能在關係中互助合作，就必須先採取行動，而非認為這會自然發生。他們不會自動地發現與你創造一段共存的關係會有什麼好處，而是認為這段關係是建立在你日益強壯的能力及獨立之上，希望你能果斷地主導一切。所以在這段關係中，他們會不斷把焦點從「一起做」變成讓你「自力更生」。當你說：「讓我們一起做吧！」他們會說：「唔，我想你可以自己來。」這些人永遠不會讓你依賴他們，而會讓你用獨立的方式來經營關係。

如果你想要與這些人建立快樂的婚姻或其他親密關係，就要養成堅強且獨立的自我，讓他們明確知道你對他們的要求。他們甚至願意犧牲關係，只為了完全支持你培養獨立。從較長遠的角度來看，最重要的是要確定他們願意支持你，不要讓他們用任何方式來貶損或傷害你。如果你想在生命中創造平等且互相依賴的關係，那就必須向外追尋。你可以考慮與別人合作一個計畫，或與親密的朋友分享深層的感受，也可以考慮從事一份需要許多團隊合作的工作。

你還要注意到：這些人無法給你好的建議，告訴你如何與別人合作，尤其是在社交或工作場合。他們可以教導你如何更清楚地與別人溝通，但即使是出自善意，他們關於人際關係的建議都是不好的。因此，你最好不要把他們當成人際關係的顧問。

最好的方法

當你面對北交點落入你本命盤第一宮的人時，若能以領導者的語氣說話，讓他們知道你只需要支持，不需要任何的判斷，他們就會對你全心服從。他們帶給你的禮物就是幫助你學習重視自己，所以你的出發點如果是為了他們或關係著想，你就會失敗。

舉例來說，如果你說：「我們若能輪流洗衣服，就可以改善關係」，他們不會聽你們的話，你必須把重點放回自己身上：「每次都是我洗衣服，我覺得很煩，我真的希望每隔一個禮拜就換你洗。」用這種方式溝通他們就能聽進去，而你也能得到正面回應。同理而論，若直接針對他們的行為試圖改變他們，那也多半是無效的，例如：「你必須自己收衣服、自己洗碗筷」，他們會將你的話當作耳邊風，但若你說：「我希望你能從現在開始能收自己的衣服，自己洗碗筷」，他們就會聽你的話，比較願意配合。

與這些人相處的最好方法就是

凡事在「我」，即使你得說一些他們不想聽到的話。舉例來說，如果他們想來找你，但你真的沒有時間時，不妨明說：「我最近工作非常忙，實在沒有辦法。」這種直接而誠實的拒絕，他們不會放在心上。你可以盡量將重心放在自己身上，例如：「如果我每天有半小時獨處，想想自己的事情，就會比較好相處」或是「我要你幫忙去雜貨店買東西，才能準備晚上朋友的聚餐」，這樣的話語他們也能接受，並表現出最好的一面，而非陷入無意識的抗拒之中。

最後再舉個例子，若你的伴侶的北交點落入你本命盤的第一宮，如果你說：「我覺得每個禮拜出去約會一次，能讓我們的關係更好」，他們可能無法滿足你的需求。但若你說：「我現在需要每個禮拜來一次浪漫約會，才覺得跟你在一起很快樂」，他們很可能就會配合。你必須用自己的風格及表達方式，嘗試在關係中扮演老大，很自然就地能讓他們與你合作。

過去世的影響

北交點落入你本命盤第一宮的人，對你並不具有特別的過去世影響，除非他們的南交點與你的行星合相，才代表你們的相遇是命中註定，你們必須實現一個約定，同時也能強烈地感受到過去世的影響。

這些人在過去世裡或多或少都忽略了你的個人利益和獨立性。他們也許是你的丈夫，讓你成為他們「隨心處置」的奴隸，或他們是一個自私利己的夥伴，不願意讓你脫離關係。這些過去世的影響可能延續到今生，讓你無法有效率地追求自己想要的東西。

無論是哪種狀況，從業力的角度來看，這些與你「有約」的靈魂是來彌補對你的虧欠，他們必須鼓勵你保持自由、不受關係牽絆、克服個人的限制，踏上自我發掘的道路。然而，你對這些靈魂是如此熟悉，所以很可能落入過去世的習慣，變得依賴他們。你可能會嚴厲地責怪他們，因為他們不允許你發展相互依賴的關係。

這些人甚至不願與你建立一段良好的互相依賴的關係，因為他們的義務就是要確定你能找到自己的力量：成為一個有自我覺知的獨立個體。他們帶給你的禮物就是幫助你變成獨立的領導者。你若能接受別人試圖贈予的禮物，生命就會變得輕鬆多了，也能創造相互增長的經驗。你的重要伴侶的北交點如果落入你本命盤的第一宮，你要樂於接受他們幫助你成長，變成獨立的個體，這樣才能創造雙贏的結果。而且別忘了，也唯有他們有資格這麼對待你。

當對方的北交點落入你的第二宮，他們帶給你的禮物是：

物質財富

如果你遇到北交點落入你的本命盤的第二宮的人，代表你此時必須更覺察自己的才華，學習創造豐厚的經濟基礎。這些人是好的「金錢業力」，而他們的存在也可以幫助你用某種方式增加個人的物質財富。他們可能直接給你金錢、為你賺錢，或吸引別人來幫你增加金錢來源。他們會不停地灌輸你觀念，讓你更能意識到自己的獨特能力，開始靠自己賺更多的錢。

這些人非常瞭解你的才華、長處及價值，所以能直覺地給你最好的財務建議。他們打從心底想幫助你，而他們的能量也能刺激你下定決心，為自己創造更多財富。舉例來說，他們可能會鼓勵你在正確的時機要求加薪，讓你知道你對工作的付出遠勝過於目前的酬勞。

你最適合選擇北交點落入你第二宮的人來幫助你增加業務或財富。這些人如果向你借錢投資，只要你覺得他們的計畫可行，也許就是個大撈一筆的好機會。但是你得確定自己的錢仍然與他們的錢「完全分開」，否則他們無法發揮「好的金錢業力」。這其實很弔詭。當你覺得有機會時，最好的方法還是先借他們一小筆錢，然後再嘗試大筆投資。舉例來說，我有一位個案的哥哥的北交點落入她本命盤的第二宮，他會買房子來整修，然後再轉賣脫手，三不五時來跟她週轉借錢。每次他把房子賣掉後，她就有可觀的利潤收入。

如果我遇到北交點落入我本命盤第二宮的人，一定會聽聽他們對金錢的看法。如果他們告訴我，我有哪些不知其價值的物品，或者我該培養哪些天賦才能為別人創造價值，我都會採納。事實上，這些人會是非常好的財務顧問或事業導師，因為他們能點出你獨特的才華及技能具備了可貴的市場價值。

如果你能接受他們的禮物，依他們的建議採取行動，允許他們幫助你培養能力、增加資源，就能激勵他們積極發掘你的才華。你們可以透過這種方式賦予彼此力量，更有能力做到自給自足，為彼此帶來財務方面的好處。

自我價值感

北交點落入你本命盤第二宮的人知道什麼東西對你最重要，也很清楚你的個人價值。他們很自然地能發現你的才華、個人特質，並讓你知道自己是多麼特別，多麼有能力付出；他們也會毫不猶豫地讓別人知道你的可貴之處。這些人會當面讚美你，為你的個人形象加分。他們對你的才華和能力非常有信心，絲毫不容許別人質疑你的價值，甚至不讓你懷疑自己！

這些人也知道你在哪些地方缺乏信心，常會自我懷疑或感到恐懼，但他們可以用一種你聽得進去的方式，肯定你其實具備了熟練的能力，幫你克服這些問題。這種方式很自然會激勵你採取行動，作出正面的改變。舉例來說，我有一位個案的男友，他的北交點落入她本命盤的第二宮。他們在一起沒多久，她就在職場上被拔擢加薪，而在他的鼓勵與支持下，她瘦了二十五磅，並開始運動維持身材。她因為他帶來的生活影響，明顯提升了自我的價值感。

這些人也會鼓勵你滿足身體及官能享受的需求，例如好好吃一頓、按摩，或是偶爾奢侈一下。他們能帶給你正面影響，幫助你選擇一些真正享受或能增加價值的財產，所以當你要做任何大筆的消費時，別忘記找他們一道去。就整體而言，如果你認真聽這些人的建議，他們非常能幫助你滿足肉體及物質的需求。這些人不想成為你整個生命的靈魂伴侶，他們的任務只是增加你的自信、加強你個人的價值感，讓你可以擁有自己的力量。

這些人不是要讓你依賴他們持續給予的肯定，而是帶給你出於內心永恆的力量。你可以接受他們的禮物，在物質層面上展現自己的內在資源。而在這個過程中，你也可以激發他們最好的一面，最後就能創造雙贏的結果。

依靠自己

這些人出現在你的生命中，也可以幫助你提升自足的能力。如果他們是你的父母，就會讓你在良好的物質環境中成長，但不會寵愛你。他們會不斷強迫你培養自己的內在資源，並要求你意識到獨立自主的力量，而你最好能用這種態度與他們相處。

例如你需要家裡提供物質援助，最好清楚列出明確需求。你要把每樣東西都加上預估的價錢，讓他們清楚地知道你必須滿足哪些生存所需，才能改善現狀。這是一種依靠自己、而非理所當然接收的表現方式。

這些人不會與你合夥，邀你跟他們一起賺錢，共享你的資源，因為這並非靈魂伴侶的關係——靈魂伴侶必須分享能量，一直朝共同的目標努力。他們可能會在某個時刻答應跟你一起實現某個計畫，但不會與你合作完成每件事。這些人不想跟你合作時，總會有很好的理由讓你相信你可以自己做到。他們會提供你所需的能量和鼓勵，幫助你變得更好。就某些方面而言，你生命中有價值或有意義的事也可以喚醒他們天生的重要特質，所以如果你能獨立客觀地提出自己的理想，他們就會馬上支持你，因為這也能反映出他們的自我價值。

然而，除非你主動要求，否則無法仰賴他們的支持。他們的任務就是協助你更果決地滿足自己的身體及物質需求。所以如果你指望他們能發現你需要他們幫忙卸下車上的東西，他們絕對會讓你失望。因此無論如何，你必須主動地說：「嘿！你能幫我把車上的東西拿下來嗎？」他們就會樂於順從。

值得注意的地方

這些人會讓你的人生更富足，並增加你的自我價值感，但在過程中也會不小心減損了互相依賴的能量。他們的目的是要幫助你加強自我決定的能力，也就是在必要時清楚界定並表明個人的界線及具體需求。如果你失去自我界線，試圖與他們融合，一定會被他們拒絕。他們不會讓你依賴他們建立起一段「連結的」關係，而會努力增加你的個人資源及能力。

因此，如果你試圖結合彼此的能量，就等於不接受他們的禮物。你會發現這些人不想與你合為一體——這也不是他們命中注定帶給你的禮物。不過，這不代表你們不能成功合作一個計畫。就賺錢的角度而言，這些人是很好的合夥人，他們能滿足你具體的物質需求，也與你相處愉快，然而若你希望雙方的合夥投資成功，獲得令人滿意的結果，就要不斷提醒自己保持個人的界線；這代表在財務上你必須控制自己的金錢。如果你在合夥生意中試圖「幫助他們」，把彼此的資源混為一談，就很可能會賠錢。

舉例來說，我有一位個案的妹夫的北交點落入她的第二宮。她違反自己的本意投資他的家族事業，付出不少心力，結果因為沒有清楚的會計制度，她虧損了不少錢。你不能跟這些人在財務上互相依賴，你們若想投資成功，就必須把雙方的錢分清楚。他們可以給你錢或根據清楚的合約幫你賺錢或替你打氣，加強你的自信心，讓你靠自己創造更多財富。

最好的方法

當你遇到北交點落入你本命盤第二宮的人時，切記他們的任務是幫助你把焦點放在自己身上，所以你跟他們溝通時，最好把重心放在自己的、而非他們的需求上。

例如你不要著眼在他們行為的疏失：「我希望你不要在我聊政治時嘲笑我」，而是要說：「我在表達政治意見時，很需要你的支持」。你不要對他們說：「別再催我了，這讓我很緊張」，而應該強調讓你舒服的方式：「當我們在準備時，我需要你有點耐心，可愛一點。」

你在表達意見時若能以個人需求為出發點，而非依賴共同的能量或資源，他們就比較容易接納，並且配合。如果你說：「讓我們一起做生意」，他們會拒絕你，但若你說：「我想做個生意，需要你幫忙安裝電腦（或任何具體的任務）」，他們馬上就會幫忙。如果你遇到困難，不要假設他們知道狀況，最好的方法就是直接要求協助。別期待他們會自動「插手」，你必須直接提出要求。

總而言之，你必須掌管一切、主動要求幫忙，藉此加強你獨立自主的能力，增加自我價值感。當你主動提議，明確表達你需要他們幫忙的地方，他們會出色地達成任務，對雙方都有好處。如果你想讓他們有最好的表現，就不要管他們的私事或心態，讓他們把焦點放在你的需求上。

過去世的影響

北交點落入你本命盤第二宮的人，對你並不具有特別的過去世影響，除非他們的南交點與你的行星合相，才代表你們的相遇是命中註定，你們必須實現一個約定，同時也能強烈地感受到過去世的影響。

就業力角度來看，這些人很可能是你過去世的靈魂伴侶，你當時完全投入且依賴兩人建立的關係，這種過度的連結抹煞了你的自我價值。也有可能是你擁有某種特殊的才華，或是能夠對社會有所貢獻，但他們卻不允許你獨立發展。他們甚至可能曾利用你的能力來支持自己的理想，從你這裡偷走好處或金錢的報酬。

所以到了今生，他們在潛意識裡想幫忙你加強個人能力及財務的自由，確定你可以獨立生存。他們會再次發現你的獨特才華，但更想幫助你意識到自己的價值，讓你自己獲得報酬。這些人也很可能在過去世虧欠你錢財，所以到了今生，他們會在死後留給你金錢或財產。

這些人如果幫助你的財務，其實是想加強你的個人能力，而非有任何附帶條件，例如希望你依賴他們或欠他們錢。如果你覺得這其中有附帶條件，最好斷了這個念頭，只要單純把這些錢當成禮物，這樣才能解決你們之間的過去世債務。

當對方的北交點落入你的第三宮，他們帶給你的禮物是：

溝通

當你遇到一位重要關係人的北交點剛好落入你本命盤的第三宮，代表你現階段必須改善自己的溝通技巧。你可能覺得可以跟他們進行輕鬆的心智交流，不需要太費力就能「聽懂」他們的話，也能馬上給予回應。你可以透過與他們的交流，學會更有效地與別人建立自在的心智連結。

這些人可以幫助你觀察自己的溝通方式，會否阻礙了與別人建立關係的能力。舉例來說，我有位朋友的北交點落入我本命盤的第三宮，他是第一個在網路上傳遞即時訊息給我的人，而我們當晚就在網路上聊了一個小時。之後我重新讀了一次我們聊天的內容，發現我總是太快回答他的問題，我甚至沒有真正看到他寫了什麼或思考他之前的回應，就回答了他的問題。

這時我腦海中靈光一現，我忽然發現自己愛上某個人時，時常會沒有認真聽他們說的話，就先急著回答。這個例子證明這些人能改善你的溝通技巧，你有時甚至沒有意識到這點。當然，他們的幫助方式有時可能是當你用慣用的方式溝通時，他們會無法或不願配合你說的話，藉此強迫你把溝通方式提升至新的層次，能更正確地表達自己真正的意思。

我有一位個案的兒子的北交點落入她本命盤的第三宮。她每次話說不清楚時，兒子就會取笑她。他常會說：「媽，妳從來沒有把一句話說完……」「妳從不說清楚『這是什麼』，總是說『那個』，或要我幫妳拿『那個』，卻從來不講清楚到底是什麼。」他透過這種方式，幫助母親學習如何更清楚地溝通。

這些人帶給你的禮物就是幫助你培養具體的思考及溝通方式，他們不會「假設」知道你的意思，反而可能會問你問題，從中獲得更多資訊。如果他們覺得事情不合理，可能要求你提供更多資訊，這時你就有可能因為表達不出來而被迫去找更多資料。透過這種方式，你的思考能更有邏輯。這些人會是你最好的演講、作文、外語或電腦老師。

如果你接受這些人的禮物，允許他們幫助你改善溝通技巧和與別人連結的能力，你也能幫助他們積極擴展這方面的技巧。你可以透過這種方式讓彼此都更有力量，去培養這些能力。

與別人連結

這些人出現在我們生命時其實是要提供我們能量，幫助我們培養某種必要特質以面對接下來的人生。舉例來說，我稍早提到那位傳遞「即時訊息」朋友，是透過電子郵件作自我介紹。我一開始很抗拒這種方式，因為我必須重新學習一種與別人建立連結的方法，然而我們至今還是朋友，甚至會聊上好幾個小時的電話。我們會分享彼此的日常生活點滴，感受到對方的接納，這讓我們非常滿足——而這也正是你與北交點落入你第三宮的人的互動方式。

你們能建立這種連結，是因為這些人會激勵你與他們溝通。這不代表你們有深刻的吸引力，而是因為這種互動很輕鬆，所以你很容易與他們侃侃而談，體驗每種活動的價值，例如看電影、玩牌，或是一起閒晃，更加認識彼此。這些人帶給你的禮物之一，就是與別人建立互動且共同的認識。他們也可能影響你，幫助你與重要的東西產生連結，例如藝術、科技或其他興趣。

這些人送給你的另一個禮物就是教導你用一種協助或合作的態度，成功與日常生活遇到的人進行短暫互動。如果你與鄰居或兄弟姊妹的相處有問題，他們能給你好的建議，讓你知道如何看待對方，幫助你用具有邏輯且實用的方式解決問題。

你會覺得這些人像「兄弟姊妹」一樣親近，即使你們是情侶。如果你知道這一點，就能有助於處理彼此間的意見不合，或是不愉快的場面。例如你跟他們有些不愉快，對方是你的新愛人或新老闆，你只要把他們當成兄弟姊妹，自然能讓互動變得輕鬆一點。這種方法很容易讓他們開始跟你閒話家常，然後產生輕鬆的交流。如果你與這些人建立了親密關係，那麼在遇到重大事情時，最好也用上述方式溝通。如果你與兄弟姊妹發生爭執，他們也可能給你特別好的建議。

日常互動／持續的關係

這些人總對你生活中的點點滴滴很感興趣。他們會帶來一種能量，讓你很想與他們溝通。即使你覺得打電話聊天太浪費時間，但仍會忍不住想打電話給他們，你可以感覺到他們很願意聆聽你的觀點。當他們問你今天過得好嗎？你也會被他們啟發，反問他們今天好嗎？這種簡單的過程可以增加你的能力，足以即時應付日常生活中的情境。

兩個人每天簡單的互動及交流，其實是衡量一段持久關係最常見的指標，我也常在夫妻檔的個案中看到這種位置。事實上，當一個人能激勵你與他們溝通時，就能創造親密及安全感。在正常情形下，當你與某個人有誤解時，通常無法很自在地讓對方知道你的感受，但在面對北交點落入你第三宮的人時，他們有某種能量磁場能賦予你信心，幫助你克服恐懼，開誠佈公地分享自己的想法與感受。

這些人其實不會允許你不說真心話，藉此來操縱事情。如果你有話不說，避免跟他們討論某個難題，彼此的溝通就會完全瓦解。他們絕對會鼓勵你說出實際發生的情形，讓你放慢心智思考的腳步，更有效地與他們分享想法。所以儘管彼此的溝通「風格」有些差異，但你們能建立一種連結，不帶批評地去瞭解彼此的觀點。你們不一定要在心靈或理念上「看法一致」，但卻能支持彼此的個人成長。

才華與能力

這些人一定會支持你發展個人的才華及能力，特別是繼續正式的教育。對你而言，他們是非常好的「教育業力」，是對你很有幫助的老師或指導者。這些人能理解並尊重你的人生觀，他們知道若能幫助你發展心智，你就能更有效地發揮天生的心智能力。如果你在任何課堂上遇到困難，這些人很能提供你洞見，幫助你克服挑戰。他們也願意協助你寫作業，或背誦具體的資料，幫助你努力學習。

如果你的工作內容包括寫作、教學或買賣，這些人也會非常支持你。他們能聽懂你說的話，讓你增加信心。他們很自然地能發現你的寫作技巧絕佳，也會鼓勵你要利用它。他們自己也許不能在出版或寫作方面有特別的成就，但絕對可以為你實際的寫作生涯帶來好運。

上天把這些人送到你的生命裡，其實是呼應了你的渴望：想多花點時間寫作、學習、教學或買賣，因為他們很自然會敦促你在這些領域中努力。他們帶給你的禮物，就是肯定你能讓更多人理解你的想法，而如果他們建議你該如何更有效地教學或買賣，也絕對值得參考。你甚至可以考慮與他們一起進行某個寫作計畫，或某些涉及買賣或教學的計畫。

這些人帶給你的另一個影響就是激發你健康的好奇心。舉例來說，當你在解決一個問題時，他們可能會問你一個問題，讓你朝另一個方向思考，結果可能就是你正尋找的答案。他們所引發的好奇心能讓你更加意識到周遭環境和自己的選擇，並以不同的方式來理解資訊。

值得注意的地方

當你在改善與別人溝通或建立連結的能力時，這些人可能會忽略了其他重要的領域，例如道德與倫理。例如，他們不會加強你的道德感，反而會鼓勵你信任自己的邏輯，不要聽從自己的直覺或良心。

北交點落入你本命盤第三宮的人，目的是要認清並鼓勵你的心智才華，幫助你增加溝通能力，用別人能接受的方法表達意見。這些人可能會鼓勵你犧牲真理，選擇清楚又有邏輯的思考方式，只為得到正面的社會迴響。當他們支持你的邏輯推理時，就會讓你減少抽象思考及直覺能力。這些人也不是好的「法律業力」，不是你挑選律師時的最佳人選。

這些人雖然能與你進行輕鬆的日常生活互動，卻不一定瞭解你的精神或哲學信仰，他們可能會與你討論這些更高層的概念，也能在聆聽、瞭解的過程中分享意見，但他們的目的並非要幫助你與「真理」產生直接的連結。不過，如果他們是你的心靈導師，你當然也可能從與他們分享觀念的過程中獲得心靈成長的機會。

最好的方法

當你面對北交點落入你本命盤第三宮的人時，要有心理準備，你會比平常還多話，因為他們的目的就是教導你如何更有效地與別人溝通。如果你與他們有不同的意見，可以先將其放在一旁，繼續對話。如果你與他們發生衝突，只要把他們當成兄弟姊妹，彼此的互動立刻就能自在多了。

如果你跟這些人聊抽象或理論的東西，他們會很難配合呼應，但若你用邏輯或實際的方法陳述，他們就能接納。例如你說：「我們賣車時，如果不跟客人表明煞車有問題，我的良心會過意不去」，他們可能會有負面反應。但若你說：「我們如果不跟客戶提煞車問題，有人可能會受傷，買主會回頭找我們算帳，把我們告上法庭」，他們就會聽你的話。

這些人如果在某些特定場合中無視於你的意見，你不妨用邏輯來吸引他們的注意，問些針對現況的實際問題。如果你想獲得更多資訊，他們就會覺得你有興趣，也比較會關心你的看法。所以你最好先用「你今天過得好嗎？」當作開場白，就能很自然地與這些人建立連結，愉快地交流。

過去世的影響

北交點落入你本命盤第三宮的人，對你並不具有特別的過去世影響，除非他們的南交點與你的行星合相，才代表你們的相遇是命中註定，你們必須實現一個約定，同時也能強烈地感受到過去世的影響。

這些人在過去世可能曾干涉你與別人分享哲學或靈性觀點的能力，有可能是你的信仰太過激進，無法被社會接受，遭到他們的壓制，也可能當時有宗教迫害（如十五世紀的西班牙宗教裁決或十七世紀美國賽勒姆焚燒女巫審判），他們曾經壓制你的意見。無論是哪種過去世的連結，這些人到了今生為了償還業債，會不由自主地鼓勵並幫助你向世界表達自己的意見。即使你的意見與他們的個人信仰完全相反，他們也不會干涉你的精神或宗教觀念，還會盡可能地幫助你。他們幫助你的方式之一，就是利用個人的技巧協助你處理事情。例如他們很擅長電腦，就會幫你架設網站；如果他們有適合的人脈，會幫你宣傳你的概念。他們也可能鼓勵你發展寫作或溝通技巧，幫助你更有力量地傳達訊息。

如果你接受他們的禮物，讓更多人聽到自己的意見，就等於給了他們一個償還業債的機會，這就是雙贏的結果。如果你遇到了北交點落入你本命盤第三宮的人，就是宇宙要告訴你，必須跳脫所有無意識裡對暴力壓迫的過去世恐懼，讓更多人理解你的真理。

當對方的北交點落入你的第四宮，他們帶給你的禮物是：

內心基礎及核心信仰

如果你遇到重要關係人的北交點剛好落入你本命盤的第四宮，他們就是來扮演保護者的角色，幫助你生存，直到你能培養出堅強的內心基礎，成功地實現今生的使命。這可能是物質的援助，在你遭遇震撼內在核心的情境時，提供你金錢、運輸或其他具體形式的幫忙。舉例來說，我有一位個案決定搬到其他州，但是當她搬家之後問題層出不窮，生活幾乎瓦解。她心裡覺得自己快要死了，直覺地打了通電話給一個朋友，對方的北交點剛好落入她本命盤的第四宮，朋友聽了馬上說：「我知道了，我馬上來看妳。」他真的說到做到，搭飛機過去幫她打包，搬回原來的家。

所以當你遇到危機需要「拯救」時，這些人永遠會在你身旁。你的出發點如果是想與這些人建立更進一步的關係，結果可能會徒勞無功，但他們的確可以幫助你獲得內心的力量及安全感，讓你與別人建立其他形式的健康關係，滿足不同的需求。

這些人帶來的禮物是讓你更加意識到內在的基礎及核心信仰，幫助你加強內在的力量。舉例來說，你天生的世界觀是偏向哲學或精神方面，他們可能會肯定或挑戰你信仰的正確性，幫助你更加意識到這個基礎。無論他們是用哪種方式，你都可以透過與他們的互動，對自己的內心基礎更具信心。他們可能會與你爭論，揭露你真正的背景，教導你如何更直接地與別人分享自己的核心信仰。他們會鼓勵你用健康且有力的方式，展現內心最深層的自我。

第四宮代表一個人用來引導生活的核心信仰系統。例如你在內心深處覺得金錢很可貴，就會形成一種判斷標準，影響你的認知及決定。這種信仰也可能來自於過去世或早期童年的限制，這會破壞你對財務的安全感，或許你會因為這種想法而對金錢的處理很粗心，最後導致始料未及的問題。

北交點落入你本命盤第四宮的人天生就很瞭解你的信仰，他們可以發現哪些部分是根據不正確的資訊，然後試著幫你改變想法，替你的人生提供更好的支持。他們也可能提供其他的資訊來強化你的弱點，或幫助你處理痛苦的感情經驗。如果你沒有處理好過去痛苦的經驗，就可能停留在負面狀態，破壞你對生命的滿足感。這些人很可能會引導出你以前痛苦的故事，幫助你脫離過去的影響，重新找回力量，改變正在損耗你能量的老舊思維，並從生命中獲得更多的正面回饋，而這也可以激發他們表現最好的一面。

安全感及滿足

這些人可以幫助你更加意識到內在的自我，包括你對安全感的需求、生命的動力，以及讓你開心的事。他們能瞭解你、認同你、喜歡你本來的樣子。他們能看穿你的核心，不僅肯定你，還讓你能更加意識到真正的自我，建立接納自己的安全感。這些人會透過各種不同的方式讓你更加覺察日常經驗的豐富，以及你在這一世所創造的滿足感。

在他們的影響下，你可以避免導致喪失自我價值感的無意義的競爭，也能學會如何在世俗的表達中「放低音量」、放慢速度，傳達更實質的訊息。他們會幫助你加強內在的核心，不因為外界的成功失去了內在的自我。他們也知道哪些事物能帶給你喜悅及滿足，還會鼓勵你多從事相關活動。

你的穩定性及安全感對這些人非常重要，而他們帶來的禮物之一就是積極在你生命中添加這些元素，他們最後會鼓勵你建立家的基礎，讓你能獲得平靜及強烈的安全感。這些人其實也是很好的房地產業力，能幫助你買到自己的家，並為你在選擇住所、裝飾環境、買土地或做房地產生意的方面帶來正面影響，也會是很好的房屋仲介或室內裝潢師。例如你要買一棟需要整修的房子，裡面可能會有什麼棘手的問題，他們絕對能幫你找出來。

如果你接受這些人的禮物，願意讓他們幫助你建立強壯、支撐的基礎，就會更珍惜已擁有的財富，也能激發他們發展更安全的基礎。你可以透過這種方式讓彼此體驗到自我的安全感，也能從豐富的內心世界裡找到更多的滿足。

滋養

我們常會發現家人的北交點落入自己的第四宮。這些人在過去世與我們有家人的連結，而且會在無意識裡分享某種共同的核心信仰。他們出現在你的生命中是要確定你一切都沒問題，無論你的世俗成就如何，他們都會愛你並接受你。你會激發這些人的物質本能，而他們也會教導你要接受別人的照顧。這些人帶給你的禮物是加強你的歸屬感。你在家裡不需「爭取」被照顧的權利，只因你是其中的一分子，就能擁有這些權利。他們可以帶給你特殊的歸屬感，無論你做了什麼，都能被包容、被保護。就某些方面而言，他們也是好的家庭業力，能對你與家人的關係產生正面影響。如果你需要與家人修復關係，他們可以給你很寶貴的建議。

這些人有時會很自然會勾起你本性中脆弱及滋養的一面。他們會激發你母性的本能，讓你想去愛他們、保護他們。你也願意在他們面前表現脆弱，而他們也會教導你如何敞開心胸，卻不會危害自己的安全。你也會覺得有責任要照顧他們，他們在某些方面需要你母性、感情、身體或精神的幫助。別人也許會放棄這些人，或敷衍地應付他們，但你卻能深深理解他們，關心他們的幸福。這些人即使是你的父母，你也會很自然地想要鼓勵並支持他們。

這些人出現在你的生命中就是因為你需要加強滋養的本質，你不會吝嗇照顧這個靈魂，並覺得這是正確的事。你很自然地知道如何支持他們，又不讓他們變得依賴。如果你學會用健康的方法滋養他們，也能有利於彼此的關係。你可以在接受他們的禮物時發揮天生的照顧本能，讓生命充滿光彩，而當你接受他們的支持時，你也可以激發他們表現最好的一面。

值得注意的地方

當這些人在加強你內在核心的安全感和滋養的天性時，也可能會讓你失去外在自我的能量，減低達成外界目標的能力。若你想透過工作增加社會地位，他們可能無法給你好的建議。事實上，當你提出一個目標時，他們也許無法認同，但若你說：「這就是現在發生的事，這就是我的感覺」，他們就能理解。

這些人在你生命中的目的是要增加你的安全感，讓你學會肯定自己，以及內心的本質。當你說出自己在各種情境中的感受時，他們能真正地聆聽和理解，接受並肯定你的內心感受。

北交點落入你本命盤第四宮的人對你的感受非常有同理心，然而，當你跟他們討論如何達成一個世俗目標時，他們常會給出不好的建議。舉例來說，我父親的北交點落入我本命盤的第四宮，儘管我知道他非常愛我，打從心底關心我的最佳利益，不過我每次在工作上聽了他的建議後，一定會有反效果。我已經學會除非目標已經達成，否則不要跟他討論我的計畫及目標。

最好的方法

如果你遇到北交點落入你本命盤第四宮的人，他們出現的目的之一就是幫助你在努力達成目標時，能不斷地感受到「過程」。如果你跟他們說想完成一個明確的目標，他們不會幫你，但若你強調這是為了達成目標的個人需求，他們就能接納，也可能很及時地幫助你。例如你說：「我想在禮拜一向老闆提案」，他們可能一點都不感興趣，但若你說：「我禮拜一要向老闆提案，真的需要一個安靜且放鬆的週末」，他們就可能會幫你安排事情。你透過這種方式表達想要的支持，他們就會展現最好的一面，願意與你合作。

我們有時必須用特定的方式說話，才能有效獲得需要的支持。我有一位個案的父親年紀大了，她希望家人能一起安排父親的長期照顧。她的姐姐的北交點落入她的第四宮，而她用目標導向的方式來陳述這個問題：「我們真的必須開始計畫爸爸未來的照顧」，結果她姐姐回答：「爸爸很好，不需要我們的幫忙。」其實我的個案只需說：「我需要妳的幫忙」，她的姐姐就會給予正面的回應。這不是要你對這些人專制，而是要讓他們覺得自己很有能力，可以提供支持。

這些人帶給你的禮物之一就是教導你勇敢地說出真心話，讓他們知道該如何支持你。他們會喚醒你的意願，願意在別人面前表現脆弱，讓對方知道自己需要的幫忙。如果你能欣喜地接受他們的禮物，培養出謙虛的性格，便同時能激發他們表現出最好的一面。

過去世的影響

北交點落入你本命盤第四宮的人，對你並不具有特別的過去世影響，除非他們的南交點與你的行星合相，才代表你們的相遇是命中註定，你們必須實現一個約定，同時也能強烈地感受到過去世的影響。

這些人在過去世曾支持你獲得世俗的名利，卻犧牲了靈魂的成長。可能是你們共同完成一個重要的社會或公共目標，因此惹上麻煩；或是你們在年少時就嶄露頭角、才華洋溢，卻因太早站在鎂光燈下，而無法徹底發揮潛力。也可能你是年輕的精神導師，受到鼓勵向外發展、教導別人，但在你還沒有真正「得道」之前就獲得眾人的讚賞，反而阻礙了你內心成長的所有可能。

無論是上述哪種情形，這些人在過去世都曾努力幫你獲取名利，直到你擁有內在的力量及成熟度，能自己面對人生。所以到了今生，他們會幫助你培養穩固的內在核心，加強你內心真實的存在感，讓你可以完全發揮靈魂的潛力。雖然他們可能看似在耽誤你、看不見你的才華，或給你一些壞建議，讓你無法成功地向外展現自己。

這些人會幫助你培養令人喜愛的謙虛。他們會引導你遠離目光焦點，直到你能找到自己的內涵，讓自己變得更堅強。你即使沒有功成名就，這些人永遠都會讓你知道，你在他們眼中有多麼重要。

當對方的北交點落入你的第五宮，他們帶給你的禮物是：

創造力

當別人的北交點落入你本命盤的第五宮時，這些人能發現你的才華，以及你想創造性地表達自己的欲望。他們會支持你實際採取行動展現創意，也許是某種形式的手工藝、音樂、藝術、寫作或參加劇團。這些人會鼓勵你參與任何能刺激創造欲望或樂在其中的活動，他們自己也可能積極參與，幫助你提升理想的層次，讓過程更有趣。

這些人會教導你如何成功創造出特別的結果。如果你覺得對某些生命領域感到迷惑，老是製造一些反效果，讓自己不開心，這些人能幫你改善情形。例如你可能在工作或職場上很成功，卻老是情場失意，他們能明確地告訴你，你在愛情的領域中還沒有發揮哪些創造力，幫助你談一回成功的戀愛。

這個北交點位置的人帶來的禮物是找出你創造力的價值，幫助你表現創意。如果你能接受他們的禮物，採取行動實現創意，就能在彼此間產生愛的交流。

開啟你的心／愛情

上天安排這些人進入你的生命裡，是要幫助你治療心理的傷口，敞開心防重燃內心的快樂火花。他們會讓你重新找到單純活著的喜悅，激發你去探險、尋找樂趣。他們會教導你如何願意付出愛，並再次感受到付出的美好。

你在深層無意識中可能覺得自己不受肯定，而這些人的出現就是要回應你的渴望，肯定你的獨特之處，帶給你浪漫的愛的能量。他們跟你相處的方式會讓你完全放下防備，完全信任他們，這種感覺不僅會出現在戀愛裡，也會出現在朋友或同事之間。這些人自然反應的天真單純會讓你不由自主地愛上他們，就像愛孩子般地誠實無私。他們會讓你想要付出，想和他們一起玩樂。

這些人瞭解你的浪漫天性，也會勾起你想談場快樂戀愛的欲望，幫助你展現浪漫的一面。他們會讓你放下在過去試圖實現的浪漫夢想或理想，重新找到自己內心的聲音。如果你能順著內心的聲音追尋想要的快樂，就能在某些以往感到困惑的生命領域裡創造成功。這些人天生就知道你對愛情的願景，也會想滿足你、讓你快樂。你接受了他們的禮物，也能讓他們表現自己最好的一面。

發揮內心小孩的能量、學會玩耍

當你的生命中出現北交點落入你本命盤第五宮的人，他們的目的是要釋放你內心的孩子，教導你如何享受生命。他們自然能讓你重新找到快樂，展現單純如孩子般的嬉鬧天性。這些人能看出你在哪些部分壓抑了自我的表達，也能幫助你釋放這些限制，因為他們知道如何帶領你冒險，跟他們一起享受人生。

不過，這些人也可能透過一些麻煩的處境激發你找到內心的小孩。我有一位個案的母親在久病之後辭世，一位北交點落入她本命盤第五宮的朋友對她說：「妳會很想念她，不過妳現在有機會發現真正的自己，以及妳真正想做的事。」這些話讓她深受啟發，馬上感受到了自己內心小孩的存在。

如果你有孩子，這些人會非常重視你的孩子，肯定小孩在你生命中的意義。他們也能給予良好建議，幫助你跟孩子互動，加強你在親子相處上的技巧。

這些人帶給你的禮物之一是鼓勵你多冒險，勇敢做自己，展現天生的能量。你很自然地知道這些人會支持你，而你也會放心地勇敢做自己。他們也會鼓勵你更熱烈地參與人生。事實上，當他們不想冒某種風險時，可能會讓你幫他們去完成自己沒勇氣或做不到的事，他們很清楚你多少有點意願，只需要稍微刺激一下就能讓你採取行動。這個北交點位置的人也可以用正面的方法加強你的意志力。如果你決定冒險，最好要有清楚的目的及意願，才能創造成功。這些人會以恰當方式刺激你採取行動，創造成功。

這些人出現在你生命中的另一個重要原因是幫你「活動筋骨」，讓生活更輕鬆、日子更愉快。這代表你要準備開始玩樂人生！他們會有很多點子，諸如「我們去海邊！」「我們去跳舞！」如果你說：「我沒辦法去」，或試圖跟他們解釋你還有更多事要做，就等於辜負了他們的禮物。

這些人有時為了激發你的玩性，會表現得較為嚴肅，使得你被迫展現輕鬆的一面，陪在他們的身旁。我以美國一九四〇年代歌舞界的金童玉女金潔・羅傑絲（Ginger Rogers）和弗萊德・亞斯坦（Fred Astaire）舉例說明。羅傑絲的北交點落入亞斯坦本命盤的第五宮，亞斯坦有些端莊穩重，不過羅傑絲卻能激發他的玩性。無論如何，他們總能相親相愛、輕鬆地玩在一起。再舉個例子，我十一歲外甥的北交點落入我本命盤的第五宮。我有次跟他玩牌時說：「狄倫，我拿了一手爛牌」，他馬上回答：「珍妮阿姨，我的牌也糟透了！」我們兩個忍不住大笑，把牌丟在一旁！

北交點落入你本命盤第五宮的人能幫助你在遊戲和嗜好中享受樂趣，沉浸在吸引你的特殊個人樂趣裡，他們很瞭解你的愛玩天性，也欣賞你在玩樂時感受到的喜悅。他們知道你需要休閒及玩樂，也願意支持你探索這些活動，因此很樂於讓你來計畫一次旅行，即使是他們出錢！他們希望你能享受自己。

他們是非常好的旅遊業力。例如，我有一位個案的老闆的北交點落入她本命盤的第五宮。她常必須跟著他出差工作，因此去過加拿大、紐約、華盛頓特區和夏威夷的茂宜島。他們有次去茂宜島，本來計畫待一個禮拜，後來卻待了五個禮拜。她的老闆每個禮拜都跟她說：「生意還沒談好，妳還得多待一個禮拜。」她乾脆租一輛敞篷車，每天下班後就開車在島上閒晃探險。

當你接受這些人的禮物，讓他們鼓勵你玩樂、冒險、探險、創造更多的生活樂趣，就能激勵他們更變得更能享受玩樂和嘗試刺激。你可以透過這種方式讓雙方放鬆自己，勇敢做自己，享受起起伏伏的世俗樂趣！

值得注意的地方

這些人在激發你的創意及玩樂天性時，難免會減損你的心智能力，例如人道理想或對各種另類知識的興趣（如「新時代」或占星學）。你有時甚至會覺得他們的知識和對生命的理解有些狹隘，無法真正瞭解你的想法，也無法與你分享人生觀。但是你卻不在乎這一點，因為這些人能讓你卸下武裝，你跟他們相處時總是樂趣無窮。

他們雖然能為你的戀愛或親子關係帶來很好的影響，但是他們也可能鼓勵你過度專注在這些特定的關係領域，反而忽略了朋友。整體而言，他們無法在朋友這個主題上給你好的建議，你必須確定自己有時間與朋友相處、維繫友誼。這些人的任務是要刺激你的玩性，讓你更能體驗到生命的活力，但是你最好還是要追求一些能刺激心智的活動。

最好的方法

如果你想跟北交點落入你本命盤第五宮的人商量事情，最好用輕鬆有趣的態度，他們會較願意配合；或是你乾脆把整件事設計成一個遊戲。

如果你想與他們在心智上平起平坐，一起討論事情，他們很難聽你說話，也不會真正地跟著你的思緒走。你最好用開玩笑的方式，才能避免他們習慣性的拒絕。這些人出現在你的生命裡就是要讓你開心，而你也要讓他們快樂，所以你可以要把樂趣當成兩人互動的出發點。如果你把他們當成小孩，而非平等的大人，並用內心的小孩回應他們，就更能讓彼此的互動充滿樂趣，這也正是這段關係的目的。

當你與他們意見相左時，如果你能跟他們開開玩笑，用有趣的方式處理，他們會較願意配合。如果你嚴肅以對，就很可能被拒絕。當兩人有衝突時，你最好提議一個活動，例如「我們去吃午餐，把這件事忘了吧，或來做點別的事。」他們的鬱悶馬上就會一掃而空，之後你便能用較輕鬆的方式討論這件事。例如你可以開玩笑地說：「你聽好了，我知道你不在乎這件事，甚至一點也不感興趣。不過我才不管呢！我就是要告訴你。」而當你想要去做某件事時，不要用客觀的方式陳述，只管說：「我想跟朋友出去玩，那讓我很開心。」

他們在你生命中的目的是要幫助你重新找到愛玩的孩子天性。如果你接受他們的禮物，在與他們相處時能用內在的小孩與他們溝通，例如：「我不喜歡用這種方式玩」或是「我們不能讓這件事更有趣嗎？」就能自然地引導他們展現出最好的一面。你們也可以一起找到彼此都更滿意的解決方法。

過去世的影響

北交點落入你本命盤第五宮的人，對你並不具有特別的過去世影響，除非他們的南交點與你的行星合相，才代表你們的相遇是命中註定，你們必須實現一個約定，同時也能強烈地感受到過去世的影響。

這些人的靈魂在過去世曾剝奪了你與孩子的關係、戀愛或任何創意表達帶來的樂趣。他們曾干涉你天生的喜好和獨特性，或是把你的才華和精力視為己有，滿足自私的目的，也可能以「更高的理想」為名義，犧牲你來造福別人。例如他們可能曾是你的父母，試圖阻礙你的戀情，別有用心地把你關在修女院或修道院，而你愛人的家庭卻希望他能為政治或金錢利益另娶他人。他們也可能要你轉移藝術天分的喜好，從喜愛的風景畫變成替富人畫肖像，只因能賺更多錢。

無論是哪種情形，這些人曾經以某些方式否定了你內心的喜悅及欲望。他們曾阻礙你接觸天生喜歡的事物，犧牲你內在的小孩，導致你無法擁有自己的欲望或覺知，無法感受到由內而發的喜悅——這種損失也可能影響到你今生的發展。

到了這一世，這些人的任務就是要讓你重新找到真正吸引自己的事物，讓你隨心所欲，清楚地知道如何獲得真正的快樂。他們必須在今生償還你，並透過某些方式讓你重新找到心的指引。他們也可能阻礙你追求任何「夢想」——如果這些東西無法帶來具體或個人的快樂。

當對方的北交點落入你的第六宮，他們帶給你的禮物是：

工作

當你遇到一位重要關係人的北交點剛好落入你本命盤的第六宮，代表你必須把自己整理好，準備開始工作！他們不喜歡你不事生產，也知道如何讓你孜孜不倦，成功完成計畫。如果你知道這一點，就要學習利用他們能量來讓自己成長。舉例來說，我的挑戰之一就是克服拖延的習慣。即使有期限，我也無法強迫自己在時間內把事情完成。所以我有時會打電話給一位北交點落入我第六宮的朋友：「黛博拉，我有工作要做，但我現在卻坐在這裡無所事事」，她只要聽到這些話，馬上就可以說些恰到好處的話，激勵我回去工作。

對你而言，這些人是好的工作業力，所以你若有工作或事業上的問題，最好聽從他們的建議。他們也很清楚你在工作或其他日常生活責任上的表現方式，他們的建議能幫你增加效率，支持你誠實面對自己，尊重自己的才華。他們可以在工作方面幫你理出頭緒，提供你真知灼見，幫你作出有益目標達成的決定，改善與同事或下屬的關係。

這個北交點位置的人也能發現你在工作方面有哪些損己的表現。例如你經營生意想找人合夥，而提出一個分享利潤的計畫，他們就能看出這是否會為你帶來麻煩。他們有時也會用出乎意料的方式為你增加工作量。我有位個案去別州的醫院探視女兒，女兒的北交點落入她本命盤的第六宮。她的女兒把她介紹給每位來探病的朋友，說自己的母親是一位很有天份的占星師，結果那次探視之後，有許多人找她解讀本命盤。當你與這個北交點位置的人相處時，絕對沒有休息時間，他們是促進你工作或生產的最佳人選。

如果你接受他們帶來的禮物，根據他們的建議採取行動，增加自己的生產力，那就也會激發他們在自己的工作領域中作出正面的改變。久而久之，你可以培養出精準的見解，幫助他們在這個領域成長。最後你們能創造一種關係來賦與彼此力量，在工作、職業或職場人際關係上都有更好的表現。

組織

這些人出現在你生命中的原因之一，就是提醒你必須加強組織的技巧。他們會給你很好的建議幫你妥善安排時間，同時也能用正面的方式幫你遵守規律的計畫。如果你有很多事想做卻找不到合適的方法，他們就是提供諮詢的最佳人選。北交點落入你本命盤第六宮的人會是你最好的員工、同事或老闆，他們能肯定並鼓勵你的工作表現，也能用最有效率的方式來計畫或組織事情，因此非常適合擔任你的秘書、會計師、個人助理或設計辦公室的建築師。

如果你在任何生命領域遇到困難，無法創造結果，這些人可以給你實用的意見，幫助你達成想要的結果。他們也可以幫助你自我成長，因為他們很清楚你可以透過哪些行為的改變來增加自身的力量，讓生活更有效率、更具生產力。他們也會鼓勵你、幫助你規劃生意、家庭或個人的例行事務，讓你的生活井然有序。

如果你接受他們的禮物，允許他們幫助你成功地安排生活，那麼你也能激發他們最好的一面。你能激勵他們在自己的生活中開始積極地建立更多秩序；你們可以透過這種方式賦予彼此力量，讓生活更有規劃，體驗到生命的條理及自在。

處理、整合及專注

我們處理抽象事物的方式就像在「消化」食物，在消化經驗的過程中把有用的部分融入自我，留下其他部分。如果你遇到一位重要關係人的北交點落入你本命盤的第六宮，代表你已準備好透過更高的層次來理解並整合經驗。他們帶給你的禮物就是幫助你處理、組織並整合資料，讓你能在生活中有效率地利用資訊。如果你懂得內在的整合，就能創造出符合個人健康的外在情境，讓自己快樂。

我曾經接觸一位北交點落入我本命盤第六宮的前世回溯專家，在他的協助下，我看到了許多過去世的情節，幫助我更加瞭解自己目前的處境。我也發現自己許多負面反應都源自於過去世的記憶，而這些到了今生都很不合乎邏輯，常造成反效果。例如，我在某一世裡曾因為理念被視為異端，遭眾人拿石頭砸死，所以到了今生，我非常害怕表達自己的想法（而且找不到任何合理的解釋），也因為無意識的前世記憶讓我極度害怕發表第一本書，而當時我並不瞭解這點。

北交點落入你本命盤第六宮的人能幫助你處理麻煩。如果你遇到任何覺得被犧牲或困惑的情境，他們的話語能幫你理解狀況，將事情看清楚。這些人只要在你身旁（也許只是朋友，或是愛人），都能帶來療癒的效果。如果你接受並認同這份禮物，就能停止焦慮。他們也能幫你紓解壓力，協助你專注在能馬上實踐的實用方法上，創造出好的效果。這些人也能教導你帶著覺知活在當下，不要老想著過去或未來，這會讓你的生命更有活力且更寬闊，更能完整地享受每個當下。

我們可以舉日本武士為例。他們對當下具備超意識的能力，因此能擴張個人的覺知範圍，注意到此刻正發生的最微小細節，包括當下的任何聲音、動作、風的溫度，或每個存在個體的精確位置。這種能力不僅讓他們變成無敵的戰士，也能體驗到生命中豐富的感官觸動。就像時間瞬間凍結，你的感官會完全甦醒，對所有一切的感受都變得更加明顯且強烈。這對心智而言是個充滿樂趣又生機無窮的體驗，也能開啟智慧之門，讓你清楚地看到實現願景與夢想的道路。

最理想的狀況下，這些人能讓你進入延伸的意識空間。如果你能接受他們的禮物，允許他們幫助你活在當下，你就能激發他們加入你的行列，共同體驗生命的存在感。

身心健康

北交點落入你本命盤第六宮的人也會對你的健康有正面影響。他們有時會樹立起好的榜樣，維持運動和健康的飲食，藉此來激勵你；但也可能用非常糟糕的健康習慣來提醒你不要跟他們一樣！舉例來說，我有位朋友的北交點落入我本命盤的第六宮，我們同時感染了冬季流感。我試圖忽略病況，沒有花時間休息，最後導致嚴重的支氣管炎持續了好幾個禮拜。她則在家休息，好好照顧自己，很快就痊癒了。我從她身上學到更好的方法來維持健康。

北交點落入你本命盤第六宮的人能帶來某種能量，有利於你的健康。你只要跟他們在一起就會覺得更強壯，更願意養成健康的習慣，他們也會發現你任何有害健康的態度或想法。所以這個北交點位置的人肯定會是你最好的醫生、諮商師或其他類型的治療者（營養師、針灸師或個人教練等）。

這些人也會非常支持你的喜好，因為他們很清楚你必須在工作之餘培養興趣，才能維持最佳的健康狀態。所以如果你從事任何一種喜歡的體能活動，如高爾夫、手工藝、園藝或木工等，他們會發現你有多快樂，也會支持你用這種方式利用時間。他們也對你養寵物有很好的幫助，可以提出好的建議幫助你與寵物相處，或是幫你選擇喜歡的寵物。他們對你養寵物的任何建議都極可能是正確的。他們可以對你寵物的美容、看顧、溝通、醫療服務或其他的治療行為，提出良好的建議。

這些人還會用另一種方式影響你的生活，讓你明白若想讓每個生命領域更健康，就必須努力維持心理健康，增加能量的流動。他們會欣賞並鼓勵你去幫助不幸的人，因為他們知道對你而言最健康的方式，就是放下個人利益，而你也會因此更喜歡自己。這些人很清楚你具備哪些幫助別人的能力，他們的肯定也會加強你服務別人的欲望。他們在工作場合中會注意到你幫助別人的細微瑣事；而在家裡，他們也會注意你對摯愛家人的支持。

在愛情的領域中，這些人能幫助你調整行為，讓主要的伴侶關係更成功。如果你一旦有任何不健康的行為模式，他們就會告訴你，讓你還沒在親密關係中養成習慣前改掉這些缺失。如果你接受這些人的禮物、採納健康的習慣、從事增加生命力的活動、改掉造成反效果的壞習慣，就也能激發他們表現出最好的一面。你甚至能成為榜樣，激勵他們對自己的生活作出有利的改變。

值得注意的地方

當你把更多的心力投注在工作或活動中時，這些人可能會不經意地讓你忽略了獨處、內省及自我革新。他們絕對不支持你閒下來休息，重新恢復元氣，在他們看來那只是浪費時間。他們會提供你能量，激勵你採取行動！所以如果你需要定時地獨處以恢復能量，你必須確定自己有時間保留這點空間。

這些人雖然可以幫助你達成目標，從中認清自我損害的行為模式，但他們可能無法意識到任何較為深入的潛在問題。特別是在一段親密關係中，你不要指望他們能發現你正在遭遇嚴重的困難。當這種情形發生時，你最好能找別人幫忙，克服深層的心理問題。

最好的方法

當你遇到北交點落入你本命盤第六宮的人，他們的部分使命就是幫助你培養組織能力、擬訂計畫並完成任務。如果你從分析、工作導向的態度與他們溝通，他們就比較能接受，給予正面的回應。

如果你把自己的需求及願望變成實際的行動計畫，就能讓他們找到施力點。如果你對一種特定的情境感到焦慮，最好用任務的邏輯來分享感受。例如說「你知道我很難對關係許下承諾，我們若能在一張清單上寫下共同目標，就能減少不安。」如果你用克服困境的形式來表現恐懼或憂慮，他們就能理解並支持你。事實上，在重要關係中，如果你從伴侶的立場列出共同希望達成的目標，就可以讓事情維持正面的運作。

在安排休閒時間時，你如果說：「我好累，我需要休假」，他們可能無法苟同，但若你說：「我不停在工作上犯錯，需要休個假，回來後腦袋能清楚點」，他們就可能會支持你。你也可以提出休息的需求，給他們一個具體的計畫，要求他們幫忙實現：「為了讓我維持最佳效率，我每天需要一小時獨處。你可不可以幫我想想，如何在我們的時間安排中挪出這一小時？」即使他們是你的愛人或孩子，但如果你能把他們當成員工，就會突然瞭解如何用一種平衡的方式與他們互動，讓彼此都能接受。

過去世的影響

北交點落入你本命盤第六宮的人，對你並不具有特別的過去世影響，除非他們的南交點與你的行星合相，才代表你們的相遇是命中註定，你們必須實現一個約定，同時也能強烈地感受到過去世的影響。

這些人的靈魂在過去世裡多少曾違背你的意願，讓你受困在某種處境，可能是「舒適的牢籠」，而你是富豪的情婦或妻子；也可能當時你因為司法誤判而身陷監獄，或被囚禁在修道院或修女院。無論是哪種情形，你都無法接觸到日常生活的工作，所以他們在這一世必須彌補你，在潛意識中想讓你參與工作，讓你重新找到在物質世界中的自理能力。

基於你們過去世的共同經歷，這些人特別能幫助你發展以前被限制表現的技能及才華。無論這是一段短期或長期的關係，他們都能幫助你大幅增加自信心，將工作提升到另一個新的層次。然而，你跟他們的關係如果維持在熟悉的老舊模式，你就會覺得他們的提議會否定你，或多少阻礙了你培養才華。但在內心深處，你又很清楚地知道不該在這一世隱藏才華。所以當你發現這些人在激勵你的能量，同時又用某種方式壓迫你時，你必須勇敢說出來，不能允許這種情形發生。你可以透過這個過程，重新肯定之前被隱沒的自己，並用嶄新且正面的方式表現出來。

如果你能接受這些人帶來的禮物，讓他們參與你的工作計畫，幫助你培養技巧，更有效率地在俗世中創造結果，也就等於給予他們償還業債的機會。這種方式可以創造雙贏的結局，對雙方都有幫助。

當對方的北交點落入你的第七宮，他們帶給你的禮物是：

合作關係

當你遇到北交點落入你本命盤第七宮的人時，代表你的靈魂在呼喚某人來陪伴自己，幫助你學習創造成功的合作關係。此時你必須放下獨立生活的念頭，學著在團體中體驗生命的樂趣與支持。這些人很容易看出你在這個領域中的能力，也能很自在地馬上與你結為夥伴。他們很想與你在一起，支持你得到想要的東西，而你也可能會有相同的感覺。這些人會讓激勵你慷慨的天性，願意與他們分享你擁有的一切。他們想與你建立互相依賴的共存關係，什麼事情都一起做，就像個小團隊。所以當你說：「讓我們一起做吧！」他們通常說：「沒問題！」你們會建立一種快樂又互惠的關係，雙方都能敏銳注意彼此的需求，感受到對方的支持。

你會因為發現他們的天賦而受到啟發，開始表現自己的才華。例如你一直想從事唱歌、跳舞或藝術創作，而他們就能幫你創造一個開始的機會，兩人一起從事這些活動。這些人出現在你生命中的目的之一，是要幫助你實現個人的夢想，特別是一些你沒有機會或缺乏動機去獨自完成的夢想。

我有一位親密友人的北交點落入我本命盤的第七宮，他是一位很有天賦的塔羅牌師。基於這個北交點位置，我能客觀地發現他這方面的才華，很清楚他的哲學觀對別人極有幫助。這激勵了我們結合彼此的才華，共同創造出一個稱作「超自然連結」的紙上遊戲，讓每位玩家都獲得不可思議的正面能量。

這些人無論是你的孩子、同事、父母、朋友或配偶，他們的能量都能很自然地教導你如何「正確處理關係」，而且可能透過正面的方法或負面的例子來教導你。我有一位個案的父親的北交點落入她本命盤的第七宮。他沒有參與她生命中大多數的重要時刻，這讓她學到這會讓關係「行不通」。所以她自己面對重要關係時，會有意識地盡量參與，才不會重蹈她與父親相處經驗的覆轍。他的確教會她如何成功地經營關係，儘管是以一種相反的方式。

北交點落入你本命盤第七宮的人對你而言是好的關係業力，能對你所有的伙伴與人際關係帶來正面的影響。他們會是很好的人際關係諮商師，能提供好的建議，教你如何處理與別人的互動。第七宮也掌管社會大眾，所以他們也會是很好的經紀人或教練，加強你面對社會大眾的能力。

重要關係

你的愛人如果有這個北交點位置，就能讓你真正體驗到被愛的滋味。這些人天生就知道如何讓你發現自己對他們有多重要，也會讓你自我感覺良好。他們會到處告訴別人：「這就是我夢中的男人／女人！」當你們第一次相遇時，他們可能會立刻發現你就是他們夢寐以求的對象，馬上希望與你共度一生，而你甚至要過好一陣子才能確定自己對他們的感覺。但他們會對你非常慷慨，也會讓你對他們打開心房，你也可能會覺得遇到了完美的另一半。他們帶給你的禮物就是向你展現你有潛力建立一直渴望的重要關係，就像美夢成真！

這個北交點位置的人出現在你的生命中的目的之一，就是讓你更加意識到如何與別人相處。他們會注意在伴侶關係中的需求，凡事都想同你一起進行。他們會教導你真誠的互惠支持，學會如何當個好伴侶。他們的某種能量能激發你對伙伴關係的想望，讓你敞開心胸，向他們學習。

這些人帶給你的另一份禮物就是客觀地覺察別人，即使看到對方的優點，還是不吝付出自己的愛。你是如此意識到他們的存在，所以可能會產生過度投入的問題，也可能因為太愛他們而作出違背個人直覺或內在限制的事。但是如果你想成功地接受他們的禮物，就要避免這種情形發生——兩個都維持個人身分意識的人才能建立堅強的團隊。

如果你能接受這些人帶來的禮物，將他們視為重要的另一半，就能學會重要關係中的可能性及喜悅。當你能允許他們教導你學習夥伴與合作關係，你也能激發他們表現出最好的一面。當你發現雙方在無意識中互相依賴時，其實也能變成互相學習的經驗。你們可以一起改善其中的缺點，共同體驗到健康、相互依賴的關係，並帶來無比的喜悅。

合作與圓融

當你生命中重要關係人的北交點剛好落入你本命盤的第七宮，就代表宇宙把這些人帶到你的面前，是因為你需要加強性格中的圓融特質。你必須更加意識到別人的獨特性，用新的方法與人互動，創造更成功的人際關係。因為你天生就能敏銳感受到這些人的存在，所以你很自然地能用更老練、更合作的態度面對他們，同時也能透過與他們的互動，學會如何更融洽地與別人相處。

這個北交點位置的人可以培養你的外交能力，幫助你成為一個團隊的分子。他們可以教會你耐心、寬容、更加意識到別人，以及良好合作的訣竅。他們也能幫助你學會，何時該把別人放在第一位。

你也可以透過他們，改變在一對一關係中遇到對立時的反應模式，只要你不要覺得被對方威脅，並樹立防衛心。當他們生氣時，你會很自然地說：「讓我們一起解決」，而非想與他們鬥氣。其實，你很可能從來不會對這些人疾言厲色。你會欣然接受他們愛的禮物，也願意讓他們幫助你在人際關係中更如魚得水，同時在你們之間開啟管道，豐富愛的交流。

整合及辨識

北交點落入你本命盤第七宮的人可以讓你改掉把自己投射到別人身上的習慣。在一段關係中，最重要的就是認清對方真正的本質，根據正確的資訊作出決定，並運用自己的整合能力。你應該對自己誠實，承認他們的缺點。你可以先問對方是否願意改變，然後再考慮是否要接受這些缺點。

舉例來說，如果這些人對金錢不誠實，無論他們如何遮掩，你一定會發現。而且不管你對他們有任何理想化的期許，這種不誠實最後一定會影響他們的行為，因為這是他們的本質，除非他們能有意識地改變。如果他們給你混雜的訊息，請你小心辨識，並信任自己觀察別人時的本能反應，不是帶著批判，而是客觀地衡量對方真正的本質。這樣你就可以利用這種辨識能力，與一些自己真正能融洽相處的人結為夥伴。

這些人不僅會幫助你意識到他們真正的本質，也會讓你知道他們對你的需求，讓關係維持在最佳狀態。他們帶給你的禮物就是讓你打開對「別人」的敏銳度。然而，你也可能給了他們太多寬容，沒有讓他們看到真正的你。你非常瞭解這些人，所以有時會跟自己的誠實妥協，避免說出傷害他們的話。這裡的挑戰就在於：如何用一種愛的方式溝通事實，同時能肯定這段關係。例如與對方約定：「我們若想更加互相信任和親近，就要在答應打電話時，確實打電話給對方。」這可以幫助雙方發現：一段成功的關係必須建立在雙方的誠實之上。

這個北交點位置的人帶給你的另一份禮物，就是幫助你克服任何批判的傾向。他們會讓你發現如何付出無條件的愛，因為你比任何人都瞭解他們，更深入地認識他們的本質。你能看到他們最好的一面，而他們也能激發你去愛他們，即使他們並非平常會吸引你的那種人。

值得注意的地方

這些人在提供你伴侶的能量時，可能讓你失去了自我。他們也許不曾明說，甚至不這麼認為，但他們會讓你覺得兩個人的小團隊才是創造個人成功的關鍵，而支持這個小團隊，就等於支持自己。

這段關係中最大的危險就是失去自我身分意識。你與這些人相處是如此融洽，因此很可能變得互相依賴。這些人迅速與你建立起的合作關係，一不小心就會剝奪你的獨立及獨處時間，而你必須藉此滋養個人的身分意識，否則最後可能會覺得筋疲力盡，脫離了自己生命的正軌。

如果他們是你的孩子，最後終究得獨立自主地離開家，但是他們可能很難離開，而想與你建立互相依賴的關係。這些人帶給你的禮物之一就是學會如何處理健康的關係，所以當他們變得依賴時，你必須保持個人的獨立，想辦法維持這段關係，又不要失去自我身分意識。這些人無論是你的朋友、配偶、孩子、兄弟姊妹或同事，如果你想維持一段健康的關係，顧及彼此的利益，最重要的就是要定期獨處，讓你自己保持強大，記住你是個獨立自主的個體。這個北交點位置的人常會把「我的」能量放入「我們的」的背景中，所以關於你的衣著、髮型或任何個人外表的事物，他們很難給你好的建議。他們無法為你的身體帶來好的影響，所以恐怕不適合擔任你的醫生、化妝師或造型師。

最好的方法

北交點落入你本命盤第七宮的人，是來加強與建立你維持關係的能力，所以若你想得到最有效的溝通，就要常用「我們」這個字眼。如果你強調「自己」，例如你的本性或個人需求，他們會無法接受，但若你試著用對「我們」有利的字眼討論問題，結果可能就很管用。他們會聽你說話、支持你，因為你說的話是以「關係」為背景，而這觸及了他們想要支持團體的基本天性。

例如你對他們說：「我想去聽音樂會」，他們可能會反對你的計畫，但若你說：「我們去聽音樂會吧！」他們可能就會很開心地跟你去。當你說：「我需要一點時間獨處」，他們可能不以為然，但若你說：「我想擬定一個計畫，讓我有更多時間獨處，這會讓我們的關係更美滿」，他們就可能會很開心地配合，讓你有時間一個人靜一靜。

當你想與這些人溝通時，你的表達方式與你對他們的反應會決定他們的合作程度。你最好不要說：「我希望你晚上開始洗碗」，而是說：「我想如果你能每天晚上洗碗，可以讓我們有更多時間相處。」當你更能深入地認識他們後，他們會要求你用不同的措詞，才願給予你正面的回應。例如他們可能會說：「我寧願你對我說：『我要你每天晚上洗碗』」。他們會告訴你哪些話對他們管用，而你也會因為對他們有種天生的敏銳度，而願意採納他們的建議。如果你能給予他們需要的東西讓他們更願意合作，就能在彼此之間建立溝通管道，交換對彼此的支持與愛。

過去世的影響

北交點落入你本命盤第七宮的人，對你並不具有特別的過去世影響，除非他們的南交點與你的行星合相，才代表你們的相遇是命中註定，你們必須實現一個約定，同時也能強烈地感受到過去世的影響。

這些人的靈魂在過去世裡可能在一段重要的關係中沒有對你表現支持。他們可能用某種方式推開你，讓你自立更生、培養獨立，讓你無法與別人建立健康的關係。他們也可能提醒你「不同於」其他人，或利用你的本質來幫助他們。無論是哪種情境，他們都造成你與別人的疏離感，排斥或剝奪了正常的人際關係，而這都違反了你的個人渴望。

這在許多方面都對你造成非常深的傷害，到了今生仍難以擺脫陰影。因此這些人想在今生償還你，他們承諾的禮物就是帶給你一段快樂的關係，也許是他們變成你的夥伴或伴侶，或透過某種方式幫你吸引來適合的伴侶。他們另一種償還方式是教導你用一種更和諧的方式與別人重新產生連結——這是你在遇到他們之前從未體驗過的。

這些人具有獨特的催化能力，當你和他們產生連結時，他們能治療你的寂寞、孤單，以及被迫獨立的感受。他們的任務就是深刻地瞭解你，幫助你在與別人建立連結時能再次建立歸屬感，覺得自己是整體的一部分。事實上，透過他們的影響，你注定要創造一些更深入而完整的關係。

當對方的北交點落入你的第八宮，他們帶給你的禮物是：

靈魂伴侶的關係

當你遇到一位重要關係人的北交點剛好落入你本命盤的第八宮，代表你此時必須更有意識地將別人的價值與需求融入自己的性格裡。你可能會發現你與這些人之間存在著強烈又自然的吸引力，因為他們的出現就是讓你知道如何正確地處理與靈魂伴侶的連結。靈魂伴侶的關係（無論是個人性質或商業合夥）指的是兩個人從根本上結合彼此的能量及資源，達成共同的目標。用這種方式與別人結合，會產生非常驚人的力量，可以創造更多成就，遠超過你一個人單打獨鬥。

兩個人之間有自然的感情互動與相似目標時，就很容易相處共事。例如，我有一位個案的男友的北交點落入她本命盤的第八宮。他們在規劃新家時花了許多時間討論每個細節，分享彼此的觀點，過程中各自都變得更有耐心，同時也知道如何以伴侶的角度為出發點，作出能反映各自價值的決定。他們也學會如何共同利用彼此的才華與資源解決事情，而結果遠勝於各自努力的成就。

這些人是來教導你夥伴關係的好處，如何用健康的方式來表示支持，將自己的資源與別人的結合。他們不會再讓你用老舊的、自我挫敗的行為敷衍周遭的人際關係，不會允許任何無意識的阻礙，也會不顧一切地與你結合，他們只想要繼續前進。這些人深刻瞭解你的心理，而當你能感受到彼此間天生的寬恕及融合時，就能培養出信賴感。你還是可以做自己，同時體驗到一段在感情及財務上相互依賴的關係。這通常是伴侶的結合，而其中的性愛有如上天的恩賜，帶有深刻的感情，這段關係也會變成幸福人生的來源。他們帶給你的禮物之一就是發現性愛是一種管道，可以進入深刻的感情連結，從中互相滋養。

雖然這個北交點位置的人可以與你創造一種前所未有的關係，比之前所有的關係都更加成功，但你也會覺得為了融入他們，必須放下許多個人價值及獨立性。不過，事實往往證明，你必須與這些人的想法、計畫或生意合作，彼此結為一體，才能創造正面的結果，而你也可以從他們散發的能量中發現他們的天生價值，忍不住想與他們結合。你能認清他們的才華及潛力，也會發現他們需要你的能量及能力來拓展人生。當他們與你分享一個想要創造的目標時，你馬上就知道能如何幫助他們，一起創造出符合雙方價值觀的成功。

這些人也會教導你謙卑的功課，學習如何接受別人的資源，進一步地完成自己的目標。他們會喚醒你與別人融合的欲望，也會提供你一起完成目標所需的能量。他們會讓你想幫他們完成計畫或夢想。如果你肯定他們的人生目標，接受他們帶來的禮物，與之結合能量，就能激發他們表現出最好的一面，而你對他們的影響，也讓他們更主動地珍惜你的價值。

結合資源

當你遇到北交點落入你本命盤第八宮的人，代表你必須進一步學習以一種健康的方式與別人分享資源。如果你在金錢上過度劃清界線，不知如何與別人分享，他們會幫你克服問題，當然，你也可能習慣在還沒劃清界線前就貿然與別人分享資源，這種情況下，他們也能幫助你更有智慧地處理資原。

他們會樹立榜樣，讓你學會與別人分享金錢。他們時常把自己的錢看成「共同的錢」，也常建議由你來管理金錢，即使他們的付出比較多。他們非常支持你擁有資源，用以發展個人的才華或天賦。他們對你的激勵是真心為你著想，因為他們在內心深處非常認同你，所以他們的付出不可能有附帶條件，只是認定兩人是朝共同的方向努力。這些人也是好的繼承業力，他們非常感謝你的服務或與你的互動，感激的程度遠超過於你能想像，最後會可能留下金錢給你。第八宮主宰繼承及稅務，所以對你而言，他們會是很好的稅務諮商師或稅務律師。

金錢是你們之間一個非常微妙的議題。如果你完全讓他們管理金錢，你的錢通常不會增加，因此你們必須共同投資金錢和精力、共同作出決定，才能充分發揮財務結盟的潛力。舉例來說，我有位股票經紀人的北交點落入我本命盤的第八宮，我有次投資五千美元，結果在兩個半禮拜內輸掉四千兩百元！無論如何，第八宮的確與投資與商業機會有關，所以他們會引起你對合資的興趣，讓你興奮地想馬上加入！如果你能與這些人一起合作，很可能創造出能帶來有利潤的產品或服務。你得記得這是共同的財務及責任，必須將投資導向共同的目標。如果是財務的合資，最好由你負責管理。

維持適當的界線

北交點落入你本命盤第八宮的人是來教你學會在靈魂伴侶的關係中，哪些方式行得通而哪些不管用，他們有時會用非常痛苦的方式讓你學會這門功課，而你也會發現，如果不顧及個人界線，事情絕對行不通。最重要的是，你不能因為與一個人結合過深，而失去了個人的價值觀或重視的東西。你與這些人相處時最重要的就是先確定你們對合夥或關係有共同的目標，然後再許下承諾。無論是在個人或事業關係中，你必須確定雙方朝相同的目標努力，並認定這個目標具有相當程度的價值，才能放心地投入心力，創造成功。最重要的是，你不能讓他們主導。你必須繼續參與，引導共同的努力，才算是適當地接受了他們的禮物。

就親子關係而言，假使父母的北交點落入孩子本命盤的第八宮，這可能是個困難的北交點位置，因為可能會發生「過度結合」的問題，孩子會因為與父母結合太過密切（無論是好或壞的面向）而很難與別人建立連結。孩子也很難脫離父母培養出獨立的身分意識，並獲得自我價值。若想克服這個傾向，孩子最好列出兩張清單：一張是父母的個性及人格特質，另一張則是自己的個性及人格特質。

孩子有時如果對父母的某種特質非常厭惡，就代表這個特質的相反面就是他們的本性。舉例來說，孩子非常痛恨父母說謊，代表孩子天生就重視真相。孩子若能持續地實踐誠實的態度，就能肯定並加強自己的身分意識。當然，孩子長大成人後必須負起自我定義的責任，然而當孩子還小時，父母必須幫助他們形成身分意識，教導他們設定界線。父母必須有意識地肯定孩子的能力，讓孩子發展自己的意見及品味，替自己作決定。

洞見、活力及轉化

北交點落入你本命盤第八宮的人可以用強烈的能量幫助你重生，讓你更有能力去改變及成長。他們會幫你打開核心的感情、性及超自然能量，讓你體驗徹底的轉化及再生的經驗。他們可以幫助你轉變價值觀，拓展你對重視事物的覺知；這也包括幫助你跳脫所有自己附加的行為限制。舉例來說，我有一位個案的室友的北交點落入她本命盤的第八宮。我的個案過度要求房子整潔，把打掃家裡視為某種儀式，並認為只有如此才能讓自己舒服。不過她的室友卻讓她改變了想法。她發現室友常在小睡休息，她後來也會跟著小睡片刻，不再強迫性地打掃房子。她現在變得更健康、更快樂、更放鬆。

有這個北交點位置的人能真正瞭解並欣賞你的才華和資源，也會自然地支持並鼓勵你利用天賦來獲得社會的肯定。他們想與你結合，刺激你的力量，所以你可以感受到更多的勇氣及成就，而這都反映了你在核心層面上的改變。他們帶給你的另一份禮物是讓你更瞭解自己無意識的動機，讓你在生活中減少心理障礙。他們有時會透過自己的不足來讓你學會這門功課，你可以藉由他們的不一致，警覺自己在無意識中的某些想法是否會對人生或關係造成傷害。

你也可以透過他們更加意識到，自己因為某些期許而無法發揮個人的力量。這些人的存在就是要讓你真正瞭解別人的心理，同時也刺激你進行深入且誠實的自我反省，你會因此更意識到自己無意識的想法，客觀地判斷這些想法是對人生有利，還是破壞了人生。舉例來說，我有一位個案的室友的北交點落入她本命盤的第八宮。她深刻感受到室友的想法：「有一天會有個男人出現來拯救我，從此過著幸福快樂的日子。」但我的個案知道這永遠不可能發生，因為她的室友年紀很大，而且從來不出門，如果繼續過著同樣的日子，她的夢想絕對不可能發生。我的個案因此更仔細地反省自己：「我是不是跟她一樣？我到底在等待什麼？如果我不走出去讓事情發生，最後會有什麼結果？」

這些人可以幫助你解開出現在過去關係中心理層面的疑惑，包括無意識的動機及需求，然後你就可以發現自己過去的哪些行為破壞了生命的發展，有可能是跟了你一輩子的自我挫敗的行為在無意識中妨礙了你，使你無法成功地與別人建立融合的關係。他們可能會像過去出現在你生命中的人一樣，按到相同的「按鈕」，不過當他們這麼做時，你會意識到自己的反應，進而產生力量去改變。舉例來說，當別人不同意你的說法時，你習慣性的反應是保持沉默，久而久之你變得不再與人分享真心話。但當這些人不同意你時，你會突然意識到自己很安靜，然後就會發現這種反應會減損自己整體的生命發展。你會因為這個意識，開始改變自己的行為。

這個北交點位置的人帶來的另一份禮物是讓你更認識生命的「陰暗面」。他們會激發你探索不同的能量場域，例如心理學、密教、形上學或物理學。他們出現在你生命中的目的之一，是因為你在此時需要更加意識到自己的心理，同時把這份意識融入性格中。如果你能欣然地接受他們的禮物，就能激發他們表現出最好的一面。

值得注意的地方

當這些人鼓勵你與他們結合，參與共同的投資冒險時，會不經意地讓你無法獨力完成事情，無法為自己的人生擬訂計畫。他們希望能成為你所有生命領域中的靈魂伴侶，跟你一起做每件事。只是，他們其實無法在這份結合之中看到你的個人價值。無論如何，你在與他們變得更親近前，必須確定彼此能接受對方的價值觀，而你也願意全心支持他們發展某種潛力。若能做到這點，雙方都會是贏家。但是，若他們的價值觀真的與你的不合，你最好不要跟他們太接近。

這個北交點位置的人常會激起你「讓我們一起動手吧」的感受，讓你忘記想獨力完成的事，所以如果你有自己的計畫，你要確保自己有時間、空間及精力去追求。如果你想用自己的方式追求目標，不要期望他們給你支持、讚美或肯定，除非你把自己的才華用在增進共同的計畫上，否則他們不會給你任何能量，也不會滿足你的要求。不過如果你選擇分享自己的想法，加上他們的付出，就能創造出驚人的結果，遠勝過於你們各自努力能達到的程度。

每當你想作出人生的重大改變、需要別人的支持時，你可以跟他們連繫。這些人如果發現你只要改變、面對危機，就能從中獲得轉化及重生，他們一定會想盡辦法地幫你。舉例來說，你想脫離一段不健康的婚姻，他們會不吝出面，甚至幫你搬家。他們全力支持你活得轟轟烈烈，而不願你維持在舒適但停滯不前的狀態裡（從他們的角度來看）。如果你發財了，他們也無力對你的理財提出好的建議。

你還得注意一點，這些人可能會用間接的方式帶給你禮物，例如以保留、不給予的方式，讓你得到自己想要的連結。舉例來說，我有一位個案的父親的北交點落入她本命盤的第八宮。父親幾乎沒有參與她孩童時期及成年後的生活，她因缺乏與父親的連結而深感寂寞，最後嫁給一位年長的男士，年紀跟父親差不多，而丈夫則讓她感受到深刻的連結與愛。這類連結的議題可能非常複雜，涉及許多因素。舉例來說，你以前如果有過度參與和互相依賴的問題，這些人幫助你的方式就是拒絕與你產生任何連結，不要讓你強化過去不健康的經驗，藉此幫助你認識正確的人際互動。他們給你的禮物就是幫助你擺脫欠缺適當界線的業力模式。

最好的方法

當你面對北交點落入你第八宮的人時，別忘記他們的目的是要當你的靈魂伴侶，教導你如何正確處理靈魂伴侶的關係，這可能是性的連結、共同的計畫、生意或金錢等事務，所以你最好用「我們」、而非「我」的角度來看待每件事。例如，你不要說：「你晚上不要再幫我準備點心，我已經胖了」，而最好說：「為了我們之間的吸引力，我們必須一起努力幫我維持體重，晚上六點過後就不要吃點心了」。當你用「我需要」來陳述事情時，這些人較難接受，但若你一開頭就說：「我認為這對我們很好……」或是「我們需要」，就能激發他們的最佳表現，比較容易配合。

如果你發現自己重視的事無法得到他們的肯定，這正是要教會你必須滿足自己的需求。在一段健康的靈魂伴侶關係中，你必須應付自己的需求，而非期許伴侶隨時能滿足你的需要。如果你希望與這些人有效溝通，得到他們的支持，仍是必須強調「我們」而非「我」。例如你說：「我晚上想一個人去看電影」，他們可能會無法接受，認為你忽略了他們，但若你說：「如果我能偶爾獨處，例如今天晚上自己去看電影，會對我們的關係更有幫助」，他們就比較可能支持你。如果你希望他們一起去，最好的表達方式就是：「為了我們的關係好，我們必須休息一下，今晚去看場電影。」

過去世的影響

北交點落入你本命盤第八宮的人，對你並不具有特別的過去世影響，除非他們的南交點與你的行星合相，才代表你們的相遇是命中註定，你們必須實現一個約定，同時也能強烈地感受到過去世的影響。

這些人的靈魂在過去世裡可能曾保留他們的資源不與你分享，導致你必須獨力發展自己的才華和賺錢能力——有可能是他們不讓你參加一個賺錢的投資，或他們是你的父母，在你幼年時就拋棄你，也可能他們是你的配偶，不願與你分享親密的喜悅。無論是哪種情節，這些人都強迫你自立自足，這對你而言並不健康，也讓你無法體驗到心氣相通、互相賦予力量的關係。其中對你造成的精神傷害到了今生仍無法擺脫陰影，導致你過度地獨立自主，因為你害怕、也無法信任與別人建立連結。

這些人到了這一世必須償還你，幫你療癒過去的傷口。他們會與你結合，任你使用他們的能量、想法、資源、才華及價值。當這些人出現在你的生命時，你很快就能發現他們的價值及特殊之處，並受到他們刺激，想與他們建立密切的連結，幫助他們實現目標。他們也會償還前世欠你的力量，讓你重新發現自己的潛能可以在物質世界中創造更多成就。

你第一次遇到這些人時就會強烈地渴望與他們結合，卻又帶著深度的不信任。不過當你發現他們願意與你大方分享所有東西時，你可能會過度興奮，盲目接受這種長久以來被否定的連結，把自己的人生完全與他們融合。這裡的挑戰在於：你必須放慢腳步，確定他們的價值觀和目標的確符合你重視的方向，然後才能作出最好的決定，幫助彼此創造出滿意的結果。

一旦接受他們的禮物，你就能從中重新發現自己與別人融合的能力，也能因此獲得重生，變得更有力量。你們的價值觀如果真的相容，你就能繼續與他們維持連結，或選擇獨立自主。無論結局為何，你都能更加意識到自己的能力，在這個俗世間發揮自己的價值，同時也能獲得新的能量、自信及決心。

當對方的北交點落入你的第九宮，他們帶給你的禮物是：道德及法律事務

當你遇到北交點落入你本命盤第九宮的人，代表你必須重新定義適當的道德標準，增加生命的力量。我們常常無法意識到自己的不道德行為，這有時是過去世的習慣，讓我們重複不道德的老舊行為模式而完全沒有察覺——這當然會導致生命的挫敗。我們如果因為無意識的「謊言」而趕走好運氣，就會納悶自己為何會在重要的生命領域中遭遇困難。你也可能一直忽略自己的良知，導致最後在特定行為上完全忘了良心這回事。舉例來說，當一個人第一次偷東西時，他的良心很清楚地告訴自己：這是「偏離正道」的行為。但他如果繼續偷竊，良心就會隨著每次犯行而漸漸消失，往後他可能完全「聽不到」良心的聲音。

無論如何，這些人對你而言是很好的業力，幫助你矯正自己的道德觀。舉例來說，我這輩子為愛情傷透了心，我完全不知道自己「做錯了」，直到上天賜給我一個北交點落入我本命盤第九宮的男朋友。相處一陣子後，我發現自己並非真的愛他。在他面前，我沒有隱瞞事實也無法欺騙自己，反而坦白地跟他解釋。他當然不開心，不過這是我第一次沒有罪惡感，因為我沒有一再重複不道德的行為：在愛情中假裝有感情。透過他能量的影響，我發現自己在哪兒「偏離正道」，並開始糾正自己不道德的行為，也戲劇化地改變了我在愛情中的「運氣」。

這些人也是好的法律業力，他們會教導你如何與法律打交道，也可以幫你改善延宕已久的法律問題，甚至讓一個長久的法律問題出現希望，徹底地解決。所以北交點落入你第九宮的人是你最佳的律師人選。就宇宙的法則來看，道德倫理的和諧能夠累積力量，當你言行合一時，便能透過一致性的行動，消除言行不一致所導致的徒勞無功。宇宙會注意你的行為是否能完整地符合道德承諾，如果你持續言行合一，久而久之就會變得更強壯，最後生命會賜予你機會，支持你的言語達到目的。

這些人帶給你的禮物就是擴展你的能力，增加你對道德行為的承諾。如果你接受他們的禮物，允許他們幫助你更直接且誠實地面對別人，你也能樹立榜樣，激勵他們更誠實地表達意見。你可以與他們建立一種關係，藉由溝通最深層的感受及內在的真理，而對彼此有更深入的認識。

自由與冒險

占星學上的第九宮代表自由。在肉體層面上，這指的是長途旅行的自由，而社會層面上則表現為不受限於社會習俗的自由，以及當個探險家的自由。就心智層面而言，這象徵了開啟對更高層真理的覺知，能自由地探索在日常生活之外的更大藍圖。當你遇到北交點落入你本命盤第九宮的人，他們的目的就是要幫助你擴張自由的經驗。他們會鼓勵你探索陌生的地方，藉此獲得成長，這也許是藉由肉體的形式，例如到國外旅行，或是心智層面的探索，例如發現新的概念、哲學及宗教觀。

這個北交點位置的人是你絕佳的旅遊業力。如果你考慮來趟長途旅行，這些人可能是很好的旅伴或旅行社代理人。他們絕對會帶領你去些令人興奮的地方，不僅能符合你的喜好，還能顧及你的預算。這些人非常能接受你熱衷的任何探險，如果你把一個工作計畫形容成一趟令人愉快的探險，他們也會感到興奮，一路支持你，甚至想成為其中一分子。

他們出現在你生命中的目的就是防止你停滯不前，透過擴展視野的方式來滋養你。他們可能提供你財務或精神上的支持，幫助你追求高等教育。他們也會鼓勵你參加文化或宗教活動，參觀博物館或觀賞戲劇以拓展觀點，也有可能是他們本身的背景讓你有全新的文化體驗。此時你已準備好以更寬廣的視野來看待人生，把它視為一場探險，從中學習並成長，而他們也能幫助你發現自己原來具有這方面的潛力。如果你能接受他們的禮物，用一種不設限的方式來拓展你的人生，就也能激發出他們最好的一面。你這個榜樣可以激勵他們開始在自己的人生中表現出更多的自由。你們也可以互相賜予彼此力量，體驗到更多超越日常生活環境的開闊及喜悅。

有目的的行為

這些人出現在你生命中的另一個重要影響，就是幫助你利用時間從事有意義的活動。他們可能會幫助你更加意識到「時間」這件事。舉例來說，我有一位個案的女朋友的北交點落入他本命盤的第九宮。她曾對他說：「你五點要離開，所以我們今天傍晚沒有時間散步。」她的表達方式讓他更加意識自己是否有好好利用時間，從事自己重視的活動。

這些人的存在也可以幫助你把能量用在有目的的行動、而非無意義地「殺時間」。他們可能直接鼓勵你這麼做，或為你樹立榜樣，或以相反的方式刺激你。例如若他們很喜歡一些世俗的活動，像看報紙、看電視或上網等，你也可能反其道而行，自覺地從事某些有目的的活動。

這些人在出版和公開演說方面會是你很好的業力。他們會鼓勵你勇敢向更多人表達自己的意見，藉此獲得成長。他們能很正確地判斷你的哪些想法可以成功地被社會大眾接受，並利用他們的才華幫你傳播想法。有這個北交點位置的人可以把你的想法散播到更廣大的市場，甚至是國際社會，如果你接受他們的禮物，允許他們幫助你更有意識地利用時間，把自己的意見與大眾分享，你就能激發他們最好的表現；到最後，你的成功也會變成他們的成功。

精神的成長

你的重要關係人的北交點如果落入你本命盤的第九宮，代表你此刻必須追求精神的成長，把與更高層真理的調和融入自己的性格中。這些人可能會是你的靈性導師，他們的能量可以幫助你直接接觸內心對真理的認知，同時幫助你轉變，踏上靈性道路——這可能是透過各種不同的方式。你可能會被他們激勵，也可能是他們幫助你認識一種意義非凡的特別教義。即使他們自己沒有精神性的追求，或你不同意他們的信仰，這些人的存在仍能讓你更加意識到自己的信仰，強化並肯定自己的哲學觀。他們也可能讓你有機會表現靈性，你可以透過他們的影響，更知道如何把靈性的幫助融入日常生活之中。

這些人總是支持你保持自由，即使你接受他們的建議，他們也不允許你依賴他們。他們會鼓勵你聆聽內心的良知及直覺，以之引導人生，而在他們的影響下，你會更相信自己的直覺。他們會鼓勵你別想太多，而必須相信事情總會有正面的結果。他們的樂觀主義可以舒緩你的情緒，幫助你恢復對生命的基本信任。

這個北交點位置的人能幫助你找到意義及答案。如果你正思考一個道德問題，他們能提供你洞見，幫助你瞭解其中蘊含的高層倫理。你在人際關係上若有任何迷惑，他們也能幫助你「見微知著」。例如你在工作上與某個人有相處的問題，對方一直在背後閒言閒語，或以某種方式傷害你。如果你能與北交點落入你本命盤第九宮的人討論此事，他們可以幫你找出開明的解決方法。他們可能會說：「只要說實話、直接一點、維持正大光明」。這些人可以幫助你跳出心智或邏輯的想法，直接感受更高層的靈性答案，順利解決日常生活中的問題。

他們也會鼓勵你誠實的溝通，你最好與這些人直接而自然地互動，這樣可以在你們之間創造更多愛的交流。如果你接受他們的禮物，不僅能獲得精神上的成長，還能打開直覺的本能，同時也可以激勵他們追求個人的靈性成長，並在這個過程賦予彼此力量，提升精神層面的發展。

值得注意的地方

當你打開一盞接上電源的燈，其實是從其他地方吸取能量（電源透過電線進入家裡），然後再把能量引導到其他地方（燈）。同理而論，有這個北交點位置的人可能把你日常生活過程中、或是輕鬆討論生活瑣事的能量，轉移到你與個人整體、更高層真理的連結上，因此你很難自然地與這些人討論實際的日常生活。他們對你的想法或邏輯性的結論一點也不感興趣，他們的任務就是要拓展你的心智觀點，遠遠超越「你與他們」的範圍。當你們交談時，最好尋找更高層的答案，或以精神及道德的方法來解決生活中的問題。

就日常生活而言，你們兩個可能很不「對盤」，即使他們是你的愛人。你們可能有截然不同的生活方式，喜歡不同的活動，各有各的時間安排，例如你喜歡辯論、交換想法，他們卻情願退讓或看電視。這些人如果是你的重要伴侶，為了能成功維持關係，你們都需要大量的空間及私人時間去追求各自的興趣。一天結束後，你們可以聚在一起，針對今天完成或體驗的事情分享彼此的感受。

你必須知道，這些人並不是特別有助於學習的業力。即使這些人能幫助你完成高等教育、拿到學位，但他們可能無法看出只為了興趣而學習究竟有何價值。針對你的功課或課程，他們也可能不經意地提供壞的建議。例如他們可能建議你去上一堂課，其實並不符合你的真正興趣。他們或許可以正面地幫助你，讓更多人知道你的想法，但可能無法在寫作或進一步發展想法這方面給你好的建議。他們也無法在買賣、教學、短途旅行或鄰居事務上提出好的意見。

最好的方法

如果你用邏輯的方式與北交點落入你第九宮的人溝通，試圖改變他們的觀點，他們可能無法苟同，但若你直接提到自己的直覺或真理，他們就比較容易採納。

例如你說：「聽著，這是不合理的。我沒辦法在上一整天班後還回家準備晚餐，然後整理花圃。」他們可能會在情感上難以接受你從邏輯和問題的觀點來討論事情；但若你說：「聽著，我的直覺告訴我，如果你從這個禮拜開始準備晚餐，事情會順利多了」，他們可能會較容易接受。你最好多用「解決方法」的字眼來描述事情，而非強調這是個問題。如果你給他們選擇，他們也很可能抗拒。如果你問：「我們今晚是要去看電影，還是上餐館？」可能會得不到好回應，但若你說：「你今天晚上要不要跟我去吃泰國菜？」他們很可能會配合，因為你隨性地提出了一個計畫。

這些北交點位置的人帶來的禮物是教導你採取主動，隨性追求能讓你興奮的快樂探險。如果你能用這種方式表達想望，而非用「邏輯」或心智的操縱，他們就願意接受，並滿足你的需求，例如你可以說：「我們去森林散步，享受這美好的一天」。如果對方是個孩子，你可以說：「茉莉，先把房間打掃乾淨，然後我們去逛街。」如果你能學會用計畫或解決方法的形式直接表達希望，就能增加你們之間的愛的交流。

過去世的影響

北交點落入你本命盤第九宮的人，對你並不具有特別的過去世影響，除非他們的南交點與你的行星合相，才代表你們的相遇是命中註定，你們必須實現一個約定，同時也能強烈地感受到過去世的影響。

這些人在過去世可能支持你的不道德行為，藉此獲得共同的利益，導致你在未來的幾世裡都無法清楚思考，無法創造成就。例如你在過去世可能曾賺取不當利益，他們曾積極或間接地支持你，從中分一杯羹。如果你在那一世濫用金錢，在接下來幾世裡，便可能會對金錢感到迷惑。你可能會投資錯誤、對金錢的管理不佳，導致無法累積自己才華應得的財富。

上面這個例子只是關於金錢。你在這一世可以觀察自己在哪個生命領域中感到困惑，而導致痛苦的誤判，就知道自己在過去世裡曾做過哪些不道德的行為。而這些人因為曾參與過這些行為，所以到了今生必須償還你，也註定要幫你改掉相關的習性。他們必須積極地介入，幫助你在精神或道德上轉化，避免你因困惑和錯誤的行為對自己造成負面影響。他們不會被你熟練的邏輯表現催眠，反而具備能一眼「看穿」你的「道德瑕疵」的天賦，提醒你重新認識良知的重要性，同時發現前後一致的正確行為可以為生命帶來力量。

這些人在過去世時也可能是你的兄弟姊妹，可以為你們今生的關係創造隱藏的「手足能量」。他們的出現是要向你證明，儘管一個人常會因為受限的想法影響自己相信的事，但你的確擁有自由，能把生命當成一場探險。如果你接受他們的禮物，允許自己藉由他們的影響獲得精神及道德的成長，享受更多生命中的喜悅及自由，就能同時幫助他們與真理建立更直接的連結。

當對方的北交點落入你的第十宮，他們帶給你的禮物是：

社會性的抱負與目標

你的重要關係人的北交點如果剛好落入你本命盤的第十宮，代表你必須專注在個人目標上展開你的抱負，接受達到成就所需的訓練。這些人出現在你生命中代表你此時必須提升個人的地位及名聲，擴張職場上的影響力，在社會中奠定穩固的基礎。這些人會完全支持你的世俗地位。他們會幫助你成功，也許是改善你的財務狀況、幫你完成一個商業計畫，或給你良好的建議，幫助你正確地朝目標邁進。

這些人也會鼓勵你做些能影響世界的事。他們能看見你成功的潛力，而且會一路支持你，也樂意用自己的才華來幫襯你。他們只要能看到你有最好的表現就會非常開心，而且非常以你為榮，而你也會因此從自己的成就中加強自尊心。他們會真正幫助你出人頭地，變成個人領域中的權威。他們也會對你的工作及職業極有幫助，因為他們會使你更加融入社會及外在世界。這些人也可能透過自己討喜的外表或地位，很自然地提升你的社會地位，加強你的名望及公共形象。

這個北交點位置的人會是你很好的商業顧問、職業顧問或經紀人。如果他們提議你應該如何強化公共形象或名聲，你最好認真採納他們的意見。他們提供的建議及資訊可能幫你成功地達成事業目標。這些人即使不太熟悉你的職業領域，仍能提出正確的忠告。你的目標如果是出名，他們就會清楚地告訴你該如何創造舞台，讓更多人看見並尊敬你的才華。

這些人很自然地犧牲自己的個人需求，毫不遲疑地支持你達成事業目標。他們天生就明白你的目標很重要，也能發現你具備哪些能符合現今社會需求的才華與特質，並建議你如何發揮得恰如其分。他們的鼓勵及支持可以激勵你採取行動，幫助你提升世俗地位。他們也知道如何幫助你創造正確的形象，或你該在老闆面前扮演哪種「角色」才會成功。

當你接受這些人的禮物，請允許他們幫助你把重心放在釐清並實現個人目標上，努力把計畫完成；如此他們也能重新發現自己的獨特才能，能滿足當今社會的需求。這也會激發他們更積極地完成個人目標，增強成就事業的能力。你們可以透過這種方式賦予彼此力量，在生命中體驗更多成就，輕鬆交換對彼此的愛與欣賞。

掌控

這些人在此時進入你的生命中，代表你此時必須在人格中展現更強勢的「掌控」，擔任你自己人生的「總裁」。他們可以幫助你在覺得無法控制的生命領域中掌控一切，增加效率。舉例來說，如果你一直無法準時繳帳單，他們會熱心地介紹你電腦的付費軟體或其他系統，讓你更能控制這類事務。他們的任務是要幫助你自己做主，靠自己的力量創造成功，而非依賴他們。如果你被情緒或依賴感掌控，他們不會同情你，也不會給你正面回應，但你若非常清楚自己的目標，積極地追求成功，他們就會跳出來，助你一臂之力。

舉例來說，如果你很清楚自己的職業方向，已經準備好努力向前，這個北交點位置的伴侶或父母就會支持你接受教育，幫助你在自己選擇的領域中獲得更多的權威感和尊敬；或你打算創業，他們會鼓勵你為成敗負起全部的責任。這些人雖然不是浪漫的伴侶，但他們很支持你花更多時間追求事業。

再舉個例子，如果你告訴他們計畫買房子，他們很可能會口頭上支持你。但當你開始實際主導一切，找到想要的房子，開始議價簽約，他們就會在背後支持你，提供任何你需要的協助。這可能包括實際的出錢、幫你搬家，或積極地幫你擬定預算，讓你能每個月準時繳房貸。

你只要開始掌控一切，下定決心，無論你做了多少努力，他們都願意幫助你成功。這些人也會鼓勵你採取下一步，實際去做，而非只是空想。我有位個案的朋友北交點落入她本命盤的第十宮。我的個案暗戀她的牙醫好幾年了，她的朋友最後忍不住說：「你為何不直接約他？」她聽了朋友的建議後勇敢告白，結果牙醫告訴她，他已經有穩定交往的女友。這個建議幫助我的個案繼續往前走：她實際採取行動，獲得需要的回饋，知道自己必須改變方向，才能達成交男朋友的目標。

這些人對你的另一個幫助，就是讓你發現他們的哪些個人特質或性格能在某些生命領域中創造成功，然後你就可以開始在自己的生命中找到這些特質，增加自己的成功機率。例如，他們可能因為某些特定的人格特質或社交技巧建立了你想要的生活風格，那你就可以模仿這些特質，創造你的個人經驗。

當你需要建立世俗的地位時，只要你的目標清楚，不妨問問他們的意見。他們通常可以給你正確的建議，找到最符合你本性的的實現方法。如果你接受他們的禮物，允許他們教導你用一種更有效率的新方法掌控自己的人生，你就能幫助他們表現出最好的一面，而你對他們的感激，也能開啟彼此之間的愛的交流。

權威人士

這個北交點位置的人能幫助你更自在、更有效率地與權威人士相處，可能是你的老闆、父親或母親、你非常尊敬的人、或你覺得有權力控制自己的人。對象如果是你的老闆，這些人就能幫助你更平衡、更健康地與對方互動，而這都是你前所未有的體驗。

他們會幫助你戒除掉這方面的壞習慣。舉例來說，一位女士在過去與父親的關係緊張，導致她與別的男士相處常發生問題，那麼她就可能吸引一位北交點落入她本命盤的男士，來幫忙她解決過去的問題。在他們的互動之中，這位女士可能必須學著不要把某種「權威人士」的形象投射到他身上，不要認為他是「無法超越的」。你可以透過與這些人的關係化解任何與父親或母親之間的負面業力（如果母親是家中的權威者），獲得解脫。

其實在這種關係中，這些人的性格可能與你的父親或母親很相似，而這正是他們在無意識中會吸引你的基本元素。隨著關係的進展，他們可能會引發你做出一些不符合當下的情緒反應，彷彿他們是你的父母。然而由於他們的北交點落入你本命盤的第十宮，所以你可以開放地回應，知道你是在應付自己的過去，而非現在，然後便能有意識地下定決心改變自己的行為。你可以透過這種方式治療心中任何與父母之間的傷痕，也能更有自信地處理情緒狀態。

值得注意的地方

這些人在幫助你專心追求目標、創造成功時，可能會不經意地讓你減少感情上的親密感。事實上，你想讓他們知道你對事情的感受，可能是個很大的挑戰。他們通常不接受你的感覺，或可能繼續堅持「角力」、批評你，或從你的話中找到對自己有利的部分，這是因為他們為了把能量用在激發你的權威，所以習慣忽略你任何的依賴需求。例如你說：「我不認為我可以自己完成旅行的預約」，他們可能不會伸出援手。不過如果你說：「我必須在禮拜三之前把這些預約搞定，你能不能幫我查一下最好的價格？」他們就會很樂意幫忙。

這些人並沒有興趣瞭解你的感覺或恐懼，只是幫你克服它們。如果你很情緒化，他們可能會躲開或對你生氣，不過如果你用目標的方式來陳述事情，他們就能接收你的訊息。例如你說：「工作上的誤會讓我心煩，不知道該怎麼辦」，他們聽了可能很不耐煩。不過如果你以負責的態度陳述：「工作上的誤解是最令人沮喪的事，我必須想個辦法跟老闆溝通，以免他認為我沒有做好工作」，他們就可能會支持你，幫你想出最好的計畫。如果你能清楚地陳述自己的目標，要求他們幫助你達成，他們就會平等地與你相處。

這些人能給你很棒的工作建議，但卻不是好的房地產業力。他們可能會不贊成你買某一棟房子——實際上那是個很好的投資機會——或鼓勵你買下不好的房子。在家庭裝潢方面，他們也無法給你好的意見。你在做任何有關房地產的決定時，最好避免詢問他們的意見。

最好的方法

這個北交點位置的人天生無法同情你的感覺，不過如果你能清楚地表明目標，他們會非常支持你。我有一位個案的父親北交點剛好落入他本命盤的第十宮。我的個案在過去多年來一直覺得被父親誤解和批評，也得不到父親的支持，所以很不信任父親。然而他與父親合夥做生意，父親卻幫他賺了不少錢。他們最後把生意轉讓，獲利甚豐，兩個人都過著相當舒適的日子。

生意轉讓之後，他的父親問他：「兒子，你接下來想做什麼？」他很想誠實地說：「爸，我很累了，只需要休息，還不知道下一步的方向。」但是他根據過去的經驗知道這只會惹來父親的批評。所以我的建議是：「告訴他既然你已經結婚了，所以下一年的目標就是好好與妻子相處，建立穩固的婚姻基礎。」他試了我的說法，結果他的父親非常支持。到了年底，他的父親又問：「兒子，你接下來要怎麼安排？」基於他的妻子剛剛懷孕，所以我建議他說：「爸，我快有個孩子了，我接下來這一年要好好支持妻子，珍惜當父親的經驗。我希望給孩子很多的愛，讓他或她培養堅強的人格基礎」。當我的個案再一次用目標導向的表達方式與父親溝通之後，他又得到了父親的支持。

這些人在你生命中的目的就是幫助你清楚地知道自己的目標，然後完成它。你若能用建設性目標的方式來表達感受，他們就能接納並支持你。如果你說：「這就是我的感覺」，他們不會理睬，不過若你改變用詞：「這是我現在的目標」，他們就會正面地回應你。這裡的用意就是要把你的需求或感受變成正面的目標，這些人才能與你產生連結，然後支持你。即使你非常恐懼，但若能用目標導向的方式來表達自己的不安全感，就能避免他們的負面反應。例如你可以說：「你知道我對離開這個家再買一棟新房子，其實很沒安全感，所以我現在的目標就是克服這個問題，才能繼續下去。」

又例如你說：「我好沮喪，我過去六個月胖了十磅」，他們可能不會同情你，但若你說：「我決定減肥，讓體重維持在一百四十五磅」，他們就可能堅定地支持你，幫你達成目標。這些人會在關鍵時刻說出正確的話，或是提醒你「維持正常」。這不僅能激勵你，還能幫你創造更多成就。他們帶來的禮物，就是支持你認識並達成自己重視的目標，教導你如何用充滿活力的主導態度來處理事情，而非渴望別人伸出援手。

過去世的影響

北交點落入你本命盤第十宮的人，對你並不具有特別的過去世影響，除非他們的南交點與你的行星合相，才代表你們的相遇是命中註定，你們必須實現一個約定，同時也能強烈地感受到過去世的影響。

這些人在過去許多世裡可能是你的家人，把你跟家庭綁在一起、限制你追求世俗的目標和抱負，或是以某種方式把你拘禁在家裡。這可能是在婚姻或家庭狀況有的束縛感受，他們逼迫你活在一個狹隘的世界裡，無法展現天生的性格及才華。而你可能是「幕後功臣」，完全地支持他們在外面的世界展現才華，獲得所有的社會肯定。所以到了這一世，這些人必須償還你。他們與你在今生的約定，就是解開過去所造成不健康的依賴及期待，幫助你重新找到自己的力量，最後會把你推出去，支持你在更大的世界裡利用自己的才華及能力。這些人即使不懂你正在做什麼，或不瞭解其中的重要性，也仍然會支持你，幫你得到大眾的肯定。

如果你清楚地陳述自己想要實現的目標，他們會給予你內在的力量，以及成功的「許可證」——這正是他們帶給你的禮物。你吸引這些人進入生命，是因為你已經準備好掌握、並向世人展現自己的領導及管理才華。

當對方的北交點落入你的第十一宮，他們帶給你的禮物是：

友誼

當一個人的北交點落入你本命盤的第十一宮，是因為你必須在這一世裡體驗到友誼的好處。他們給你的禮物就是教你如何接受愛，在友誼中建立平等的感受。在愛的交流中必須同時有付出與接受，才能讓雙方都獲得滋養，但我們有時會太陶醉於付出，例如幫忙跑腿、居家瑣事及日常例行公事，卻不知道如何接受別人的付出。

這種接受愛的藝術，超越了傳統上我們期待別人對我們表示愛意的方式（例如記得我們的生日或最喜歡的習慣等）。這裡指的是欣賞別人用他們獨特的方式來表達關懷，而我們也能同時地接受並認同他們的禮物。如果你一直卡在付出的角色中，忘記如何打開心房欣喜地接受別人的愛，這些人將會幫助你恢復接受的能力。他們的方法之一可能是替你的人生帶來驚喜。例如情人因為想到你，就送你花和禮物；朋友可能打電話給你，聊到一個令人開心的想法，帶給你一天的好心情。這些人無論對你有什麼特殊的影響力，都會用某些方式開啟你接受愛的能力，讓你單純地做自己。

這個北交點位置的人會是你最好的朋友，即使你很少看到他們，但感覺上兩人似乎從未分開。他們不會用照顧或讓你依賴的方式來表現友誼，卻總能提供你無法想像的鼓勵，或在你遇到困難時提出寶貴的意見。他們即使是你的愛人，你們最好還是把關係建立在強烈的友誼上。他們不會允許你任性、假裝做作或孩子氣，不過如果你能用誠實且平等的態度面對他們，他們就會支持你實現夢想。

當你遇到問題時，這些人會是無比客觀的盟友。他們公正的意見可以幫你立即跳出當下的情境，讓事情自然發展。你會激起這些人敏銳的分辨能力，從一個特殊的角度看待你的情境，幫助你清楚地認清現實，找到解決的方法。

宇宙安排這些人進入你的生命，代表此時你必須在人格中加強友誼的特質，用更平等的方式與別人相處。如果你接受他們的禮物，用平等的方式與他們相處，把他們當朋友，不僅能幫助自己的人生，也能激發他們表現出最好的一面。

客觀：看到大藍圖

這些人出現在你生命中的另一個目的就是幫助你獲得洞見，能用更寬廣的意識來看待事件及情境，避免迷失在個人意志或自我中。他們會客觀看待你的人生問題，讓你超越任何因為自我所導致的限制。舉例來說，你與孩子或伴侶的相處如果出了問題，他們可以從對方的個人成長、生活狀況及目標來分析其他的因素，他們會說：「嗯，他可能因為……，才認為……」，然後你馬上會發現事情其實很合理，不再因為搞不清楚狀況而焦慮不安。他們也可以幫助你放鬆，任由事情發展，在適當的時候順勢而為，而非總覺得自己必須馬上「有所作為」，才能控制結果。

我們對於人生、自己及別人都有未解決的偏見，這會妨礙我們創造想要的結果。這些誤解會在你的心中翻騰搗亂一輩子，你卻無法靠自己發現或解決。北交點落入你本命盤第十一宮的人有時只是簡單說了一句話，就讓你產生「原來如此」的感悟，讓你看到更大的藍圖，永遠擺脫過去的心理限制。所以這個北交點位置的人會是你很好的治療師、占星師或良師益友。

這些人對你的另一個重要幫助就是，他們能發現你的某些才華或技巧可以為更多人帶來貢獻。他們會很自然地幫助你改善在團體裡的能力，這些人能發現你在團體及組織中的正確位置，如果你有一個比較在行的領域，他們的洞見能幫助你用更舒適的方式提升地位。他們是很好的人脈業力，如果你一直想加入某個特別的團體，他們可以幫你找到管道。他們也會幫你拓展交際圈，讓更多人發現並肯定你的才華。

夢想及抱負

你與這個北交點位置的人可以互相幫忙，同時也會渴望能幫助彼此實現夢想。這些人知道什麼東西對你最重要，例如你一直渴望幸福的婚姻，卻遭遇許多感情創傷，讓你幾乎要放棄這個夢想，這個人如果發現幸福婚姻是你今生的使命之一，知道你對婚姻仍有渴望，他們就會不斷地鼓勵你。

他們可能會點出你因為一些老舊的想法或無意識的因素——例如童年的問題——導致過去的失敗，並以此方式讓你拋棄這些自我損傷的模式。當他們幫你看清自己現在所擁有的成功機會，你就能採取行動，實現夢想。

再者，如果你的抱負之一是參與人道援助計畫，例如保護動物、濟貧或安置遊民，他們能幫助你獲得付諸行動的信心。他們會直接支持你實踐造福社會的想法，尤其是改造社會的宏大願景。他們可能會提供建議，幫助推廣你的理念，甚至確保你擁有所需的充裕時間，去追求你相信將嘉惠全體人類的理想。

這個北交點位置的人也可以幫助你發現自己的獨特潛力，以及真正對你有意義的事情。他們不會讓你忘記自己的夢想，也不會讓你忽略夢想的重要性，甚至認為夢想遙不可及。他們給你的禮物就是客觀的認知能力，幫你看清大局，進而實現夢想。這麼一來，你就有機會順應環境，成功地導引情勢。他們會讓你知道自己有多幸運，以及宇宙在你人生中發揮的力量。

值得注意的地方

當這些人讓你更深刻地享受友誼，幫助你培養看到「大藍圖」和「順其自然」的能力時，會減少你創造的能量。他們不是好的孩子業力，他們可能不鼓勵你有小孩，或不小心就給了你壞的親子建議。

這個北交點位置的人天生就能敏銳察覺到你的願望，也會支持你達成它。他們對各種情境的見解雖然通常很正確，但卻不擅長處理細節和實踐。這些人可能給你不好的行動建議，特別是你的戀愛、孩子、創作計畫和其他有熱情參與的生命領域。

你最好針對任何正在處理的事情，請教他們有什麼深入的洞見，因為他們能幫你看到隱藏在背後的部分，不過最好不要依他們的具體建議來採取行動。特別是有創造力的計畫，他們可能會導致你延誤。

關於戀愛，他們可以幫你看到背景，提供你所需的客觀資訊，包括對方看待事情的角度，或是你需要加強的性格特質。然而，如果你想讓這段關係有所進展，那就忽略他們的建議，跟著自己的心走，才能創造你渴望的結果。

最好的方法

當你遇到北交點落入你本命盤第十一宮的人，最好能用朋友的表達方式，表現性格中平等的一面。當你從客觀、友誼的公平角度與他們互動，他們便能接受你說的話。但如果你用某種角色與他們溝通，像妻子對丈夫、老闆對員工或父母對孩子等，他們就不會正面地回應你。

這是非常誠實的關係，角色扮演的方法對他們不管用。即使他們是你的父母，最好也不要叫他們「媽」或「爸」。例如你可以試著直接叫母親的名字，或是充滿感情的綽號，例如「嗨！漂亮女士」或「嗨！××女士」。這可以幫助你們建立平等和朋友的關係，讓雙方表現出最好的一面。

你的孩子北交點如果落入你的第十一宮，你最好能把他們當成朋友，平等地向他們解釋每一件事。如果你命令他們：「你給我進房間，直到你讓人開心點再出來！」他們不會乖乖合作。你要試著跟他們私下解釋，告訴他們你想創造的「大藍圖」：「聽著，這一整天大家都不好過，我們需要互相幫忙，對彼此好一點，才能有個開心的夜晚。」他們就比較可能聽話，願意配合。

如果你用太過浪漫或幻想的方式與這個北交點位置的愛人或配偶溝通，很可能行不通。如果你把他們套上「我的男朋友／女朋友」或「我的丈夫／妻子」的角色，你無意識裡的期望就可能限制了這段關係的發展。但如果你能用同志情誼的方式與他們分享理想或人生目標，他們就很容易理解，給予你寶貴的洞見，盡可能地跟你合作。

這些人無論是你的孩子、配偶、朋友或老闆，你只要接受他們的禮物，用友誼、平等和客觀的自我揭露、與他們相處，你們就能激發彼此表現出最好的一面。

過去世的影響

北交點落入你本命盤第十一宮的人，對你並不具有特別的過去世影響，除非他們的南交點與你的行星合相，才代表你們的相遇是命中註定，你們必須實現一個約定，同時也能強烈地感受到過去世的影響。

這些人在過去世可能很清楚你天生的風采及能力，能為別人帶來活力，卻自私地利用你的魅力來滿足個人的享樂，而沒有尊重你的獨特天性，以及你對人生的夢想。他們可能誘惑或強迫你不要追逐夢想，只沉溺在個人享樂及性愛裡。他們也可能是君主，跟一對夫婦買了小女孩（你），或是一位女公爵選了一位伴侶，只因為對方符合她想要的公爵標準。在這類情境中，很容易看出他們玩弄你的「角色」，依此決定你的價值，決定誰能統治你，這可能會讓你產生永久的心理誤解，直到今生仍無法擺脫陰影。他們多少都必須為此負責，所以得在今生償還你。他們會教導你如何拿回自己的權力，防止別人用角色的框架來對待你。

這些人特別能幫助你恢復自由，也會盡可能幫助你不要嚴格受限於任何一種角色或別人的期望。他們鼓勵你發展個人特質，其中包括你希望超越傳統期望的本質及欲望。他們也會不由自主地想發掘你的夢想及抱負，積極鼓勵你去追求它們。這些人在過去世曾統治你，利用你的才華來滿足自己，所以到了今生，他們知道如何幫助你成功實現你的目標。如果你能欣然地接受他們用這種方式來豐富你的人生，你們就能創造雙贏的結果。

當對方的北交點落入你的第十二宮，他們帶給你的禮物是：

獨處與平靜

當有北交點落入你本命盤第十二宮的人在你生活中扮演重要角色時，為了更加貼近內在的靈性自我，你應該從以外在物質為重心的思考中抽身，遠離紛擾的日常活動。這些人出現的目的是要幫助你更加意識到自我的滋養及充沛的靈感，而這些都只存在於獨處時刻。他們會鼓勵你留點時間給自己，藉以恢復活力，再度與更高層的力量或周遭的靈性守護產生連結。他們會完全支持你對休息及隱私的需求。他們也會幫忙製造一些機會，讓你不用一直工作。事實上，如果他們是你的配偶，可能希望能一肩擔負家中的經濟責任，而且他們會很樂意鼓勵你追求任何能獨處的活動或工作，例如寫作、繪畫、神秘的知識或任何其他形式的藝術。

這些人可能會幫助你接觸靈性的觀點，或鼓勵你探索靈性的堂奧，從中獲得平靜。他們也可以幫助你學習「入世又不屬世」，也就是在執行世俗任務時保持心靈平靜。例如他們是你的老闆，給你的禮物就是不斷地對你說：「休息一下，你工作太累了！」他們也可能反過來，不停要求你努力工作，讓你最後決定：「算了，交給神吧」，然後放下壓力，盡力而為。在這種方式裡，他們不經意送給你的禮物就是幫助你學會如何有建設性地工作，而非完全受困於工作。

這個北交點位置的人也會幫助你認識真正的自己，帶給你真實的禮物。他們可能會示範一種跟你完全不同的「處世之道」，促使你意識到現實，帶著覺知面對自己。即使他們的方法不適合你，也仍可作為一種催化劑，幫助你尋找到自己的方法。這些人能指出你被隱藏的缺點及能力，幫助你看清有哪些舉動適得其反，讓你無法達成目標。他們也會幫助你認清心理的運作方式，讓你知道哪些內在因素導致你的痛苦。他們不需要給你實際建議，只要待在你身旁就能產生這種效果。當你與這些人相處時，你很容易發現自己陷在某種自我耗損的模式，導致無法成功，也可能會發現該如何調整自己，才能讓生活更有效率。

這些新的覺知促使你內省，而他們的能量也能幫助你用正面的方式來做內心的功課，幫助你釋放無意識的恐懼及障礙。如果你已經為人父母，只要能多花點時間待在家裡獲得所需的獨處，就會更加意識到孩子的心理模式。你會發現他們有哪些自我耗損的模式，並幫助他們在成年以前改變行為。這些人的存在也能刺激你臣服於個人的無意識，所以會對你的睡眠模式帶來好的影響。如果你有任何睡眠問題，這些人一定能提供好的建議，你在他們身旁通常睡得比較好，他們會不嫌麻煩地確保你一夜好眠。

這個北交點位置的人能幫助你更加覺察你在壓抑什麼、迴避表達什麼，或有什麼是你如此迂迴地表達，以致於被其他人忽略的。你會自在地在他們面前表現這些壓抑的部分，這些部分你通常不會與別人分享，但他們能聆聽並且引你開口。他們也會鼓勵你用一種別人都能聽見的方式向這個世界表達自己的願望。如果你接受他們的禮物，允許他們幫助你重新找到內在的自我，發現並擺脫老舊的自我耗損模式，那麼，你也能促使他們摒除消蝕生命能量的想法與行為。你們可以透過這種方式賦與彼此力量，克服無意識的負面特質，讓各自的人生更成功、更快樂。

精神的信任及臣服

這個北交點位置的人能促進你精神及心理的健康，幫助你重新找到靈性的本質。他們會鼓勵你對宇宙建立基本的信任，相信正面的力量會發揮作用，而且有一個高層的力量在主宰一切。他們會幫助你從更深入的層面來看待世事變遷，讓你更有信心地相信生命的流動對你有好處。這些人也能撫平你內心的焦慮，除了可能會用直接正面的方式之外，也可能製造出困難的情境，迫使你向內尋求解脫。這可以幫助你放鬆，讓你的直覺發揮作用。舉例來說，我有一位個案的父母的北交點都落在她本命盤的第十二宮。在她成長的階段中，家裡完全沒有可以依循的規則，沒有一件事情重覆兩次。不過她的父母有意識地用一種正面且支持的方式幫助她培養一種對整體計畫的信任感，相信凡事都有其應然的結果。他們給她正面的認識，讓她相信：即使她看不出任何生活秩序，宇宙最終會照顧她。

這些人能幫助你加強靈性層面的思考，讓你發現自己與無窮的宇宙之間少了哪一種連結。他們也可以肯定你擁有的靈性天賦或能力，即使你在過去沒有強烈的第六感，他們也會讓你更加意識到這些力量。舉例來說，當你在分享對某個情境的感受時，他們會加強你的認知，讓你的直覺及超自然能力也會因他們的肯定而變得更加強烈。當他們鼓勵你的敏銳時，你就能培養出細微且精準的的心靈能力，更進一步體驗到神秘的超自然真理。他們也可能製造感情上的衝突，逼得你必須向內尋找更高層的答案，透過這種方式，你可以在他們負面的表現背後看到純淨的本意，忽略他們的不良行為。你對這些人會非常敏感，能心有靈犀地知道他們內心的想法。

這個北交點位置的人會幫助你用可掌握的精神性的方式來採取下一個步驟。你不必真正理解現況，甚至不需採取任何行動，只需要放鬆，相信神會主宰一切，而每件事都會按照應該的方向發展。如果你能接受他們的禮物，允許他們幫助你信任一個更高層力量的存在，並依此來採取行動，同時發展自己的超自然能力，你就也能促進他們找到正面的宇宙力量。你們可以透過這種方式，鼓勵彼此信任生命的自然進展。

同情

北交點落入你本命盤第十二宮的人，帶給你的禮物就是幫助你培養同情心。你會更加注意到週遭的無助，也許是你個人的無能為力，或是別人受到的影響。你可能會覺得與這些人的關係就像在監獄一樣——如果你能同情自己，也就能對別人有更多的憐憫。你會因為同情而更加認識別人，若能從他們或人類共同苦難的觀點來看待事情，那麼就很難真正地對別人生氣。如果你對某人有同情心，就能看到他們潛意識的壓力，原諒他們一時的言行疏失。

當你能更加意識到旁人自我破壞的心態和行為，就會想幫助他們。這個北交點位置的人會正面地激勵你去服務需要幫助、心理失常或殘障的人，因為他們的目的就是要幫助你在今生選擇去幫助別人，或是自己受苦。他們會幫助你知道：當你做了某件傷害別人的事，到頭來會自己受苦。

如果你與他們分享助人的夢想，他們會替你著想、瞭解並支持你。即使他們比較傾向傳統的方法，但只要你堅定且持續地表達自己的理想，他們會讓你更確認自己的決心。他們可能幫助你擴展個人視野，更清楚地向世界表達你的理想。如果他們是你的夥伴或配偶，可能會給你更多時間及空間追求夢想，而不需在外工作。

值得注意的地方

這些人在支持你追求平靜、自我意識、以及與更高層力量建立連結時，難免會讓你無法有效率地生活。對你的健康、工作和組織技巧而言，他們沒辦法給你好的影響，也無法幫助你建立例行的規律，以一種充滿效率、生產力的方式與物質世界互動。

我有一位個案嫁給有這個北交點位置的男士，他在婚後馬上要她辭掉她很喜愛的護士工作，用她的名字買了間房子。多年後，她發現自己的人生就只是照顧丈夫和四個孩子，就像是一份全職的工作，而她覺得悲慘極了！他甚至不讓她去市區逛逛，讓她感覺像在坐牢。再舉個例子，一位參加我工作坊的女士，她的北交點落入丈夫本命盤的第十二宮，兩人婚姻非常美滿。她為了支持丈夫獨處和休息，常對他說：「親愛的，你工作太辛苦了，你需要更多的休息。」她的丈夫本來是私人承包商，不過聽了妻子對工作的建議後，現在完全沒有生意上門！

這些人即使出自善意，仍很可能會對你的健康、工作、生活安排或舉止表現提供不正確的訊息。如果你為了取悅他們，按照他們的建議去做，最後通常行不通。如果你很重視工作或事業，最好向別人尋求這方面的建議、動機或鼓勵。在現實生活中，你甚至無法與這些人擬定一個計畫。如果你想有個最好的結果，最好告訴他們你想創造的願景，刺激他們採取行動，支持你實現夢想，如此才能激發他們表現出最好的一面，對雙方都有益。如果你接受他們的禮物，接受他們鼓勵你休息，向內追尋個人或精神的成長，那麼你也要謹記在心，必須按照自己的直覺來處理工作及生活中的例行事務。

最好的方法

這個北交點位置的人是要幫你擺脫「如何」的邏輯，只關注在針對事情發展的願景，所以如果你跟他們提及世俗的細節，他們可能不感興趣；但你若聊起夢想，就能創造一點空間，給予他們機會來支持你。

例如你問：「你能幫我去雜貨店買點雞肉和芹菜嗎？」他們很可能會拒絕或忘記。不過如果你說：「我今晚想要做點雞肉和水餃，你下班後能不能幫我去雜貨店跑一趟？」他們很可能就按照你的話做，幫你實現夢想。如果你對這個北交點位置的孩子說：「我今天要整理家裡，我希望你能把玩具放到皮箱裡、把衣服掛起來、把所有的文件都收到抽屜裡」他們不會聽話。他們給你的禮物就是要幫助你避免專注於「該如何做」的細節上面，讓你重新找到自己的理想，然後讓別人用自己的方式來幫助你。所以如果你說：「我想像今天能打掃整間房子，你能幫我整理一下你自己的房間？」他們就會很願意幫助你實現夢想。

面對有這個北交點位置的員工，你最好不要告訴他們如何有效率地工作，反而可以提醒他們「大藍圖」，讓他們的工作能符合你的概念。如果你說：「你必須改變安排工作的方式，因為你根本沒辦法在規定時間內完成」，他們不會配合。但如果你說：「我對這個計畫有些夢想，而這是截止時間。你能不能讓過程更有效率，在時間內完成？」他們可能就會採取行動來支持你。

這些人在你生命中的另一個目的是鼓勵你依賴，並且是依賴一個正面的更高層力量。他們的方式可能是擔心你生活中的所有細節，認為每件事都會出錯。當這種情形發生時，你可以把他們的能量轉到較正面的方向，對他們說：「別擔心，就更長遠的角度來看，不會有問題的。」如果你能公開地認同他們帶來的禮物，相信一個更高層的力量，就能激發他們有最好的表現，而他們也會馬上與你站在同一陣線。但是，如果你不停談論這些靈性能量運作的細節，他們不會感興趣。你跟這些人溝通時，最好能在一個精神性的場合，採取比較神秘或超自然的方法。

過去世的影響

北交點落入你本命盤第十二宮的人，對你並不具有特別的過去世影響，除非他們的南交點與你的行星合相，才代表你們的相遇是命中註定，你們必須實現一個約定，同時也能強烈地感受到過去世的影響。

這些人在過去世裡曾導致你在塵世中沉淪，至少是在精神認知及成長方面。他們討好你、利用你想「出人頭地」的信念，竭力鼓勵你在職場上功成名就。然而，他們是為了個人目的而希望你成功，看起來光鮮亮麗，結果，也讓你犧牲了個人的平靜及精神生活的體驗。所以到了今生，這些人與你的契約就是幫助你重新找到內在的自我。他們在潛意識裡會給你一些壞的建議，導致你無法創造工作上的成就，這也強迫你在向外界伸出觸角之前，必須先找到自己的精神基礎。

表面上看來，這些人甚至像要設法促使你成功，表現出「完美先生／小姐」形象，不過在靈魂層面上，他們要幫你找到自己內在的力量。他們的言行會驅使你探索自己的本質，幫助你發現自我耗損破壞的行為模式，而非鼓勵你「入世」，而如果你表現出這些負面模式，可能再度導致沉淪。這些人並不一定能意識到自己對你的影響，但他們必須在這一世償還你，而這是無可避免的互動方式。你所有關於「正確」的想法都會因為他們的存在而消失，你也會因此感到困惑，不過，這會幫助你找到新的精神方向，超脫物質世界每日的苦差事，更容易與更高層的力量產生連結。

愛的付出：你帶給同伴的禮物

如果你能帶著覺知接受他們的禮物，便能激發並提升自己的最佳表現。

當你的北交點落入別人本命盤的第一宮，你帶給他們的禮物是：

自我意識

你出現在這些人的生命中，就是要幫助他們認清、珍惜自己的優秀本質、個人力量和真實的內在自我。生命賦予你的任務就是肯定他們，支持他們發揮自己的潛力。你真的瞭解這些人的本質，所以特別能帶給他們信心，幫助他們相信自己的衝動及獨立自主的能力。

獨立

你天生就能用健康的方式滋養他們，鼓勵他們表達自我、獨立自主。你可以幫助他們找到需要的勇氣和能量，突破限制自我的依賴模式並採取行動，達成自己的目標。

力量及領導才能

你也能激發這些人成為生命的主宰者，根據個人的主張來展現力量。你會鼓勵他們要大膽有自信，激勵他們把握機會、採取行動，積極地主宰人生。

性格的力量

你具有獨特的辨識能力，能幫助這些人看清他們哪些部分的性格表現沒有發揮個人的力量，或沒展現出足以改變結果的能力。你也可以協助他們認清，這些性格表現會妨礙別人對他們表示應有的重視。

你對他們的外表而言也是很好的業力，所以如果你對他們衣著或髮型有任何建議，直說無妨，不用遲疑。

值得注意的地方

如果這是一段重要的伴侶關係，你必須注意，當這個人想與你結合時，你會出自本能地把他們推開，要求他們要堅強並自給自足。所以你在協助他們培養獨立的精神時，常會無意識導致他們無法在親密的伴侶關係中享受放鬆的互相依賴。你若想彌補這個傾向，強化彼此的親密感，不妨根據他們的想法，主動安排時間，一起做些他們也認為有趣或有意義的事。你也可以鼓勵他們多與其他伙伴相處，像至交好友、高爾夫球友、生意合夥人等，幫助他們滿足互相依賴的需求。

最好的方法

你會出現在這些人的生命裡，是因為在他們在內心深處尋求援助，希望能成為更強壯的獨立個體。所以你最好問他們一些問題：「你對這件事有何感想？」或「你希望有什麼結果？」你可以鼓勵他們參加藝術活動或心理分析，或從其他管道發現他們自身獨特天性的新層面。

過去世的影響

你在過去世裡極可能與這些人建立了互相依賴的關係，在某些方面阻礙了他們的主動與獨立，直到今生他們仍深受影響，因此你特別能幫助他們免於這些影響。你可以鼓勵他們發展獨立及個人力量，撫平所有因過去世結合所造成的傷痕。你的南交點如果與他們本命盤第七宮的某一個行星合相，代表你們的相遇是命中註定，你們必須實現一個約定，同時也能強烈地感受到過去世的影響。

當你的北交點落入別人本命盤的第二宮，你帶給他們的禮物是：

豐厚的物質

你在這些人生命中的目的就是幫助他們賺錢，建立獨立的財務保障，學習享受感官的樂趣。你要有信心能幫助他們發現自己賺錢的才華及潛力，或給他們一些建議，讓他們體驗到更多的感官享受。你對他們的財產而言是很好的業力，你多半能給他們正確的建議。

加強自我價值

你要根據天生的喜好點出他們的個人價值，以及他們能提供給別人的事物。你的鼓勵可以帶給他們力量，激發他們的最佳表現。你應鼓勵他們更珍惜自己，鼓勵他們做些事或買些東西來增加自我價值，例如新衣服或成為健身房會員等。

進一步培養自給自足

你出現在這些人的生命裡，是因為他們在關係中有界線的問題。你可以鼓勵他們盡力發展自己的潛力，設定適當的界線。你天生就能激勵他們發展自己的才華，而非過度地支持別人。你要鼓勵他們多接觸一些經驗，增加自給自足的感受。

值得注意的地方

這如果是一段重要的伴侶關係，你可能會不自覺地保留自己的空間，全力支持他們自立，因此犧牲了兩人結合能產生的力量與愛。如果你意識到這點，就能有意識地改變相處方式，與他們一起做某些事，確定關係中的「我們」。

最好的方法

宇宙安排這個人進入你的生命裡，就是要你幫助他們認清自己的才華與能力，鼓勵他們積極地追求自我的力量。你可以問他們一些問題，幫助他們找到內在真理、發現個人的價值，以及對自己有價值的事物。然後他們就能根據自己最重視的事物作出抉擇。例如你可以問他們：「選擇哪一條路會讓你對自己最滿意？」「這整件事中什麼對你最重要？」「你的動機是什麼？」

過去世的影響

你們在過去世可能是靈魂伴侶，因為過度緊密地結合，而完全犧牲了個人的獨立性。你也許曾利用他們來滿足自己，或結合了彼此的力量最後卻背叛了他們。所以到了今生，你在潛意識中覺得自己必須幫他們再一次「建立自我」，所以會小心地維持界線。如果你能幫助他們增加個人財富、自我價值感或自給自足的能力，便能撫平所有因過去世結合所造成的心靈傷痕。你的南交點如果與他們本命盤第八宮的某一個行星合相，代表你們的相遇是命中註定，你們必須實現一個約定，同時也能強烈地感受到過去世的影響。

當你的北交點落入別人本命盤的第三宮，你帶給他們的禮物是：

溝通

你出現在這些人生命中的目的之一，就是幫助他們克服壓抑，鼓勵他們敞開心胸與別人溝通。你對他們的人生觀或是對不同事物的看法都很感興趣。你的任務就是不停問他們問題，讓他們不斷地說話，透過與你的互動，學會平等互惠的溝通。

加強與別人的溝通

你可以激勵這些人成功與別人溝通。你會鼓勵他們利用電話、電子郵件等方式，主動地與家人、鄰居和朋友溝通；你也可以激發他們拓展個人的興趣及經驗。他們會因為你的鼓勵而變得更有溝通技巧，能輕鬆應付社交場合。

更多正面的日常生活互動

上天安排你進入這些人的生命，是因為他們需要透過確認事實、發現選擇，或從別人的觀點看待事情，讓日常生活中的人際互動更有效率。你要鼓勵他們進一步覺察週遭環境、對旁人產生好奇心，藉此拓展個人的興趣；你也要鼓勵他們從邏輯的角度分析現況。就他們與兄弟姊妹或鄰居的關係而言，你是很好的業力。

教育

你會鼓勵這些人繼續接受正規教育。你知道他們可以藉由哪些進修管道加強與生俱來的技能和心智能力。他們若有寫作或演說才華，你要幫助他們多運用溝通的技巧。你會是他們天賜的啦啦隊和支持者，可以激勵他們表達可貴的想法。

值得注意的地方

當你鼓勵他們對自己的溝通能力更有信心時，可能不小心讓他們過度參與社會活動、過於專注在日常生活細節上，反而忽略了精神的發展。他們也許需要一點私人時間來禱告或冥想，維持心靈的平靜。你要支持他們追求對他們來說很重要的靈性發展，即使你並不認同這種發展。

最好的方法

你在這些人生命中的目的就是，讓他們更有自信地敞開心胸，與別人分享自己真正的想法，其中包括人生觀及對事物的看法。最好的方法就是要求他們進一步陳述自己的觀點，你可以問他們：「這很有趣。你認為呢？」「你能不能再多說一點？」你的好奇心可以幫助他們重視自己的意見，促進他們與別人的往來，同時透過清楚的溝通，更輕易地創造出所想要的結果。

過去世的影響

你在過去世可能曾經限制過這些人參與日常生活中的互動，或是使他們無法讓更多人知道自己的想法。這有可能是因為宗教、自以為是的想法或是法律的限制，也有可能是你為了自己的野心，把他們的觀點消音。所以你在這一世的特殊使命就是幫助他們重新與別人產生連結，跨越無意識的限制，自由、快樂且開放地與別人溝通。你的南交點如果與他們本命盤第九宮的某一個行星合相，代表你們的相遇是命中註定，你們必須實現一個約定，同時也能強烈地感受到過去世的影響。

當你的北交點落入別人本命盤的第四宮，你帶給他們的禮物是：

支持的基礎及核心信仰

你很自然就能看出這些人的核心信仰，或他們有哪些恐懼與限制，導致他們無法獲得想要的結果。你也特別能用恰到好處的言語增加他們內心的安全感。如果你幫助他們聆聽內在的聲音，他們就會知道必須改掉哪些基本準則，才不會再對自己造成負面影響，同時找到內心的基礎，在生活中創造更多快樂。

歸屬感

你非常關心他們的本性，所以他們會覺得無論是否能創造世俗成就，都能被你接受，這會讓他們在內心基礎上增加一種「歸屬感」。你是他們很好的房地產業力，可以鼓勵他們買到最適合的房子。

基本的安全感

你會非常留意這些人的福利。他們如果遭遇任何威脅基本生存的問題，你會馬上提供協助。你的存在是要幫助他們增加每個層面的安全感。他們如果需要你的保護才能生存，你也會不吝於提供物質援助。

值得注意的地方

你雖然可以很精準地發現這些人是根據哪些核心信仰創造安全感，不過你完全不知道他們實際上該怎麼做才能獲得世俗的成功。你對他們而言其實是壞的職業業力，即使出自善意，也仍可能給他們錯誤的建議，導致他們無法達成工作或事業的目標。你可以用信心加強他們成功的能力，但是最好不要影響他們的實現方式。

最好的方法

你出現在這些人的生命裡，是因為他們內心深處渴望別人的幫助，好讓他們更加意識到自己核心的信仰，加強個人的基礎。你可以在不同的情境中詢問他們的內心感受，從中幫助他們，例如：「坦白說，你為什麼這麼害怕……的結果？」「到底是什麼感情因素，讓你不敢繼續？」你也可以鼓勵他們參加能建立更正面基礎的活動，例如研討會、正面思考的書籍、十二步驟戒酒課程，或尋求心理治療師的幫助。

過去世的影響

你在過去世裡很可能曾在他們的生命中扮演重要推手，支持他們追求世俗成就，導致他們犧牲了個人的內在成長。你可能幫助他們沒有付出真正的努力就攀上了名利的巔峰，這可能導致他們垮台，甚至死亡。所以這一世你的任務就是幫助他們強化自己的基礎，不讓過去世的不幸再度發生在他們身上。他們將會擁有足夠的內在力量，創造應得的世俗成就。你的南交點如果與他們本命盤第十宮的某一個行星合相，代表你們的相遇是命中註定，你們必須實現一個約定，同時也能強烈地感受到過去世的影響。

當你的北交點落入別人本命盤的第五宮，你帶給他們的禮物是：

創造力

你在這些人生命中的目的之一，就是幫助他們激發創造力，讓他們對自己的藝術能力更有信心。你要公開地提供感情或財務的支持，促使他們展現才華。如果你發現有某種活動可以讓他們的生命重新充滿活力或帶給他們喜悅，就不要遲疑，積極地鼓勵他們參加。你也要鼓勵他們表現創造力。

打開心房／浪漫

你出現在這些人生命中的另一個目的是幫助他們打開心房，重新點燃內心的喜悅，激勵他們冒險——可能是在情場或其他領域。你只要待在他們身旁，就能讓他們打開心房。就戀愛及冒險來看，你是他們很好的業力，你很自然地能幫助他們健康地玩樂人間。所以請積極鼓勵他們嘗試冒險一些能讓自己快樂的事。

孩子的能量

對他們與孩子的關係而言，你是很好的業力。你出現在他們生命中最重要的目的之一就是喚醒他們內在的小孩，也許是鼓勵他們擁有自己的孩子、花點時間與孩子相處，或直接從事能滋養內在小孩的活動。你能幫助他們克服窒礙，重新找到愛嬉鬧、健康或孩子氣的自己，再度充滿活力。

學習玩耍

你天生就能教導這些人以幽默、遊戲及樂趣的態度看待人生。你跟他們相處時很開朗，能激發他們享受人生，用健康的方式體驗樂趣。你也能對他們參與的任何運動帶來好的影響。

值得注意的地方

當你在肯定他們的孩子天性，或鼓勵他們打開心胸享樂時，可能會忽略了他們對於人生的夢想及抱負。所以你應該改變方式，鼓勵他們多與朋友相處，這不僅有利於他們對人生產生客觀的洞見，也能幫助他們更進一步地追求更大的夢想。

最好的方法

你進入這些人的生命中就是要幫助他們在每個生命領域中表現創意，從中獲得更多喜悅及生命力。所以你最好問他們一些問題，幫助他們發現哪些事情能帶來快樂。例如你可以問：「如果你選擇這個方法，會快樂嗎？」或「你覺得這個活動好玩嗎？」你可以透過這個方法，幫助他們重新找到內心小孩的純淨能量。

過去世的影響

你在過去世裡可能曾誘惑這些人參與或推動某個目標或理想，讓他們犧牲了表達個人特質的機會。你也可能透過某些方法利用他們的創造才華來滿足你的需求，卻沒有支持他們找到快樂，所以這一世你必須有意識地鼓勵他們打開心房、享受樂趣，實現自己的創造欲望。當你付出這些禮物時，就能撫平你在過去世裡對他們造成的傷害。你的南交點如果與他們本命盤第十一宮的某一個行星合相，代表你們的相遇是命中註定，你們必須實現一個約定，同時也能強烈地感受到過去世的影響。

當你的北交點落入別人本命盤的第六宮，你帶給他們的禮物是：

好的工作業力

你天生就能為這些人的工作帶來好的影響，對他們的計畫、工作或與同事的互動提供深入且透徹的建議。你也可以鼓勵或刺激他們把工作完成，因為你很清楚他們的服務欲望以及純淨無私的出發點。你可以幫他們認清或改掉會破壞工作環境和諧的行為。

組織

上天召喚你進入他們的生命，是因為你天生就能影響他們的行為，幫他們建立更完善的組織。你可以積極幫助他們將現實事物或生活變得井然有序。你可以先問他們一些問題來確認他們的需求，然後幫助他們重新用一種更有效率的方式安排環境及時間。如果你真心想幫助他們，他們就會接受你的意見。

處理／整合／專注

當這些人犯錯或受挫時，你特別能幫助他們處理並理解所發生的一切，讓他們能糾正行為，避免再犯相同錯誤。你也可以幫助他們精進自己，變得更健康、更成功。你可以幫助他們專注在導致壓力的生命領域，為他們提供深入的見解，讓他們在這個領域中重新建立秩序、恢復信心。

健康

你出現在他們生命中的目的之一，就是為他們的健康帶來正面影響。他們很可能會與你討論健康問題，而你也很自然能意識到他們有哪些行為或態度會有礙健康。他們會發現你是好的健康業力，所以如果你建議他們看哪個醫生或接受某種療法來恢復健康，他們通常很容易接受。

值得注意的地方

雖然你出現在他們生命中的主要目的之一是對他們的工作帶來正面影響，不過當你幫助他們把更多力量專注於「完成工作」，可能會讓他們沒有時間充電，重新恢復活力。你們如果一起工作，你要留意是否沒給他們足夠的時間放下手邊工作，暫時休息片刻。你最好能鼓勵他們重新安排時間表，讓他們保留一點自己的個人時間。

最好的方法

你進入這些人的生命中，是因為他們深切需要別人的援助，希望能建立人生的秩序，包括安排時間、工作及健康養生等。你可以問他們：「今天工作如何？」「你這幾天精神好嗎？」「你現在有什麼計畫？」如果你對他們日常生活的實際細節表示興趣，就能幫助他們發現自己是如何安排時間，或必須如何才能讓混亂的生命領域找到秩序。

過去世的影響

你在過去世裡可能曾安排這些人處在被保護的環境裡，與外界隔離。這會破壞他們的自信，無法從事能被社會肯定、有意義的工作來維持生存。所以你現在的特別任務就是幫他們找回自信，相信自己能運用個人力量來創造具體結果；而在這個過程中，你也可以幫助彼此撫平所有從過去世帶來的心理創傷。你的南交點如果與他們本命盤第十二宮的某一個行星合相，代表你們的相遇是命中註定，你們必須實現一個約定，同時也能強烈地感受到過去世的影響。

當你的北交點落入別人本命盤的第七宮，你帶給他們的禮物是：

合作關係

身為團隊的一分子，代表必須放下自私的考量，以合作關係的和諧及福祉為重。你進入這些人的生命中，是因為他們太關切自己，有過度獨立的傾向，所以你必須幫他們更加意識到「我們」的存在，讓他們更有能力創造成功的關係。他們的人生也能因此變得更輕鬆、更令人滿意。

提升伴侶關係

你特別能讓這些人感受到愛、珍惜及接受，所以他們很容易對你敞開心房。即使他們正在與別人談戀愛，你也可以為他們提出好的建議，幫助他們全面地改善關係及相處技巧。你要多關心他們的人際關係，例如問他們：「你與妻子的關係如何？」他們可以在與你分享的過程中，對目前的關係產生新的洞見。

合作及圓融

你可以非常正面地幫助他們培養老練與圓融的技巧。你很自然能發現他們在哪些方面想避免衝突，或因不與別人合作而導致事情更困難。當這些人的人際關係出現危機時，請不要遲疑，最好直接介入幫忙解決。你是他們非常好的關係業力，你可以成為他們的榜樣，或是提供建議促成他們與別人和諧互動。

值得注意的地方

當你在幫助這些人學習分享，以及與他們「一起做」的時候，難免會讓他們降低個人的身分意識。你比較會注意到他們成為一位好伙伴的潛力，而非發現他們的個人特質。你要告訴他們，他們如果覺得需要獨立一點，一定要讓你知道，或許你應該鼓勵他們追求自己的興趣。

最好的方法

你出現在這些人生命中的目的，就是要幫助他們改善人際關係的技巧。你要關心他們與別人的互動，替他們打開學習及成長的大門。例如你可以問：「你與老闆相處得如何？」或「你跟兒子的溝通有好些了嗎？」如果你能經常地與他們討論人際關係，他們就能清楚地知道該如何用更正面的方式來處理關係。不要吝於分享你的意見、洞見及提議，這可以幫助他們更融洽地與別人相處。

過去世的影響

你在過去世可能曾強迫這些人獨立活動，犧牲了關係的樂趣。無論過去世的情形如何，他們在今生中總是害怕得不到快樂的婚姻，而你的獨特使命就是幫助他們克服這種恐懼。在支持他們的過程中，不僅能幫助他們獲得圓滿的關係，也能撫平所有你們從過去世帶來的心理創傷。你的南交點如果與他們本命盤第一宮的某一個行星合相，代表你們的相遇是命中註定，你們必須實現一個約定，同時也能強烈地感受到過去世的影響。

當你的北交點落入別人本命盤的第八宮，你帶給他們的禮物是：

靈魂伴侶的關係／連結

你出現在這些人生命中的目的，就是要帶給一份屬於靈魂伴侶關係的禮物，讓雙方體驗到喜悅、互相扶持的安全感，以及各自獨立的連結。如果這是一段親密的性關係，你不僅能滿足他們的個人需求，還能幫助他們超越肉體體驗，創造獨有的能量領域。如果這是生意的合夥關係，那麼你們共同創造的結果，將遠甚於各自努力的成就。

結合資源

此時這些人會知道，他們不須凡事都得靠自己。你可以讓他們知道如何用健全且療癒的方式結合彼此的資源，創造互利的結果。你要積極肯定他們在你生命中的價值和能力，藉此促進雙方結合，創造雙方的成就。你也可以教導他們如何欣然接受別人的資源，例如對方的才華、夢想和金錢。

心理意識

你出現在這些人生命中的另一個目的，就是要幫助他們更深入地覺察別人的心理，包括動機與欲望。他們如果與某個人有相處的問題，鼓勵他們想想對方的心態，就能明白對方在當下的需求，以及為何有特定的行為表現。你要幫助他們剖析別人的心理，拉近與對方的距離。

洞見、活力和轉化

你的任務就是要送這些人一份關於轉化的禮物。你要堅信自己能幫他們開啟感情、心靈及性的核心能量，並鼓勵他們培養探究事物的能力，這可以幫助他們產生洞見，從中獲得更多的轉化及活力。你也可以幫助他們用健康的方式探索心理及形上學的領域，增加個人潛能。

值得注意的地方

你很可能會對這些人在「團隊」之外的個人興趣和價值保持「距離」，你要留意是否沒有肯定一些對他們來說重要的事。他們如果覺得沒有得到個人的支持，或是需要遠離「團隊」、多留點時間給自己，你要請他們讓你知道。

最好的方法

你進入這些人的生命裡，是因為他們內心深處渴望能與另一個人建立健康且融合的連結，進而獲得感情的療癒。你可以幫助他們更清楚地認識自己及別人的心理運作，例如你可以問：「你做這件事的背後動機是什麼？」或「你認為這個人想得到什麼？」如果你能幫助他們更在意別人的需求，他們就能建立比較健康、互相支持的人際關係。

過去世的影響

你在過去世裡可能過度要求這些人必須自給自足，導致他們無法享受關係結合所帶來的互助與互利，所以他們在這一世，潛意識裡非常害怕涉及結合及分享能量的人際關係。你的任務就是幫助他們解決這個問題，在這個過程中，也能平撫在過去世對他們造成的心理創傷。你的南交點如果與他們本命盤第二宮的某一個行星合相，代表你們的相遇是命中註定，你們必須實現一個約定，同時也能強烈地感受到過去世的影響。

當你的北交點落入別人本命盤的第九宮，你帶給他們的禮物是：

清楚認識道德與法律

你天生能發現這些人是否脫離了道德和／或宇宙的法則，導致日常生活中的問題，你可以鼓勵他們在每個生命領域裡採取「正確行動」，幫助他們找到自己的良知，這包括鼓勵他們即使有機會也不要「混水摸魚」，不能背叛別人的信任。你要幫他們找出行為不一致的動機，糾正錯誤的想法，避免造成言行不一的問題。你也是他們很好的法律業力。

有目的的行為、自由及探險

你可以為他們的生命帶來前所未有的自由及探險。你在自己人生中的冒險可以成為他們的榜樣，激勵他們接受更多機會，特別是可以促進性格發展及精神成長的經驗。你在他們生命中的目的就是鼓勵他們啟動自發性、擴展視野、賦予生活更多的目的及探險。你也是他們很好的國外旅行業力。

靈性成長

你可以幫助這些人重新找到更高的真理、哲學、靈性及直覺，感受到更多的心靈平靜。你進入他們的生命中是因為他們正在找尋更深層的意義，所以請你不必遲疑地鼓勵他們追求靈性成長。

值得注意的地方

當你鼓勵他們發展道德與靈性時，可能會讓他們無法舒適地享受世俗活動。你們對世俗興趣的品味可能截然不同，如果他們想看電視或做一些你不喜歡的事，你即使不參與，也要鼓勵他們去做。你也要注意是否在不經意間針對他們的買賣、學校作業、教學，或任何有關手足及鄰居的事物，給予了不好的建議。

最好的方法

你進入這些人的生命裡，是因為他們在內心深處尋求援助，希望能更符合存在的「真理」，以及正確行為的標準。你可以問他們一些問題，幫助他們更加注意這個領域，例如：「憑你的直覺，你對這個情形有何看法？」或「你的良心告訴你，這是最有道德的做法嗎？」你也可以鼓勵他們從事學習哲學、投入靈性修練、禱告或冥想等活動。

過去世的影響

你在過去世裡可能曾給予這些人錯誤的資訊，或鼓勵他們從事違反道德的活動，而有損個人的正直與誠實。無論是哪種情形，你都可能導致他們對倫理道德感到困惑，並在今生衍生許多難題。你在這一世必須幫他們重新找到個人的正直與完整，如果你能鼓勵他們正直處世，幫助他們樂觀相信凡事都會有正面的結果，就能撫平你在過去世對他們造成的所有心理創傷。你的南交點如果與他們本命盤第三宮的某一個行星合相，代表你們的相遇是命中註定，你們必須實現一個約定，同時也能強烈地感受到過去世的影響。

當你的北交點落入別人本命盤的第十宮，你帶給他們的禮物是：

達成目標與抱負

上天安排你進入這些人的生命裡，就是要你幫助他們更認清自己的目標，以及達成目標的步驟。你可以鼓勵他們不斷向前，直到夢想實現，增加世俗的成就。

主宰的能力

你要肯定他們主宰自己的每個生命領域，特別是達成事業或物質的目標。你天生就能發現他們的「總裁天賦」，即使他們並非真的具有這種潛能，但你也能提供好的建議，鼓勵他們參與俗世活動，創造個人的成功。你也可以幫他們面對懷才不遇或在職場被利用的處境。

更自在地面對權威人物

你很自然就能發現這些人在面對權威人物時，會有哪些自我耗損的傾向，你的特別任務就是幫他們克服童年時期與父母之間的障礙。你可以提供正確的引導，幫助他們克服主宰的恐懼。你要肯定他們的能力，不要吝於鼓勵他們發揮所有的潛能。你的幫助符合他們的個人願望及需求，所以他們通常不會抗拒你的意見。

加強他們的社會地位

你的協助有助於提升他們在某些方面的評價、聲譽及威望。你會注意到他們的公共形象，並很自然地知道該如何幫助他們提升形象；其實你是他們很好的公關人選，也會不由自主地想要直接幫助他們成就事業。

值得注意的地方

你在幫助他們主宰人生、達成目標的過程中，很容易否定了他們的感受。你最好能改變方式，關注且接受他們的感受，即使你並不完全認同。他們如果很沮喪，你不妨問：「我很遺憾你心情這麼差，我能做點什麼來幫你嗎？」

最好的方法

上天安排你進入這些人的生命裡，是因為他們的感情阻撓了成就，而你獨具天賦，可以幫助他們掌握自己的命運。你可以問他們一些問題，幫他們找到內在的力量及權威。例如：「你現在能做點什麼來增加自我價值？」「你希望接下來有什麼發展？」或「你在這個領域裡的下個目標是什麼？」

過去世的影響

你在過去世裡可能是這些人的家人，以某些方式剝奪了他們向外發展的機會，導致他們無法建立自己的名聲。因此到了這一世，他們在潛意識中會認為自己無法在公共領域中散發光芒，你的任務就是幫助他們培養照顧自己的信心。如果你能鼓勵他們成功，便能撫平所有你在過去世裡對他們造成的心理創傷。你的南交點如果與他們本命盤第四宮的某一個行星合相，代表你們的相遇是命中註定，你們必須實現一個約定，同時也能強烈地感受到過去世的影響。

當你的北交點落入別人本命盤的第十一宮，你帶給他們的禮物是：

友誼

你出現在這些人生命中的目的之一，就是要當他們最好的朋友，讓他們領悟友誼的真諦。他們可以透過你學會全然接受、真誠的好奇心，以及別人關愛的價值。他們即使是你的愛人，你也是很好的友誼業力，可以有意識地在關係中展現友誼，有助於關係的平衡。

客觀及看到大藍圖

你可以幫助他們更客觀地面對困境。請不要吝於鼓勵他們從更寬廣的角度來看待處境，提醒他們考慮別人的想法及需求，而非只顧及自己的欲望。你要把他們當作朋友，提供有效的資訊，鼓勵他們更客觀地考慮事情，尤其是表達自己的方式。你要幫助他們找到更高層的洞見，提供一個更大的藍圖，讓他們看清楚其中發生的一切，找到內心的清澄與平靜。

支持他們的夢想及抱負

這些人如果渴望參與社會改革，以及能對社會有正面貢獻，就可能在內心深處呼喚你，希望你能幫助他們實現目標。你在他們生命中的目的就是肯定他們利他及人道的天性，幫助他們達成理想。你天生就能發現他們能貢獻社會的才華及想法，也會鼓勵並支持他們在俗世中實現這方面的天賦。

值得注意的地方

當你帶給這些人全新的洞見，幫助他們看到更大的藍圖時，可能導致他們無法單純地享受生命，而忽略了自己的創造欲望。對你們最有利的方式就是安排一點放鬆的時間，或在口頭上鼓勵他們參加創造性的活動。還有你要留意，你可能會不經意地針對他們的孩子、戀愛或創造性質的計畫提出不好的建議，不過你能幫助他們看到更大的藍圖，讓他們替自己作出更好的決定。

最好的方法

上天安排你進入這些人的生命，是因為他們在內心深處渴望別人的援助，希望能看到更大的藍圖，獲得更客觀的見解，創造更成功的人生。所以當你們之間有誤解時，最好不要認為他們的反應是針對你，而要像朋友一樣幫助他們，更客觀地看待自己的行為。如果你能鼓勵他們用更寬廣的角度看待事情的進展，他們就能更適切地處理人生問題。你可以提出問題來幫助他們，像是：「這件事有什麼更大的目標嗎？」「你希望事情如何進展？對方跟你的目標一致嗎？」過程中你會激發他們的洞見，幫助他們認清最重要的部分，解決其中任何的感情紛擾。

過去世的影響

你在過去世裡可能在某些方面讓他們受限於某些特定角色，而無法發揮力量追逐自己的夢想。所以到了這一世，你的工作就是幫助他們跳脫僵化的角色，不要讓他們因此受到限制。你可以幫助他們擺脫這些限制，也可以在這個過程中撫平所有在過去世對他們造成的心理創傷。你的南交點如果與他們本命盤第五宮的某一個行星合相，代表你們的相遇是命中註定，你們必須實現一個約定，同時也能強烈地感受到過去世的影響。

當你的北交點落入別人本命盤的第十二宮，你帶給他們的禮物是：

獨處與平靜

宇宙安排你進入這些人的生命，是因為他們已經準備好開啟更抽象、更神秘的意識領域。你的目的就是要支持並加強他們的能力，與隱形的力量建立連結，感受到靈感的泉源。你要鼓勵他們放鬆，花時間獨處，重新建立內在生命的價值與力量。

增加自我覺知

我們都有些源自於過去的無意識反射作用，會破壞自己在這世上的生活效率，阻礙自己達成願望。我們可能會因帶著恐懼接觸自己的渴望而導致失常行為或過度的限制，或遇上自我挫敗的阻礙。你帶給這些人的禮物之一，就是讓他們更加意識到他們是如何破壞了自己的人生，幫助他們釋放心理的不安或焦慮。

靈性的信任及臣服

你出現在這些人的生命裡，是因為他們需要學習相信：凡事都會遵守「神性秩序」進行。你可以幫助他們與「精神的力量」建立連結，讓人生有所依靠。你要關心他們對於高層力量的想法及信任。你的能量可以幫助他們加強自己的信仰，對他們的心理健康產生正面影響。

同情

你可以幫助他們花更多時間反省自己，加強他們對自己及別人的同情心。他們如果太執著於日常生活的細節，就會變得追求完美主義又喜歡批評。當他們感受到你的深入瞭解及接受時，便能放鬆自己，更加相信生命會自然地發展。你也能注意到他們渴望替有需要的人服務。

值得注意的地方

你會鼓勵這些人透過獨處來加強對高層力量的依賴，但可能也會不自覺地減低了他們的工作能力，讓他們無法好好地安排時間對這世界作出貢獻。你可能會在無意中對他們的工作、組織或身體健康提出不好的建議，關於這些面向，你最好支持他們採納別人的建議。

最好的方法

上天安排你進入這些人的生命裡，是因為他們在內心深處渴望別人的援助，讓自己認清並改掉自我耗損的行為。然而你最好不要給他們明確的建議，或要求他們糾正特定的行為，只要不斷支持他們，堅信自己與「神性秩序」的精神連結，相信「一切都會沒事」或「凡事都會按照理應的方向發展」。他們如果能帶著相信及平靜的心理，就能得到實際的解答。

過去世的影響

你在過去世裡可能以某種方式鼓勵這些人在世俗中追求完美，因此犧牲了他們內在的精神生活，這會造成某些創傷，讓他們到了今生在潛意識裡仍無法擺脫影響。你的特別任務就是幫他們改掉自我耗損的模式，重新找到更高層的力量，而你也可以在這個過程中撫平所有在過去世對他們造成的心理創傷。你的南交點如果與他們本命盤第六宮的某一個行星合相，代表你們的相遇是命中註定，你們必須實現一個約定，同時也能強烈地感受到過去世的影響。

第三篇、相位

引導過去世連結的能量

相位介紹

占星學中的「相位」指的是根據數學計算，在兩個星體之間的能量連結。在本書中的「相位」，特指關係中一人的月亮南北交點，與另一個人本命盤上的行星合相，這代表這兩個靈魂在過去世有特別的連結。我在往後的著作中會探討南北交點與行星的其他相位。

若你想知道自己與另一個人之間是否有南北交點／行星的合相，可以上網站 www.cosmiclove.com 查詢，將可得到免費的運算。你必須輸入雙方的生日、地點及時間（如果確定的話）。

以下論述是首次公開，內容是關於我深入研究南北交點能量如何影響關係的心得。我更進一步地運用過去世的概念，發現這對認識月亮南北交點的運作極有幫助。包括天王星、海王星及冥王星在內的外行星因為移動緩慢，常被占星家認為只會造成「世代影響」，所以不會重視它們與其他行星的合相。但我在研究中發現，若某個人的月亮南北交點與另一個人的外行星合相，仍會發揮相當的影響力。這世上有幾百萬人的南北交點會與你本命的某個行星合相，不過出現在你生命中的這個人就是上天派來的使者，能幫助你在這個生命領域中成長。

有待履行的契約

我在研究中發現，當一個人的月亮南北交點與另一個人本命盤的行星合相時，兩人如果展開密切的往來，代表了彼此間有一個必須在今生完成的「契約」。這兩個靈魂曾在過去世相遇，同意在今生透過某些交流，平衡並療癒彼此之間的能量。

這可能是我們在過去某一世裡曾與某些靈魂所面臨的嚴重困境，所以在今生轉世前，彼此許下協議必須再次相遇，用一種更有覺知的愛來解決過去世的問題，讓雙方的靈魂都能獲得療癒。我們也能從與這些人（南北交點與我們本命盤行星合相的人）的關係中找到自己。

當你在應用這些資料時，最好記得通常是「受害者」擁有力量，他們能藉由原諒加害者，切斷在過去世中相互傷害的鎖鏈。這不僅只是原諒對方，也是原諒自己在今世或另一世的任何時候可能對另一個靈魂所做的相同的事。

關係的角色：靈魂契約或自由選擇

請注意，你與另一個人的關係形式會影響你們如何回應困難相位所產生的能量。對方如果是朋友或愛人，你當然能選擇不要繼續這段關係，不過對方若是你的母親、孩子或親近的家人，就表示靈魂在前世已經選擇這種情境。因此，你必須知道這種經驗是必要的，也是對雙方最有利的。

舉例來說，你的愛人的南交點若與你本命盤的月亮合相，但你感受不到他對你的滋養，那麼你可以選擇結束關係，另外選擇能帶來更多支持與安全感的伴侶。但如果對方是你的母親，而她的南交點與你的月亮合相，你就要檢視本命盤的其他相位。你很可能在過去世有情緒反應過度的模式，所以到了這一世，必須在感情上更加獨立，才能促進靈魂的成長。過去世和今生的兩種趨力可能同時存在，你可能選擇了一位不讓你在感情上依賴她的母親，也可能是你必須彌補上一世的作為，當時你可能拒絕了她的滋養，或因為要求過度的保護而讓她感到透不過氣。所以到了這一世，你們其中一方必須打破互相傷害的模式，選擇透過有意識地創造雙贏局面來與對方相處。

而且當你真正訂下靈魂契約，必須與另一個人在今生共同經歷某些經驗時，這種情況似乎將無可避免。舉例來說，當你遇到一位南交點與你本命盤行星合相的對象，即使你理智中很清楚地選擇拒絕他，仍會不由自主地想要與他建立關係，就像你們之間有了約定一樣難以抗拒。你的自我可能會告訴自己：「我已經把功課做完了」，但你的靈魂卻還沒完成功課，所以你最好能利用本書的資訊，有意識地與這股能量合作，讓這段關係幫助你變得更平衡。

我認識你嗎？

有人常問我，「如果有人的北交點與我的金星合相，代表這個人能帶給我愛情與金錢的好運？」答案是對的。不過這不表示每個有這個北交點位置的靈魂都與你有過去世的連結，除非他們與你有互動關係，例如是家人、愛人、商業合夥人、同事、密友或其他強烈的連結方式，也有可能是敵人。有許多人的本命盤與我們有強烈的連結，不過只有少數人會跟我們建立密切關係，這是因為我們與這些人有尚未解決的問題，會透過互相陪伴，共同經歷能平衡彼此能量場的特定議題。

如果你對彼此的連結感到非常不舒服，最好盡力在這一世解決業力，否則還必須在未來世面對相同問題，直到你終於把問題「糾正」為止。你與這些人的相遇就意味著，你現在擁有工具去拓展個人覺知，如此不僅能體驗到平靜與快樂，同時也能解決你與這些連結的靈魂之間的任何問題。

生命會支持你擴展自我實現的最大潛力，安排最適合的人選進入你的生命，幫助你成長。你吸引來的人都是一個成長的機會。如果你知道對方的南北交點的相位，特別是與自己行星的合相，就可能接受這個機會有意識地參與合作，創造雙贏互利，而非抗拒。

北交點的合相

相互扶持的伴侶

當一個人的北交點與另一個人本命盤的行星合相時，表示靈魂契約已經建立，雙方必須在這一世相遇，為彼此帶來幫助。有這個北交點位置的人會帶來特別的禮物，幫助行星這一方實現某種才能。他們是行星這方的幸運業力，可以為此行星主宰的生命領域帶來活力。他們也能幫助行星這方的人提升生命層次，在這個領域中更有自信，更容易成功。

這個過程能為雙方帶來治療的能量。行星這一方可以透過與北交點這一方的連結，讓個人的成長與自我實現獲得滋養及鼓勵，北交點這一方的人也可以在支持對方的過程中，刺激自己北交點的特質，幫助自己將這些特質融入性格裡面，將個人潛力發揮到極致。

北交點與太陽合相

太陽代表我們充滿活力、天生有自信的部分，以及自我表達的個人風格。太陽在本命盤中落入的宮位及星座，代表我們最想在今生發光的生命領域，也代表一股創造趨力。我們如果能付諸行動，就可以提升演化之旅的層次。我們如果能利用自己的創造能力，就能更輕鬆地表達自己，掌控人生以及源自天性的強烈生命力。我們如果能認清並表達天生的潛能，就能在這一世裡對自己滿意。

■如果你是北交點這一方

當你的北交點與一個人本命盤的太陽合相時，你在他們生命中的目的，就是幫助他們發現自己最想創造的事物。你可以鼓勵他們自我表達，同時激發他們利用自己的生命力創造出巨大的貢獻。

你要支持他們對生命的認真努力，特別是對創造性計畫的努力。他們可能需要加強自信心，或建立更穩健的領導基礎。他們也許有一個需要被鼓勵的願景，當你明確點出他們的能力時，就能幫助他們更有自信，在更高的層面上發揮生命力量。當你公開稱讚他們的才華，便能點燃他們心中的創造火焰。

你帶來的正面影響可以肯定他們創造自己命運的能力及力量。當你在滋養他們的自我、幫助他們建立自信的過程中，你最好能採取主動，這樣能加強彼此間的愛的交流。當你激發他們進一步實現自我時，也能讓自己充滿活力，踏出自己人生的下一步。

■如果你是太陽這一方

如果你遇到北交點與你本命盤的太陽合相的人，對方會支持並加強你的活力及獨特性，因為他們會鼓勵你發揮創造潛力，幫助你發光發亮。你會因為他們的影響力而變得更有創意、更自信、也更果決。他們會看見你的才華，以一種正面的方式幫助你注意自己的潛力，讓你變得更有力量。

這些人會進入你的生命，是因為你的靈魂在潛意識裡呼喚你，必須在今生活出更高的生命層次。他們會幫助你表現領導的特質。你的任務就是要接受他們的支持，願意在自我實現的演化之旅中，踏出下一步。

你會在這個人身旁感受到提升的能量。他們會看到你的才華，相信你有能力完成目標。如果你允許他們幫助你變得更強大而成功，就等於讚美他們的禮物，重視你們之間的連結。你也可以透過彼此的連結對他們的健康及生命力帶來正面的影響，激發他們的創造能力——這也是種工作上的「好業力」！最後這會變成一份互惠的禮物——一種互相支持的模式。

北交點與月亮合相

月亮在我們的本命盤中代表我們在各種層面上最深層的情感滋養需求。月亮的宮位及星座代表我們最脆弱的部分，我們在這個生命領域中最需要感受到愛的支持，才能讓生命更有朝氣。月亮也是我們真實感受的潛意識指標，是婚姻中最重要的考慮因素。北交點與月亮合相會為任何一種類型的長期關係帶來無比且互惠的福氣。

■如果你是北交點這一方

當你的北交點與另一個人本命盤的月亮合相時，代表你們可能會建立一段非常持久且充滿愛的關係。你在他們生命中的目的之一，就是讓他們覺得被肯定，得到情感上的安全感。你天生知道他們對什麼東西缺乏安全感，而你的關注可以讓他們知道：你很關心他們。你很自然能認清並支持他們的內在核心，幫助他們建立正面的自我形象。他們如果能學著信任你就能放鬆自己、打開心房，讓彼此之間充滿愛與珍惜。

你帶給這些人的另一份禮物就是教導他們如何去愛。你只要讓他們知道，他們若能「放心地」打開心房，表現出脆弱的一面，就自然能達到這個效果。當他們對別人表現感情時，你不要吝於肯定。如果你肯定他們的正面特質，就能鼓勵他們發揮愛心，讓他們願意在別人面前表達感受。這會帶來更正面的結果，而他們也能在其他的關係中變得更堅強、更成功。

當你鼓勵他們要更有信心、用同理心與別人相處時，你也能強化自己最好的一面，變得更有愛心。

■如果你是月亮這一方

如果你遇到北交點與你本命盤的月亮合相的人，代表你的靈魂在內心深處告訴你要勇敢打開心房，不要害怕被拒絕。你現在必須卸下感情的防衛，學著信任別人。你只要跟這些人相處，就會感受到他們的愛、接受、保護及支持，這時你會全然地放鬆。這些人會給你一種歸屬感，讓你找到最適合自己的地方。

這個人能滿足你許多基本需求，幫助你與自己真實的感受產生連結。他們會看到真正的你，用一種你能認同且感激的方式看到自己的核心目的及美德。他們會激起一股愛的能量，讓你更有信心發揮愛心，同時獲得別人的感激。

你的任務就是要接受他們的滋養，打開心房自在地與別人相處。如果你允許這些人刺激你的心房，你也可以引導他們表現出最好的一面。這是一段非常好的婚姻或長期友誼，因為你們之間總是充滿了滋養、愛與關心。

北交點與水星合相

水星是主宰智力和智慧的行星。水星在本命盤中落入的宮位及星座，代表我們如何思考、會對什麼事情感興趣、如何面對並處理生活的挑戰，以及如何與別人溝通自己的想法。

■如果你是北交點這一方

當你的北交點與另一個人本命盤的水星合相時，你在他們生命中的目的，就是幫助他們更清楚地思考，用最有效的方式表達想法。你在他們身旁即使不發一語，也能為他們的思考注入能量。他們有你在身旁時，腦袋通常都比較清楚。

你很容易與這些人進行自在且具建設性的溝通。當你們把話講出來時，你很自然能發現他們在哪些生命領域裡會用封閉的心智或不合邏輯的方法來面對困境。你可以提供寶貴的洞見，讓他們能在溝通過程中，更清楚地表達自己的意見。

請不要迴避困難的話題。當他們「卡在」一個老舊的模式中，或固執地堅持某些想法時，你要分享自己的想法，幫助他們用另一種角度來看事情。當你這麼做時，雙方都能因為言語的交換而變得更有活力。當你在幫助他們清楚思考時，也能表現出自己最好的一面，對人生的挑戰產生新洞見，增加彼此愛的交流。

■如果你是水星這一方

如果你遇到北交點與你本命盤的水星合相的人，他們是要幫助你更清楚、更務實地思考。你的靈魂在潛意識中希望你能增進心智能力，而這些人能激發你提升思考的層次，你與他們相處時不僅能改善心智能力，還能修正自己的想法。

他們會幫助你用邏輯和清晰的推理來解決問題，刺激並擴展你的溝通技巧。他們對你的想法非常有幫助，同時也很清楚你的世界觀。你們的觀點或心智興趣即使截然不同，他們也會尊重並接受你的想法。你們之間的對話非常輕鬆自然，會覺得彼此好像已經認識很久了。

如果你以前很害羞，不敢吐露自己的想法及憂慮，這些人會讓你打開心胸，化解表達的障礙。你跟他們在一起時能培養清楚思考的習慣，也能輕鬆與他們對話，更有信心面對與別人的關係。如果你接受他們的禮物，允許他們幫助你更清楚地思考就能受益，讓這段關係成為共同的福氣。

北交點與金星合相

金星代表我們的愛的本質。根據金星在本命盤中落入的宮位及星座，可以勾勒出我們表達及接受愛的態度，以及為我們的生命帶來樂趣的事物。

■如果你是北交點這一方

當你的北交點與另一個人本命盤的金星合相時，你在他們生命中的目的就是增加他們的自我價值，帶給他們愛與金錢的好運。你對他們的欣賞及仰慕可以讓他們更有自信，更喜歡自己。當你幫他們打開心房接受別人的愛與感情時，他們也能理解你的善意。

你要把對他們的感覺說出來。你要常談論他們的才華及能力，同時支持他們參與一些能加強自我價值的活動。你可以幫助他們更加接受自己，對自己的社交技巧產生信心。

當你肯定他們的特殊之處時，你也會對自己感覺良好。這段關係所產生的愛，是上天對你們的賜福。

■如果你是金星這一方

如果你遇到北交點與你本命盤金星合相的人，無論你喜歡與否，都可能愛上這個人。他們在你生命中的目的就是教導你如何去愛，同時體驗樂趣。他們會延伸你個人情感的領域，化解任何妨礙你去愛別人的障礙。他們的存在意義，就是要用健康的方式打開你的心。

當他們開啟你心中的愛時，你自然會想幫助他們，對他們熱情又慷慨。你很瞭解他們，也會忽略他們的缺點，即使他們傷害了你，你也能理解每個人都有缺點，而且選擇原諒。他們也會肯定並加強你的自我價值，即使讓你失望，你的自尊也不會因此受損。

這些人進入你的生命中，是因為你的靈魂在潛意識中，渴望能體驗更多活著的喜悅及快樂。這些人會讓你覺得自己很漂亮、很有價值、很容易吸引人，所以他們也算是你社交生活的幸運兒。他們代表你在關係中的好運，有時會帶給你財物上的好處。

這個北交點位置的伴侶會幫助你延伸體驗愛的能力，並用這種方式來看待生命及關係。你們之間的連結天生就帶著正面且互動的愛的交流，所以如果你遇到北交點與你的本命盤金星合相的人，請把握機會多與他們相處！

北交點與火星合相

火星主宰我們「內心的戰士」。火星在本命盤中的位置揭露了我們對性的喜好風格、堅持自己的方式、最需要獨立的生命領域，以及能驅策我們的動機。

■如果你是北交點這一方

當你的北交點與一個人本命盤的火星合相時，你在他們生命中的目的就是激勵他們採取行動。你能發現他們生命的力量和天生的能力，同時能啟動他們的能量朝正面發展。你的熱情能支持他們進取，鼓勵他們追求欲望，努力地開創新的道路。你要相信自己是他們的正面力量，當他們渴望做某件事時，你要立刻表態支持，給予鼓勵。

這如果是一段性關係，他們在你面前往往能更自在地表現出對性的喜好，也能很自然地與你產生互動。如果你支持他們表達自己的性向，就能讓這段關係更幸福美滿。

如果這段關係不包含性的成分，你所帶給他們愛的禮物，就是關心一些對他們而言很重要的目標。你要鼓勵他們獨立，追求自己的夢想。你天生就知道該說哪些話幫他們建立信心，表現出「內心的戰士」，並成為自己生命的主宰者，進而實現欲望。你在鼓勵他們的過程中也會增加自己的膽識，為人生追求理想。

■如果你是火星這一方

如果你遇到北交點與你本命盤火星合相的人，當他們鼓勵你果決追求夢想時，你要聽從他們的建議。這些人能幫助你學會如何採取行動，達成自己的目標。你的目的如果符合最佳的個人利益，他們就會替你加油打氣。

當你缺乏勇氣或動力採取下一步時，不妨與他們談談，他們會讓你充滿活力。你可以與這些人分享自己的難題，因為他們知道什麼才是對你最好的方法。這裡的關鍵在於，你必須先知道自己想要什麼，然後再與他們接觸，讓他們激勵你採取行動。

這些人進入你的生命裡，是因為你的靈魂在潛意識中，渴望能找到自己的力量，並透過正確的行動創造成功。如果你缺乏膽識，他們能為你點燃勇氣的火花。他們的任務就是幫助你改掉自我耗損的模式，因為這些東西曾妨礙你達成願望。如果你能聽從他們的建議，就能激發他們表現最好的一面，也能積極地採取行動，創造個人的成功。

北交點與木星合相

木星在本命盤中落入的宮位及星座，代表了幸運對我們微笑的生命領域。我們在這個生命領域裡會很自然地想與宇宙的善意結合，跟隨宇宙的指引，找到精神與物質的快樂。

■如果你是北交點這一方

當你的北交點與一個人本命盤的木星合相時，你帶給他們的禮物就是幫助他們成長，建立正面的人生觀。你可能引介一些想法給他們，擴展他們對文化的欣賞，也可能啟發他們更高層的覺知，找到以往未發現的答案。你可以透過這種方式，幫助他們找到內心的平靜。

你要鼓勵他們擴展視野，關心他們最想發展的領域。他們如果想進一步求學深造或體驗其他文化，你要表現出熱情的支持，這能增加他們對生命的信任。你是他們的幸運兒，可以為他們開啟世界觀，體驗到宇宙的力量。這股力量會在我們準備好時賜與我們幸福及好運。

你在這些人生命中的目的，就是擔任接觸更高層意識的管道，讓他們感受前所未有的體驗。你要鼓勵他們冒險，藉由在新經驗中成長可以讓你們雙方表現出最好的一面，增加愛的交流。

■如果你是木星這一方

如果你遇到北交點與你本命盤木星合相的人，他們會鼓勵你追求個人成長或自我發展的欲望。他們會幫助你把生命看成一場探險，而你會想成為其中的一部分！他們進入你的生命是因為你的靈魂在潛意識中呼喚，希望能用更廣博的架構看待人生。這些人注定會影響你的靈性成長，也會增加你對正面結果的信心。

你可能會開始試著理解與他們之間的關係，或是讀一本自我幫助的書，或經常參加教堂或靈性團體的活動，或開始禱告或冥想。透過他們的影響，你已經準備好踏出演化之旅的下一步，與正面的靈性力量結合，獲得更多的心靈平靜。

這些人也會為你的成功與富足帶來正面影響。他們會在與你木星有關的生命領域裡帶來幸運，讓你自然地得到禮物。舉例來說，你的木星落入本命盤的第二宮（代表金錢領域）代表你天生就有很好的金錢業力，北交點與你的木星合相的人會增加這份業力，當他們進入你的生命後，會啟動你天生的金錢磁場，很容易吸引來財物的賜福。

如果你能積極地接受他們的禮物，相信正面的靈性力量，就能滋養彼此間的靈性連結。當這份禮物被啟動後，你們的關係就會演成互惠的過程，這對彼此而言都是雙贏的結果。

北交點與土星合相

土星代表我們曾在某些生命領域因中缺乏界線而造成傷害，這有可能發生在過去世，但更常是發生在童年初期，因此會覺得很棘手或無法勝任。我們習慣在這些領域中建立限制及阻礙，導致無法盡情地表現自我。

當一個人的土星與另一個人的北交點合相時，代表雙方能從這段關係中得到深刻的療癒。這絕對存在著過去世的業力連結，北交點的這一方承諾要幫助土星這一方釋放所有的限制。透過這樣的連結，土星這一方會覺得充滿力量、受到激勵，然後能成功地克服老舊的限制。這種深刻的連結可以啟動雙方的能量。

■如果你是北交點這一方

當你的北交點與一個人本命盤的土星合相時，你在他們生命中的目的就是幫助他們克服過去世最受傷的生命領域；這種傷害是因為他們在這個領域中缺乏界線。當他們在過去世受傷時，並不具有足夠知識或性格成熟度，所以無法在當下克服挫敗感，因此到了這一世會在這個生命領域中覺得很無能，無法創造成功。舉例來說，他們在過去世如果沒有建立適當的金錢界線而因此失去財產，這一世他們就會沒有信心妥善處理金錢（土星在第二宮的表現）。

所有關於土星的業力都源自於不知如何擔負起創造成功的責任，而人類天生會避開令自己不舒服的領域，你在這些人生命中的目的，就是要幫助他們更願意去處理這些問題。你可以讓他們留在「正軌」，鼓勵他們擴展覺知，變得更有耐心，同時展現自律。他們可以透過這個過程，在覺得受限的領域中變得更有經驗，也更有把握。

所以當他們自覺無能時，你要主動鼓勵他們，表現出你對他們未開發的技巧極具信心。你的存在很自然能讓他們獲得重生的力量，對自己的能力更有信心，然後就能發揮所有潛力，成功地達成目標。

這種合相帶有互惠的本質，當你感受到土星這一方的笨拙且無能時，你必須運用自己北交點的能量（根據星座及宮位）。他們在某種程度上會發現，必須激發你北交點的能量、找出你人生的方向，你才能幫助他們克服障礙，獲得成功。

這個過程並非輕鬆愉快。如果你偷懶沒有展現自己的北交點特質，他們可能會從關係中抽身，甚至拋棄你。無論如何，你與土星這一方的關係會強迫你們認清相關生命領域的重要性，讓雙方都能獲得更進階的個人成長。

■如果你是土星這一方

土星代表我們最想成功的生命領域，卻又因過去世的傷害與童年早期的反射作用，在這方面深感無力，也很害怕失敗。這些傷害是因為你曾在一個很重要的生命領域裡缺乏適當的界線。例如，你可能因為沒有與伴侶劃清界線，導致在愛情中受傷，所以到了這一世，你面對愛情時會覺得自己很無能，所以總是失敗（土星落入第五宮的表現）。

如果你遇到北交點與你本命盤的土星合相的人，是因為你的靈魂在潛意識中渴望能獲得自信，希望克服這些恐懼，並學習在這個領域中建立適當的界線，創造成功。這些人能幫助你化解會導致自我保留的老舊限制，他們會在你最需要時肯定你，幫助你更有自信。

這些人會發現你尚未展現的才華，也對你的能力很有信心。他們不會理會你自認不足之處，而是幫助你展現潛力主宰一切，達成目標。無論你有再多的不完美、笨拙及缺點，你都會感受到他們的欣賞及愛，就某些角度來看，他們「瞭解」真正的你。

他們會對你土星相關的生命領域（根據土星落入的宮位及星座）帶來正面影響，包括過去世經驗，或是與父母間的問題所造成的傷害，或是感覺受限的生命領域。舉例來說，你的土星如果落入第十宮（與事業及名聲有關），他們就會支持你的事業，幫助你拓展名聲。你的土星如果落入第二宮，他們就可能幫助你增加財富。你的土星如果落入第三宮，你就可以改善溝通技巧。

這也是段很棒的婚姻、伙伴或友誼的關係。如果你接受他們的價值觀，允許他們成為你人生的一部分，就能更輕鬆地踏上演化之旅，消除過去的業力。他們會送給你擺脫不安全感的自由——而你曾因不安而無法前進，阻止自己實現夢想。

這些人也能讓你體驗到長久以來最深層的渴望（根據本命盤土星落入的星座）：牡羊座代表真實，金牛座象徵自我價值，雙子座意味著接受，巨蟹座代表滋養，獅子座象徵認可，處女座意味著秩序感，天秤座代表和諧，天蠍座追求生命力，射手座要的是自由，魔羯座渴望尊敬，寶瓶座象徵理解，雙魚座則追求信任。

北交點與天王星合相

天王星在本命盤中的宮位及星座，象徵我們最渴望體驗改變的活力、以及新的意識層次的生命領域。

■如果你是北交點這一方

當你的北交點與一個人本命盤的天王星合相時，你在他們生命中的目的就是喚醒他們可以正面地改變現況，鼓勵他們作出讓生命更有活力的決定。你要支持他們，肯定他們天生的個人特質，也要幫助他們解放，用新的方式實現自我，找到生命的活力。

天王星在本命盤的位置象徵著一個人最與眾不同的生命領域。人們在這個領域中會採取自己的方法，而非依循社會的規範，你要肯定他們創新的方法，幫他們跳脫所有停滯受限的框架。

請大方地鼓勵他們做自己，根據內心的直覺採取行動。他們如果渴望改變，或想用建設性的方式改革社會（或週遭環境），你要支持他們的目標，願意參與他們的實驗。你應該鼓勵他們忠於內心的生命火花，允許他們在演化之旅中再進一程。你是他們的催化劑，可以讓這些事情發生，而在你支持他們展現個人特質的過程中，你也能獲得自由，再次讓生命充滿活力。

■如果你是天王星這一方

如果你遇到北交點與你本命盤的天王星合相的人，是因為你的靈魂在內心深處渴望能擺脫傳統社會的壓力，開始展現個人的創意精神。他們的任務就是要鼓勵你嘗試新的方法，把握任何一個會打亂現況的機會，進一步提升個人的演化層次。老舊的結構曾發揮過功效，但現在已然變成你的牽絆，所以你必須用全新且令人興奮的方法淘汰老舊的一切，喚醒內心的能量及生命力。

如果你發現自己陷在一個不舒服的狀態裡，他們可以幫你發現新的可能性。他們會用非傳統的方法支持你，而這份支持也會喚醒你的內心，獲得更多的自由。如果你接受他們的禮物，就能開啟一段互惠的關係，當你產生直覺或靈感一閃而現時，他們會在身旁支持你為自己帶來新的洞見和活力。

北交點與海王星合相

海王星落入的宮位及星座，揭露了我們深切渴望能在哪個生命領域中體驗到無條件的愛和信任，以及對超我力量的依賴。我們會渴望在這個領域中與「神聖的愛」產生連結，感受靈感、賜福及無盡的喜樂。

■如果你是北交點這一方

當你的北交點與他人本命盤的海王星合相時，代表這些人在靈魂層次呼喚你，希望你能肯定他們的靈性道路。當他們向更高層的力量尋求靈感時，你很自然地會支持他們。你在他們生命中的目的，就是鼓勵他們追求願景或夢想。他們如果有靈性的理想，或希望以神秘的方法探索生命，你可以幫助他們有所收穫。

你天生就知道如何支持這些人的理想、藝術、神秘或靈性的本質，幫助他們進入下一步的靈魂演化。無論他們選擇哪條靈性或藝術的道路，你都要鼓勵他們培養無條件的愛。請建議他們接觸冥想、瑜珈或其他神秘活動的訓練，這可以幫助他們體驗極樂，同時能打開心胸，接受更高層力量的指引。

你可以引出他們心中的治療者，從中獲得更多的啟發，為別人帶來療癒。當你鼓勵他們發展個人的靈性時，也能激發自己表現出最好的一面，追尋更高層次的人生道路。

■如果你是海王星這一方

如果你遇到北交點與你本命盤海王星合相的人，是因為你的靈魂在潛意識裡希望能在靈性上成長，用全新的方式體驗愛。他們會幫助你認清任何導致靈性成長的困惑或妄念，讓你能更完整地發揮靈性的潛力。

此時你也已經準備好跨出下一步的演化，與更高層的靈性力量建立連結，可能是發展你的創造能力，或透過對秘傳學問的研究來追尋神秘的真理。這些人會激發你的創造或藝術才華或興趣，也會敬重你天性中的溫和，以及對細微力量的敏銳度。你可以從他們的支持中獲得自信和力量。

他們會鼓勵你的夢想、願景和神秘傾向，也能發現阻礙你前進或實現夢想的陷阱及危險，幫助你實現夢想。

如果你曾挑戰戒除任何上癮的物品或行為，他們可以幫助你克服癮頭。他們可以帶來紓解與治療的效果，支持你從事任何形式的放鬆和淨化活動，例如瑜珈、冥想或齋戒。當你想討論這些主題時，他們會願意聆聽，也會表現出關心。如果你接受他們的禮物，就能啟動彼此的能量，達到互惠的結果。如果你能更加信任並依賴高層靈性力量的引導，就能同時激勵他們擴展自己的靈性之旅。

北交點與冥王星合相

冥王星落入本命盤的宮位及星座揭露了我們最渴望展現力量的生命領域。我們常因童年的環境壓抑了這股欲望而感到無力，不敢運用個人的力量。冥王星的位置也代表我們必須清除或淨化的生命領域，才能有意識地找到自己的潛能，用健康的方式表現它。

■如果你是北交點這一方

當你的北交點與他人本命盤的冥王星合相時，你在他們生命中的目的，就是鼓勵他們賦予自己力量。你也可以幫助他們重新找回潛能，學習如何正確地利用它，方法之一就是肯定他們的正面特質。他們會因為你的影響，很自然地覺得自己變得更有魅力、更有能量、也更有力量。

你最好能關心他們、鼓勵他們冒險尋求健康的轉化。當你引導他們利用許下承諾或採取行動來獲得更多力量時，要保持堅定的態度。你要鼓勵他們把恐懼和壓抑轉化成大膽及正面的行動，如果你能支持他們的力量，鼓勵他們採取行動考驗自己的性格，無形中也會滋養他們的道德素質。

你可以幫助他們認清並接受別人與自己的黑暗面，同時利用這股能量為所有相關的人帶來療癒。你在鼓勵他們發展潛力的同時，也能讓自己變得更強壯。他們如果使這份禮物發揮作用，這就會變成互惠的交流，也可以反過來激勵你冒險，為自己的人生賦予更多的力量。

■如果你是冥王星這一方

如果你遇到北交點與你本命盤的冥王星合相的人，代表你已經準備好接受自己的力量，同時學習明智地運用它。這些人會支持你主宰自己的人生，變得獨立自主，也永遠不會用任何方式壓制你的力量。

他們的忠告可以幫助你化解對自我技能及才華的疑慮，同時知道如何把這些當成有力且正面的工具。舉例來說，如果你濫用力量「霸凌」別人，他們會幫助你學習如何有建設性地利用自己的力量，這可以讓包括你自己在內的所有人都變得更強壯。

如果你因為害怕別人的反應而遲遲不敢展現自己的力量，他們對你的信心也能溫和地幫助你放下拘束，展現個人的領導魅力。如果你曾因為某些經驗覺得自己很無能，至今不敢勇敢地向前，他們也能幫你放下過往。這些人在你生命中的意義是要讓你看清楚自己的能力，幫助你以更有效、更進化的方式來展現個人力量。

如果你能接納他們鼓勵你轉化的正面建議，就能變得更強大，對自己的能力更有信心。如果你能接受他們的禮物，就能啟動彼此的能量，展開互惠的交流。此外，如果你允許他們幫助你轉化，變得更正面、更有力量，就也能激發他們表現出最好的一面，提升他們的個人能力。

北交點與凱龍星合相

凱龍星在本命盤中的位置象徵著我們在過去世的傷口。我們在潛意識中會把這些痛苦的記憶帶到今生，才有機會治療在傷害發生時所作的錯誤決定。

■如果你是北交點這一方

當你的北交點與一個人本命盤的凱龍星合相時，你在他們生命中的目的，就是幫助他們從造成巨大痛苦的過去世事件中獲得療癒。經歷某個事件或背叛行為使他們受到傷害，此後永遠無法痊癒，在這種創傷中，他們推論出不正確的人生結論，所以到了今生，會在與凱龍星有關的生命領域中（根據凱龍星落入的宮位及星座）無意識地壓抑自己，避免這種傷痛再度發生。他們也會在無意識中吸引來有相同創傷經驗的人。

當他們在過去世第一次受到傷害時，你可能在剛好在他們身旁，所以你獨具洞見，可以幫他們擺脫過去的模式。如果你發現他們在某個生命領域中很難完整地表現自己，不斷重複痛苦，你就要鼓勵他們，同時問他們一些問題，幫他們找到背後的原因。你要相信自己的洞見及影響力可以幫助他們自我痊癒，讓他們在這些刻意避免的生命領域中繼續前進，而非因此限制了自我實現的演化之旅。當你這麼做時，他們就會發展出賦予自己力量的工具，成為別人眼中極具智慧的治療者。

■如果你是凱龍星這一方

如果你遇到北交點與你本命盤的凱龍星合相的人，這些人是要幫助你治療一個在過去世發生的傷口，這個傷口會讓你變得衰弱，無法發揮全部的潛能。這可能是生理或心理上的傷口，也可能是某種恐懼的源頭，讓你對某些特定的生命領域缺乏信心。

當傷害在過去世發生時，你對原因的判斷通常是錯誤的，你認為未來可以預防受傷的方法也是不正確的。所以到了這一世，你在與錯誤有關的生命領域中仍會有不正確的假設。舉例來說，你在過去世裡曾在健行中因失足墜落懸崖而喪命，你最後一刻的想法可能是：「這怎麼可能會發生？一定是同伴推我。」在接下來的幾世裡，你仍然很喜歡健行，不過你每次跌倒或失足，就一定會出現同樣錯誤的結論：「都是同伴害我絆倒。」所以你可能會繼續受傷，放棄健行，或不信任你的同伴。

這些人進入你的生命裡，是要幫助你發現在這個領域中受苦的真正原因，之後你才能達成目標，不再承受更多痛苦。延續上述的例子，他們可能會告訴你：「其實你會絆倒，是因為你沒發現路上有顆石頭。如果你把腳抬高點，避開石頭，就再也不會跌倒失足。」這就像揭開真相時的恍然大悟。當你理解造成最初傷害的真正原因時，就可以獲得治療。你獲得的知識也可以讓你更有力量，幫助別人注意健行的安全。

當這個傷害在過去世發生時，他們很可能在你身旁，所以能準確地看出你有哪些誤解，造成自己停滯不前。他們帶給你的禮物就是發現傷口，然後找到治療的方法。

北交點與上升點合相

上升點或上升星座主宰第一宮，也就是自我的宮位，從中可以看出我們的性格，以及我們在別人面前展現的風格。同時也能看出你的身材、言行舉止，以及與環境互動的本能反應。

■如果你是北交點這一方

當你的北交點與一個人本命盤的上升點合相時，你必須幫助他們自信地表現自己。你可以發現他們正面的內在特質，瞭解他們的善意，同時鼓勵他們與別人分享自己的才華。你也可以發現他們有哪些表達方式會讓別人無法認識真正的他們。

你要大方地讚美他們的能力，肯定他們的力量，幫助他們表現出正面特質，讓別人能更珍惜他們。請鼓勵他們當自己人生的主人，在這個過程中，你也可以加強自己的力量。

■如果你是上升點這一方

如果你遇到北交點與你本命盤的上升點合相的人，是因為你的靈魂在內心深處呼喚著，渴望你能加強自己的性格。這些人會肯定你的優點，幫助你改善在別人面前的表達方式。他們會發現你有時會傷害自己，也知道你有時會對自己不誠實。這些人能幫你表現出自己最好的個性，讓你能更容易達成目標。舉例來說，他們會發現你非常聰明，卻總給人相反的印象，因此他們會讓你注意到這一點，幫助你用另一種方式表達自己，便能更清楚地反映你真實的本質；這樣其他人才會更珍惜你的內涵。

當你接受他們的禮物時，就能啟動雙方的能量，變成互惠的交流。你可以從中加強自己的正面特質，變得更真實，也能激發他們表現出最好的一面。

北交點與天頂合相

天頂是主宰第十宮的星座，代表事業、地位及權威的生命領域。當北交點與天頂合相時（容許度是兩度），代表了業力的關係，也是上天的賜福。

■如果你是北交點這一方

當你的北交點與一個人本命盤的天頂合相時，代表你進入他們的生命的目的，就是支持他們主控一切，變成自己人生的「總裁」。你天生就能幫助他們克服在這個生命領域中任何源於過去世的誤解，包括事業、地位或任何有關權威的議題。你要讚美他們的能力，讓他們在世人面前發光發亮。你很自然就能鼓勵他們獲得地位，改善公眾形象，達成重要的目標。你能幫助他們克服任何阻礙成功的障礙，而在這個過程中，你也可以肯定自己的能力，增加自我價值感。

■如果你是天頂這一方

如果你遇到北交點與你本命盤的天頂合相的人，代表你的靈魂在內心深處渴望能更有效地主宰自己的幸運。這些人進入你生命中，就是要鼓勵你啟動自己的能量，達到上述目的。你除非接受他們的「神蹟」形式，否則可能無法探索源自於過去世、關於此生命領域的誤解，也無法獲得必要的洞見來創造成功。他們很自然地會帶給你自信，獲得公眾的認同，並幫助你在工作上發揮潛力，在你追求目標的過程中帶來好運。

北交點與北交點合相

兩個人如果有相同的北交點位置，必須學習類似的功課，這可能會有兩種情形：他們可能會縱容彼此的盲點，繼續無意識的脫序行為，或有意識地合作，溫和地幫助彼此擺脫自我破壞的模式。他們如果選擇共同成長，一起面對挑戰，克服共同的障礙，就能建立最令人興奮的圓滿關係。

當兩個人有相同的北交點位置時，還必須考慮其他的因素。舉例來說，如果其中一方的北交點落入巨蟹座，另一方的北交點也是落入巨蟹座，或是巨蟹座所主宰的第四宮（四宮是巨蟹座的天生宮位，所以也會有相同的挑戰），雙方可能任由彼此忽略感覺，試圖不要受傷；也可能相互合作，鼓勵對方放慢腳步，有意識地覺察自我，並在生命情境展開時，顯露自己最真實的感受。如此將創造出真正的親密關係，帶來雙方都渴望已久的滿足感。

北交點與南交點合相

當兩個人有相反的北交點位置時，其中一方的北交點與另一方的南交點合相，代表兩個人要幫助彼此，糾正源自於過去世的業力失衡。如果你是南交點這一方，當你第一次遇到這個人時，會不由自主地想要與對方分享許多資訊。這是因為你在過去許多世中，已經在這個生命領域裡（根據你南交點落入的星座）有豐富的經驗，而這也正是北交點那一方需要開發的特質，才能跨出下一步的演化之旅。反之亦然。

當你遇到一位北交點與你本命盤南交點合相的人時，你的南交點又與你的某顆行星合相，代表他們會幫助你更清楚地認識該行星主宰的生命領域，解決其中的問題。你對這個生命領域通常都有豐富的過去世經驗，而這些經驗會沿襲到今生，導致負面的結果。

南交點的合相

過去世的契約

以下我會用較長篇幅來介紹某些合相。因為某些行星與南交點的合相，原本就會較深刻地涉及兩個人之間的過去世印記。這並不見得是輕鬆或愉快的連結，但卻是個人成長和自我實現的大好機會。

如果你遇到一個人的南交點與你本命盤的行星合相，表示他們將對這個行星主宰的生命領域帶來看似負面的影響。他們會不由自主地抽走這個行星代表的一部分正面能量。然而，這種削弱的作用會變成禮物，因為你（行星的這一方）被迫在這個生命領域中培養出自給自足，也將消除弱點，克服任何不健康的傾向。南交點這一方不會允許你得過且過、無意識地面對這個生命領域，他們會強迫你面對自我失常的面向，學會以更成熟、更有自信的方式表達自己，而這將會是你前所未有的體驗。他們最終能幫助你在與這個行星涉及的生命領域中，獲得更多的力量、個性及自立。

當南交點的這方的星盤中也有行星與南交點合相，就代表了他們與你有特別的約定，必須來償還你。這些人在過去世曾透過某些互相依賴的方式減損你的能力，讓你的心靈受傷，成長受到阻礙，這些影響甚至延續到了今生。他們現在必須彌補自己造成的傷害，但這個過程通常充滿痛苦。南交點這方的人常會勾起你最初的傷痛，阻礙你的進取心，直到你獲得足夠的力量，以健康的方式獨立表現受傷的部分。這看來就像是他們壓抑了你的能量，結果你反而更能全面發揮。

南交點這一方的人表面上看起來不愛你，但其實是要幫你學會認清自己不合宜的特質。他們會在潛意識中幫助你「改正」，因為若你能解決自己的傷口，就能重新發揮一些在過去世遭到他們破壞的正面潛能（根據北交點在他們本命盤的位置）。

若你們雙方只是渾渾噩噩地相處，這段關係就會憑著直覺進展，很可能極不愉快，但若兩個人都能謹記上述資訊，便能作出清醒的決定，改變相處的情形。舉例來說，南交點這一方如果知道自己的南交點落在對方本命盤上的位置，他們就會刻意地選擇較好的方法，在這個向來只會耗損能量的生命領域中注入更多正面的能量。例如，你的南交點如果與對方的水星合相，你應該跳出無意識的直覺反應，不要一味地否定他們的想法，而是改變自己的方式，鼓勵他們的意見，並明白這些意見對他們而言是很合理的。如果你能改變自己在過去世的錯誤行為，就能在今生獲得更多的成功與自由。

如果你是合相中的行星的這一方，就要有意識地、更獨立地表現有關這個行星的特質，如此便能清除阻礙自己的不健康能量，在與這個行星有關的生命領域中，獲得更多的成功與滿足。

南交點與太陽合相

太陽代表我們創造性的生命目的，其中包括我們的領導風格、特殊的天賦及才華，當我們展現這些特質時，便能讓生命發光發亮。這是我們在生命中的獨特「角色」，如果我們能完美演出，就能激發生命力，以及內心快樂的純真特質。

■如果你是南交點這一方

當你的南交點與他人本命盤的太陽合相時，代表當這些人在努力創造人生的意義時，你會無意識地削弱了他們重要的生命力及自信。舉例來說，我有一位個案的南交點與哥哥的太陽合相，哥哥的太陽是落入第十宮的金牛座，喜愛追求象徵世俗的野心和物質的目標。這對她的哥哥而言是很正確的道路，但我的個案她卻是位注重精神層面的人，所以她會批評哥哥的價值觀和野心。她非常愛哥哥，但卻破壞了他一直努力爭取的價值，也很不明智地折損了他的力量，否定了他的成功。

如果你想對這些人帶來正面的影響，首先就是要用他們的方式，而非你的方式來認識他們的人生目標，以及他們想達成目標的創造性手段。如果你能鼓勵他們的目標，就等於肯定他們，讓他們更有力量。你最好有意識地採取行動，例如：「恭喜你創造出這樣的成就！我就知道你做得到！」如果你能改變自己認知的方式，刻意地激發他們的生命力，支持他們追求創造性的人生方向，從中獲得更多的能量，也就等於幫自己打開了另一扇大門，他們也會對你的人生目標表示支持。

你的本命盤上如果還有某顆行星與你的南交點合相，代表你與這些人有特定的契約，必須在這一世償還他們。有可能是在過去世時，你為了個人的利益，過度膨脹了他們的自我，對他們帶來不好的影響。這傷害了他們個人的權力感，讓他們無法利用自己的才華及創造能量，追求自認為有價值的目標。這會導致一些錯誤的想法，讓他們直到今生仍深受其害。

舉例來說，你在過去世裡可能曾讚美他們的美貌及魅力，把他們送到街上，要他們利用身體替你賺錢。因此，他們在這一世可能會用自我耗損的方式，來展現領導才華及創造性的生命力。

你在這一世有機會彌補自己曾經對他們造成的深刻傷害。你特別能「發現」他們在哪些方面會誇大自己，有脫軌的表現。你不能任由他們重複這些模式，而是要鼓勵他們在表現創意時反映出天生的個人特質。如果你能帶著清楚的覺知，就能發現他們真正的特殊才華及創造天賦。對你而言，解決業力的最好方法，就是鼓勵他們表現出符合「真理」的才華，最後才能獲得真實的快樂。

■如果你是太陽這一方

南交點與你本命盤太陽合相的人，可能會無意地削弱你的生命力，壓抑你的創造能力。他們無法讓你自然地表現自己，因為你主宰生命的「風格」，以及你在生命中創造的結果，無法與他們相容。他們可能反對你主導人生的方式，覺得你應該可以創造更多成就。你可能永遠感覺不到他們的全心支持，除非你已經發揮了他們認定你所擁有的真正潛力。

我有位個案，他的妻子的南交點與他本命盤的太陽合相。他負責賺錢養家，妻子則是照顧家裡及孩子。妻子堅持他必須有份穩定的銀行工作負責養家，但卻否定了他的創造才華，以及自我表達的欲望。他們離婚後，他馬上離開銀行的工作，投入創意科技產業，並從這份工作中獲得快樂及滿足。

這種相處的趨力可能是源自於過去世，南交點的這一方可能無意間破壞了你的個人權力，因此在這一世「虧欠你」，必須幫助你對自己的個人特質重拾信心，相信自己有能力創造命運。他們會在無意識中否定你創造結果的風格，讓你無法依賴他們，強迫你往內心探索，更加意識到自己真正的價值。你最後會因為他們的影響，變成一個「盡其在我，這就是我」的發光體！

南交點這一方的人如果與你關係親近，而在他們的本命盤上又有行星與南交點合相，就代表他們在過去世裡可能曾為了自己的利益，刻意地讓你自我膨脹，鼓勵你採納錯誤的想法，這會破壞你個人的權力感受，讓你到今生仍深受其害。所以到了這一世，他們與你的約定就是要糾正這些過去世的不公平，幫助你找到比以前更深層的個人力量。當你能清楚意識到這些人如何限制你時，不僅能變得更強壯，也能在作出決定的當下聆聽自己內心的聲音，創造自己的命運。

南交點與月亮合相

月亮的能量象徵人類心中真實的欲望，這是一種對「母親」、以及母親無條件的愛與接受的渴望，所以月亮也代表我們個人最深層的連結欲望，包括對親密的需求，渴望滋養與被滋養，以及歸屬感。

我們可以根據月亮在本命盤中的位置（落入的宮位及星座），知道自己最容易渴望上述經驗的生命領域。月亮象徵感覺的本質，所以也代表我們最無法用言語表達的生命領域。因此在這個領域中，我們最容易期待那些關心自己的人，能出自本能地意識到我們最深層的需求。

月亮與其他行星的相位，可以看出我們能否輕鬆或困難地滿足這些需求。在一段關係中，如果其中一方的南交點與另一方的月亮合相，代表自然的滋養交流會受到阻礙。這是個困難的關係相位，但許多配偶都有這個相位。無論如何，這也是一個個人成長的絕佳機會，因為雙方必須有更高層的覺知、有意識地付出努力、同時也願意改變，才能一起創造令人滿意的連結。

■如果你是南交點這一方

當你的南交點與另一個人的月亮合相時，他們的感受就是你不能滿足他們的需求，無法從你身上得到安全感、愛與支持。與此同時，你卻覺得無論自己付出多少，他們總是要得更多。你們之中除非有一方能清楚意識到這種趨力，否則關係會變成一連串的挫折與失望。

實際上，你可能已對伴侶付出許多，但卻不「符合」他們更深層的實際需求。隨著關係的發展，他們會開始覺得在感情層面缺乏安全感，覺得自己不被愛，接著就會開始在潛意識中報復你，對你有所保留，不去滿足你對愛的需求。這會導致負面循環，使得雙方的需求都無法被滿足，也不能從關係中獲得滋養或照顧。

如果你要處理這種情形，最有幫助的方式就是知道：月亮這一方並不會表達出對你的需求，而你在潛意識裡也不會注意到他們對你的需求，除非他們說出來。然而，身為南交點這一方的你其實有能力克服這些障礙，你只要有意識地詢問月亮這一方對你的需求，讓他們感受到你的支持及關心。這一開始可能會有點笨拙，但是用這種方式來確認他們的感情需求，絕對會對你很有幫助。當月亮這一方得到深刻的理解及快樂時，就會回報你愛的能量，這會讓你一開始做的額外努力，都顯得微不足道了。

當你越來越意識到彼此的互動模式時，也能更深入地發現，當這些人渴望接近你時，你的第一個本能反應就是把他們推開。這種反應是源自於過去世的無意識記憶，你們曾當過許多世的家人，建立了不健康的互相依賴的關係，讓雙方都沒有機會獲得個人的成長。如果你知道這點，就能在這一世裡避免再度犯下互相依賴的錯誤，最好作法就是在關係中保持獨立，有意識地支持伴侶的感覺，因為你對他們有愛，便會願意這麼做。

對你而言，最健康的解決方式就是繼續問他們對你有什麼需求，而你也要用愛來鼓勵他們，不斷把自己的需求說出來。當你問他們時，他們會非常感激，也會很快樂。當他們在關係中感受到越多的關愛，就越容易踏出最重要的一步，亦即提出自己的需求。最重要的是，你也必須持續向他們表明你的需求。

你的本命盤中若還有某顆行星與你的南交點合相，就代表你必須在這一世償還他們，而且你與他們之間有明確的約定。你在過去世裡可能曾刻意束縛這些人，導致他們無法感受到自己的個人本質。他們的身分意識完全與你融為一體，而他們的安全感都來自於你。你剝奪了他們自立的能力，導致他們在感情上無法健康地成長，所以他們也很難建立健康的關係。到了這一世，你的任務就是有意識地幫助他們重新找到感情上的自立能力。但是請你注意不要傷了他們的心，而是要讓他們知道不需要受制於別人，只要真實地表現自己，就能得到愛與支持。

■如果你是月亮這一方

月亮在本命盤上的位置，代表我們最需要覺得被別人理解、滋養及關心的生命領域，那也是我們覺得最脆弱、欠缺完整的生命區塊，所以我們特別需要別的靈魂的鼓勵，才能獲得深層的滿足。月亮也代表我們接受的本質，代表我們最想要體驗到「家庭」的領域，希望能依賴別人照顧我們。

當一個人的南交點與你本命盤的月亮合相時，會帶來失望、不被愛或不被支持的感受。這些人不會注意到你的感情需求，他們表面上永遠不會滿足你真正的渴望，因為在他們潛意識的過去世記憶中你們是一家人，建立了不健康的互相依賴的關係，因此你每次期待他們來滿足你的需求時，他們會無意識地拒絕，藉此避免過去世的互相依賴。

你們在過去世裡顯然非常深愛彼此，而這份愛繼續延續到今生。然而，因為你們過去沒有用健康的方式表現互相依賴，所以到了這一世，你必須學會的功課就是分辨哪些是互相依賴，哪些是負責地採取行動，確保自己的需求能獲得滿足。仔細想想，這兩者之間是有差異的。到了這一世，你有機會說出自己的需求，同時不會觸動互相依賴的能量。

如果你還是選擇不表達，繼續以為他們會「自動」知道你的需求，這段關係很有可能導致雙方的不滿。當有這個相位出現時，你除非說出來，否則南交點這一方的人根本不會知道你的需求。不過如果你能有意識地告訴對方，必須如何才能感受到他們的關心，他們就會非常願意給予回應，讓你感受到支持與愛。

舉例來說，你必須每天聽到「我愛你」，內心深處才能感受到他們的關心。如果你假設他們會每天說我愛你，那麼最後一定會失望，而且時間久了，還會覺得他們並不是真正關心你。然而如果你告訴他們：「這就是我想要的」，而他們也願意配合，你的感情需求就能獲得滿足及認可。當你覺得滿足後，便會更願意去滿足他們的需求，讓他們感受到你的關愛。

這些人如果跟你很親近，而他們的本命盤中又有行星與南交點合相，代表他們在過去世裡可能曾因為自己的利益，刻意地與你建立互相依賴的關係。他們與你有特殊的約定，必須在這一世裡幫助你恢復感情上的自立。無論是哪種情形，你吸引他們進入你的生命，是因為你的靈魂在內心深處呼喚，希望你能學會感情上的獨立，而這正是你在演化之旅中的下一門功課。

南交點與水星合相

水星主宰顯意識的心智。我們可以根據水星在本命盤中的星座及宮位，看出我們的思考方式、思考內容及溝通風格。

■如果你是南交點這一方

當你遇到一個人的水星與你本命盤的南交點合相，如果你不能有意識地與他們分享想法，很可能會否定一些對他們來說很重要的想法，讓他們洩氣。在你的眼中，他們看待世界的角度以及處理日常生活現實的方式通常都不符合你的標準。你往往不太尊重他們的意見，而這可能會讓他們很沮喪。

就無意識的層面分析，他們表達意見的立場剛好是你在過去世裡過度運用的模式。因此當他們跟你溝通時，你內心通常會很焦躁，因為你很「瞭解」如果在這一世裡繼續用這種方式思考，就無法獲得個人的成長。然而最重要的是，你必須知道這些立場對於水星這一方的人而言，其實是很合適的。

當你身為南交點的這一方時，你有權力決定這個問題的結果。如果你想創造一段成功的關係，就必須退後一步，更覺察自己獨特的身分意識。你必須特別鼓勵水星這一方的人多去獨立追求能刺激心智的活動，你要有意識地從他們的角度思考，肯定他們的觀點，而非考慮這些觀點是否適合自己。你也要鼓勵他們多交一些想法契合的朋友，他們可以在過程中興奮地與別人交換意見，而不用依賴你來滿足這方面的需求。

■如果你是水星這一方

當一個人的南交點與你的水星合相時，這些人通常不會認真思考你的意見，也不太尊重你的觀點。這是因為他們在過去世裡曾過度運用你現在的人生觀，所以會感覺如果再繼續用這種方式，其實並不是件好事，所以當他們體驗到你的思考模式時常想忽略或否定。他們可能很愛你，卻絕對不會肯定你的智慧，也不會鼓勵你培養更寬廣的人生觀。你最實際的作法是不要試圖改變他們，而是另外找些朋友來滿足心智刺激的需求。

他們的本命盤上如果有行星與南交點合相，代表你們在過去世裡很可能因為心智的結合導致失衡，而你到了這一世仍無法找到平衡。你們一開始可能志同道合，打算達成共同的目標，但最後卻變成互相依賴，對彼此都造成傷害。舉例來說，你可能是位科學家，他們利用你出色的思考能力進一步地達成自己的目標；也可能是他們說服你用自己的能力替他們完成某件重要的事，最後卻犧牲了你。

南交點這一方為了償還過去世的債，這一世來到你的生命裡，就是要幫助你相信自己的思考方式及意見，而不需要他們的肯定。他們欠了你一份心智獨立的禮物，而這也是為何他們看起來「聽不見」你的聲音，不斷輕視你的想法。他們的態度會迫使你與別人建立連結，從中獲得心智的刺激，提升自己的世界觀。這些人也會強迫你對自己的真理更有信心，同時堅信自己面對人生的思考架構。

南交點與金星合相

金星主宰愛與關係。在一段關係中，當其中一方的金星與另一方的南交點合相，代表了關於愛與浪漫關係的契約，這些關係注定要重新展開並獲得解決。金星也主宰金錢，這也可能成為雙方結合的另一個原因。

■如果你是南交點這一方

當你們第一次相遇時，你可能馬上被對方吸引，因為你們在過去世裡曾有一段強烈、充滿激情及愛欲的關係。這種情形好壞很難說，有可能是沒結局的愛情讓雙方一輩子都念念不忘，或可能是個敵人搶走了雙方最渴望的熱烈愛情。

其中一個可能的情節是，你與新婚的丈夫都正值十七歲，充滿熱情與理想，住在鄉間的小屋裡。有一天軍隊來敲門，要徵召男丁上戰場，軍隊大聲在門外喊著：「所有身強體壯的男人都可以從軍」，你聽了馬上說：「不要去！」但丈夫的話竟成遺言：「我會回來！」他最後死在戰場上，你等了他一輩子，幻想他如果當初留在自己身旁一切會有多完美，因此這段關係到了今生，會有強烈的想像成分。

到了這一世，你的願望終於被滿足了，有另一個機會與他共度一生。不過當你真的跟這個人一起生活一段時間後就會發現，他們完全不是你想像的樣子。即使在你們上一世裡的關係沒有被打斷，但經過幾年之後，你也可能會變得不喜歡對方。這就是為什麼當關係發展時，最重要的是你能否從金星這一方身上感受到真實的喜愛跟吸引力。如果你有這種感受，這就是一段源自於過去世的情緣，你們彼此曾經許下承諾再次相遇，從中感受到更多的幸福快樂。

也有另一種可能的情形是，當你第一次遇到這些人，心裡就出現一個聲音，警告自己要小心。在這種情形下，尤其是你本命盤上又有行星與南交點合相，就代表你可能在過去世裡曾為了自私的理由，阻止金星這一方的人與愛人在一起。舉例來說，你在過去世裡可能是金星這一方的父親，強迫她放棄真愛，嫁給一個有財富與權勢的男人。所以到了這一世，你可能會在無意識中想破壞金星這一方的愛情。不過你跟他們之間有明確的業債，所以你最好有意識地支持他們的愛情，在這一世裡償還他們。

■如果你是金星這一方

當你的金星與一個人的南交點合相時，代表你們在過去世裡曾談過一場熱烈的戀愛，卻沒有結局。這通常是正面的關係，對美好的未來抱持理想的期望。你們可能是伴侶，但在生命結束前，都沒有辦法完全實現對愛情的願景，所以到了這一世，你們仍對彼此充滿吸引力及渴望。

這不代表你們注定要再成為伴侶，你們必須解決彼此之間的某些問題後，雙方才能心無旁鶩地繼續未來的演化之旅。這種合相的確象徵著「留住」的關係，你們可能會一輩子在一起，但也可能是段友誼，你們會一起參與某些活動，甚至比親密伴侶還親近。

你還必須注意一點：你可能會對這些人非常縱容。然而，如果你忽略了他們的缺點，就可能會付出代價，傷害你的自我價值。你也會發現每次當你打開心房對他們付出感情，讓自己變得很脆弱時，他們通常會拒絕你。這是因為你們在過去世有很深刻的連結，維持一種不健康的互相依賴，破壞了你對愛的智慧。所以到了這一世，他們必須償還你，必須讓你變得更獨立，教導你如何與別人分享愛，但不能在過程中失去自己。

這個相位有時也意味著過去世的悲劇，因為一個愛的對象而產生仇恨與報復。他們的本命盤中如果有行星與南交點合相，代表他們可能在過去世裡刻意阻礙你與愛人在一起。他們可能是有錢的地主，想收買年輕女人作為性奴隸，結果看上了你的愛人，而你（金星這一方）在試著拯救愛人的過程中被他們（南交點這一方）傷害。如果是這種情形，你在這一世裡很自然地會對他們充滿敵意，而且會在無意識中破壞各自的愛情。而他們帶給你的禮物可能是就是放手，不要再執著於你們在過去世裡爭奪的對象。

南交點與火星合相

火星主宰性、進取、勇氣及侵略，也就是激勵我們採取行動的力量。火星在本命盤裡的宮位及星座代表我們最容易產生衝動的生命領域。當有這個相位出現時，代表兩個人必須在這一世裡解決源自於過去世、有關這些領域的殘留問題。

■如果你是南交點這一方

這如果是一段帶有性的戀愛關係，一開始可能充滿強烈的吸引力與爆發式的熱情，不過一旦當過去世的熱情消耗完之後，你就會開始覺得對方沒什麼吸引力。身為南交點這一方，你可以維持肉體的親密。你必須注意伴侶對性的主動，先給予肯定，然後回應。你們之間的肉體連結必須有意識地轉化成彼此的性享受及親密感，才能創造成功的關係。

火星也象徵我們追求想要的東西的方式。如果你停留在潛意識的模式，當他們很興奮地向你提議某個計畫時，你可能會持保留態度，認為這行不通。你可能會說：「我的天啊！你都已經結婚、有三個孩子了，你不可能做到這個！」他們每次提議想要「做」某件事時，你通常會潑冷水。他們最後會因為你的負面反應，不再跟你討論事情。

你在內心深處非常清楚，自己不能融入他們表現能量的方式。不過他們的方法在這一世裡其實很合適他們，也能讓他們的生命更豐富，所以如果你想改善這段關係，就必須有意識地作出新的選擇。如果你不想支持他們的個人道路，至少不要在他們表現時猛潑冷水。如果你真的想讓這段關係成功，較好的方法就是有意識地改變自己的本能反應，改口說：「彼得，我就知道你做得到！」諷刺的是，當你開始支持他們的方向時，你就會發現，他們會用更正面的態度回應你，配合你希望在關係中能出現的改變。

你們無意識中在過去世裡的某些時刻，曾用互相依賴的方式結合彼此的能量，達成共同的目標。所以到了這一世，當他們對某個計畫感到興奮時，你很習慣會拒絕他們，避免再度造成互相依賴，使你偏離了個人成長的道路。你很容易削弱他們的進取心，所以他們最後也會停止依賴你，重新找到自己的力量及信心，獨力地追求理想，不再需要你的幫忙。

■如果你是火星這一方

如果這是一段戀愛關係，你可能會在一開始感受到有生以來最強烈的性經驗。這就像命運的安排，你常會篤信再也不會找到如此有力量的連結。然而經過一段時間，性的部分可能會開始改變。南交點這一方可能再也沒有任何性趣，而他們的拒絕會讓你封閉自己的性能量。如果你想繼續維持肉體的親密，最好要更注意哪些方式能取悅他們。若你能有意識地配合他們的性能量或性欲望，而不是根據自己的本能，雙方就能體驗到更多的性滿足。

這段關係如果沒有性的成分，他們很可能是你在過去世的家人或其他親近的人，彼此之間有未解決的問題。你們很可能會共同為某個計畫努力或是合股投資。

如果你遇到一位重要關係人的南交點與你的火星合相，代表你和對方曾立下契約，因為你們在過去世有未解決的問題。尤其是他們的本命盤上若還有行星與南交點合相，代表他們很可能在過去世裡曾刻意破壞你的獨立及進取，所以到了這一世，他們必須彌補你，幫助你重新找到主導的力量，肯定自己。不過他們也可能會「壓抑」你的提議，否定你作決定及主導的方式。

然而，如果你能意識到這種趨力模式，就能重新找回自己的膽識，當自己人生的主人，照自己的方式做，完全不用管他們怎麼想！儘管如此，你最好還是不要與這些人分享你下一步的行動計畫，因為他們可能會不自覺地潑你冷水，讓你減少進取心。

這些人無論在你的生命中扮演何種角色，你最好不要直接與他們發生衝突，因為你很可能會輸。他們最後能利用南交點星座的能量佔上風，這是「不公平」的優勢，很可能會破壞了你尋找解決方式的欲望。他們如果能成功地償還欠你的業債，就能拋開過去世錯誤的包袱，也能重新找到曾因為個人罪行而暫停的特殊精神連結。

南交點與木星合相

木星代表我們天生最幸運的生命領域。在這個領域中的精神支持，可以不斷地為我們帶來物質層面的成功。木星也象徵我們與更高層力量的連結，這個力量會在相關的生命領域中保護我們，引導我們邁向勝利，同時帶給我們好運。

■如果你是南交點這一方

當你的南交點與一個人本命盤的木星合相，除非你能意識到其中隱藏的意義，否則很可能會不小心地否定了他們個人成長的過程、人生的擴展，哲學信仰或人生觀。當他們表現出天生的樂觀和幸運時，你可能會令他們洩氣，因為他們的生命哲學觀不適合你，但是卻很適合他們。身為南交點這一方，你有能力轉變關係的結果。如果你希望這段關係成功，就必須退後一步，更加意識到自己獨立的身分意識，然後才能有意識地肯定他們的風格，以及他們個人成長和發展的過程。你要知道，這些東西對他們而言都是「正途」，而不要固執地認為這些必須適合自己。

尤其當你的本命盤中如果有行星與南交點合相，代表這是命中注定的相遇，作為一種償還債務的生命契約。你在前一世裡可能為了個人的利益，刻意鼓勵他們作出過度的行為，他們當時也許短暫地成功，但是卻形成了互相依賴的模式。他們會信任你，超過相信自己的良心或與真理的連結，你也會讓他們養成一種依賴「僥倖運氣」的態度，形成不正確的道德及倫理觀念。木星這一方可能到這一世還會有同樣的表現。

所以這些人到了這一世很可能又在無意識中希望互相依賴，而且會全心地信任你，你的本能反應則是想把他們推開，意識到這個盲點。他們很習慣選擇一個比較簡單的方法去信任別人的價值觀，而不是根據自己的正直及真理來判斷，你可以幫他們改掉這個習性。你也特別能發現他們哪些地方「不顧」倫理，請保留你的贊同及支持，因為這最後能強迫他們找到自己內心與真理的連結，找到一個能掌握自己的靈性道路。最有覺知的表現方式就是，你可以在他們選擇一種超越物質或感官享受的途徑時，不吝於鼓勵他們，你就能解決彼此之間的過去世業債。

■如果你是木星這一方

如果你遇到一個人的南交點與你本命盤的木星合相，這些人無法瞭解、也不真正關心你的靈性理想、哲學信仰，或是對正面結果的信念。你想擴展生活的個人方式及計畫可能無法獲得他們的支持及肯定，你也可能會因為他們對你的不信任，而開始懷疑自己天生最有信心也最幸運的生命領域。所以你在追求個人成長的過程中最好不要尋求他們的支持，而是找其他朋友來滋養這個生命領域。

南交點這一方在潛意識裡記得曾鼓勵你走上某條道路，那既不能反映最高層次的道德倫理，也不符合你個人的內在真理。你當時非常相信他們，按照他們的指引前進，卻沒有聆聽自己的良知，所以到了這一世，他們似乎在「把你推開」，防止你再次陷入不健康的互相依賴。他們為了達到這個目的，可能會不小心給你壞的建議，背叛了你的信任，或鼓勵你重覆一些在過去世裡跟他們一起追求過的過度行為。他們在這一世裡帶給你的特別禮物就是支持你獨立，踏上自己的靈性道路。

他們的本命盤上如果有行星與南交點合相，代表他們在過去世裡曾為了自己的利益刻意誤導你，鼓勵你過度信任他們。所以到了這一世他們必須償還你，注定要支持你變得更直接坦白，而不讓你耽溺於追求豐厚物質的行為中，犧牲了自己內在的本質及真理。在這個前提下，他們很容易發現你在哪個生命領域中欠缺正確的倫理及誠實，然後加以否定。你可以從這段關係中學會信任，憑著自己的誠實行事。

南交點與土星合相

土星掌管我們最渴望體驗成功、也最害怕的生命領域。這是我們的命運，我們必須克服內在的限制才能主宰一切，成為自己人生的主人。我們如果能展現必要的耐心、注意細節，在這個生命領域中追求成功，久而久之就能克服自己最大的恐懼。

■如果你是南交點這一方

當你第一次遇到土星與你南交點合相的人時，很可能會不由自主地想深入認識他們。你多少會覺得自己必須與他們交換能量，共同體驗人生。

你一旦進入他們的生命裡，就不會容許他們對任何事情「心存僥倖」，你不會被他們的表面愚弄，也不允許他們的公共形象無法正確地反映出他們的成就。你也可以幫他們發現，如果依據對生命運作方式的誤解來採取行動，只會導致失敗，而不能創造出他們原本可以達到的成就。不過，這個過程可能不太愉快。

尤其是你的本命盤上如果有行星與南交點合相，代表你在過去世裡，可能曾刻意剝奪了他們創造個人成就的喜悅及力量。你很可能在背後操縱，讓他們在尚未發展出獨力創造成功的性格前，就體驗到成功的滋味。在這個過程中，你們可能為了達到彼此的成功而產生不健康的互相依賴，就如同在孩子尚未準備好面對人生之前，就強迫他們成為超級明星的星媽。孩子會賺到名聲及財富，但卻不是靠自己的性格發展爭取來的，他們會因此膨脹自我，也無法透過獨自創造成功的過程獲得力量及智慧。

所以你在這一世中，多少會在他們最想成功的生命領域裡成為阻力。你會拒絕「為他們做」，迫使他們在內心成長，久而久之便培養出力量及完整的性格，足以突破你的限制。然後他們就會願意自己負責創造成功，大幅地擴展這個生命領域——這是他們在認識你之前，不曾有過的體驗。

你的本命盤上如果有南交點與行星合相，代表你們必須履行某個過去世的契約，所以在無意識裡，你正在償還虧欠他們的業債。你在過去世裡曾為了自己的利益，對他們造成心理傷害，這也讓你失去部分的靈性智慧。到了這一世，你在償還業債、幫助他們改善這個生命領域的過程中，也等於給了自己一個機會，重新找回自己累世的靈性。

就最高層次來看，土星這一方的人是你今生的導師，鼓勵你重新踏上自己的靈性道路，但是你除非能意識到這個過程，否則常會低估他們的意見。這其實也強迫這些人更仔細地聆聽他們注定要讓你知道的靈性訊息，同時他們也可以更深入地整合這些訊息，而這是你們在相遇前彼此都不曾有過的體驗。在這個過程中，兩個獨立的個體能藉由這個合相的能量，變成耀眼的典範，展現關係中的錯綜複雜，同時能在最高層次上和諧共處。

■如果你是土星這一方

你的使命就是在土星象徵的生命領域裡（根據土星的位置）創造成功。你在這個領域裡會因為過去世對成功的誤解而覺得受到限制、能力不足。當你遇到南交點與你本命盤土星合相的人，這些人很可能在過去世時曾在你的生命中扮演重要角色，而造成你現在的限制，所以必須在這一世裡幫助你克服限制。

舉例來說，他們在過去世裡曾讚美你、肯定你，讓你對自己深信不疑，但最後卻沒有達到預期的成功，這讓你心生困惑，雖然抱著成功的野心，卻對執行的方法有誤解。因此他們到了這一世不能再允許你僥倖成功，使得你在感覺受限的生命領域裡，無法完全發揮自己真正的潛力。所以當你支持一些與自己並不相容的事物、當你在自己不夠資格的領域裡假裝權威、當你說一套做一套時，這些人會提醒你，他們看到你性格中有哪些缺點，導致你無法獲得真正的成功。他們不會尊重你，除非你能負責地完整實現自己的夢想。

特別是當他們的本命盤上有行星與南交點的合相，就代表他們在過去世裡可能為了自己的利益，刻意讓你完全依賴他們，因此你犧牲了獨立，卻獲得非常成功的世俗物質成就，以致於到了今生仍無意識地想要追求同樣的經驗。所以當你在今生與他們相遇時，他們會完全激發你對成功的欲望，不過他們為了償還對你的業債，不會讓你依賴他們而成功。他們的任務是促進你發展某些性格特質，讓你依靠自己的力量獲得成就。

他們可能再次推你一把，讓你太快在這個生命領域裡獲得成功，也可能給你不好的建議，導致你生活不穩定。他們會讓你看到自己的弱點，強迫你更深層地探索自己今生想要追求的事物。他們的任務是幫助你完整地實現命運，而不是讓你無意識地陷入某些情境，或一味地把你推開。

無論你的土星落在本命盤的哪個位置，你都能獨自在這個生命領域展現力量，實現自己的渴望。無論在哪個生命領域裡，你都可以有意識地成長和學習，克服自己的笨拙和不足，而南交點這一方的人正好能幫你開啟這個過程。他們會縮小你的自我，幫助你體驗到謙虛。土星這種漸進的轉化必須花點時間，而你在過程中有意識獲得的知識及瞭解，最終可以創造成功。如果你變得成熟一點，願意負責實現自己的命運，就能放下自我，帶著穩定且持續的完整性達成目標。

南交點與天王星合相

天王星代表我們對活力的渴望，以及改變帶來的興奮感。天王星在本命盤中的位置（根據落入的星座及宮位）代表我們最需要採取非傳統手段的生命領域，我們常會在這個領域中有創新的想法，有時還會令人刮目相看。

■如果你是南交點這一方

當你遇到天王星與你本命盤南交點合相的人時，如果你沒有意識到這個合相的趨力，很可能會限制他們對創新行動的渴望。當他們需要自由、用自己的方式去理解生命、活出自我風格，並藉此維持生命的活力時，你常會無意識地限制了他們的獨立性。

他們對於刺激以及想脫離現況的渴望對你來說並不管用，但確實對他們管用。身為南交點這一方，你可以改變關係的結果。如果你希望關係成功，就要退後一步，更加意識到自己獨立的身分意識。你可以有意識地選擇支持他們對於活力、改變和自由的需求，肯定這些東西對他們而言是「上軌道」的追求，而非強求這些必須是適合你的正確方法。

你的本命盤上若有行星與南交點合相，也代表了你與他們之間有特定的過去世契約。你在過去世裡可能曾為了自己的利益，故意鼓勵他們作出許多顛覆傳統或標新立異的事，導致他們缺乏適當的界線，無法用社會能接受的方式紓解他們對於追求刺激及自由的欲望。所以到了這一世，你無意識中在償還他們，方式就是限制他們不按傳統的生命態度。你會強迫他們內心更深入地成長，淨化自己對活力及光采的渴望，同時培養智慧，用一種更平衡且審慎的方式來面對生命。當他們變得成熟之後，就會更渴望能展現自己的個性、特質及自由思考的精神，不過在你的影響下，他們會有足夠的智慧來表現自己，不會招致負面的反彈。

■如果你是天王星這一方

當你遇到南交點與你本命盤天王星合相的人時，這些人似乎不尊重你的獨特性，也不允許你任性而為。你會覺得他們不鼓勵你利用個人的創新能力為生命帶來改變、刺激與活力，而且常限制住你對自由的需求。

這些人在過去世裡很可能曾激勵你追求一些對你有害的刺激活動，所以在這一世，他們會強迫你不要太依賴他們的認可，而是要憑藉著自己的判斷，選擇適當的方法來追求刺激與自由。

他們在限制某些能為你帶來活力的想法與選擇時，也會在不自覺中幫助你變得更強壯、更獨立，在內心中培養篤定的力量，追求自己的道路。

如果你希望這段關係成功，就不要尋求他們的支持，因為他們可能不會肯定你選擇的非傳統方法，雖然這些方法能讓你充滿活力。基於過去世的經驗，讓你能增加喜悅的方法卻讓他們無法認同，所以你最好與別人分享這些令人興奮的想法，才能創造正面的結果。

南交點與海王星合相

依據所落入的宮位及星座，海王星顯示出我們特別能獲得靈性指引的領域，藉以導引我們的人生方向。這是一種超自然的細膩調和，主宰著豐富的詩詞、音樂、藝術及神秘主義等面向。我們會在海王星落入的生命領域裡實現精神性的理想。

■如果你是南交點這一方

如果你遇到海王星與你南交點合相的人，除非你能在關係中帶有清楚的覺知，否則很容易漠視對方的靈性。信任是其中一個問題，而且你可能在無意間說出一些輕蔑的話，或做了某些行為，而破壞了他們對自己判斷能力的信任。這也會否定了他們對事情的願景，每當他們想做些能反映個人精神信仰的事情時，你可能會告訴他們這並不實際，你的本能反應就是懷疑他們的理想主義。

舉例來說，我有一位個案姐姐的南交點剛好與我的個案本命盤上的海王星合相。她們有次在家族的逾越節聚會中（譯註：猶太教的主要節日之一）碰面。我的個案一手張羅整個節日活動的籌畫，主持宗教儀式，認為必須要到特定的時間才能開始享用食物，但她的姐姐就是不當一回事，偷偷捏了一口麵包吃，還咯咯地笑個不停，貶低且否定了她的靈性體驗。

有時你的伴侶想要透過玫瑰色的眼鏡看待生命，但是你的本能會否定他們天生對生命善意的信任，你往往會限制他們最有信任感的生命領域，試著將他們的想法限制在現實生活。你會在無意間中破壞了他們的內在導航系統，使他們喪失了安然度過一生的能力。

尤其是當你的本命盤上有行星與南交點合相時，代表你必須在這一世償還他們。在過去世裡，你可能為了自己的利益而濫用他們對你的信任。你可能鼓勵他們聽你的話，然後又欺騙他們，導致他們最後完全無法信任別人。所以到了這一世，你會在無意識中想幫助他們可以再次相信自己內心的導師，然後再向外尋求權威的指導。

身為南交點這一方的你有能力決定關係的結果。如果你希望關係成功，當他們在與你分享理想或精神性的願景時，就不要對他們的夢想猛潑冷水。如果你發現可以提供對他們有益的實際想法，也建議你用溫和的方式表達，並且支持他們的理想。

■如果你是海王星這一方

當你遇到南交點與你本命盤海王星合相的人時，你可能會非常信任他們，把他們理想化了。不過若你相信他們甚過於相信自己的直覺，最後一定會失望。

這些人很可能在過去世裡提供你一些「逃避」的管道，讓你遠離日常的枯燥乏味，有可能是透過心靈的契合、愛情、藝術或其他管道。你們曾共享分享一個「個人的世界」，其中含有不切實際的成分，有點類似迷幻藥創造的「高潮」。所以到了這一世，他們會重新刺激你這種依賴的需求，而他們帶給你的禮物就是：與內在自我建立更深層的連結，重新相信自己能在精神層面上自立。

這裡提供一個可能的例子。在一段關係中，你可能把所有的信仰及信任都寄託在他們身上，甚至跟著他們酗酒（相信別人甚過於自己判斷的負面結果）。結果就是最後你必須參加匿名戒酒會，接受十二步驟的療程，幫助你超越過去，學習如何活出一個更高的精神層次。這種情況表面上看起來是負面的，但你與他們的連結可以帶來精神獨立的禮物。

這些人如果與你關係很親近，而且他們的本命盤上又有行星與南交點合相，就代表他們在過去世裡與你立下契約，必須幫你糾正某種不公平。最有可能的情節就是，他們在過去世裡是你的精神導師，說服你相信他們對真理的判斷及認識，勝過於相信你自己。他們的這種作法剝奪了你對自己內在導師的信任。他們為了在這一世償還你，可能會重演過去的戲碼。你一開始可能會全盤接受他們的想法，相信他們比你更有靈性、無所不知。但是他們之後可能會開始欺騙你，背叛你對他們的信任，迫使你放手，開始重新建立自己內心的信任感。你到了某個時間點就會擁有足夠的內在力量，不再需要他們的建議及引導。透過這種方式，他們的影響能強化並恢復你對靈性自主能力的信任。

南交點與冥王星合相

冥王星主宰權力，同時顯示我們願意在哪個生命領域裡（依據冥王星落入本命盤的星座及宮位）體驗完全的轉化。這個過程可能包括自我中心對於現實的想法，以及對於運用權力的概念。當我們在與冥王星相關的生命領域中面對「改變或維持現狀」的選擇時，最好的選擇一定是改變，藉此帶來正面的成長。我們如果抵抗，生命就會替我們抉擇，而且通常是透過一連串的災難事件來幫助我們成長。

■如果你是南交點這一方

當你遇到冥王星與你南交點合相的人，除非你能意識到這種合相所帶來的關係趨力，否則很可能會讓對方失去力量。你會本能地阻撓他們運用自己的力量去體驗可以讓他們更加茁壯的事物，也可能會傾向於讓他們耽溺在恐懼中，而不是鼓勵他們去從事有助於克服恐懼的冒險。

他們改變的方式可以為他們帶來正面的轉化，但卻不適用於今生的你。不過身為南交點這一方，你可以改變關係的結果，選擇創造成功的連結，其方法就是退後一步，更加意識到自己獨立的身分意識。你要刻意改變自己的方式，支持他們改變和冒險，讓他們覺得自己更有力量。如果你能支持他們正確地運用權力，就能清楚地看到過去世殘留的業力，當時你可能在雙方的關係中濫用了權力。

你的本命盤中如果有行星與南交點合相，代表你在過去世裡跟這些人有重要的事情還沒解決，你必須再次與他們相遇，然後償還你對他們的虧欠。如果是這種情形，他們很可能可以激發你天性中的熱情，你也會對他們非常迷戀，渴望吸取他們的能量，甚至用某種方式佔有他們。還有另一種可能性是，他們如果是你的配偶或愛人，你可能覺得彼此間有種強迫性的連繫與結合，程度強烈到雙方都無法抵抗。

然而經過一段時間後，便會發現彼此的結合會耗損他們的能量，讓他們變得軟弱而更加依賴你。他們如果沒有意識到這一點，沒有馬上打破這種趨力模式，就可能失去許多個人的潛力，無法斷絕與你之間的不健康關係——這樣就會製造更多的業債。如果你要預防這種情形發生，並且在今生償還業債，就必須願意放下對他們的佔有慾，也不能讓他們依賴你。

身為南交點這一方，你有決定的權力。誠實也是重要的問題。你必須非常自律，克服佔有慾，有意識地幫助他們認清自己的弱點、變得更強壯。你不能任由他們濫用自己的權力，當他們濫用權力時，特別能一眼看穿，因為你曾經幫助他們養成這些模式。不要慫恿他們的軟弱，反而要支持他們更有自信，替自己作決定。你在他們生命中的目的就是幫助他們重生，獲得更多的個人力量及活力。

■如果你是冥王星這一方

如果你遇到南交點與你本命盤冥王星合相的人，這些人出現在你生命中的目的，是為了幫助你重新找回自己的權力，同時淨化你透過權力達成目標的態度；不過可能會用比較負面的方式進行，而你也別無選擇。你在過去世裡可能曾經與他們的能量結合，達成一個共同目標，你們共同的感受就是「我和你一起對抗世界」。然而事實上，你只是為了自己的權力欲才與他們融為一體，依賴他們的能量。你們當時形成不健康的互相依賴，到了這一世，他們必須還給你獨立的力量。

最常見的情形就是，每次當你試著依賴他們的支持時，他們就會讓你失望。當你與他們分享想法，或希望獲得更多個人權力時，他們通常會潑你冷水。如果你開始展現自己的權力，他們就會無意識地破壞。久而久之，他們的反應會讓你慢慢地失去自己的力量，直到你能意識到這種情形，然後開始鄭重地替自己作決定，重新找到自己的權力。

這些人的本命盤上如果有行星與南交點合相，代表他們與你曾經許下承諾，必須來解決業債。他們在過去世裡可能曾為了自己的利益，刻意煽動或支持你濫用權力或個人魅力，也可能鼓勵你把能量用在邪惡的目的上，例如不正義的戰爭。他們慫恿你採取不光彩的方式來運用自己的力量——這並不符合你內在的真理。這些誤解可能一直延續到這一世，導致你在潛意識中仍會在某些方面濫用權力。

當你第一次遇到南交點這一方的人時，你可能會覺得很容易接受他們，因為你對他們的能量非常熟悉。你甚至會感受到一種奇特又強烈的吸引力，在某種程度上跟他們非常親密——這可能會是一段強迫的性關係，例如墮落成性奴隸或性的束縛。你最初感受到的吸引力，是因為你在無意識中知道，這個靈魂能給你一個機會，讓你突破互相依賴的連結，重新找回自己的權力。如果你真的打破與他們的連結，就會造成巨大的能量崩解，而當你任由自己崩潰，就能衝破無意識中的陰影——這些陰影一直讓你無法變得更強壯。不過，最終你將會發現你過去在關係中濫用權力時，其實也給了自己一個機會，讓你終於能夠擺脫這些模式，然後才能獲得重生，徹底被淨化，表現出孩子般的純真。此時你終於可以創造一種健康、成功且深刻滿足的關係，而這正是你長久以來的渴望。

南交點與凱龍星合相

根據凱龍星（也常被稱為「受傷的療癒者」）在本命盤中的位置，可以看出我們在過去世裡，曾在哪個生命領域中受過很深的傷害，因此到了今生，你會避免表現這個部分的自己。不過你只要願意承認傷口，再次體驗同樣的疼痛，就會獲得治療，並彌補這個缺陷。一旦痊癒，你就能將這部分的自我重新與性格融合，擁有在這個領域中幫助別人的能力。

■如果你是南交點這一方

當你遇到凱龍星與你本命盤南交點合相的人，意味著一段業力很重的關係。你們兩個人在過去世發生的種種，導致凱龍星這一方的人受到不公平的傷害，你對他們欠下業債，所以必須在今生再度相遇。

最可能的情形是，他們會藉由與你的互動，很不自在地發現自己一直壓抑著某個部分的自我。他們一開始會無意識地聽從你，按照你的指示來運用這個部分的能量，不過漸漸會在過程中感受到限制或互相依賴，這種情形越來越明顯，導致他們在這個領域中受挫。然後，他們才能開始培養自己內在的力量，重新找到這一部分的自我，將它表現出來。這也替他們的生活添加另一個面向，而如果沒有你，這是無法全然開啟的。

你的本命盤中如果有行星與南交點合相，代表你曾為了自己的利益傷害過這些人。如果是這種情形，你們在今生的連結對彼此而言都會是非常強烈的經驗。這如果是段重要的關係，最好能向第三方尋求諮商，這會對你們雙方都好。你能做到的最好表現，就是當他們渴望在某些生命領域中作出改變或更完整地表現自己時，你都全力支持。如果你發現他們壓抑某些部分的自己，你就要改變方式，鼓勵他們在這個領域中表現力量及信心。如果你能幫助他們痊癒，也就擺脫了自己潛意識中傷害別人的罪惡感，並且重新找到這部分的自我——你曾因為傷害別人而受到業力的懲罰，掩蔽了這個部分的自我。

■如果你是凱龍星這一方

當你遇到南交點與你本命盤凱龍星合相的人，這些人進入你的生命裡是要挑起你內心潛藏的固有恐懼，他們會讓你意識到某部分的自己。你在無意識裡因為過去世的恐怖經驗，記得自己在表現這一部分的自我之後所遭受的恐怖折磨，因此到了這一世會避免展現這部分。這就像鞋子裡面有顆小石頭，你會用不同的方式走過一生，因此你會特別善待這個脆弱的部分，希望能避免疼痛。

當這個傷口最初發生時，這些人剛好在你身旁，所以他們特別能刺激你這部分的記憶，讓你能重新經驗原先的痛苦，並讓你在至今仍感到虛弱、恐懼的那一部分中成長茁壯。

這個傷口是無預警的，也不是因為你的行為疏失所造成，就只是你來到這世上的某種體驗而已。然而，你常會針對這個傷口作出一些決定和行動，最後為自己帶來負面的業力結果。舉例來說，你被強暴後決定殺了侵犯你的人，而不是採取高層次的方法（訴諸法律或是發起一個受害者支持團體）。

這些人的本命盤中如果有行星與南交點合相，他們很可能是造成你傷口的加害者，所以與你之間存在著契約，必須補償你。如果你與他們在這一世建立親密的關係，他們的存在會刺激你的傷口，把傷口顯露出來，讓你可以去面對它。他們很可能會讓你注意到，自己無意識地會在同一個生命領域中壓抑自己的表現。你必須鼓起所有的力量，不要讓這些人控制你，才能開啟治療的過程。你必須讓自己變得更強壯，以一種更健康的新方式表現這部分的自我。

雙重合相

雙重合相指的就是其中一方的本命盤中有兩個行星形成對分相，剛好與另一方的交點軸合相。舉例來說，他們的北交點與你的某個行星合相，而他們的南交點又與你的另一個行星合相。

這代表了在過去世的特別契約。在過去世裡，交點軸這一方曾造成行星這一方的心理裂痕。舉例來說，如果你是行星這一方，本命盤中有火星與金星形成對分相，你可能會覺得自己愛上的人（金星）並不具有性吸引力（火星）。此時如果有你曾經相遇過的靈魂進入你的生命，他們的北交點與你的火星合相，南交點則與你的金星合相，就代表他們在過去世裡，曾利用某種方式造成你心理的裂痕，導致你在這一世裡無法在關係中成功地結合愛與性。

其中一個可能的情節就是，他們曾在一段戀愛中奴役你，造成互相依賴的關係，剝奪你的個人抱負。他們現在的任務就是幫助你痊癒，所以不允許你在愛情中變得互相依賴，不過，當你表現大膽及進取心、努力達成目標時，他們就會全心地支持你。

在償還的過程中，交點軸這一方有時會過度彌補行星這一方，遠超過於他們當初取得的部分。當雙方都能意識到這些趨力時，就能有意識地平衡能量，達成和諧。

北交點與北交點合相，以及北交點與南交點合相的情形，請參考「北交點的合相」部分。

合盤

合盤介紹

合盤是一種常用的占星技巧，幫助我們洞悉關係的內在運作方式。這類的星盤是根據兩個人的本命盤，利用雙方行星之間的中點而創造的。舉例來說，兩個人太陽之間的中點，就是合盤太陽的位置；兩個人月亮之間的中點，就是合盤月亮的位置，依此類推。這也適用於天頂與宮位界線。這是關係本身的星盤，只因為關係而存在。

我曾大量研究合盤中的南、北交點軸，發現當兩個人是一對伴侶時，這個概念對瞭解他們可能會面對的議題十分有幫助，這透露了關係中最容易出現的喜悅及挑戰，也點出最容易解決衝突的方法。最重要的是，我發現合盤非常有助於瞭解關係背後的目的，也就是兩個靈魂相遇的原因。事實上，在合盤中任何一個行星與南北交點的合相，都代表著雙方必須完成過去世的約定。

我的研究顯示，一對伴侶如果依循合盤中北交點的方向（根據其落入的星座及宮位所指示的），並把這個方向作為他們關係的目標，就比較容易化解負面問題。如果你知道北交點象徵的最高潛力，並朝這個目標努力，就能極致地發揮關係中的正面能量。

本書著重在月亮南北交點的位置及意義，不過當然還是要考慮合盤的整體解讀。礙於篇幅限制，這部分只有簡潔的討論。關於這個主題的更多研究，我將在未來介紹南北交點相位的書籍中進一步介紹。

利用這個部分的最好方法，就是先瞭解在合盤中北交點落入宮位的意義，之後你才能更容易地發展並表現合盤北交點落入星座的特質。如果你沒有與伴侶的合盤，可以上 www.cosmiclove.com 網站，將可獲得免費的運算及答案。如果你想知道正確的合盤，必須知道雙方的出生時間。

合盤北交點落入的宮位：

第一宮

如果你們想將關係的潛力發揮到極致，最重要的就是認清且不斷留意每一個機會，讓雙方都能變得更茁壯、更獨立。如果你想體驗這段關係的好處及喜悅，就要支持你的伴侶自我成長，鼓勵他們發掘自我，即使這代表他們必須放下你，自己去參加某些活動。

如果有衝突發生，最好的方法就是採取獨立的姿態：「這是我喜歡的方式，你喜歡什麼？」然後你們就能找出一個解決方法，支持並尊重彼此的個人特質。

第二宮

如果你們想將關係的潛力發揮到極致，最重要的就是認清且不斷留意每一個機會，支持彼此的價值觀，同時能增加我的價值感。如果你想體驗這段關係的好處及喜悅，就要擴張你的感官享受和賺錢能力，同時增加物質的舒適。

如果有衝突發生，最好的方法就是說出你的需求：「這就是我現在的需要，這樣我才能覺得舒適，那你需要什麼才能舒服一點？」這段關係最重要的目的，就是實現各自的自我價值，你們要願意一步步建立任何能支持彼此的事物。

第三宮

如果你們想將關係的潛力發揮到極致，最重要的就是認清且不斷留意每一個機會，從中體驗輕鬆溝通的喜悅及好處，接受彼此的觀點。你們會很喜歡與彼此分享日常生活發生的種種；盡量讓事情保持輕鬆、愉快且容易。

如果有衝突發生，最好的方法就是：不要認為你什麼都知道，而是要開始溝通。你要提出問題，對對方的想法保持好奇。你們可以透過紙條、電子郵件或簡訊維持日常溝通。

第四宮

如果你們想將關係的潛力發揮到極致，最重要的就是認清且不斷留意每一個機會，感受共同建立家庭的喜悅及好處。這可能是一個實體的家，也可能是心理上的「家庭基礎」，可以為你們的生活提供堅實的基礎。

如果有衝突發生，最好的方法就是：不要試圖控制結果。你要在當下分享內心的感受，才能讓伴侶看到你「真正的自我」。

第五宮

如果你們想將關係的潛力發揮到極致，最重要的就是認清且不斷留意每一個機會，刺激彼此的創造力，好好地玩樂。如果你想體驗這段關係的喜悅及好處，記得要把嘻鬧及歡樂融入日常生活中。在這種結合下——心智或身體結合——所產生的孩子，將是喜悅與好運的來源。

如果有衝突發生，最好的方法就是：用一種比較輕鬆好玩的態度來面對問題，或一起找樂子。你們可以計畫一個讓雙方都樂在其中的有趣活動，例如一起度假或共享浪漫晚餐。

第六宮

如果你們想將關係的潛力發揮到極致，最重要的就是認清而且不斷留意哪些事情能讓你們充滿精力、一起努力，創造有成效的結果。你們可以在實際的計畫上合作愉快，同時能為彼此的健康及組織能力帶來正面影響。如果你們想體驗這段關係的喜悅及好處，就要隨時專注於當下。

如果有衝突發生，最好的方法就是：一起擬定計畫，讓結果朝更正面的方向邁進。你們可以一起參加一個雙方都覺得很享受的計畫，或飼養一隻兩個人都很喜歡的寵物。

第七宮

如果你們想將關係的潛力發揮到極致，最重要的就是認清且不斷留意每一個機會，體驗成功關係帶來的喜悅及好處。你們必須結合彼此的力量，像個小團隊一樣運作，支持彼此，才能創造成功的關係。

如果有衝突發生，最好的方法就是：放下獨立的習慣或自我中心，注意伴侶的個人特質，這將有助於兩人小團體的幸福。

第八宮

如果你們想將關係的潛力發揮到極致，最重要的就是認清且不斷留意每一個機會，體驗靈魂關係帶來的喜悅及好處，這是種很自然的互動與互惠。如果你對他們付出、支持他們，他們很自然也會注意你、支持你。你們之間會充滿愛與能量的交流。

如果有衝突發生，最好的方法就是：不要只想到或專注於自己的需求，而是多想想如何支持對方。如果你們約定要共同完成一個計畫，就能自在地融合彼此的能量，創造成功。

第九宮

如果你們想將關係的潛力發揮到極致，最重要的就是認清且不斷留意每一個機會，增加信任及個人自由，這可以促進你們對日常生活中的每件事培養出更多的直覺能力。你們要讓這段關係轉化成加速靈性成長的模式，如果你想體驗這段關係的好處及喜悅，雙方都必須更直接且誠實的溝通。

如果有衝突發生，最好的方法就是：別喋喋不休，先退後一步。讓你自己及對方有機會重新信任主宰一切的更高層力量，同時把個人成長置於所想要的物質結果之上。你們可以一起去國外旅行，或參加宗教、哲學或靈性的活動，引導出雙方最好的特質。

第十宮

如果你們想將關係的潛力發揮到極致，最重要的就是認清且不斷留意每一個特殊機會，把注意力放在成功及達成目標上。這段關係的喜悅及好處可以讓雙方都變得更茁壯，同時也能擴張你個人的才能和主宰的能力。

如果有衝突發生，最好的方法就是：不要情緒化，試著掌控一切。你們要一起努力制定一個雙方都同意的目標，然後專注於目標。你們要支持彼此達成共同目標。

第十一宮

如果你們想將關係的潛力發揮到極致，最重要的就是認清且不斷留意每一個特殊機會，體驗到與一個最好朋友建立關係的喜悅及好處。你們可以創造出許多能量，一同為人道的理想努力。如果你們能分享利他的夢想，也能讓彼此充滿活力。

如果有衝突發生，最好的方法就是：平等地對待他們，把他們當朋友一般詢問他們的意見，與他們一起腦力激盪，用更客觀地角度看事情。你要關心他們的最佳利益，鼓勵他們實現自己的人生夢想。

第十二宮

如果你們想將關係的潛力發揮到極致，最重要的就是認清並不斷尊重現實，當你們體驗到一段關係的喜悅及好處，你們就能互相支持彼此的個人時間、隱私及自給自足。你們可以互相加強與正面精神力量連結的能力，為世俗的問題找到更好的解決方法。你們也會互相支持對方的靈性及藝術力量，以及與神秘領域接觸的能力。

如果有衝突發生，最好的方法就是：給彼此一點空間。你們要互相支持彼此獨處和休息的需求，藉此重新恢復活力。你不要試著改變他們的行為，而是要注意你是否在無意識中不斷重複一些自我破壞的模式，對關係造成傷害。

合盤北交點落入的星座：

牡羊座

這段關係可以刺激你的活力，讓你有機會發展自己的獨立及勇氣。你們都可能變得更果決、衝動和大膽。你們要願意支持彼此的發展，並表現個人的身分意識。

目標：培養健康的獨立性。雙方以獨立個體的身分開誠佈公地討論想法。鼓勵彼此的自我發展及力量。

金牛座

這段關係可以創造穩定，幫助你建構有價值的事物。你們可能都會在先前充滿危機感的生命領域中感到舒適，這段關係可以肯定你的自我價值，刺激你賺錢的能力。

目標：建立穩定的根基，依此度過危機。做些讓彼此都對自己更滿意的事情。把舒適感當成指標，判斷關係是否健康發展。

雙子座

這段關係會加強你的培養溝通技巧。你們很可能「聽到」彼此的想法，接受這些想法對雙方各自而言都是真實的。無論如何，你們都應把所有事情說出來，討論所有的選擇，從中找到解決方法。

目標：定期溝通。隨時關心事情的發展。願意透過書寫的方式，定期分享有幫助的資訊。

巨蟹座

這段關係可以加強感情的親密程度。當你們有任何感覺時，要大膽地讓對方知道，放下內心深處的控制欲。你們也要更關心彼此、照顧彼此，讓對方感受到滋養和支持。

目標：給予彼此同情及關心。深入地表露感情。敏感地體察對方的心情。幫助彼此感覺更良好。

獅子座

這段關係讓你們有機會體驗浪漫的能量，同時也能鼓勵創造力。你會發現哪些事物能讓對方樂在其中，很自然地變得更有活力，而你也會鼓勵對方在這些領域中表現出更多的自己。當你們都能維持嬉戲及快樂的心情時，關係就會更熱烈。

目標：互相支持彼此發展創造力。多與孩子玩耍。鼓勵伴侶從事能帶來樂趣的活動。花點時間在浪漫的事情上。

處女座

如果你們能幫助彼此變得更務實，關係就會變得更美好。你們可以透過擬定計畫和建立常規，創造穩定、健康又充滿生產力的生活。你們能讓彼此更清楚地意識到自己的能力，在混亂中建立秩序。

目標：一起分析細節，擬定實際的計畫。制定雙方都願意付出努力的共同目標。把雙方希望能在關係中加強的行為逐一條列出來。

天秤座

當你們以團隊的形式共事時，會創造驚人的效果。你們應該利用各自的能量追求團體的利益，創造真正的合作。這段關係也可以讓你們創造健康的互相依賴關係。

目標：合作、公平及圓融。非競爭性的團體合作。把自己當成團體的一分子，支持你的伴侶。

天蠍座

當你更注意到伴侶的需求時，請給予他們支持，關係就會更美好。這段關係讓你有機會體驗到靈魂伴侶關係的喜悅。雙方若能深入關心彼此，全心地滿足對方的需求，支持對方，就能創造互惠的交流。

目標：深入地聆聽，瞭解對方需要你的哪些支持。全心地對彼此付出。一起把握轉化的機會，體驗改變的喜悅，超越內心的恐懼。

射手座

這段關係能鼓勵個人的自由，以及各自追求真理。這份自由是來自於信任並聽從內心的直覺，同時能根據倫理和道德的法則行事，獲得內心的平靜。

目標：相信正面的結果。一起把人生當成一場冒險。放下心智的操縱，直接與誠實地溝通。

摩羯座

這段關係能鼓勵雙方去掌控情勢、創造成功。生命中的每個障礙都會是你們演化成長的墊腳石，如果你們能用這個角度看待生命，就有機會創造更多的成功經驗。

目標：一起制定目標。創造某些情境增加雙方的自尊心。共同擔負責任，增加雙方的勝任能力。用商場的方法來解決事情。

寶瓶座

當你們能像朋友一樣平等相處時，關係就會處於最佳狀態。這讓你們有機會用更客觀的角度來面對人生，同時，你們所做的決定也能更貼近當下發生的整體背景。

目標：客觀地看到大藍圖。創造雙贏的局面，讓雙方都能得到自己想要的東西。互相支持對方，實現你們的夢想。

雙魚座

這段關係能幫助你們學會如何「放手，讓神接手」，也可以為你們在人生的旅途中開啟一條順勢而為的大道，讓你們變得少點批判、更有彈性，最後能臣服在無條件的愛之下。

目標：瞭解及原諒。相信更高層的力量在主宰一切。體驗喜悅及賜福。讓對方做自己。接受無法改變的一切。

合盤中的行星合相

特別有趣的一點是，我發現合盤中某個行星的角度，如果與其中一方本命盤中某個行星的角度剛好完全一樣，這段關係的目的之一，便是透過合盤中行星啟動的能量，幫助這個人實現目標，同時發揮因合盤而被啟動能量的行星所象徵的趨力。

舉例來說，如果合盤中的金星落入天蠍座五度，而其中一方是火星落入天蠍座五度，這就代表這段關係中的愛（金星），可以幫助火星這一方變得更有活力，也更果斷（火星）。

結論

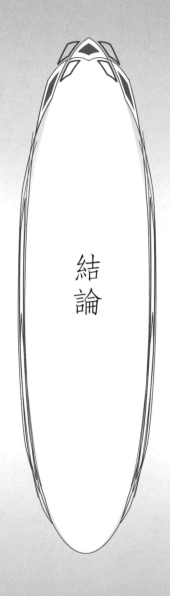

我的外甥狄倫是一個非常老的靈魂。當他六歲時，我的父親逗他：「唔……狄倫，現在我們在這兒吃早餐，但我們不清楚這到底是怎麼一回事，你覺得我們為什麼會在這裡呢？」

狄倫：「開心地玩。」

父親：「還有什麼理由嗎？」

狄倫：「學東西。」

父親：「嗯……還有呢？」

狄倫：「幫助別人。」

的確，這就是我想說的一切。

國家圖書館出版品預行編目

宇宙之愛：從靈魂占星揭露親密關係的奧祕 / 珍 . 史匹勒 (Jan Spiller) 著 ; 韓沁林譯 . -- 初版 . -- 臺北市 : 積木文化出版 : 家庭傳媒城邦分公司發行 , 民 102.04
面； 公分
譯自 : Cosmic love : Secrets of the Astrology of Intimacy Revealed

ISBN 978-986-5865-08-5(平裝)

1. 占星術

292.22 102004256

宇宙之愛：從靈魂占星揭露親密關係的奧祕

原著書名 Cosmic Love: Secrets of the Astrology of Intimacy Revealed
著　　者 珍・史匹勒（Jan Spiller）
責任編輯
主　　編 向艷宇
特約編輯 李嘉琪

發 行 人 凃玉雲
總 編 輯 王秀婷
版　　權 徐昉驊
行銷業務 黃明雪、林佳穎

出　　版 積木文化
104台北市民生東路二段141號5樓
電話：(02) 2500-7696｜傳真：(02) 2500-1953
官方部落格：www.cubepress.com.tw
讀者服務信箱：service_cube@hmg.com.tw
發　　行 英屬蓋曼群島商家庭傳媒股份有限公司城邦分公司
台北市民生東路二段141號11樓
讀者服務專線：(02)25007718-9｜24小時傳真專線：(02)25001990-1
服務時間：週一至週五09:30-12:00、13:30-17:00
郵撥：19863813｜戶名：書虫股份有限公司
網站：城邦讀書花園｜網址：www.cite.com.tw
香港發行所 城邦（香港）出版集團有限公司
香港灣仔駱克道193號東超商業中心1樓
電話：+852-25086231｜傳真：+852-25789337
電子信箱：hkcite@biznetvigator.com
馬新發行所 城邦（馬新）出版集團 Cite（M） Sdn Bhd
41, Jalan Radin Anum, Bandar Baru Sri Petaling, 57000 Kuala Lumpur, Malaysia.
電話：(603) 90578822｜傳真：(603) 90576622
電子信箱：cite@cite.com.my

封面設計 楊雅棠
排　　版 優克居有限公司
製版印刷 中原造像股份有限公司

Printed in Taiwan.

2013年 4 月9日 初版一刷
2020年12月8日 初版八刷
售　價／550元
ISBN 978-986-5865-08-5

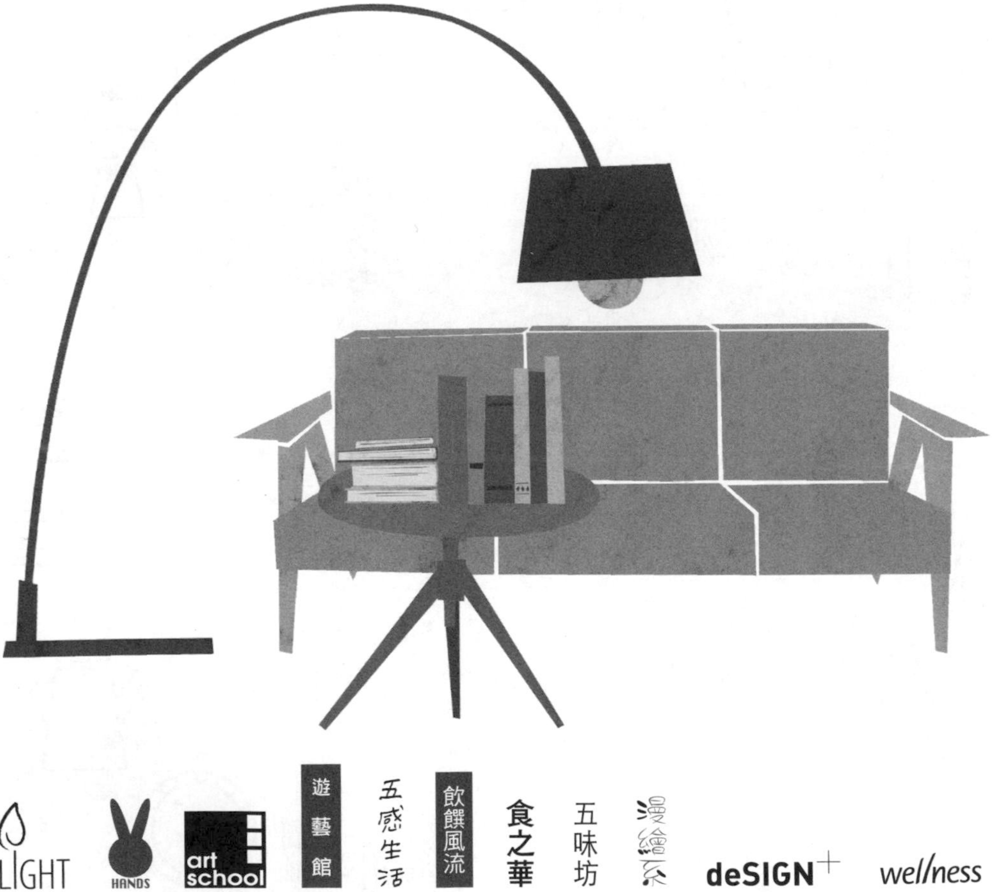